敦煌与丝绸之路研究丛书

郑炳林 主编

"十三五"国家重点图书出版规划项目
教育部人文社会科学重点研究基地兰州大学敦煌学研究所项目

中国中古文殊信仰研究

许 栋 著

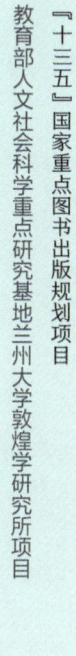

甘肃文化出版社

甘肃·兰州

图书在版编目（CIP）数据

中国中古文殊信仰研究 / 许栋著. -- 兰州 : 甘肃文化出版社, 2023.11
（敦煌与丝绸之路研究丛书 / 郑炳林主编）
ISBN 978-7-5490-2682-1

Ⅰ. ①中… Ⅱ. ①许… Ⅲ. ①文殊－信仰－研究 Ⅳ. ①B949.92

中国国家版本馆CIP数据核字(2023)第211643号

中国中古文殊信仰研究
ZHONGGUO ZHONGGU WENSHU XINYANG YANJIU

许　栋 | 著

策　　划	郎军涛
项目负责	甄惠娟
责任编辑	张莎莎
封面设计	马吉庆

出版发行	甘肃文化出版社
网　　址	http://www.gswenhua.cn
投稿邮箱	gswenhuapress@163.com
地　　址	兰州市城关区曹家巷1号　730030（邮编）
营销中心	贾　莉　王　俊
电　　话	0931-2131306
印　　刷	甘肃发展印刷公司
开　　本	787毫米×1092毫米　1/16
字　　数	310千
插　　页	2
印　　张	24.25
版　　次	2023年11月第1版
印　　次	2023年11月第1次
书　　号	ISBN 978-7-5490-2682-1
定　　价	88.00元

版权所有　违者必究（举报电话：0931-2131306）
（图书如出现印装质量问题，请与我们联系）

敦煌与丝绸之路研究丛书编委会

主　编

郑炳林

副主编

魏迎春　张善庆

编　委

（按姓氏笔画排序）

王晶波　白玉冬　吐送江·依明
朱丽双　刘全波　许建平　杜　海
李　军　吴炯炯　张丽香　张善庆
陈于柱　陈光文　郑炳林　赵青山
段玉泉　敖特根　黄维忠　敏春芳
　　　　黑维强　魏迎春

国家科技支撑计划国家文化科技创新工程项目"丝绸之路文化主题创意关键技术研究"
（项目编号：2013BAH40F01）

国家社会科学基金青年项目"中国中古文殊信仰研究"
（项目编号：14CZS017）

兰州大学中央高校基本科研业务费专项资金重点研究基地建设项目"甘肃石窟与历史文化研究"
（项目编号：2022jbkyjd006）

总　序

　　丝绸之路是东西方文明之间碰撞、交融、接纳的通道，丝绸之路沿线产生了很多大大小小的文明，丝绸之路文明是这些文明的总汇。敦煌是丝绸之路上的一个明珠，它是丝绸之路文明最高水平的体现，敦煌的出现是丝绸之路开通的结果，而丝绸之路的发展结晶又在敦煌得到了充分的体现。

　　敦煌学，是一门以敦煌文献和敦煌石窟为研究对象的学科，由于敦煌学的外缘和内涵并不清楚，学术界至今仍然有相当一部分学者否认它的存在。有的学者根据敦煌学研究的进度和现状，将敦煌学分为狭义的敦煌学和广义的敦煌学。所谓狭义的敦煌学也称之为纯粹的敦煌学，即以敦煌藏经洞出土文献和敦煌石窟为研究对象的学术研究。而广义的敦煌学是以敦煌出土文献为主，包括敦煌汉简，及其相邻地区出土文献，如吐鲁番文书、黑水城出土文书为研究对象的文献研究；以敦煌石窟为主，包括河西石窟群、炳灵寺麦积山陇中石窟群、南北石窟为主的陇东石窟群等丝绸之路石窟群，以及关中石窟、龙门、云冈、大足等中原石窟，高昌石窟、龟兹石窟以及中亚印度石窟的石窟艺术与石窟考古研究；以敦煌历史地理为主，包括河西西域地区的历史地理研究，以及中古时期中外关系史研究等。严格意义上说，凡利用敦煌文献和敦煌石窟及其相关资料进行的一切学术研究，都可以称之为敦煌学研究的范畴。

　　敦煌学研究是随着敦煌文献的发现而兴起的一门学科，敦煌文献经斯坦因、伯希和、奥登堡、大谷探险队等先后劫掠,王道士及敦煌乡绅等人为流散,现分别收藏于英国、法国、俄罗斯、日本、瑞典、丹麦、印度、韩国、美国等国家博物馆和图书馆中,因此作为研究敦煌文献的敦煌学一开始兴起就是一门国际性的学术研究。留存中国的敦煌文献除了国家图书馆之外,还有十余省份的图书馆、博物馆、档案馆都收藏有敦煌文献,其次台北图书馆、台北故宫博物院、台湾中央研究院及香港也收藏有敦煌文献,敦煌文献的具体数量没有一个准确的数字,估计在五万卷号左右。敦煌学的研究随着敦煌文献的流散开始兴起,敦煌学一词随着敦煌学研究开始在学术界使用。

敦煌学的研究一般认为是从甘肃学政叶昌炽开始,这是中国学者的一般看法。而20世纪的敦煌学的发展,中国学者将其分为三个阶段:1949年前为敦煌学发展初期,主要是刊布敦煌文献资料;1979年中国敦煌吐鲁番学会成立之前,敦煌学研究停滞不前;1979年之后,由于中国敦煌吐鲁番学会的成立,中国学术界有计划地进行敦煌学研究,也是敦煌学发展最快、成绩最大的阶段。目前随着国家"一带一路"倡议的提出,作为丝路明珠的敦煌必将焕发出新的光彩。新时期的敦煌学在学术视野、研究内容拓展、学科交叉、研究方法和人才培养等诸多方面都面临一系列问题,我们将之归纳如下:

第一,敦煌文献资料的刊布和研究稳步进行。目前完成了俄藏、英藏、法藏以及甘肃藏、上博藏、天津艺博藏敦煌文献的刊布,展开了敦煌藏文文献的整理研究,再一次掀起了敦煌文献研究的热潮,推动了敦煌学研究的新进展。敦煌文献整理研究上,郝春文的英藏敦煌文献汉文非佛经部分辑录校勘工作已经出版了十五册,尽管敦煌学界对其录文格式提出不同看法,但不可否认这是敦煌学界水平最高的校勘,对敦煌学的研究起了很大的作用。其次有敦煌经部、史部、子部文献整理和俄藏敦煌文献的整理正在有序进行。专题文献整理研究工作也出现成果,如关于敦煌写本解梦书、相书的整理研究,郑炳林、王晶波在黄正建先生的研究基础上已经有了很大进展,即将整理完成的还有敦煌占卜文献合集、敦煌类书合集等。文献编目工作有了很大进展,编撰《海内外所藏敦煌文献联合总目》也有了初步的可能。施萍婷先生的《敦煌遗书总目索引新编》在王重民先生目录的基础上，增补了许多内容。荣新江先生的《海外敦煌吐鲁番文献知见录》《英国国家图书馆藏敦煌汉文非佛经文献残卷目录（6981—13624）》为进一步编撰联合总目做了基础性工作。在已有可能全面认识藏经洞所藏敦煌文献的基础上，学术界对藏经洞性质的讨论也趋于理性和全面，基本上认为它是三界寺的藏书库。特别应当引起我们注意的是，甘肃藏敦煌藏文文献的整理研究工作逐渐开展起来，甘肃藏敦煌藏文文献一万余卷，分别收藏于甘肃省图书馆、甘肃省博物馆、酒泉市博物馆、敦煌市博物馆、敦煌研究院等单位，对这些单位收藏的敦煌藏文文献的编目定名工作已经有了一些新的进展，刊布了敦煌市档案局、甘肃省博物馆藏品，即将刊布的有敦煌市博物馆、甘肃省博物馆藏品目录，这些成果会对敦煌学研究产生很大推动作用。在少数民族文献的整理研究上还有杨富学《回鹘文献与回鹘文化》，这一研究成果填补了回鹘历史文化研究的空白，推动了敦煌民族史研究的进展。在敦煌文献的整理研究中有很多新成果和新发现，如唐代著名佛经翻译家义净和尚的《西方记》残卷，就收藏在俄藏敦煌文献中，由此我们可以知道义净和尚在印度巡礼的情况和遗迹；其次对《张议潮处置凉州进表》拼接复原的研究，证实敦煌文献的残缺不但是在流散中形成的，而且在唐五代的收藏中为修补佛经就已经对其进行分割，这个研究引起了日本著名敦煌学家池田温先生的高度重视。应当说敦煌各类文献的整理研究都有类似的发现和研究成果。敦煌学论著的出版出现了一种新的动向，试图对敦煌学进行总结性的出版计划正在实施，如2000年甘肃文化出版社出版的《敦煌学百年文库》、甘肃教育出版社出版的"敦煌学研究"丛书，但都没有达到应有的目的，所以目前还没有一部研究丛书能够反映敦煌学研究的整个进展情况。随着敦煌文献的全部影印刊布和陆续进行的释录工作，将敦煌文献研究与西域出土文献、敦煌汉简、黑水城文献及丝绸之路石窟等有机结合起来，进一步拓展敦煌学研究的领域，才能促生标志性的研究成果。

第二，敦煌史地研究成果突出。敦煌文献主要是归义军时期的文献档案，反映当时敦煌政治经济文化宗教状况，因此研究敦煌学首先是对敦煌历史特别是归义军历史的研究。前辈学者围绕这一领域做了大量工作，20世纪的最后二十年间成果很多，如荣新江的《归义军史研究》等。近年来敦煌历史研究围绕归义军史研究推出了一批显著的研究成果。在政治关系方面有冯培红、荣新江同志关于曹氏归义军族属研究，以往认为曹氏归义军政权是汉族所建，经过他们的详细考证认为曹议金属于敦煌粟特人的后裔，这是目前归义军史研究的最大进展。在敦煌粟特人研究方面，池田温先生认为敦煌地区的粟特人从吐蕃占领之后大部分闯到粟特和回鹘地区，少部分成为寺院的寺户，经过兰州大学各位学者的研究，认为归义军时期敦煌地区的粟特人并没有外迁，还生活在敦煌地区，吐蕃时期属于丝棉部落和行人部落，归义军时期保留有粟特人建立的村庄聚落，祆教赛神非常流行并逐渐成为官府行为，由蕃部落使来集中管理，粟特人与敦煌地区汉族大姓结成婚姻联盟，联合推翻吐蕃统治并建立归义军政权，担任了归义军政权的各级官吏。这一研究成果得到学术界的普遍认同。归义军职官制度是唐代藩镇缩影，归义军职官制度的研究实际上是唐代藩镇个案研究范例，我们对归义军职官制度的探讨，有益于这个问题的解决。归义军的妇女和婚姻问题研究交织在一起，归义军政权是在四面六蕃围的情况下建立的一个区域性政权，因此从一开始建立就注意将敦煌各个民族及大姓团结起来，借助的方式就是婚姻关系，婚姻与归义军政治关系密切，处理好婚姻关系归义军政权发展就顺利，反之就衰落。所以，归义军政权不但通过联姻加强了与粟特人的关系，得到了敦煌粟特人的全力支持，而且用多妻制的方式建立了与各个大姓之间的血缘关系，得到他们的扶持。在敦煌区域经济与历史地理研究上，搞清楚了归义军疆域政区演变以及市场外来商品和交换中的等价物，探讨出晚唐五代敦煌是一个国际性的商业都会城市，商品来自于内地及其中亚南亚和东罗马等地，商人以粟特人为主并有印度、波斯等世界各地的商人云集敦煌，货币以金银和丝绸为主，特别值得我们注意的是棉花种植问题，敦煌与高昌气候条件基本相同，民族成分相近，交往密切，高昌地区从汉代开始种植棉花，但是敦煌到五代时仍没有种植。经研究，晚唐五代敦煌地区已经开始种植棉花，并将棉花作为政府税收的对象加以征收，证实棉花北传路线进展虽然缓慢但没有停止。归义军佛教史的研究逐渐展开，目前在归义军政权的佛教关系、晚唐五代敦煌佛教教团的清规戒律、科罚制度、藏经状况、发展特点、民间信仰等方面进行多方研究，出产了一批研究成果，得到学术界高度关注。这些研究成果主要体现在《敦煌归义军史专题研究续编》《敦煌归义军史专题研究三编》和《敦煌归义军史专题研究四编》中。如果今后归义军史的研究有新的突破，主要体现在佛教等研究点上。

第三，丝绸之路也可以称之为艺术之路，景教艺术因景教而传入，中世纪西方艺术风格随着中亚艺术风格一起传入中国，并影响了中古时期中国社会生活的方方面面。中国的汉文化和艺术也流传到西域地区，对西域地区产生巨大影响。如孝道思想和艺术、西王母和伏羲女娲传说和艺术等。通过这条道路，产生于印度的天竺乐和中亚的康国乐、安国乐和新疆地区龟兹乐、疏勒乐、高昌乐等音乐舞蹈也传入中国，迅速在中国传播开来。由外来音乐舞蹈和中国古代清乐融合而产生的西凉乐，成为中古中国乐舞的重要组成部分，推进了中国音乐舞蹈的发展。佛教艺术进入中原之后，形成自己的特色又回传到河西、敦煌及西域地区。丝绸之路上石窟众多，佛教艺术各有特色，著名的有麦积山石窟、北石窟、南石窟、大象山石窟、水帘洞石窟、炳灵寺石窟、天梯山石窟、马蹄寺石窟、金塔寺石窟、文殊山石窟、榆林窟、莫高窟、西千佛洞等。祆教艺术通过粟特人的墓葬石刻表现出来并保留下来，沿着丝绸之路和中原商业城市分布。所以将丝绸之路称之为艺术之路，一点也不为过，更能体现其特色。丝绸之路石窟艺术研究虽已经有近百年的历史，但是制约其发展的因素并没有多大改善，即石窟艺术资料刊布不足，除了敦煌石窟之外，其他石窟艺术资料没有完整系统地刊布，麦积山石窟、炳灵寺石窟、榆林窟等只有一册图版，北石窟、南石窟、拉梢寺石窟、马蹄寺石窟、文殊山石窟等几乎没有一个完整的介绍，所以刊布一个完整系统的图册是学术界迫切需要。敦煌是丝绸之路上的一颗明珠，敦煌石窟在中国石窟和世界石窟上也有着特殊的地位，敦煌石窟艺术是中外文化交融和碰撞的结果。在敦煌佛教艺术中有从西域传入的内容和风格，但更丰富的是从中原地区传入的佛教内容和风格。佛教进入中国之后，在中国化过程中产生很多新的内容，如报恩经经变和报父母恩重经变，以及十王经变图等，是佛教壁画的新增内容。对敦煌石窟进行深入的研究，必将对整个石窟佛教艺术的研究起到推动作用。20世纪敦煌石窟研究的专家特别是敦煌研究院的专家做了大量的工作，特别是在敦煌石窟基本资料的介绍、壁画内容的释读和分类研究等基本研究上，做出很大贡献，成果突出。佛教石窟是由彩塑、壁画和建筑三位一体构成的艺术组合整体，其内容和形式，深受当时、当地的佛教思想、佛教信仰、艺术传统和审美观的影响。过去对壁画内容释读研究较多，但对敦煌石窟整体进行综合研究以及石窟艺术同敦煌文献的结合研究还不够。关于这方面的研究工作，兰州大学敦煌学研究所编辑出版了一套"敦煌与丝绸之路石窟艺术"丛书，比较完整地刊布了这方面的研究成果，目前完成了第一辑20册。

第四，敦煌学研究领域的开拓。敦煌学是一门以地名命名的学科，研究对象以敦煌文献和敦煌壁画为主。随着敦煌学研究的不断深入，敦煌学与相邻研究领域的关系越来越密切，这就要求敦煌学将自身的研究领域不断扩大，以适应敦煌学发展的需要。从敦煌石窟艺术上看，敦煌学研究对象与中古丝绸之路石窟艺术密切相关，血肉相连。敦煌石窟艺术与中原地区石窟如云冈石窟、龙门石窟、大足石窟乃至中亚石窟等关系密切。因此敦煌学要取得新的突破性进展，就要和其他石窟艺术研究有机结合起来。敦煌石窟艺术与中古石窟艺术关系密切，但是研究显然很不平衡，如甘肃地区除了敦煌石窟外，其他石窟研究无论是深度还是广度都还不够，因此这些石窟的研究前景非常好，只要投入一定的人力物力就会取得很大的突破和成果。2000年以来敦煌学界召开了一系列学术会议，这些学术会议集中反映敦煌学界的未来发展趋势，一是石窟艺术研究与敦煌文献研究的有力结合，二是敦煌石窟艺术与其他石窟艺术研究的结合。敦煌学研究与西域史、中外关系史、中古民族关系史、唐史研究存在内在联系，因此敦煌学界在研究敦煌学时，在关注敦煌学新的突破性进展的同时，非常关注相邻学科研究的新进展和新发现。如考古学的新发现，近年来考古学界在西安、太原、固原等地发现很多粟特人墓葬，出土了很多珍贵的文物，对研究粟特人提供了新的资料，也提出了新问题。2004年、2014年两次"粟特人在中国"学术研讨会，反映了一个新的学术研究趋势，敦煌学已经形成多学科交叉研究的新局面。目前的丝绸之路研究，就是将敦煌学研究沿着丝绸之路推动到古代文明研究的各个领域，不仅仅是一个学术视野的拓展，而且是研究领域的拓展。

第五，敦煌学学科建设和人才培养得到新发展。敦煌学的发展关键是人才培养和学科建设，早在1983年中国敦煌吐鲁番学会成立初期，老一代敦煌学家季羡林、姜亮夫、唐长孺等就非常注意人才培养问题，在兰州大学和杭州大学举办两期敦煌学讲习班，并在兰州大学设立敦煌学硕士学位点。近年来，敦煌学学科建设得到了充分发展，1998年兰州大学与敦煌研究院联合共建敦煌学博士学位授予权点，1999年兰州大学与敦煌研究院共建成教育部敦煌学重点研究基地，2003年人事部博士后科研流动站设立，这些都是敦煌学人才建设中的突破性发展，特别是兰州大学将敦煌学重点研究列入国家985计划建设平台——敦煌学创新基地得到国家财政部、教育部和学校的1000万经费支持，将在资料建设和学术研究上以国际研究中心为目标进行重建，为敦煌学重点研究基地走向国际创造物质基础。同时国家也在敦煌研究院加大资金和人力投入，经过学术队伍的整合和科研项目带动，敦煌学研究呈现出一个新的发展态势。随着国家资助力度的加大，敦煌学发展的步伐也随之加大。甘肃敦煌学发展逐渐与东部地区研究拉平，部分领域超过东部地区，与国外交流合作不断加强，研究水平不断提高，研究领域逐渐得到拓展。研究生的培养由单一模式向复合型模式过渡，研究生从事领域也由以前的历史文献学逐渐向宗教学、文学、文字学、艺术史等研究领域拓展，特别是为国外培养的一批青年敦煌学家也崭露头角，成果显著。我们相信在国家和学校的支持下，敦煌学重点研究基地一定会成为敦煌学的人才培养、学术研究、信息资料和国际交流中心。在2008年兰州"中国敦煌吐鲁番学会"

年会上，马世长、徐自强提出在兰州大学建立中国石窟研究基地，因各种原因没有实现，但是这个建议是非常有意义的，很有前瞻性。当然敦煌学在学科建设和人才培养中也存在问题，如教材建设就远远跟不上需要，综合培养中缺乏一定的协调。在国家新的"双一流"建设中，敦煌学和民族学牵头的敦煌丝路文明与西北民族社会学科群成功入选，是兰州大学敦煌学研究发展遇到的又一个契机，相信敦煌学在这个机遇中会得到巨大的发展。

第六，敦煌是丝绸之路上的一颗明珠，敦煌与吐鲁番、龟兹、于阗、黑水城一样出土了大量的文物资料，留下了很多文化遗迹，对于我们了解古代丝绸之路文明非常珍贵。在张骞出使西域之前，敦煌就是丝绸之路必经之地，它同河西、罗布泊、昆仑山等因中外交通而名留史籍。汉唐以来敦煌出土简牍、文书，保留下来的石窟和遗迹，是我们研究和揭示古代文明交往的珍贵资料，通过研究我们可以得知丝绸之路上文明交往的轨迹和方式。因此无论从哪个角度分析，敦煌学研究就是丝绸之路文明的研究，而且是丝绸之路文明研究的核心。古代敦煌为中外文化交流做出了巨大的贡献，在今天也必将为"一带一路"的研究做出更大的贡献。

由兰州大学敦煌学研究所资助出版的《敦煌与丝绸之路研究丛书》，囊括了兰州大学敦煌学研究所这个群体二十年来的研究成果，尽管这个群体经历了很多磨难和洗礼，但仍然是敦煌学研究规模最大的群体，也是敦煌学研究成果最多的群体。目前，敦煌学研究所将研究领域往西域中亚与丝绸之路方面拓展，很多成果也展现了这方面的最新研究水平。我们将这些研究成果结集出版，一方面将这个研究群体介绍给学术界，引起学者关注；另一方面这个群体基本上都是我们培养出来的，我们有责任和义务督促他们不断进行研究，力争研究出新的成果，使他们成长为敦煌学界的优秀专家。

目 录

第一章　绪论 ………………………………………………………………1
第二章　文殊类经典的初传：东汉、三国、西晋时期的文殊类译经 ………17
　　第一节　东汉三国翻译的文殊类经典 ……………………………19
　　第二节　文殊类经典的持续传译 …………………………………45
第三章　东晋时期的文殊类译经及般若类文殊信仰在中国引起的共鸣
　　………………………………………………………………………105
　　第一节　东晋时期翻译的文殊类经典 ……………………………106
　　第二节　东晋十六国时期中国民众对文殊菩萨的理解和接受 ……118
第四章　南北朝时期文殊信仰在我国的发展 …………………………145
　　第一节　南朝文殊类经典的翻译 …………………………………147
　　第二节　南朝译经中文殊法门特点的完善 ………………………172
　　第三节　南朝文殊信仰的内容 ……………………………………185
　　第四节　文殊信仰在北方的传播 …………………………………196
第五章　隋代的文殊信仰 ………………………………………………225
　　第一节　隋代译经及中土撰述中所示的文殊法门的特点 ………228
　　第二节　隋代文殊信仰的实践活动 ………………………………232

第六章　唐朝、五代时期的文殊信仰 …………………………………239
　　第一节　安史之乱前的文殊信仰 ………………………………241
　　第二节　安史之乱后文殊信仰的特点 …………………………288
结　　语 ……………………………………………………………………345
参考文献 ……………………………………………………………………351

第一章 绪论

　　本文研究的主要对象是中国中古时期的文殊信仰。目前学术界分别以社会性质变迁和文化发展演变为基准，对"中古"一词有着不同的解释，由于本文所研究的文殊信仰是一种文化现象，故此处所说的"中古"使用内藤湖南、钱穆等学者在探讨"唐宋变革"时对"中古"时间范围的界定，即我国的汉唐时期。文殊信仰是一种起源于印度的佛教信仰，该信仰于两汉之际随着佛教的传播进入我国，魏晋南北朝时期逐渐进入中国民众的信仰范畴之内，到中晚唐时期最终发展成为一种结构完整的宗教信仰体系，其影响一直延续至今，是中国佛教中具有举足轻重地位的菩萨信仰。为了能够在中国中古时期的历史全景中全面透视这一信仰体系，笔者拟将与文殊信仰相关的文献及图像作为本文研究的范围，不仅将详细探讨中古时期与文殊信仰有关的宗教教义、宗教心理、宗教修行以及与该信仰关系密切的信仰者、宗教活动、活动场所等文献资料。[①]而且也会将这一时期与文殊信仰有关的艺术表现形式发展、演变进行分析。

---

① 李利安:《试论当代中国宗教的基本形态及发展趋势》，《世界宗教研究》1998年第3期。

文殊信仰顾名思义就是围绕文殊菩萨展开的一种佛教信仰。文殊菩萨（manjusri）全称"文殊师利"，有时也被音译为"曼殊室利""曼殊师利""满祖室哩"等，意译则有"妙吉祥""妙首""妙德""敬首""濡首""溥首"等称号，简称"文殊"。据相关经典记载，该菩萨在过去久远无量无边不可思议阿僧祇劫即已成佛，号曰龙种上如来[①]，不仅曾度脱释迦成佛，而且在释迦牟尼之前的"无央数诸佛，皆是文殊师利弟子"[②]，"三世诸佛以为母，十方如来初发心，皆是文殊教化力"[③]。而其菩萨及佛弟子的身份则是文殊为了在释迦佛土助佛教化的一种应现，后秦竺佛念所译的《菩萨处胎经》中就曾以文殊的口吻、用偈颂的形式对其佛弟子及菩萨的身份做了说明："本为能仁师，今乃为弟子。佛道极广大，清净无增减。或欲现佛身，二尊不并立。"[④]由此可见，文殊菩萨是大乘佛教中一位身份极其特殊的大菩萨。

该菩萨的名号很早就传入中国，自汉末以来就有包含文殊名号汉译佛典出现，一直到北宋，与文殊菩萨有关的汉译佛典约有123部之多[⑤]。有个现象值得注意，虽然从东汉末年的支娄迦谶译经开始，到魏晋南北朝时期中国佛教界翻译已经了80多部显教类文殊经典，其数量远远超过同时期汉译佛经中与观音菩萨相关的经典，但与此时盛行的观音信仰相比，不论出家僧人，还是在家信众，不论上层士人，还是普通民众，对文殊菩萨的信仰并未表现出特别的热情。虽然文殊菩萨所体现的般若深意与善巧方便的完美结合与魏晋南北朝时期上层社会

[①] [后秦]鸠摩罗什译：《首楞严经三昧经》，《大正新修大藏经》第15册，第644页。
[②] [西晋]失译：《放钵经》，《大正新修大藏经》第15册，第451页。
[③] [唐]般若：《大乘本生心地观经》卷3，《大正新修大藏经》第3册，第305页下。
[④] [后秦]竺佛念译：《菩萨处胎经》，《大正新修大藏经》第12册，第1049页。
[⑤] 玉卿：《有关文殊师利菩萨的经典》，《五台山研究》2006年第3期。

士大夫的理想与追求相适应，而且当时已经有文殊造像及关于文殊造像的赞文出现，但在当时人们对文殊菩萨的认识尚未脱离般若类经典的影响，其中《维摩诘经》的流传，曾对这一时期人们心中的文殊形象产生过重要的影响。这一时期大量翻译的文殊类经典，为中国佛教界逐渐对文殊菩萨的本缘、形象、在大乘佛教中角色、地位以及文殊法门的特点能有一个较为系统的认识提供依据，为文殊信仰在我国的传播及发展做了理论上的铺垫。

其后，随着中国佛教界对《法华经》《华严经》的重视，并经过义学沙门的一系列诠释活动，最终形成了诸如李通玄在《新华严经论》中所概括的"说此一部经（《华严经》）之问答体用所乘之宗大意，总相具德有三：一佛，二文殊，三普贤……文殊为法身妙慧，普贤为万行威德故，体用自在名之为佛"[1]的三圣一体崇拜格局，进一步提高了文殊菩萨在中国佛教中的地位，不仅完成了文殊从一位来自他方佛土的菩萨向释迦佛土菩萨的身份转变，而且实现了文殊菩萨从佛教中般若智慧的象征到代表整体佛教智慧的转变[2]，使文殊信仰的理论体系更加完善与成熟。而唐代密教的兴起，则为文殊信仰的发展提供了一套操作性极强实践体系，并在统治者的支持下，实现了五台山的圣山化，最终为宣扬文殊信仰提供了一个重要基地。正是由于同时具备了深厚的理论基础、广阔的实践空间以及神圣化的传播基地，从而形成了"经典""传说""圣山""塔象""灵迹""信徒"之间的一种良性互动，因此在唐代中晚期文殊信仰被普及到当时中国疆域内的每一座寺

---

[1] [唐]李通玄：《新华严经论》卷四，《大正新修大藏经》第36册，第745页上。
[2] 魏道儒：《文殊信仰发展的主脉——从印度佛教到中国佛教》，《世界宗教文化》2016年第5期。

院①,成为一种跨越社会阶层、跨越知识架构、跨越地区民族、跨越佛教宗派的普世化的信仰,对中国乃至整个东亚地区的哲学、宗教、艺术、政治、文学等领域都产生了重要的影响。所以考察中国中古时期的文殊信仰具有重要意义,不仅是理解文殊信仰在中国传承、发展的重要组成部分,也是探讨中古时期佛教中国化的一个重要突破口;不仅有利于认识中国佛教信仰体系的基本特点,也是认识中印佛教文化交流互鉴的重要个例②;不仅是研究佛教义理在我国传承、发展的重要组成部分,也是窥探中国式菩萨信仰形成、发展过程的重要切入点;是理解中国佛教如何影响周边国家、地区的一个重要案例。

关于中国中古文殊信仰的研究,国内外已有较多的著作及论文。其重要者可以归于以下五个方面:

一、从历史学的角度考察文殊信仰在我国传播、发展的过程。主要有成果有:小野玄妙的《唐宋时期的五台山佛教文化》③、井上以智为的《唐代五台山佛教》④、神林隆净的《五台山与文殊菩萨》⑤、小野胜年和日比野丈夫合著的《五台山》⑥、Lamotte,Etienne Manjusri⑦、

---

① [唐]圆照:《代宗朝赠司空大辨正广智三藏和上表制集》卷3,《大正新修大藏经》第52册,第841页。

② 魏道儒:《文殊信仰发展的主脉——从印度佛教到中国佛教》,《世界宗教文化》2016年第5期。

③ 小野玄妙:「唐宋時代における五台山の佛教文化」『大乘佛教藝術史の研究』,大雄閣,1927年。

④ 井上以智為:「唐代に於ける五台山の佛教」(上、中、下一、下二),『歷史と地理』(1928:21(5)、1928:22(6)、1929:24(2)、1929:24(3)。

⑤ 神林隆淨「五台山と文殊菩薩」『佛教學の諸問題』,岩波書店,1935年。

⑥ 小野胜年、日比野丈夫『五台山』,座右寶刊行會,1942年。

⑦ Lamotte,Etienne,Manjusri,Toung pao,48,1960.

山本谦治的《五台山圣地信仰的形成——佛教圣地形成之一例》[1]、崔正森《五台山佛教史》[2]、Lin Wei-cheng Building a Sacred Mountain[3]、李海波《唐代文殊信仰研究》[4]、杨富学《回鹘五台山信仰与文殊崇拜考》[5]、杨曾文《唐宋文殊菩萨信仰与五台山》[6]、孙修身《四川地区文殊菩萨信仰述论》[7]、王俊中《五台山的"圣山化"与文殊菩萨道场的确立》[8]、扎洛《吐蕃求〈五台山图〉史事杂考》[9]、冯巧英《五台山文殊道场的形成与发展》[10]、党燕妮《五台山文殊信仰及其在敦煌的流传》[11]、林韵柔的《五台山与文殊道场——中古佛教圣山信仰的形成与发展》[12]、杨富学的《西夏五台山信仰斠议》[13]、简庆玲的《五台山文殊信仰的宣扬——〈古清凉传〉的研究》[14]、学诚法师的

---

[1] 山本謙治「五台山における聖地信仰の形成—仏教聖地形成の一例として」『人文科学』11，1991年。
[2] 崔正森：《五台山佛教史》，太原：山西人民出版社，2000年。
[3] Lin Wei-cheng, Building a Sacred Mountain: Buddhist Monastic Architecture in Mount WuTai during the Tang Dynasty, 618-907C.E. University of Chicago, 2006.
[4] 李海波：《唐代文殊信仰研究》，西北大学硕士学位论文，2002年。
[5] 杨富学：《回鹘五台山信仰与文殊崇拜考》，载于《麦积山石窟艺术文化论文集》，兰州：兰州大学出版社，2004年，第441—447页。
[6] 杨曾文：《唐宋文殊菩萨信仰与五台山》，《五台山研究》1990年第1期。
[7] 孙修身：《四川地区文殊菩萨信仰述论》，《敦煌研究》1997年第4期。
[8] 王俊中：《五台山的"圣山化"与文殊菩萨道场的确立》，《正观杂志》1998年第7期。
[9] 扎洛：《吐蕃求〈五台山图〉史事杂考》，《民族研究》1998年第1期。
[10] 冯巧英：《五台山文殊道场的形成和发展》，《太原大学学报》2002年第1期。
[11] 党燕妮：《五台山文殊信仰及其在敦煌的流传》，《敦煌学辑刊》2004年第1期。
[12] 林韵柔：《五台山与文殊道场——中古佛教圣山信仰的形成与发展》，台湾大学历史学研究所2009年博士学位论文。
[13] 杨富学：《西夏五台山信仰斠议》，《西夏研究》2010年第1期。
[14] 简庆玲：《五台山文殊信仰的宣扬——〈古清凉传〉的研究》，南华大学宗教学研究所2010年硕士学位论文。

《文殊信仰的中国化表达——以山西五台山为例》①、魏道儒的《文殊信仰发展的主脉——从印度佛教到中国佛教》②、郭凯铭的《汉唐时期文殊菩萨信仰研究》③等。这些研究虽然侧重点各不相同，但多以历史发展为切入点，围绕文殊信仰的发展、演变展开的。既有对该信仰在我国传播、发展的总体把握，也有对我国不同时期、不同地区文殊信仰具体情形的探讨，是我们了解和认识文殊信仰在我国传播的基石。不过由于研究者学科背景的差异，故相关研究的侧重点也各不相同，或以文殊思想的中国化为重点，或以文殊信仰的相关史料为主要研究对象，缺少一种将二者结合起来置于中古时期中国大的历史背景进行系统探讨的研究，故这一领域的研究仍有进一步拓展的必要。

二、从哲学、宗教学的角度考察文殊信仰的内涵、文殊法门的特点，以及佛教各宗派及僧人的文殊信仰等问题。主要成果有：手岛文仓的《文殊思想发展论》④、山田亮贤的《华严经中的文殊菩萨》⑤、大南竜升《三昧经典与文殊菩萨》⑥、氏家昭夫《般若经和文殊信仰》⑦、光川豊藝的《文殊菩萨及其净土——以〈文殊佛土严净经〉为中心》⑧、平川彰《大乘佛教的兴起与文殊菩萨》⑨、印顺法师的《文

---

① 学诚：《文殊信仰的中国化表达——以山西五台山为例》，《世界宗教文化》2016年第6期。
② 魏道儒：《文殊信仰发展的主脉——从印度佛教到中国佛教》，《世界宗教文化》2016年第5期。
③ 郭凯铭：《汉唐时期文殊菩萨信仰研究》，中国文化大学史学系博士学位论文，2017年。
④ 手島文倉：「文殊思想發展論」『印度仏教の研究』文献書院，1922年。
⑤ 山田亮賢：《華厳経における文殊菩薩》，《大谷学报》47(3)，1967年。
⑥ 大南竜昇：「三昧経典と文殊菩薩」『印度学仏教学研究』22卷2号，1974年。
⑦ 氏家昭夫：「般若経と文殊菩薩」『密教文化』卷115号，1976年。
⑧ 光川豊芸：「文殊菩薩とその仏国土—〈文殊師利仏土嚴淨經〉を中心に」，『仏教学研究』通号45·46，1990年。
⑨ 平川彰：「大乗仏教の興起と文殊菩薩」，『印度哲学佛教学』18卷2号，1970年。

殊师利法门》①、黄靖芠的《文殊师利菩萨本愿研究》②、李利安的《观音与文殊：悲智双运的理论价值与实践意义》③、吕建福《五台山文殊信仰与密宗》④、释慧道的《〈华严经〉中的文殊菩萨及其法门》⑤、周圣贞的《"文殊即菩提"的修学义理——以〈大宝积经·文殊师利授记会〉为主要依据》⑥、游祥洲的《略论文殊法门的圆顿与渐次——以〈维摩诘经〉与〈诸法无行经〉两部经典为讨论范围》⑦、蒋义斌的《张商英〈续清凉传〉与文殊师利法门》⑧、崔正森的《文殊菩萨禅法》⑨、岩崎日出男的《不空三藏与五台山文殊信仰的传播》⑩、向井隆健的《不空三藏的文殊菩萨信仰》⑪、刘长东的《法照事迹新考》⑫、张先堂的《唐代净土宗师法照与五台山、并州关系新探》⑬、

---

① 印顺：《文殊师利法门》，载于《初期大乘佛教的起源与展开》，中华书局，2009年，第745—852页。
② 黄靖芠：《文殊师利菩萨本愿研究》，(台南)台湾成功大学中国文学系硕士学位论文，1998年。
③ 李利安：《观音与文殊：悲智双运的理论价值与实践意义》，《中国宗教》2005年第6期。
④ 吕建福：《五台山文殊信仰与密宗》，《五台山研究》1989年第2期。
⑤ 释慧道：《〈华严经〉中的文殊菩萨及其法门》，华严专宗学院研究所第五届毕业论文，2000年。
⑥ 周圣贞：《"文殊即菩提"的修学义理——以〈大宝积经·文殊师利授记会〉为主要依据》，华梵大学东方人文思想研究所硕士学位论文，2008年。
⑦ 游祥洲：《略论文殊法门的圆顿与渐次——以〈维摩诘经〉与〈诸法无行经〉两部经典为讨论范围》，"第三届两岸禅学讨论会"论文，2000年。
⑧ 蒋义斌：《张商英〈续清凉传〉与文殊师利法门》，《佛学研究中心学报》第5期，2000年。
⑨ 崔正森：《文殊菩萨禅法》，《五台山研究》2006年第2期。
⑩ 岩崎日出男：「不空三藏の五臺山文殊信仰の宣布について」，『密教文化』，181号，1993年。
⑪ 向井隆健：「不空三藏の文殊菩薩信仰」，『大正大学研究紀要』第70辑，1985年。
⑫ 刘长东：《法照事迹新考》，《佛学研究》1998年。
⑬ 张先堂：《唐代净土宗师法照与五台山、并州关系新探》，《敦煌研究》2003年第3期。

杜继文的《五台山与〈华严经〉的基本思想》[①]、林昕的《汉译佛典文殊故事研究》[②]、孟东丽的《唐译文殊经典中的护国思想》[③]、赵林恩的《唐代五台山禅宗史料拾遗》[④]、王颂的《五台山文殊信仰与华严初祖崇拜》[⑤]、张正的《汉译初期大乘经典中的文殊思想研究》[⑥]等。这些研究主要涉及文殊信仰的思想内涵和中国佛教各宗派及其僧人与文殊信仰的关系两个基本问题。对前一个问题的研究，日本学者的成果较多，如日本学者光川豐藝、氏家昭夫等人探讨了华严类、般若类、三昧类佛教经典中文殊思想的特点，并对与文殊菩萨关系密切的《文殊佛土严净经》《佛说魔逆经》的内容、结构及所体现出的文殊思想的特点进行了阐释。而印顺法师则从"文殊教典略述""文殊法门的特色"两方面对文殊法门的特点进行了系统阐释，对文殊思想研究起到了开拓性的作用，黄靖芝、周贞圣、张正等人的博硕士论文都是在印顺法师研究的基础上展开的。中国学者的研究主要集中在第二个问题上，如杜继文、方立天等先生分别从华严宗、禅宗、净土宗等方面对佛教各宗派的文殊信仰进行了分析。但总的来看，这些研究成果主要集中在《华严经》《首楞严三昧经》等部分经典及华严宗、密宗等少数佛教宗派，不仅研究范围有限，而且其深度也有待于进一步拓展。

三、从艺术学、考古学的角度考释文殊图像的内容。如小岛彩

[①] 杜继文:《五台山与〈华严经〉的基本思想》,《五台山研究》,1986年第5期。
[②] 林昕:《汉译佛典文殊故事研究》,(台湾)中正大学中国文学所2006年硕士学位论文。
[③] 孟东丽:《唐译文殊经典中的护国思想》,《宗教学研究》2017年第1期。
[④] 赵林恩:《唐代五台山禅宗史料拾遗》,《忻州师范学院学报》2004年第6期。
[⑤] 王颂:《五台山文殊信仰与华严初祖崇拜》,《世界宗教研究》2017年第1期。
[⑥] 张正:《汉译初期大乘经典中的文殊思想研究》,中央民族大学博士学位论文,2019年。

《騎象普賢と騎獅文殊の図像—中国における成立過程》①、石松日奈子《維摩・文殊像の研究—中国南北朝期仏教美術におげる左右対置表現の一例として》②、高崎富士彦《八字文殊像研究》③、井上曙生《与文殊菩萨有关的经典和图像研究》④、金子启明《文殊五尊像的成立和中尊寺院藏文殊五尊像（序说）》⑤、内田启一《八字文殊画像的图像学考察》⑥、《巴拉王朝的文殊菩萨像》⑦、高濑多闻《文殊五尊像及其相关问题》⑧、林温《新出土八字文殊曼荼罗图研究》⑨、下松彻《文殊菩萨——图像与信仰》⑩、藤泽隆子《文殊菩萨像造立的谱系》（上、下）⑪、赖富本宏《印度现存的文殊菩萨像》⑫、孙修身主编的《佛教东传故事画卷》⑬、孙晓岗的《文殊菩萨图像学研究》⑭、姜莉的

---

① 小島彩:「騎象普賢と騎獅文殊の図像—中国における成立過程」,『美術史』第44卷,1995年。
② 石松日奈子:「維摩・文殊像の研究—中国南北朝期仏教美術におげる左右対置表現の一例として」,『南都仏教』第71号,1995年。
③ 高崎富士彦:「八字文殊像について」,『東京国立博物館研究誌』第239号,1971年。
④ 井上曙生:「経典と図像—文殊菩薩関して」,『密教図像』第3号,1984年。
⑤ 金子啓明:「文殊五尊図像の成立と中尊寺経藏文殊五尊像（序說）」,『東京国立博物館紀要』第18号,1982年。
⑥ 内田啓一:「八字文殊画像の図像学的考察」,『南都仏教』第58号,1987年。
⑦ 内田啓一:「パーラ朝期の文殊菩薩像」,『仏教芸術』第178号,1988年。
⑧ 高瀬多聞:「文殊五尊図像に関するいくつかの問題」,『美術史研究』第28号,1990年。
⑨ 林温:「新出の八字文殊曼荼羅図について」,『仏教芸術』第223号,1995年。
⑩ 下松徹:「文殊菩薩—そのかたちと信仰」,『高野山大学密教文化研究所紀要』第8号,1994年。
⑪ 藤澤隆子:「文殊菩薩像造立の一系譜（上、下）」,『東海女子大学紀要』第19、20号,1999年、2000年。
⑫ 賴富本宏:「インド現存の文殊菩薩像」,『成田山仏教研究所紀要』11卷1号,1988年。
⑬ 孙修身主编:《佛教东传故事画卷》,香港:商务印书馆（香港）有限公司,1999年。
⑭ 孙晓岗:《文殊菩萨图像学研究》,兰州:甘肃人民美术出版社,2007年。

《魏晋南北朝至五代文殊菩萨典型造像研究》[1]、沙武田的《莫高窟第61窟中心佛坛造像为绘塑结合"新样文殊变"试考》[2]、贺世哲的《敦煌石窟中的〈维摩诘经变〉》[3]、林伟正的《山的圣化：唐代（618—907年）五台山的寺院建筑》[4]、Dorothy C.Wong《敦煌莫高窟61窟五台山图研究》[5]、Mary Anne Cartelli《五色彩云：五台山赞》[6]、张南南《吉美美术馆所藏〈五台山文殊菩萨化现图〉研究》[7]、赵声良的《莫高窟第61窟五台山图研究》[8]、李永宁的《敦煌莫高窟第159窟文殊、普贤赴会图——莫高窟第159窟初探之一》[9]、吕建福的《千钵文殊的产生及其影响》[10]、孙修身的《中国新样文殊与日本文殊三尊、五尊像之比较研究》[11]、张惠民的《敦煌〈五台山化现图〉早期底本的图

---

[1] 姜莉:《魏晋南北朝至五代文殊菩萨典型造像研究》,上海大学2010年美术学硕士学位论文。

[2] 沙武田、梁红:《莫高窟第61窟中心佛坛造像为绘塑结合"新样文殊变"试考》,载于《2005年云冈国际学术研讨会论文集·研究卷》,北京:文物出版社,2006年,第441—456页。

[3] 贺世哲:《敦煌石窟中的〈维摩诘经变〉》,《敦煌研究》1982年第2期。

[4] Lin Wei-cheng,Building a Sacred Mountain: Buddhist Monastic Architecture in Mount WuTai during the Tang Dynasty,618-907C.E. University of Chicago,2006.

[5] Dorothy C.Wong, Reassessment of the Representation of Mt.Wutai from Dunhuang Cave 61,Archives of Asian Art,Vol.46,1993.

[6] Mary Anne Cartelli,On a Five-Colored Cloud: The Songs of Mount Wutai,Journal of the American Oriental Society124(4), 2004.

[7] 张南南:「ギメ東洋美術館所藏〈五台山文殊菩萨化现图〉について」,『京都美術学史学』2002年第1号。

[8] 赵声良:《莫高窟第61窟五台山图研究》,《敦煌研究》1993年第4期。

[9] 李永宁:《敦煌莫高窟第159窟文殊、普贤赴会图——莫高窟第159窟初探之一》,《敦煌研究》1993年第4期。

[10] 吕建福:《千钵文殊的产生及其影响》,《五台山研究》1994年第3期。

[11] 孙修身:《中国新样文殊与日本文殊三尊、五尊像之比较研究》,《敦煌研究》1996年第1期。

像及其来源》①、潘亮文的《敦煌唐代文殊菩萨图像试析》②、王中旭的《吐蕃时期敦煌〈五台山化现图〉与五台山信仰》③、殷光明的《从释迦三尊到华严三圣的图像转变看大乘菩萨思想的发展》④、赵晓星的《吐蕃统治时期传入敦煌的中土图像——以五台山图为例》⑤、许栋和许敏的《新样文殊中的于阗王及其相关问题研究——以敦煌发现的新样文殊图像为中心》⑥、惟善的《千臂千钵文殊图像探析》⑦、林伟正的《五台山骑狮文殊像的宗教图像历史与视觉文化分析》（上、下）⑧等。这些研究对不同时期文殊图像的内容、风格及内涵做了探讨，涉及维摩诘经变、华严三尊、新样文殊、千手千钵文殊、五台山图等，基本囊括了我国中古时期与文殊信仰有关的宗教图像，是研究中古文殊信仰的重要组成部分。但这些研究成果多是对文殊图像的内容、形式及形成、演变进行探讨，如能将文殊图像作为一种特殊的物质载体，研究不同类型文殊图像出现的历史背景、反映的宗教内涵，并还原此类图像在宗教活动中的实际用途，那么对该问题的研究将会进一步深入。

---

① 张惠民：《敦煌〈五台山化现图〉早期底本的图像及其来源》，《敦煌研究》2000年第4期。
② 潘亮文：《敦煌唐代文殊菩萨图像试析》，《敦煌研究》2013年第3期。
③ 王中旭：《吐蕃时期敦煌〈五台山化现图〉与五台山信仰》，《美术研究》2009年第3期。
④ 殷光明：《从释迦三尊到华严三圣的图像转变看大乘菩萨思想的发展》，《敦煌研究》2010年第3期。
⑤ 赵晓星：《吐蕃统治时期传入敦煌的中土图像——以五台山图为例》，《文艺研究》2010年第5期。
⑥ 许栋、许敏：《新样文殊中的于阗王及其相关问题研究——以敦煌发现的新样文殊图像为中心》，《吐鲁番研究》2016年第1期。
⑦ 惟善：《千臂千钵文殊图像探析》，《世界宗教文化》2017年第2期。
⑧ 林伟正：《五台山骑狮文殊像的宗教图像历史与视觉文化分析》（上、下），《艺术学研究》2019年第1、2期。

四、从文献学的角度对文殊类经典及相关文献进行整理、研究。主要有：崛内宽仁《文殊仪轨梗概》（1—3）[①]、長部和雄《赵宋时代的中国密教——天息灾译文殊仪轨经研究》[②]、中村薰《〈华严经〉的菩萨观——以普贤、文殊、弥勒三圣之间的关系为例》[③]、服部法照《文殊师利般涅槃经与观经类》[④]、高橋純佑《四十二字门与文殊菩萨》[⑤]、Shakya Sudan《佛教文献中关于文殊师利解释的研究》[⑥]、伊藤加奈子《アラパチャナ文殊五尊マンダラの翻訳研究》[⑦]、山本侍弘《文殊师利的发菩提心偈——中观仪礼的一个侧面》[⑧]、业师杜斗城的《敦煌五台山文献校录研究》[⑨]、白化文等《入唐求法巡礼行记校注》[⑩]、乔丽萍等《新校参天台五台山记》[⑪]、肖武男的《文殊菩萨经典》[⑫]、董志翘的《敦煌写本〈诸山圣迹志〉校理》[⑬]、杜瑞平的《"

---

① 崛内寬仁:「文殊儀軌経の梗概」(1—3),『密教文化』第7—9号,1949—1950年。
② 长部和雄:「趙宋時代の中国風密教——天息災訳文殊儀軌經の研究」,『密教文化』第93号,1970年。
③ 中村薰:「〈華嚴經〉の菩薩観—特に普賢・文殊・弥勒の三聖関係について」,『日本仏教学会年報』第51号,1985年。
④ 服部法照:「文殊師利般涅槃経と観経類」,『印度學仏教學研究』第39(1),1990年。
⑤ 高橋純佑:「四十二字门と文殊菩薩」,『智山学報』第39号,1990年。
⑥ Shakya Sudan:「仏教文献に見られる文殊師利の解釈の展開について」,『密教學』第45号,2009年。
⑦ 伊藤加奈子:「アラパチャナ文殊五尊マンダラの翻訳研究」,『密教学会報』(39・40),2001年。
⑧ 山本侍弘:「Ambararaja(文殊師利)の発菩提心偈--中觀儀礼の一側面」,『論集』第32号,2005年。
⑨ 杜斗城:《敦煌五台山文献校录研究》,太原:山西人民出版社,1991年。
⑩ 白化文、李鼎霞、许德楠校注:《入唐求法巡礼行记校注》,石家庄:花山出版社,2007年。
⑪ [日]成寻著,王丽萍校点:《新校参天台五台山记》,上海:上海古籍出版社,2009年。
⑫ 肖武男主编:《文殊菩萨经典》,北京:华夏出版社,2007年
⑬ 董志翘:《敦煌写本〈诸山圣迹志〉校理》,《敦煌研究》2003年第3期。

清凉三传"与文殊信仰》①、《〈广清凉传〉与文殊形象研究》②等。这些研究大致可分为两种，一种是日本学者对部分文殊类经典的研究，内容包括佛教思想、文殊信仰等多个方面，具有较高的学术价值，是深入研究文殊信仰的基础。但是相对于佛教中数量众多的文殊类经典，目前进行过较为系统整理的经典很少，所以研究的广度有待于进一步扩展。另一部分是中国学者通过对"清凉三传"及敦煌遗书中的相关文献的整理，并通过探讨这些文献来揭示文殊信仰的内容。其中，杜斗城先生的《敦煌五台山文献校录研究》是学术界最早对敦煌遗书中的五台山文献进行整理的专著。书中不仅系统地整理了当时公布的敦煌遗书中的相关文献资料，而且还对这些资料进行考察，内容涉及佛教、文学、历史地理、政治等多个方面，是目前研究文殊信仰的基础性著作之一。但总的来说，目前这一领域的研究成果相对较少，而且多停留在文献校对的层面，有必要对相关的资料进行系统、深入地探讨，以为相关研究提供基础资料。

五、从社会学、政治学的角度考察文殊信仰的演变。主要有荣新江的《敦煌文献和绘画反映的五代宋初中原与西北地区的文化交往》③、岩崎日出男《不空三藏与五台山文殊信仰的传播》④、Paul M. Harrison 《文殊师利与神圣菩萨崇拜》⑤、中田美绘的《五台山文殊信

---

① 杜瑞平：《〈清凉三传〉与文殊信仰》，《中国文化研究》2010年冬之卷。
② 杜瑞平：《〈广清凉传〉与文殊形象研究》，《美与时代（中）》2012年第2期。
③ 荣新江：《敦煌文献和绘画反映的五代宋初中原与西北地区的文化交往》，《北京大学学报》1988年第2期。
④ 岩崎日出男：「不空三藏の五臺山文殊信仰の宣布について」，『密教文化』181，1993年。
⑤ Paul M. Harrison:Manjusri and the Cult of the Celestial Bodhisattvas,《中华佛学学报》，13(2)，2000年。

仰与王权——通过对金阁寺的修建进行分析》①、古正美《唐代宗与不空金刚的文殊信仰》②《唐代五台山文殊信仰的奠基者——武则天》③、海波和赵万峰的《唐代政权与文殊菩萨信仰的互动》④、吕建福的《论不空的政教思想》⑤、武绍卫的《中古时期五台山信仰的传播路径考——以中古时期的五台山"巡礼"和"化现故事"为中心》⑥、李海波的《唐代文殊信仰兴盛的政治背景》⑦等。这些研究主要是将文殊信仰置于唐、五代的政治背景中，从政教关系的角度对文殊信仰盛行的原因及演变过程进行了考察，但相关研究所涉及的时间与内容都比较有限。如古正美、中田美绘等学者以安史之乱后的内忧外患为切入点，对唐代宗、不空三藏等人发展文殊信仰的原因、过程及影响进行了分析，论证翔实、立论新颖，对我们研究唐代文殊信仰有着重要的启发意义。但是这些研究过于强调代宗及不空在这一过程中所起的作用，有过犹而不及之嫌。笔者以为，如能综合当时的社会文化、佛教发展的特点及其他僧人、官员等进行研究，其结论则会更加全面、客观。而且，这些研究成果主要局限于唐代，其研究范围也有待于进一步拓展。

---

① 中田美绘：「五臺山文殊信仰と王權における金閣寺修築の分析を通じて」，『東方学』第117号，2009年。
② 古正美：《唐代宗与不空金刚的文殊信仰》，载于《唐代佛教与佛教艺术》，(台北)觉风佛教艺术基金会，2006年。
③ 古正美：《唐代五台山文殊信仰的奠基者——武则天》，载于《从天王传统到佛王传统》，台北：商周出版社，2003年。
④ 海波、赵万峰：《唐代政权与文殊菩萨信仰的互动》，《宗教学研究》2011年第4期。
⑤ 吕建福：《论不空的政教思想》，《世界宗教研究》2010年第4期。
⑥ 武绍卫：《中古时期五台山信仰的传播路径考——以中古时期的五台山"巡礼"和"化现故事"为中心》，《首都师范大学学报》2017年第5期。
⑦ 李海波：《唐代文殊信仰兴盛的政治背景》，《西北大学学报》2004年第1期。

此外，还有一些关于文殊菩萨通俗读物。如陈扬炯的《文殊菩萨》[1]、蓝吉富主编的《文殊菩萨圣德新编》[2]、洪启嵩的《菩萨净土·文殊净土》[3]、罗伟国的《话说文殊》[4]、崔正森等的《敦煌石窟〈五台山图〉研究》[5]、卢晓蓉的《智慧妙吉祥：文殊其人与文殊信仰》[6]等。这些著作的主要读者为普通民众，故内容较为浅显，但是涉及的时间及地域也都比较广泛，而且部分观点也较为新颖，可以作为了解文殊信仰的入门读物。

综上所述，中国中古文殊信仰是中国佛教史、佛教美术史领域关注的一个热点，不仅为多国学者共同关注、研究者众多，而且持续时间长，取得了不俗的成绩。其特点大致如下：日本学者对该问题的研究起步最早，且其研究多能从细处着手，涉及内容广泛，资料翔实可靠，分析论证严密，有相当的学术深度。欧美学者则以梵文及巴利文佛教典籍为基础，注意对文殊菩萨的起源和地位的研究，有很多独到的见解。而近年来，我国学者在传统的研究领域及研究方法的基础上，又吸收了很多日本、欧美等国学者的研究方法及研究成果，使得关于文殊信仰的研究方法、研究领域都有了较大的拓展、深入，并取得了大量的成果。

但是我们也应该清楚地认识到，国内外学术界对文殊信仰的研究也存在着许多不足。文殊菩萨不仅是佛教诸菩萨中有着代表意义的大

---

[1] 陈扬炯：《文殊菩萨》，太原：山西高校联合出版社，1994年。
[2] 蓝吉富主编：《文殊菩萨圣德新编》，台北：迦陵出版社，1995年。
[3] 洪启嵩：《菩萨净土·文殊净土》，台北：全佛出版社，1995年。
[4] 罗伟国：《话说文殊》，上海：上海书店出版社，1998年。
[5] 崔正森：《敦煌石窟〈五台山图〉研究》，太原：山西科学技术出版社，2010年。
[6] 卢晓蓉：《智慧妙吉祥：文殊其人与文殊信仰》，郑州：中州古籍出版社，2016年。

菩萨，而且由于其信仰在中国流传有着一套较为完整的发展、演变的体系，不仅与佛教中的其他信仰体系有一定的联系，而且也有很多自己的独特之处，所以该菩萨不仅在佛教中地位独特，而且其信仰也是中国中古佛教中兼具普遍与特殊现象的一个典型代表。而纵观学术界对文殊信仰的研究虽然很多，但是目前还没有能够系统体现文殊信仰在中国流传的研究，也缺乏从整体上对中古时期文殊信仰中国化过程与当时政治、社会、文化相结合的观察。所以笔者本文中试图解读中古时期文殊信仰发展的背景及特点，探究文殊信仰进入中国的原因、途径，并最终为中国民众所接受、在唐代达到鼎盛成为一种国家信仰的历程。研究这一课题，涉及到宗教、历史、图像等方面的资料，笔者拟将这些资料置于中古不同时期的历史背景中，以文殊信仰体系的逐渐完善为讨论重点，力图在文献和图像相结合的基础上，运用宗教学、历史学、图像学、社会学等方法全面"还原"中国中古文殊信仰的基本情形。努力做到通过这一研究填补学术上的某些空白之处的同时，也能够在理论上为中国宗教学、历史学、哲学、图像学、社会史等研究方法的不断丰富与进步过程中提供一些具体的素材和理论滋养。并在实践上为中国佛教目前正在进行的现代化、生活化的变革提供一定的历史的借鉴及把握未来走向的参考。

第二章 文殊类经典的初传：东汉、三国、西晋时期的文殊类译经

与观音信仰不同，虽然文殊信仰在传入中国之前，在佛教典籍中已经形成一种较为成熟的菩萨信仰模式，但目前尚无确切资料记载该菩萨信仰在印度流传的具体形式。虽然东晋法显的《法显传》、唐代玄奘的《大唐西域记》中都曾提到秣菟罗国有文殊等诸菩萨塔，"每岁三长及月六斋，……其学大乘者供养诸菩萨。是日也，诸窣堵波竞修供养，珠幡布列，宝盖骈罗，香烟若云，华散如雨，蔽亏日月，震荡溪谷。国王大臣，修善为务。"①但其重点是在描述该国佛教的兴盛，并没有对文殊信仰给予特别的关注。而目前已公布的其他僧人的游记中则根本没有印度文殊信仰的内容。此外，佛、菩萨等的造像是一种佛教信仰流行的重要表现形式，从近、现代西方及日本学者的调查报告来看，从公元二世纪开始，印度佛教艺术中逐渐产生了释迦、弥勒、观音等造像，但目前已发现的、可以确定为文殊菩萨的造像已经到了公元七—八世纪。所以说文殊菩萨作为大乘佛教中的一位大菩萨，虽然在佛经中有着很高的地位，但是其影响主要体现在佛教义理中。在

---

① [唐]玄奘、辩机原著，季羡林等校注：《大唐西域记校注》，北京：中华书局，1985年，第382页。

佛教信仰层面，其在印度佛教的地位远逊于观音菩萨，或者有可能被部分佛教信徒或很少的佛教教团供养、崇拜，但是影响并不广泛。

与之相反，该信仰在传入中国之后却产生了巨大的影响，不仅有着固定的信众，与之相关的传说及文学作品、造像组合，甚至与山岳信仰相结合，形成了专有的道场，取得了与观音菩萨同等，甚至在某个时期内超过观音信仰的地位，而其影响也延续至今。那么文殊信仰为什么在印度影响较小，而传入中国后却被人们的普遍崇拜？它又是在什么时候、以何种形式传入中国的？带着种种问题，我们展开本书的论述。

作为一种外来宗教，佛教在中国的传播的一个重要前提就是将其经典由梵文或胡语翻译为中国人可以理解的汉语，这也是佛教信仰在中国流传的必要条件之一。故探讨中国中古文殊信仰的流传，必以研究文殊类经典的翻译为开端。但是由于在汉译佛典中，文殊类经典不仅数量众多，而且其翻译时间也跨越了东汉、三国、魏晋、南北朝、隋、唐、北宋多个时期，所经历的社会文化、语言习惯以及国人对佛教教义的理解和关注的重点都发生了很大的变化，所以本书中拟以社会文化的变迁及佛教思想的演变为依据，并结合同时期的时代兴替及王朝更迭，将文殊类经典的翻译及文殊信仰的传播和发展分为东汉三国西晋时期、东晋南北朝时期、隋代及唐前期以及中晚唐时期等阶段，探讨不同阶段文殊类经典所反映的文殊法门的特点，并将这些特点置于当时的时代背景中，结合历代高僧对相关经典的疏释及佛教信仰崇奉文殊菩萨的活动，探讨不同时期基于文殊类经典所形成文殊信仰的特点，"还原"不同时期文殊信仰的基本情形。

第一节　东汉三国翻译的文殊类经典

目前，学术界一般认为，我国的佛经翻译史经历了古译、旧译、新译三个阶段。其中，从两汉之际译经开始到鸠摩罗什在长安召开译场之前是我国佛教史上的古译时期，鸠摩罗什译经开始到唐玄奘归国前的这段时间大致相当于我国佛教史上的旧译时期，唐玄奘归国后则开启了我国佛经翻译史上的新译时期。东汉三国时期大致相当于我国佛经翻译史上古译的早期阶段，当时来华传法的西域高僧在中国助译人员的支持下，倾全力翻译了大量的佛教典籍，虽然这一时期的译经因译者的水平、翻译所用底本的优劣等问题，饱受"迂而乖本"之诟病，但这些经典不仅为佛教在中国的发展奠定了基础，而且其中的文殊类经典也开启了文殊由"胡神"而显化中国的序幕。

一、东汉时期文殊类译经的初传

按照目前一般的说法，佛教于两汉之际传入我国内地。虽然据比较可信的文字资料，在东汉末年以前已有《浮屠经》的口授和译者不明的《四十二章经》的流传[①]。但从现存的僧传记载来看，在中国境内佛经较为系统的译出则最早出现于东汉桓、灵二帝时期，代表人物就是安世高与支娄迦谶。其中，安世高译经以小乘禅数为主，支娄迦谶所译则以大乘经典为主。所以，虽然隋代费长房的《历代三宝纪》中

[①] 任继愈主编：《中国佛教史》第一卷，北京：中国社会科学出版社，1981年，第141页。

将《宝积三昧文殊师利菩萨问法身经》和《佛印三昧经》都归入安世高所译的经典中。但我们依然按照南朝梁僧祐《出三藏记集》中的相关记载，将这两部经归入"新集续撰失译杂经录"中。因此，此处我们在介绍东汉文殊类译经时主要以支娄迦谶的译经为主，而将《宝积三昧文殊师利菩萨问法身经》和《佛印三昧经》归为译于东汉末年，但译者姓名已失的经典。

（一）支娄迦谶译经中的文殊类经典

在中国佛经翻译史上，支娄迦谶占据着非常独特的地位。根据《出三藏记集》《高僧传》等资料记载，支娄迦谶是我国佛教史最早开始系统翻译大乘经典的佛经译者。中国人对文殊菩萨的了解和认识，也是从支娄迦谶的译经开始的。

据《出三藏记集》及《高僧传》中记载，支娄迦谶，略称支谶，月支国人，于东汉桓帝末年来华。东汉灵帝光和（178—184年）、中平（184—189年）年间在洛阳"传译胡文"[①]、翻译佛典。关于支谶译经的名称及数量，说法历来不同。梁僧祐《出三藏记集》卷二列出《般若道行品经》《首楞严经》《般舟三昧经》《伅真陀罗经》等十四部经后，又加说明云："右十三部，凡二十七卷。汉桓帝灵帝时，月支国沙门支谶译出。其《古品》已下至《内藏百品》，凡九经，安公云，似支谶出也。"[②] 同书卷十三《支谶传》中则称："（支谶）出《般若道行品》《首楞严》《般舟三昧》等三经。又有《阿阇世王》《宝积》等十部经，以岁久无录，安公校练古今，精寻文体，云'似谶所出。'"[③]

---

① [梁]释僧祐撰、苏晋仁等点校：《出三藏记集》，北京：中华书局，1995年，第511页。
② [梁]释僧祐撰、苏晋仁等点校：《出三藏记集》，北京：中华书局，1995年，第27页。
③ [梁]释僧祐撰、苏晋仁等点校：《出三藏记集》，北京：中华书局，1995年，第511页。

两处记载的内容虽有些许差异①，但由此可知，在释道安时期，关于支娄迦谶译经的具体名称及数量已难以确知了，《综理众经目录》中很多译者为支谶的经典，实是"安公校练古今，精寻文体"比对后的结果。其后，此类情形一直存在。如隋代费长房的《历代法宝记》中所录支谶译经比《出三藏记集》中多出《阿育王太子坏目因缘经》《大方便报恩经》等七部经典。唐代智升的《开元释教录》中则又增加了《禅经》等，所录支谶译经达二十三部，共六十七卷。可见费长房、智升在整理经录时，又将部分失译佛典比对为支娄迦谶译本。可能是在流传过程中有所佚失，目前《大正藏》所收录的佛经中，题为支娄迦谶译者仅有十三部。

为了较为准确地把握支娄迦谶译经中涉及文殊菩萨经典的数量及其中所显示的文殊法门的特点，本文中笔者拟以《出三藏记集》卷二中的相关记载为依据展开讨论。究其原因，一方面现存相关史料中，《出三藏记集》的成书时间距支娄迦谶在华译经的时间最近，相关资料的来源应较为准确；另一方面是由于《出三藏记集》中所载经名中"似支谶出"者，除《光明三昧经》为"《别录》所载，《安录》无"，其余九部经典均源于道安的《综理众经目录》，是道安法师"校阅群经，诠录传译"的结果，可能会有谬误之处，但较后世所附会者，应更为准确。也正因如此，下文中提到汉末、三国、魏晋时期的译经时，如无特别说明，笔者均以《出三藏记集》中的相关记载为准。

---

① 这个问题是由两处内容依据的经录不同造成的，《出三藏记集》卷二"伅真陀罗经"下注称："《别录》所载，《安录》无。"可知《出三藏记集》卷二关于支谶所译经典的统计是综合释道安的《综理众经目录》和其他经录的结果，而《出三藏记集》卷十三《支谶传》中的"三经"之说则是源于道安的经录。

《出三藏记集》中所录的支娄迦谶译经（含道安所校阅、鉴定者）共十四部二十七卷，现存《般若道行品经》《般舟三昧经》《伅真陀罗经》《阿阇世王经》《宝积经》《问署经》《兜沙经》《阿閦佛国经》《内藏百宝经》《首楞严三昧经》（支谶译本已失，现存为鸠摩罗什译本），共十部二十二卷。这些经典中含有文殊名号的经典有《道行般若品经》《伅真陀罗经》《问署经》《兜沙经》《首楞严三昧经》《阿阇世王经》《内藏百宝经》，共七部二十卷。其中，《般若道行品经》又名《道行般若经》，该经属于小品般若系统[①]，不仅是我国最早译出的般若类经典，也是印度佛教中最早出现的般若类经典之一[②]，从该经的相关记载中，我们能够看到文殊菩萨在大乘佛教产生之初的身份、地位。该经中仅在开始处提及文殊菩萨的名号，经中称"佛在罗阅祇耆阇崛山中，摩诃比丘僧不可计，诸佛弟子舍利弗、须菩提等；摩诃菩萨无央数，弥勒菩萨、文殊师利菩萨等"[③]。除此之外并无其他与文殊相关的内容。文殊菩萨在经中也没有特别高贵的地位和显赫的身份，仅是位于弥勒菩萨之后的一位大菩萨。印顺法师在《初期大乘佛教的起源与开展》一书中，将般若类经典分为早、中、晚三期，其中与《般若道行品经》一样属于早期般若类经典的有《大明度经》等十余部单行经典。但这些经典的内容，与文殊菩萨并无直接关系。仅在《道行般若经》《放光般若波罗蜜经》《摩诃般若波罗蜜经》涉及文殊菩萨的名号，文殊菩萨虽在法会中，但并没有参与问答。可见在早期般若类经

[①] 方广锠：《〈道行般若经〉译本考释》，《宗教学研究》2016年第3期。

[②] 魏道儒：《文殊信仰发展的主脉——从印度佛教到中国佛教》，《世界宗教文化》2016年第5期。

[③] ［东汉］支谶译：《道行般若经》卷1，《大正新修大藏经》第8册，第425页下。

典中，文殊菩萨尚未被赋予般若智慧的代表身份，其形象及法门仍处在酝酿之中。

但是在《兜沙经》中，文殊菩萨的地位有了新的变化。一般认为，大乘佛典中，华严类经典出现的时间要晚于般若类经典，《兜沙经》不仅是印度佛教中最早的华严类经典，也是最早的汉译华严类经典。①"其学说的重要特点，是突出华严学承自般若学而又不同于前者的鲜明理论个性。"②该经中文殊菩萨被列在十大菩萨之首，不仅可以"持佛威神"向佛提问，而且还在经中助佛宣化，讲述教义，在经中的地位较《般若道行品经》中有了明显的提高。

《阿阇世王经》中文殊的地位进一步提高。《阿阇世王经》是这一时期翻译的文殊类经典中最为重要的一部经典。该经共两卷，异译本有西晋竺法护所译的三卷本《文殊师利普超三昧经》、北宋法天所译的六卷本《未曾有正法经》。西晋时已失译的《放钵经》（一卷）是该经中的一品。与当时其他佛教经典相比，该经中文殊菩萨的地位被推崇到一种新的高度。主要体现在以下几个方面：

1.在该经开始时，释迦与大众在罗阅祇耆阇崛山讲法，文殊菩萨并未与会，而是于该山另一面为二十五位菩萨、四兜率天子宣说："当何作法证方便而至无极智慧，乃至佛一切智不可议。"由于文殊所说之法超越了与会菩萨对该问题的认知，所以乐不动菩萨邀请文殊共到佛所，请佛对该问题进行决断。为了消除诸菩萨心中疑虑，文殊"化作

---

① 魏道儒：《文殊信仰发展的主脉——从印度佛教到中国佛教》，《世界宗教文化》2016年第5期。

② 魏道儒：《中国华严宗通史》，南京：江苏古籍出版社，2001年，第2页。

如来在众会中而坐"①，为与菩萨及天子宣说诸法性空之义，声音传至在罗阅祇耆阇崛山另一侧的释迦法会中，受到释迦及与会大众的赞叹。

2. 释迦法会中有二百天子听闻文殊所说法后，因为难以理解诸法性空的内容，故而心中生起退却菩提的念头。释迦牟尼为使二百天子坚定上求菩提的决心，故借放钵之喻说释迦佛及过去、未来一切佛皆由文殊发阿耨多罗三藐三菩提心，文殊乃诸佛之师。二百天子听后自念："诸法学者乃可有所成，吾等尚可。所以者何？今是释迦文佛，为文殊师利所发意自致成佛，我等何为懈怠。"从而坚定了继续菩提法的决心。

3. 阿阇世王因为后悔自己犯下的弑父重罪，恐怕将来不免堕于地狱。所以来到释迦牟尼说法处，请佛为其"解说吾之狐疑，令心而得开，至死无余疑，令重罪而得微轻"②。佛让他请文殊菩萨入宫供养。在阿阇世王宫中，文殊菩萨为阿阇世王说一切法本就清净，不会为被尘污所染，也就没有尘污需要清除。而"狐疑属法身，故曰法身无所不入诸法，亦不见法身有所入……诸法无有本，何从得狐疑？"，并以神通力灭众色相，使阿阇世王深入三昧，不见一切，离一切想著。最终使阿阇世王狐疑得解："我知诸法悉空故，所以者何？泥犁亦复已空，上天安亦空。诸法无所可坏败，是故入法身。法身者，亦无天上，亦无人间，亦无泥犁、禽兽、薜荔。其逆者亦不离法身，其所作逆者悉法身之所入，诸逆之本悉诸法之本。已去当来者，诸法亦无去来。已知是者，亦不入泥犁，亦不上天，亦不泥洹。"③并得佛授记，

---

① ［东汉］支娄迦谶译：《阿阇世王经》卷2，《大正新修大藏经》第15册，第391页中。
② ［东汉］支娄迦谶译：《阿阇世王经》卷2，《大正新修大藏经》第15册，第395页下。
③ ［东汉］支娄迦谶译：《阿阇世王经》卷2，《大正新修大藏经》第15册，第402页中、下。

未来成佛。

4.在罗阅祇城外，文殊为了教化杀母者，也化作一人，杀害了父母，并最终点化杀母者从佛听法，佛为他们说心性本净，无有沾污"亦无有而净者"。听闻佛所说法，化人出家成阿罗汉而入涅槃，杀母者也出家得阿罗汉果。展示了文殊法门中的另一个重要特点——善巧方便，"它的原则是根据众生的不同根性和需要，适应不同的环境和氛围，说不同的法，做不同的佛事，因此范围异常广泛，没有定格"①。

而《首楞严三昧经》中则更是称文殊师利在久远不可思议阿僧祇劫已成佛，为南方平等世界龙种上如来。该经由支谶首译于汉灵帝中平二年（185年），其后经三国、两晋一直被译出，前后共有七个译本，可见该经在当时受信奉程度之热烈。不过在该经的众多译本中，目前只有鸠摩罗什的译本存世，故此处笔者就以该译本为依据，对经中涉及文殊菩萨的内容做一些简单的介绍。该经与文殊菩萨有关的部分主要集中在卷下：释迦佛在法会中宣讲首楞严三昧自在神力时，与会大众心生狐疑"释迦牟尼佛但能于此三千大千世界有是神力？于余世界亦有是力？"②，为解大众狐疑文殊菩萨请佛说常说不退转法轮的一灯明世界事，佛说一灯明世界的一切功德自在光明王佛就是释迦佛自己，一灯明世界就是自己在过去世所修的净土。与会大众听闻此说，狐疑得解。文殊菩萨接着又为坚意菩萨说十法行与闻一句之法解一切才是菩萨的福田与多闻，声闻的福田与多闻在菩萨处皆非福田与多闻。与会的二百菩萨听闻此法，心生退懈，欲以辟支佛乘入涅槃。文殊为其说自己于过去三百六十亿世，为度脱众生皆以辟支佛入涅

---

① 杜继文：《汉译佛教经典哲学》，南京：江苏人民出版社，2008年，第112页。
② ［姚秦］鸠摩罗什译：《首楞严三昧经》卷2，《大正新修大藏经》第15册，第640页下。

槃。佛说文殊因住首楞严三昧,故示现涅槃,而不是真正入灭。二百菩萨听了,"皆不赴随先退转之心"。佛又对迦叶说文殊菩萨在久远无量无边阿僧祇劫,曾为南方平等世界龙种上如来,亦曾示现入涅槃、分布舍利,但也不是真实入灭。这些都是住于首楞严三昧的力量。

此外,在支娄迦谶所译的《伅真陀罗经》《问署经》《内藏百宝经》三部经典中,虽然也涉及文殊菩萨的名号,但是在这三部经典内容中,文殊菩萨或仅作为众菩萨中的一员被提及,或只是作为向释迦提问的发问者,都没有显现出特殊的地位,对我们理解和认识文殊信仰的形成和发展的作用有限,故此处我们不做过多的叙述。

(二)东汉时期失译的文殊类经典

上文中提到梁僧祐在《出三藏记集》将《宝积三昧文殊师利菩萨问法身经》及《佛印三昧经》都纳入其"新集续撰失译杂经录"中,但从其译经风格来看符合我国早期译经的特点,故本文中将其置于东汉时期的译经中进行讨论。

其中,《宝积三昧文殊师利菩萨问法身经》亦名《遗日宝积三昧文殊师利问法身经》,异译本有隋代天竺三藏阇那崛多译的《入法界体性经》(一卷)。该经的内容是,佛在舍卫国灵鹫山中入宝积三昧,文殊菩萨来访。佛自三昧中起,与文殊谈论一切诸法依实际而住,法界不生不灭、不染不净、一切诸法无所、诸法是菩提等深义。后舍利弗于文殊住处觅文殊不得,也来到佛所,于门外住。文殊说法界不在内、不在外,不在中间,如来说法即是法界。舍利弗进来后,文殊为其说甚深最胜法。而《佛印三昧经》也是一部讲禅定的经,经中认为通过禅定可以获得无限智慧从而成佛。此经中称文殊师利菩萨"最高才第一,光明智慧与诸菩萨绝异,无能及者",就连"且暮当做佛"的弥勒,及"佛弟子中罗汉道最智慧才猛"的舍利弗都得向他请教佛之所在,由此可以推测此经认为文殊是已经证得佛三昧的,所以在与会的诸多菩萨、弟子中唯有他知道佛的去处。而经中称修行佛三昧,所获功德无量,是成佛的重要途径。可见文殊在此经中地位之高。

众所周知,佛教在传入中国之前,已经在印度本土或西域地区形成了数量众多的经典。两汉之际,佛教在中国流传之时,当时的译者并不是依照佛教经典形成的顺序来翻译佛经的,而是根据自己的背景及喜好有选择地译经。所以支娄迦谶译经及失译的、涉及文殊菩萨名称的经典应该是当时产生于印度或西域的不同时期、不同地区、不同教派中与文殊菩萨有关经典的一部分。这些经典不仅开启了中国佛教信众了解、认识文殊菩萨乃至信仰文殊菩萨的道路。而且这些经典中,文殊菩萨地位的变化正是不同时期、不同地区出现的佛经中,文殊菩萨地位由众菩萨中的一员向最高才第一、释伽之师、诸菩萨之母、过去世南方平等世界的龙种上如来逐渐提升的真实写照。其后,随着汉译文殊类经典不断增多,文殊菩萨的形象不断被重塑,文殊菩萨在佛经及整个佛教信仰体系中的地位被不断提高的过程表现得更为明显。

二、三国时期的文殊类经典的翻译

汉末洛阳的佛经的翻译和传播主要有两大传承系统,三国时传播于南方[①]:一个是源自安息的安世高系统,这一系统在安世高之后又有临淮严佛调、南阳韩林、颍川皮业、会稽陈慧、康僧会,形成了一个

---

① 汤用彤:《魏晋南北朝佛教史》,北京:北京大学出版社,2011年,第80页。

重视翻译小乘上座部经典,传播小乘禅学的体系;另一个是源自大月氏的支谶系统,这一系统在支谶之后又有支亮、支谦,形成了一个重视翻译大乘经典,传承大乘般若学的体系;这两大系统共同组成了汉末三国时期中国佛经翻译的主要工作。因文殊类经典的翻译主要与大乘经典的传播密不可分,故本文首先对支谶一系三国时期的代表人物——支谦译经中文殊类经典做一简单的介绍。而安世高一系在三国时期的代表人物——康僧会受支谦大乘思想的影响,其译经中也出现了部分与文殊菩萨有关的内容,故也有必要对相关经典进行介绍。

(一)支谦译经中的文殊类经典

支谦,又名支越,字恭明,是汉灵帝(168—188年,在位)时定居洛阳的大月氏人的后裔。据《出三藏记集》记载,支谦少时聪慧,"十岁学书,同时学者皆伏其聪敏。十三学胡书,备通六国语"[1]。该书卷十三《支谦传》中在叙述支谦的师学渊源时称:"桓、灵世,有支亮纪明咨学于谶,谦又受业于亮",可见支谦应是支娄迦谶的再传弟子。后"以汉末沸乱,南度奔吴。从黄武(222—229年)至建兴(252—253年)中,所出诸经凡数十卷。"[2]

研究支谦的译经时,我们又一次不得不面对译经早期和晚期的归属问题[3]。关于支谦的译经,《出三藏记集》卷二中共收录36部[4]。其中出于道安《综理众经目录》中的有30部,僧祐采自《别录》中的有6

---

[1] [梁]释僧祐撰,苏晋仁等点校:《出三藏记集》,北京:中华书局,1995年,第517页。
[2] [梁]释僧祐撰,苏晋仁等点校:《出三藏记集》,北京:中华书局,1995年,第270页。
[3] [荷]许理和著,李四龙等译:《佛教征服中国:佛教在中国中古早期的传播与适应》,南京:江苏人民出版社,2017年,第45页。
[4] 同出于《出三藏记集》中的《支谦传》中则谓27部。略晚于《出三藏记集》的《高僧传》中称其译经49部。而《开元释教录》中则更是称其译经88部。

部，现存一共有23部。在这些经典中，涉及文殊菩萨的有《慧印经》、《菩萨本业经》及《维摩诘经》三部经典，其中《慧印经》与《首楞严三昧经》一样属于三昧类经典，而《菩萨本业经》则与《兜沙经》一样属于文殊类华严经典。该经是中土翻译的第二部华严类经典，其内容和编排形式表现出了承接自《兜沙经》的特点，据魏道儒先生研究该经可能是后来大本《华严经》的提纲，在华严类经典中具有重要的地位。不过与《慧印经》相似，该经仅部分内容与文殊菩萨有关，虽然在这两部经典中文殊曾向佛提问，但仅为普通参与者既无特殊地位，也无特别的身份。而《维摩诘经》却与文殊菩萨关系密切，是早期影响文殊法门及文殊信仰的形成和发展的最重要的经典。

作为一部古老的大乘佛典，《维摩诘经》在中国佛教史上一直备受关注。唐代窥基在《说无垢称经疏》中称："此经前后，虽复七翻，严佛调汉翻于白马，支恭明吴译于武康，法护、林兰、蜜多三士，东西两晋，各传本教，罗什翻于秦朝，和上畅于唐。"①其中，严佛调、竺法护、竺叔兰、祇多蜜所译的四个版本已佚失，目前只有支谦、鸠摩罗什及玄奘三个译本流传于世。在这三个译本中："就翻译之缜密精确而言，当推唐之译本；就文笔之顺畅、流传之广泛说，则要算罗什所译的《维摩诘所说经》，后人不论讲解、抑或注疏《维摩经》，多以此本为依据。"②而在鸠摩罗什译本之前，影响最大的则是支谦译本，"支遁就根据它纵横清谈场域，僧肇也因为它而找到安心栖神之所，从而出家求道"③。

---

① [唐]窥基:《说无垢称经疏》卷1,《大正新修大藏经》第38册，第1001页下。
② 赖永海主编,高永旺、张仲娟译注:《维摩诘经》，北京:中华书局,2016年,第7页。
③ 涂秋艳:《隋唐前〈维摩诘经〉六译之检视》,《长江学术》2015年第2期。

支谦本《维摩诘经》共两卷十四品，该经不但试图全面清算部派佛教在大乘佛教中的影响，而且也力图纠正早期大乘佛教对佛相观、净土观、授记说等观念的错误理解。一方面贬低部派佛教声闻乘；另一方面改造弥勒，抬高文殊，全面论述了以"般若"为哲学基础的入世理论[1]，是佛教由出世转入入世的一部具有代表性的经典。经中所推崇的"唯心净土"和"不二法门"等思想，对中国佛教乃至整个思想界都产生了重要的影响。

该经的主角维摩诘是在家居士的代表。《维摩诘经·诸法言品》借文殊菩萨之口，称维摩诘"虽优婆塞，入深法要，其德至淳，以辩才立，智不可称，一切菩萨法式悉闻，诸佛藏处无不得入，进御众魔降之以德，务行权慧非徒戏食"[2]。由此可见他已深入诸法实相，进入了一种完全自由的境界，只是为了教化世间"有病"众生，才"以其权道，现身有疾"[3]。因此曾受过其斥责的声闻弟子及诸菩萨深知维摩诘所说之法甚深而且微妙，"是病莫能疗之者"[4]，所以皆对佛言"不堪任诣彼问疾"。虽然这些内容都是经中对维摩诘身份、地位的说明，但也反衬出该经中的另一位主要人物——佛在维耶离奈氏树园中与会的诸菩萨、众弟子中唯一能够担当问疾任务，并能与维摩诘对谈的文殊菩萨地位之高。经中第二品《善权品》、第三品《弟子品》、第四品《菩萨品》对维摩诘居士的身份、地位的介绍，都能反衬出与其对谈的文殊菩萨的地位。

---

[1] 杜继文：《汉译佛教经典哲学》，南京：江苏人民出版社，2008年，第92页。
[2] [东汉]支谦译：《维摩诘经》卷1，《大正新修大藏经》第14册，第525页中。
[3] [东汉]支谦译：《维摩诘经》卷1，《大正新修大藏经》第14册，第521页上。
[4] [东汉]支娄迦谶译：《阿阇世王经》卷2，《大正新修大藏经》第15册，第395页下。

作为出家众的代表，文殊菩萨在该经中地位不容忽视。一方面，文殊菩萨在该经中主要是通过对谈的形式，协助维摩诘说法。从文殊菩萨初次登场的《诸法品》开始到《不二入品》，文殊菩萨前后向维摩诘提问三十余次，通过二者的对谈，展现了该经中最重要的内容①。另一方面，该经中对谈的角色有时候也会发生变化，如该经第八品《如来种品》中维摩诘问文殊菩萨："何等为如来种？"文殊答道："有身为种，无明与恩爱为种，淫、怒、痴为种，四颠倒为种，五尽为种，六入为种，七识住为种，八邪道为种，九恼为种，十恶为种，是为佛种。"②并用莲花出于卑湿污田而不生于高原陆地对其所说法进行比喻。从而进一步发挥了维摩诘所说的菩萨行应混迹世间、出淤泥而不染的主张。而该经第九品《不二入品》中，当维摩诘问文殊菩萨："何谓菩萨不二入法门者？"文殊回答说："于一切法如，无所取、无度、无得、无思、无知、无见、无闻，是谓不二入。"③从而引出佛教史上著名的"维摩一默"④的典故，生动地阐述了"无分别"而必须有"方便"的般若思想⑤。由此可见，虽然在《维摩诘经》中，文殊菩萨主要扮演了一种发问者的角色，说法之处很少，但不论问法，还是说法都是围绕该经的主旨"统万行则以权智为主，树德本则以六度为根，济蒙惑则以慈悲为首，语宗极则以不二为门"⑥展开的，并在"空""有"之间进退自如，形成了一种左右逢源的处世之道。所以，在《维

---

① 西野翠：「維摩經と文殊菩薩」，『印度學仏教學研究』第64卷第1号，2015年。
② [东汉]支谦译：《维摩诘经》卷2，《大正新修大藏经》第14册，第529页下。
③ [东汉]支谦译：《维摩诘经》卷2，《大正新修大藏经》第14册，第531页下。
④ [后秦]鸠摩罗什译：《维摩诘所说经》卷1，《大正新修大藏经》第14册，第551页下。
⑤ 杜继文：《汉译佛教经典哲学》，南京：江苏人民出版社，2008年，第223页。
⑥ [后秦]僧肇：《注维摩诘经》卷1，《大正新修大藏经》第38册，第327页上。

摩诘经》中，如果说维摩诘是在家居士中能够将世间与出世间统一的典范，那么文殊菩萨就是出家菩萨中能够将大乘般若智慧与善权方便完美结合的典范，《维摩诘经》中两人的对谈，其实就是二者分别从在家众和出家众两个方面对"蚑行喘息人物之土，则是菩萨佛国""唯心净土""不二法门"等佛教大乘思想的阐释。那么对本文的研究主题文殊信仰而言，该经的内容不仅与早期文殊法门特点的基本一致，而且也使文殊法门突破了出家僧侣的局限，开始进入在家居士的世界，为即将到来的魏晋南北朝时期僧侣们在门阀士族占据主导地位的社会中思考如何适应社会、如何传播佛教提供了一个理想的榜样。

(二)康僧会译经中的文殊类经典

康僧会进入吴国的时间稍晚于支谦，是三国时期吴地佛教的另一位重要传播者。据《出三藏记集》《高僧传》记载，康僧会原籍康居，世居天竺，后其父因经商移居交趾，十余岁时，由于双亲亡故而出家。"三师凋丧"后，又从学于安世高弟子会稽陈慧等人，"明解三藏，博览六经，天文图纬，多所综习"[1]。后见"吴地初染大法，风化未全"，于孙权赤乌十年振锡建业，"营立茅茨，设像行道"。后在孙权的支持下，建立了江南最早的佛寺——建初寺，并于建初寺译出众经。关于康僧会翻译的佛经，《出三藏记集》卷二中只收录了两部《六度集经》与《吴品》，共十四卷。同书卷十三《康僧会传》中则称："会于建初寺译出经法，《阿难念弥经》《镜面王》《察微王》《梵皇王经》，《道品》及《六度集》，并妙得经体，文义允正。"[2]其中，《吴品》或《道品》共五卷十品，可能是《道行般若经》的另一个译本，在僧祐编

---

[1] [梁]释慧皎撰，汤用彤校注，汤一玄整理：《高僧传》，北京：中华书局，2004年，第15页。

[2] [梁]释僧祐撰，苏晋仁等点校：《出三藏记集》，北京：中华书局，1995年，第515页。

写《出三藏记集》时已佚失。而《阿难念弥经》《镜面王经》《察微王经》《梵皇王经》均出于《六度集经》，是《六度集经》的一部分。虽然《高僧传·康僧会传》中将一部《杂譬喻经》也纳入康僧会的译经中，但该经在早期目录中并未被提及，可能是慧皎的附会。所以目前可以确定为康僧会译经，且留存于世的仅有《六度集经》。

《六度集经》是一部编译性质的佛经[①]，该经由九十一则从不同佛经中辑录出来的本生、譬喻等故事集合而成，并按照大乘佛教中的六度思想分为布施度无极、戒度无极、忍辱度无极、精进度无极、禅度无极、明度无极六章。其中，涉及文殊菩萨的是"布施度无极章"中的《萨和檀王经》，《萨和檀王经》又见于梁僧宝唱的《经律异相》中，经名为《萨和檀王以身施婆罗门作奴》，二者内容基本相同。经中文殊菩萨为考验萨和檀王是否名如其实，"有所求索不逆人意"，故化作年少婆罗门来到萨和檀王王宫，"欲得王身与我作奴，及王夫人为我作婢。"[②]萨和檀王及夫人欣然同意，虽舍弃王国，历经万苦而不悔，最后感得文殊菩萨："在虚空中，坐七宝莲华上，现色身相，赞言：'善哉！今汝布施，至诚如是。'"[③]王及夫人也由此得"不起法忍"。

该经以释迦牟尼在过去世为萨和檀王时的行为作为实践菩萨道的表率，形象地阐释了"布施度"的实际内涵："慈育人物，悲愍群邪，喜贤成度，护济众生，跨天蹈地，润弘河海。布施众生，饥者食之，渴者饮之，寒衣凉热，疾济以药，车马舟舆，众宝名珍，妻子国土，

---

① 陈洪：《〈六度集经〉文本的性质与形态》，《徐州师范大学学报》2003年第4期。
② [吴]康僧会：《六度集经》卷2，《大正新修大藏经》第3册，第7页中。
③ [吴]康僧会：《六度集经》卷2，《大正新修大藏经》第3册，第7页下。

索即惠之。"①这是大乘佛教中菩萨利他精神的集中体现。经中以文殊菩萨作为释迦前世萨和檀王无生法忍心的启发者和化度者，正是早期般若类或华严类经典中所宣扬文殊菩萨是释迦之师，诸佛因其而发心观念的一种延续，也是文殊菩萨在下化众生时熟练运用善巧方便手段的一种表现。

综上所述，三国时期文殊类经典的翻译及传播仍以支谶一系为主，其代表人物支谦所译的《维摩诘经》中文殊菩萨的地位进一步提高，并最终取代了弥勒菩萨，成为佛教出家众的代表。而安世高一系的代表人物康僧会在继承安世高系统的小乘禅学的同时，也开始接受大乘思想的影响，表现出一种悲悯世间、拯救社会民众之苦的情怀，在其编译的《六度集经》虽然涉及文殊菩萨的内容很少，仅《萨和檀王经》与之相关。但是我们也可以窥探这部短经中的文殊形象明显受到早期般若类经典的影响，反映出早期其他部类的大乘经典对般若类文殊经典中所塑造出的文殊形象的接纳和再次塑造的特点。

三、东汉、三国译经中文殊法门的特点

文殊法门源自与文殊菩萨相关的佛教经典。目前有学者根据文殊菩萨在经中参与说法的程度、说法的内容、文殊所说教义与整部经典思想的关系等要素，将显教类文殊经典分为四类②。A. 经中大部分的内容与文殊菩萨有关，且文殊在经中所说之法与经典的核心思想一致。

---

① [吴]康僧会：《六度集经》卷1，《大正新修大藏经》第3册，第1页上。
② 印顺法师在《初期大乘佛教之起源与开展》一书中根据文殊菩萨在经中的地位，将显教类文殊经典划分为四类，中央民族大学张正在其博士论文中《汉译初期大乘经典的文殊思想研究》又对印顺法师的分类标准进一步细化。

B.经中仅部分内容与文殊菩萨有关,且这部分内容能体现文殊法门的特点。C.经中仅部分内容与文殊菩萨有关,但这部分内容与文殊法门正好相反,文殊法门处于被驳斥的地位。D.经中虽然涉及文殊菩萨,但文殊只是被提及或偶有发言,并没有体现出文殊法门的特点。其中A、B类经典是研究文殊法门的主要文献依据,C、D类经典则仅作为对比与参考①。

上文中,我们对东汉三国时期的译经中涉及到文殊菩萨的《道行般若品经》《伅真陀罗经》《问署经》《兜沙经》《阿阇世王经》《内藏百宝经》《慧印经》《菩萨本业经》《维摩诘经》《六度集经》《首楞严三昧经》十一部经典做了简单的介绍。这些经典涉及般若、华严、经集等多个部类,其中属于A类的有《阿阇世王经》;属于B类的有《维摩诘经》《首楞严三昧经》;其余九部经典则均属于D类。故此处,我们将以《阿阇世王经》《首楞严三昧经》《维摩诘经》为主要依据,对东汉三国时期文殊类译经中所显示的文殊法门的特点进行分析和总结,但是由于经典数量有限,故难以系统、全面地把握文殊法门的特征,仅能显示东汉三国时期佛教界对文殊法门的认识。

(一)《阿阇世王经》中所显示的文殊法门的特点

作为一部早期大乘经典,《阿阇世王经》是我国现存译经中第一部以文殊菩萨为主导的经典。该经中详细论述了大乘佛教中关于自性清净心的理论,与文殊菩萨的关系很深,是早期中国佛教界了解文殊思想的义理特质和实践特色的重要依据。其所展示出的文殊法门的特点主要集中在以下几个方面:

---

① 张正:《汉译初期大乘经典的文殊思想研究》,中央民族大学博士学位论文,2019年,第14页。

1. 在思想上重第一义谛。第一义谛又称"真谛",一般含义是指"性空"①。《摩诃般若波罗密多经》中对第一义谛做了详细的解释,该经称:"第一义相者,无作、无为、无生、无相、无说,是名第一义,亦名性空,亦名诸佛道。是中不得众生,乃至不得知者、见者。不得色、受、想、行、识,乃至不得八十随形好。何以故?菩萨摩诃萨非为道法故求阿耨多罗三藐三菩提心,为诸法实相性空故求阿耨多罗三藐三菩提,是性空前际亦是性空,后际亦是性空中际亦是性空,常性空,无不性空时。"②本来在佛教般若系统因顾及"众生但住名相、虚妄、忆想、分别中"③,故佛一般以方便力借助言语等俗谛为众生说法④。所以《中论·观四谛品》中称:"诸佛依二谛,为众生说法,一以世俗谛,二第一义谛。若人不知,分别于二谛,则于深佛法,不知真实义。……若不依俗谛,不得第一义。"⑤

但在《阿阇世王经》中,文殊菩萨在说法时却直接说第一义谛。如该经开始时,文殊菩萨面对与会诸菩萨、天子所提出的"当何作法证方便而至无极智慧"⑥的问题,完全否定了法会中二十五位菩萨、四位天子所说的通过做功德、精进、守戒等途径至无极慧的说法,直接说:"菩萨住无所住。何谓住无所住?于三界不以三界作习,不习者是为内,亦不求习者是为外。"⑦以致乐不动菩萨要求文殊师利"共到佛

---

① 姚卫群:《佛教的"二谛"理论及其历史意义》,《宗教学研究》1999年第1期。
② [后秦]鸠摩罗什译:《摩诃般若波罗蜜多》卷25,《大正新修大藏经》第8册,第403页上。
③ [后秦]鸠摩罗什译:《摩诃般若波罗蜜多》卷24,《大正新修大藏经》第8册,第398页中。
④ 姚卫群:《佛教的"二谛"理论及其历史意义》,《宗教学研究》1999年第1期。
⑤ [后秦]鸠摩罗什译:《中论》卷,《大正新修大藏经》第30册,第32页下。
⑥ [东汉]支娄迦谶译:《阿阇世王经》卷1,《大正新修大藏经》第15册,第389页中。
⑦ [东汉]支娄迦谶译:《阿阇世王经》卷1,《大正新修大藏经》第15册,第391页上。

所问菩萨当云何住"①。由此可见文殊菩萨在说法时并不考虑听众的接受程度，只依照胜义无分别原则，说不可思议深法，不仅一般听法者难以理解，对大乘佛教中初发心的菩萨来说也是难以接受的。而文殊菩萨在阿阇世王宫中为阿阇世王说法时，则进一步显示了文殊"但说深法，不拘一格"②的特点。当阿阇世王供养来到王宫的诸菩萨及比丘后，"取一机坐文殊师利前，自白言'愿解我狐疑！'文殊师利则言：若恒河沙等佛，不能为若说是狐疑！阿阇世应时惊怖，从机而堕，若大树躄地"③。文殊在此段对话中表达了一种"佛觉了一切如虚空，本来清净，不是可污染的，也没有染污而可除"的观点④，所以才说阿阇世王的疑惧，是如恒河沙数的佛所不能解的。但是文殊说此法时根本没有顾及阿阇世王是否能够接受，使阿阇世王惊恐不已，以致"从机而堕"。从上述两个例子可见，《阿阇世王经》展示了文殊菩萨在法义的宣说上比较极端，完全置世俗谛而不顾，直接宣说第一义谛的特点。但是由于第一义谛中所宣扬的空观理论过于抽象，而且怀疑一切、否定一切的倾向，所以文殊菩萨在弘法时也非常重视善巧方便的运用。

2.在实践中重视善巧方便手段的运用。所谓善巧方便，又称作方便善巧、善权方便、权善方便、权巧方便，音译为沤和拘舍罗。吉藏所著《维摩经义疏》中称："沤和拘舍罗，此云方便胜智。方便是善巧之名，胜智为决断之称。但权巧有三：一身权巧，适物现形；二口善

---

① ［东汉］支娄迦谶译：《阿阇世王经》卷1，《大正新修大藏经》第15册，第391页中。
② 张正：《文殊法门的实践风格及其演变》，《五台山研究》2019年第2期。
③ ［东汉］支娄迦谶译：《阿阇世王经》卷1，《大正新修大藏经》第15册，第400页中。
④ 释印顺：《初期大乘佛教之起源与开展》，北京：中华书局，2011年，第799页。

巧,随机演教;三意善巧,妙穷病药。"①而其在《法华义疏》中又称:"方便之名有离有合。所言离合者凡有三义:一者,就理教释之,理正曰方,言巧称便,即是其义深远、其语巧妙,文义合举故云方便。……二者,众生所缘之域为方,如来适化之法称便,盖欲因病授药,籍方施便,机教两举,故名方便。……"②所以善巧方便:"是指方法、手段,更是指与方法、手段有关,作为方法、手段之内在依据,或渗透在方法手段中的智慧。"③

善巧方便是文殊法门的重要组成部分,在《内藏百宝经》中文殊菩萨向佛说:"欲从佛闻沤和拘舍罗所入事。"④而在《阿阇世王经》中,文殊菩萨在宣说第一义谛时,就曾多次运到"善巧方便"的手段来助其说法。如该经开端处,乐不动菩萨听了文殊所说的不可思议深法,难以信受,欲与文殊一起"共到佛所问菩萨当云何住"时,文殊菩萨即时"化作如来在众会中而坐,其形状被服如释迦文佛"。⑤继续宣说文殊所说"菩萨住无所住"思想,称:"亦不从施与、亦不从戒、忍辱、精进、一心、智慧,亦不从欲,亦不从色,亦不从无色,亦不从身行,亦不从口行,亦不从意行,诸所行无所著故。"并称"菩萨学无所学"⑥。可见文殊菩萨为了强说深法,而在行为上不拘一格的特点。而当他在罗阅祇城外,为度脱自称杀母者时则示现出更为极端的行动:"出于城门之外,见树下有人,而大呼我自杀其母,是人当得脱

---

① [唐]吉藏:《维摩经义疏》卷2,《大正新修大藏经》第38册,第931页上。
② [唐]吉藏:《法华义疏》卷3,《大正新修大藏经》第34册,第482页中。
③ 程恭让、李彬:《〈维摩经〉善巧方便概念及其相关思想研究》,《世界宗教研究》2015年第6期。
④ [东汉]支娄迦谶译:《内藏百宝经》,《大正新修大藏经》第17册,第751页中。
⑤ [东汉]支娄迦谶译:《阿阇世王经》卷1,《大正新修大藏经》第15册,第391页中。
⑥ [东汉]支娄迦谶译:《阿阇世王经》卷1,《大正新修大藏经》第15册,第391页下。

者。文殊化作一人，与父母俱行。父母言：'是故正道，可从是行。'其子言：'非是正道。'如是至再三，与父母共诤，便起意还杀父母。前呼杀母者见是人而杀父母，便于边举声而与，其化人杀父母者便自陈说：'我所作为，非法所载，怨杀父母。'其一人则念：'我独杀母耳，是人杀父母，其罪甚重。如子所受，我尚轻微。'化人则语一人：'我不如往到佛所，佛者无所归者而受其归，而无护者而为作护。如佛所语，我当承教，不敢违失。'其教化人便向道，其一人便随其后：'如是人受法，我亦如是。'……俱共哭而行。"① 从这段经文来看，在文殊菩萨身上体现出一种勇猛入世利生的精神，为了弘扬佛法、广度众生，手段不拘一格，甚至可以置佛教戒律于不顾。

　　大乘佛教般若类经典中认为在菩萨修行时，般若智慧与善巧方便如鸟之双翼，如人之父母，缺一不可。般若思想以智慧为基础使人认识到诸法性空，从而获得思想上的解脱；而善巧方便则是从慈悲入手兴起各种教化众生的活动。如果说，文殊为犯下弑父重罪的阿阇世王说法的内容，主要以般若智慧为主，善巧方便被隐藏于般若智慧之中。那么当他在教化杀母之人时，则主要是突出了善巧方便重要，般若智慧的思想则被隐匿于方便之中。由此可见，般若智慧和善巧方便在文殊菩萨身上得以完美结合，是构成文殊法门的两个方面。因为文殊娴熟地运用着两种方法启发释迦，点化诸菩萨，"智度菩萨母，方便以为父；一切众导师，无不由是生"②。所以，文殊不仅被称为释迦之师，而且也被当作诸菩萨之母。但是我们也应该看到，《阿阇世王经》中所展示的文殊思想虽然源自早期般若类经典，而与东汉时期《般若

---

① [东汉]支娄迦谶译：《阿阇世王经》卷1，《大正新修大藏经》第15册，第403页上。
② [后秦]鸠摩罗什译：《维摩诘所说经》卷2，《大正新修大藏经》第14册，第549页中。

道行品经》等般若类经典在论述事理依据一定渐次、分别叙述的方式并不相同,文殊菩萨在说法时以般若智慧中的第一义谛为主,对一些基本的概念完全否定,而且完全不顾及渐次,显示出了自己独特的特点。

(二)《首楞严经》中所示的文殊禅法的特点

"从佛教'戒、定、慧'三学的角度看,文殊思想不重戒学,定学的内容也不多,主体着重于慧学的阐发。其中定学也是带有义理特色的衍生品。"[1]所以与文殊菩萨有关的大乘禅经数量较少。虽然《首楞严三昧经》《宝积三昧文殊师利菩萨问法身经》《佛印三昧经》三部早期禅经中都曾涉及文殊菩萨的名号,但是其中的《首楞严三昧经》与文殊菩萨的关系最为密切,西晋聂道真所译的《文殊师利般涅槃经》中就称文殊菩萨出家学道时即住于首楞严三昧,"以此三昧力故,于十方面或现初生、出家、灭度、入般涅槃、现分舍利,饶益众生。如是大士久住首楞严三昧,佛涅槃后四百五十岁,当至雪山,为五百仙人宣畅敷演十二部经,教化成熟五百仙人,令得不退转,与诸神仙作比丘像,飞腾空中至本地,于空野泽尼拘楼陀树下,结跏趺坐,入首楞严三昧,三昧力故,身诸毛孔出金色光,其光遍照十方世界度有缘者"[2]。《首楞严三昧经》中也称"菩萨若能通达首楞严三昧,则能通达一切道行",文殊菩萨正是因为住于首楞严三昧中,以该三昧之力才能于前世作佛,号龙种上如来,"示现入胎、初生、出家、诣菩提树、坐于道场、转妙法轮、入般涅槃、分布舍利,而亦不舍菩萨之法,于

---

[1] 张正:《汉译初期大乘经典的文殊思想研究》,中央民族大学博士学位论文,2019年,第56页。

[2] [西晋]聂道真译:《文殊师利般涅槃经》,《大正新修大藏经》第14册,第480页下。

般涅槃，不毕竟灭"①。可见首楞严三昧是形成文殊法门独特内容的一块重要基石。

首楞严三昧是大乘禅法中一种具有代表性的禅法，是一切其他三昧的来源，《大智度论》在介绍各种大乘禅法时就总是将首楞严三昧列在各类三昧之首，仿佛其是各种三昧的代表。②所以，在大乘佛典中首楞严三昧有着重要的地位，被认为是佛所住之三昧，十地菩萨所得之禅定，菩萨若能修持该三昧，则可疾证阿耨多罗三藐三菩提。关于首楞严三昧的内容，《出三藏记集》卷七《新出首楞严经序》中称："首楞严三昧者，盖神道之龙津，圣德之渊府也。妙物稀微，非器像所表；幽玄冥湛，岂情言所议。冠九位以虚升，果万行而圆就。量种智以穷贤，绝殆庶而静统。用能灵台十地，扃钥法云；罔象环中，神图自外。然心虽澄一，应无不周，定必凝泊，在感斯至。故明宗本则三达同寂，论善救则六度弥纶，辩威效则强魔憟沦，语众变则百亿星繁。至乃微号龙上，晦迹尘光，像告诸乘，有尽无灭。斯皆参定之冥功，成能之显事，权济之枢纲，勇伏之宏要矣。"③说明此种三昧："心虽澄一，应无不周，必定凝泊，在感斯至。"由此所获之神通，"妙物稀微，非器像所表。"实在非"器象""情言"所可以理解和表述。

而在北凉昙无谶所译的《大涅槃经》中则将首楞严三昧等同于佛性，称其是一切诸佛之母。该经称首楞严三昧："有五种名，一者首楞

---

① [姚秦]鸠摩罗什译：《首楞严三昧经》卷2，《大正新修大藏经》第15册，第643页下——644页上。
② 尹志邦：《实相之门——〈大智度论〉禅观研究》，四川大学博士学位论文，2004年，第117页。
③ [刘宋]释弘允：《新出首楞严经序》，载于[梁]僧祐：《出三藏记集》，北京：中华书局，2003年，第271—272页。

严三昧，二者般若波罗蜜，三者金刚三昧，四者狮子吼三昧，五者佛性，随其所作，处处得名。"[1]认为首楞严三昧即是般若智慧。可见在这种三昧中，禅法已经失去了独立性，变成了一种般若理论的附庸，是为般若学说的传播而服务的。杜继文先生就称《首楞严三昧经》与《维摩诘经》一样都"把入世的理论建立在般若空观的基础上，并以二而'不二'地将入世的实践同空观理论紧密结合起来"[2]。可见修习首楞严三昧不仅能获得"神通"，而且可以证入般若智慧，在首楞严三昧中能够实现般若智慧和善巧方便得以圆满的结合，为二者的结合找到了一个平衡点。也为大乘般若经典中，文殊菩萨既能深入般若智慧，又能显现种种神变饶益众生的能力的来源做了解释。而正由于首楞严三昧与文殊菩萨的关系如此密切，《文殊师利般涅槃经》中称信众在礼拜文殊菩萨时，诵持《首楞严三昧经》并"智者当谛观文殊师利三十二相、八十种好"，就可因首楞严三昧力故，"疾疾见文殊师利"。[3]

(三)《维摩诘经》与文殊法门的关系

《维摩诘经》中文殊菩萨作为维摩诘的对谈者，仅出现在该经的部分内容中。但是由于《维摩诘经》的流传，对早期文殊信仰的传播曾产生过重要的影响，所以《维摩诘经》是早期出家僧侣及在家居士认识、接受文殊菩萨的重要媒介，也是影响中国文殊信仰形成的重要经典。与早期文殊法门相似，《维摩诘经》也与般若类经典有着密切的关系，该经中的"人物造型的依据和很多教理、著名词汇、典故、譬喻

---

[1] [北凉]昙无谶译：《大涅槃经》卷27，《大正新修大藏经》第12册，第524页下。
[2] 杜继文：《汉译佛教经典哲学》(下卷)，南京：江苏人民出版社，2008年，第77页。
[3] [西晋]聂道真：《文殊师利般涅槃经》，《大正新修大藏经》第38册，第481页上。

明显与《般若经》相类"①，所以，该经可能是在《般若经》基础上发展而来的一部分经典。因此，《维摩诘经》与同样源自般若类经典的文殊法门有着共同的思想基础。其中突出的表现就是经中维摩诘在说法时，在《维摩诘经》中既重般若智慧，也特别重视善巧方便。僧肇在《注维摩诘经》对该经主旨进行总结时也称："新故之名出于先后，然离身无病，离病无身，众缘所成，谁后谁先。既无先后，则无新故。新故既无即入实相，故名慧也。既有此慧而与彼同疾不取涅槃，谓之方便。自调初说即其事也。慰谕自调，略为权智，权智此经之关要。"②

而且《维摩诘经》与其他文殊类经典一样，在众菩萨中突出文殊菩萨的地位。上文中我们曾提到，在大乘经典中，文殊菩萨曾经历了一个地位不断提升的过程，逐渐由众菩萨中的一员发展成为诸菩萨之首，在部分经典中地位超过了弥勒菩萨。这种思想在《阿阇世王经》中已有显示，该经中弥勒菩萨在回答须菩提所问时，称："如若所说实一生补处，今者不及文殊师利所作三昧及其名字。"③而在《维摩诘经》中，则通过对问疾人选的选择，舍利弗则被作为部派佛教思想的代表被彻底否定了，而且该经中弥勒菩萨虽然是候补佛，但地位也逊于文殊，可见该经中通过种种对比，最终完成了文殊菩萨为诸菩萨之首地位的确立。

此外，《维摩诘经》中所表现出的抑小扬大、男女不二、烦恼即菩提、男女平等等思想也都是文殊法门的重要特征。不过在东汉三国时

---

① 何剑平：《中国中古维摩诘信仰研究》，成都：巴蜀书社，2009年，第83页。
② [后秦]僧肇：《注维摩诘经》卷5，《大正新修大藏经》第38册，第379页下。
③ [东汉]支娄迦谶译：《阿阇世王经》卷1，《大正新修大藏经》第15册，第393页上。

期，相关内容的文殊类经典的汉译本尚未翻译，故此处笔者暂不讨论。

虽然《维摩诘经》与文殊法门乃至文殊信仰的形成有着密切的关系，但是二者也有着明显的不同之处，仅以《阿阇世王经》为例，我们就可以窥其端倪。在《阿阇世王经》中文殊菩萨但说深法，毫不顾及听众的能否接受不同；而《维摩诘经》经中，维摩诘在说法时却考虑到了听众的根机、能力，是面对不同层次听众的一种应机说法。由此也凸显出了文殊法门的独特性。

综上所述，虽然东汉、三国时期翻译的文殊类经典数量虽少，但是这些经典涉及般若、华严、三昧等多个部类，大致体现出佛教早期不同地区、不同宗派中文殊菩萨地位的不同。其中，与文殊菩萨关系最为密切的是《阿阇世王经》《维摩诘经》《首楞严三昧经》，这三部经典虽然都不是般若类经典，但其中讲述的主要义理都与般若类经典有着密切的关系，所以在佛教经典中，早期文殊形象的塑造主要与般若系统中的经典有着密切的关系。其他部类的文殊类经典，如华严类经典虽然在这一时期影响较小，但也已经参与到文殊菩萨形象塑造进程中。通过这些经典我们已经可以大致勾勒出早期经典中文殊菩萨形象的雏形：文殊菩萨是一位来自东方佛国的菩萨，他位于佛教诸菩萨之首，能深入首楞严三昧，在说法时但说深法，不拘一格，释迦牟尼佛及诸菩萨皆由其发心。而且与其关系密切的《阿阇世王经》《维摩诘经》《首楞严三昧经》的三经也表现出了早期大乘佛教中所宣扬的经典信仰的特点。在三部经的结尾处流通分中均称持诵、供养该经具有解厄，甚至成佛的功能。"佛语阿难：'持是法、讽诵读，当为一切解说其法。若有男子、女人从若闻是法，便无狐疑。诸狐疑索尽，则不为罪所覆，亦不为生死之所覆，亦不为中道离法之所覆，一切其有作邪道者则为不行,终不与魔事相当值。所以者何?用闻是法故,其已作逆恶者,闻是法信乐喜,则已无逆恶,亦不受逆之罪'。"①而文殊形象雏形的形成、文殊法门独特内容的初步显示及大乘佛教经典信仰的出现都为文殊信仰的出现做了早期的铺垫。

第二节　文殊类经典的持续传译

西晋时期是我国历史上一个重要的转折时期,虽然它结束了东汉末年一直延续到三国时期的战乱,使国家重归统一,但在其统治期间不仅我国的政治、经济、民族关系等方面发生了巨大的变化,而且思想文化也与两汉之时期相比发生了巨大的变化。两汉时期流行的神学、经学受到越来越严厉的批判,以至最终崩溃。儒家经典经过老庄思想的解释在魏晋时期形成了一种新的社会哲学思潮——玄学思潮。由于玄学讨论的核心问题是"有无本末"②,有、无关系是其讨论的主要对象。而佛教般若学所宣扬的"性空幻有"等思想与玄学所推崇的"贵无"思想有着诸多相似之处,所以在玄学流传的基础上,以大乘般若学为代表的佛教也逐渐被部分士人所接受,越来越多的佛教经典被翻译出来,其中就包括很多与文殊菩萨有关的经典,而这些文殊类经典中的大部分则是由当时著名的译经家竺法护翻译出来。

---

① [东汉]支娄迦谶译:《阿阇世王经》卷1,《大正新修大藏经》第15册,第406页上。
② 潘桂明:《中国佛教思想史稿》第一卷,南京:江苏人民出版社,2009年,第65页。

一、竺法护译经中的文殊类经典

竺法护，梵名昙摩罗刹，是我国古译时期译经最多的佛经翻译家，他的译经包括了般若类、华严类、法华类、宝积类、经集类等多个类别，基本上包含了当时西域流行的佛教的主要经典，使大乘佛教在我国传播达到了一个新的阶段，所以当时人誉其为"敦煌菩萨"。据梁僧祐《出三藏记集》卷十三《竺法护传》中记载：

> 竺法护，其先人月氏人也，世居敦煌郡。年八岁出家，事外国沙门竺高座为师，诵经日万言，过目则能。天性纯懿，操行精苦，笃志好学，万里寻师。是以博览六经，涉猎百家之言，虽世务毁誉，未尝介于视听也。是时晋武帝之世，寺庙图像，虽崇京邑；而方等深经，蕴在西域。护乃慨然发愤，志弘大道。遂随师至西域，游历诸国。外国异言三十六种，书亦如之，护皆遍学，贯综训诂，音义字体，无不备晓。遂大赍胡本，还归中夏。自敦煌至长安，沿路传译，写为晋文。所获大小乘经《贤劫》《大哀》《正法华》《普耀》等凡一百四十九部。孜孜所务，唯以弘通为业，终身译写，劳不告惓。经法所以广流中华者，护之力也。[①]

该传大致勾勒出了竺法护的整个译经生涯。关于竺法护译经的名称及具体数量，由于"遭乱《录》散，小小错涉"[②]，故后世相关文献资料的记载各不相同，所以目前只能了解大概，确切数量已不可考证。但是不论是《出三藏记集》卷二所载的156部，还是同书卷十三所

[①] [梁]僧祐撰，苏晋仁等点校：《出三藏记集》，北京：中华书局，2003年，第518页。

[②] [梁]僧祐撰，苏晋仁等点校：《出三藏记集》，北京：中华书局，2003年，第43页。

载的149部，其实在梁僧祐时存世的竺法护翻译的经典已经只剩95部共206卷。

在这95部经典中涉及文殊菩萨的经典有21部，如按照上述印顺法师等学者所确立的标准来划分，其中属于A类即经中大部分的内容与文殊菩萨有关，且文殊在经中所说之法与经典的核心思想一致的经典有《魔逆经》《文殊师利净律经》《普门品经》《文殊师利现宝藏经》《须真天子经》《文殊支利普超三昧经》《如幻三昧经》；属于B类即经中仅部分内容与文殊菩萨有关，且这部分内容能体现文殊法门特点的经典有《诸佛要集经》《须摩提菩萨经》《弘道广显三昧经》《大净法门经》《无极宝三昧经》《济诸方等学经》《持心梵天所问经》《阿惟越致遮经》《无所希望经》《等集众德三昧经》；属于D类即经中虽然涉及文殊菩萨，但文殊只是被提及或偶有发言，并没有体现出文殊法门特点的经典有《密集金刚力士经》《文殊师利悔过经》《菩萨行五十缘身经》《离垢施女经》《文殊师利佛土严净经》。这些经典涉及面广，内容庞杂，而且多有自己独立的思想，不仅所属的部类较难区分，而且其中所表现出的文殊信仰的形态也差异很大。为了能够有条理地梳理文殊法门的特点，此处笔者拟根据这些经典的所表现出的核心思想，将上述21部分为般若系统、三昧类、净土类、华严类、包含护咒的文殊类经典的五个类型依次介绍：

(一)般若系统文殊类经典的续传

西晋时期大乘佛教般若学更加流行。虽然按照《大正新修大藏经》中关于佛经部类的划分，竺法护译经中属于般若部类的只有《光赞般若经》一部。《光赞般若经》中文殊菩萨被译作"溥首菩萨"，与其他早期般若类经典相似，虽提及文殊菩萨之名，但是文殊菩萨在该经中并未参与说法。而在竺法护所译的大量宣扬般若义理的非般若类经典中，则有大量涉及文殊名号、地位、法门的内容，为般若系统中的文殊菩萨形象及法门内容的进一步完善提供了经典依据。这些经典主要有：

1.《魔逆经》一卷。据《出三藏记集》卷七《魔逆经后记》记载，该经译于西晋太康十年（289年）十二月二日，由竺法护、聂道真于洛阳白马寺译出。文殊菩萨在该经中占据着主导地位，贯穿了该经的始终。经中涉及文殊菩萨的内容主要有：（1）文殊菩萨在该经开始时为随侍大光天子解说"何谓魔事""何谓菩萨平等精进"。并宣说如来神识本无所住，不可分别，为教化众生而"善权方便，因时颁宣文字之说"。实则无缘起、无合散、无涅槃、"无所蠲除亦无所断，不有造证，无所遵修，无得无归。"①（2）文殊说此法毕，魔王波旬前来搅扰。文殊菩萨以三昧力束缚波旬，并以三昧力"使魔波旬变作佛像"，为大迦叶、须菩提等五位佛弟子分别说比丘修行的束缚、何为最众祐、如何保持三昧不乱、如何心得自在、如何说法清净、如何奉持戒律。并为须深天子说菩萨的二十魔事及十二忍辱。须深天子请文殊菩萨赦免魔王波旬，文殊对波旬说没有人束缚你，你只是"自想为缚"，所以不需更求解脱，于是文殊恢复了波旬的自由。接着，文殊菩萨为须深天子说佛事当从众生爱欲中求及比丘不怀自大之理，从而使大光天子领悟到如能依照文殊所说，那么"不复具学出家之福，不畏所行精进之业……若有比丘、比丘尼、优婆塞、优婆夷闻是言而欢喜乐，则当观之得解脱也。"②

---

① ［西晋］竺法护译：《魔逆经》，《大正新修大藏经》第15册，第114页下。
② ［西晋］竺法护译：《魔逆经》，《大正新修大藏经》第15册，第117页下。

2.《文殊师利净律经》一卷。该经的异译本有姚秦鸠摩罗什所译的《清净毗尼方广经》(一卷)、刘宋法海所译的《寂调音所问经》一卷。据《出三藏记集》卷七《文殊师利净律经后记》中记载,该经是竺法护、聂道真于晋武帝太康十年四月八日在洛阳白马寺译出的。文殊菩萨的名号在该经中出现了45次,贯穿了该经的始终。经中涉及文殊菩萨的内容主要有:释迦牟尼在罗阅祇耆阇崛山中,应寂顺律音天子所请,邀请住于东方宝英如来国土的文殊菩萨来此说法。(1)文殊菩萨在会中为寂顺律音天子宣说宝英佛土既重"无起亦无所坏,无有相处亦无不相,亦非一相亦不离相亦不显相"的第一义谛;又重以"六度无极,摄行四恩,以济危厄,矜救众生,还入生死,善权方便"的平等圣谛。(2)文殊菩萨因寂顺律音天子所问,而说声闻律与菩萨律的差别,并称菩萨律像大海一样容纳了声闻律与缘觉律。由于诸法无生、无来无去、无受无著,故菩萨律亦无所化。又因寂顺律音天子所问,而说平等法界,并称菩萨发菩提心于五逆之中。(3)因来自宝英佛土的诸菩萨在欲还宝英佛土,文殊菩萨以三昧力变释迦佛土如宝英佛土,并宣说"一切刹土等无别异故,一切佛等,一切法等、一切众生等,无差别故"[1],所以根本就没有来去的区别。从这些内容来看,该经仍属于般若系统的经典。而且文殊菩萨在该经中有着很高的地位,经中称"唯除如来,其余说法无有胜者,文殊师利若演说法。一切魔宫悉暗蔽,一切魔众悉能摧伏,去增上慢,灭增上慢,若有未发菩提心者发菩提心,已发心者住不退转,可摄者摄,可舍者舍,顺如来欲,令正法久住。"[2]

---

[1] [宋]法海译:《寂调音所问经》,《大正新修大藏经》第24册,第1086页下。
[2] [姚秦]鸠摩罗什译:《清净毗尼放光经》,《大正藏》第24册,第1075页下。

3.《文殊师利现宝藏经》二卷。该经的异译本有刘宋求那跋陀罗所译的《大方广宝箧经》，三卷。文殊菩萨名号在该经中出现了231次，贯穿了该经的始终。该经以须菩提请文殊菩萨宣说菩萨法而导入。第一，经中文殊菩萨首先从修行方式的不同为切入点，为须菩提宣说一切弟子、缘觉所行皆非佛法器，唯有菩萨才是一切佛法器。并解说了空与寂、凡夫与智者、解脱与束缚以及佛所说的"求利义而不得义，不求利义而得义""一切法悉非法"等声闻难以理解的大乘教义。第二，释迦牟尼佛对文殊为须菩提说法时所表现出的智慧与方便大为赞叹，列举香树、大摩尼珍宝等三十二个譬喻来赞扬菩萨智慧、方便的德义。并为须菩提宣说本净、法界的含义。须菩提难以理解佛所说之法，面对文殊的提问，他请声闻众中智慧第一的舍利弗代为解说。第三，舍利弗也表示难当此任，并以其从文殊师利东游喜信净世界、西游及南游时的见闻来证明声闻弟子的修行及神力与文殊相比如小雀和金翅鸟一样相差悬殊。接着经文又借阿难之口、大迦叶之口以及邠耨文陀尼弗之口，分别宣说文殊菩萨在教化魔众、宫中采女、外道、住增上慢心的比丘等不同对象时所表现出的善巧方便。从上述内容来看，该经对文殊法门特点、供养文殊的功德等都进行了总结，是故笔者推测其出现时间较晚，但其内容仍属于般若系统的范畴。

4.《须真天子经》四卷，据《出三藏记集》卷七《须真天子记》中记载，该经为竺法护、聂承远等人于西晋武帝泰始二年（266年）翻译于长安白马寺中。经中文殊菩萨被称为文殊师利童子。该经以须真天子向佛问菩萨三十二事导入，在该经第二品《答法议品》中文殊菩萨又应须真天子之请，为其进一步说菩萨三十二事。在第三品《法纯淑品》中文殊菩萨又因须真天子之问，而宣说了何为法之纯淑，心之非时与时。在第四品《声闻品》中文殊菩萨为声闻弟子宣说惟务禅、无碍慧、神足、知他法行、说明慧法、乐禅、持法藏、天眼彻视、诸根寂定、众经方便、净戒、博闻等法。诸声闻弟子称誉菩萨如大海般宽广，而声闻弟子则像牛迹、车辙中的积水一样狭隘。文殊说应令一切人远离小乘，而发大乘意，故称赞佛乘而轻毁弟子乘。在第五品《无畏品》中，文殊菩萨应须真天子所问而说菩萨如何发道意，并称菩萨因智慧与善权而不堕无为，故得无所畏。在第六品《住道品》中，文殊为须真天子说一切世间所入道皆为菩萨道，菩萨住于道。在第七品《菩萨行品》中，文殊为须真天子说菩萨的精进行。在第八品《分别品》中，文殊菩萨为须真天子说住于道的菩萨，胜过声闻、辟支佛，可以证泥洹、持法要、得是八事、入须陀洹、入斯陀含、入阿那含、入阿罗汉、入声闻、入辟支佛、至多陀竭、至匍迦波、至三耶三佛、至世多罗、入凡人法、入贪淫法、入嗔恚法、入愚痴法、入生死法、入灭度法。在第九品《颂偈品》中，文殊菩萨为须真天子歌颂权与慧。在第十品《道类品》中文殊菩萨为须真天子宣说菩萨修学的三十八种道。

5.《大净法门经》一卷，异译本有隋那连提耶舍所译的《大庄严法门经》（二卷）。该经以文殊菩萨教化上首金光女为主线展开的，主要宣说自性清净心与客尘烦恼的关系。经中文殊菩萨为劝上首金光女发心，而为其说自身即菩提，称只要觉知平等，组成自身的五阴、四大、六入皆为菩提。上首金光女受此启而发心，并皈依佛法，奉持五戒。上首金光女发心后称自己因不了解诸法平等而习淫色，现在知道了一切尘欲皆虚妄，故不再畏惧尘欲。并请文殊菩萨为其说菩萨离尘劳、最精进、权方便之法。诸尊者、长者子、太子、群臣见到上首金光女也不再起贪欲之想法。上首金光承文殊菩萨之威神,为与会大众宣说六度、正见等大乘佛法。并在与长者子同车时示现死亡、溃烂之相,并以此因缘使长者子心生恐惧,受文殊点化而来见佛,佛为其说诸法如幻、烦恼即菩提、自心净则众生心净,长者子由此发心,得柔顺法忍,并与上首金光女一起受佛授记。

6.《诸佛要集经》二卷。据日本大谷探险队20世纪初在我国新疆吐鲁番所获的一件《诸佛要集经》残卷的经尾跋语称,该经为西晋武帝太康二年(281年)竺法护在居士聂承远、弟子竺法首的协助下翻译的。①该经文殊有关的内容主要集中在卷二部分,经中文殊菩萨因十方诸佛皆集会于东方天王佛佛土,故从所住的忍世界来到天王佛国土,却被天王佛施神力困于铁围山顶,无法参加十方诸佛之集会。等集会结束了,天王佛才召文殊来见,并为文殊说为何将其置于铁围山顶,而让离意女参加集会的原因:文殊发心来见佛闻法有得己身、得诸佛、逮诸法三种障碍,而离意女却因入普月离垢光明三昧而无佛想、法想、众生相,蠲除了一切妄想。文殊想从离意女问法,用尽种种办法却无法使其出于三昧,最后经天王佛提醒,请弃诸盖菩萨帮助,才使离意女从三昧中起。因为文殊是从离意女初发心,而离意女是从弃诸盖初发心的。这部经典从内容上看,仍属于般若系统的经典。但该经与文殊菩萨的关系,却与前边所述文殊类经典不同,明显具有贬低文殊菩萨的倾向。

7.《须摩提菩萨经》一卷。异译本有唐菩提流志所译的《须摩提经》(一卷),编入《大宝积经》卷九十八《妙慧童女会》。虽然《大正

---

① 陈国灿:《吐鲁番出土的〈诸佛要集经〉残卷与敦煌高僧竺法护的译经考略》,《敦煌学辑刊》1983年第2期。

藏》中有题为姚秦三藏鸠摩罗什所译的《须摩提女经》，但其内容与竺法护译本基本相同，应不是鸠摩罗什译本。该经中竺法护将文殊菩萨译为文殊师利法王子，经中年仅八岁的须摩提女因文殊菩萨所问菩提、菩萨、菩提行等大乘菩萨行，并能于来世成佛，号殊胜功德宝藏如来。佛告文殊，须菩提女发菩提心的时间远远早于佛，而且文殊菩萨也是从须摩提女发心的，故文殊起身向须摩提女行礼。

8.《离垢施女经》一卷。异译本有西晋聂道真所译的《无垢施菩萨分别应辩经》（一卷），今编入《大宝积经》卷一百《无垢施菩萨应辩会》中。该经主要是波斯匿年仅十二岁的女儿离垢施与八大菩萨及八大弟子之间的问答。经中佛对文殊菩萨说离垢施女发菩提心的时间远远早于文殊菩萨。当她成佛时，其佛土与文殊菩萨等四十八万诸菩萨佛土一样清净。

上述这些经典如按《大正新修大藏经》中的分类，前六部为"经集类"经典，后两部则纳入"宝积类"经典，都不属于般若类经典的范畴。但是不论这些经典中所宣扬的主要思想，还是经中所涉及文殊法门的内容都与般若空慧有密切的关系。究其原因，可能与般若思想是早期"经集""宝积"部类经典的思想来源有关。吕澂先生在《印度佛学源流略讲》一书中谈及宝积部时，就称该部的基本内容仍出于般若的，而其用于观察世间一切的"般若正观"也是来自般若的，早期流传的小本宝积部类经典与般若思想有着密切的关系。[①]正是由于般若思想是早期大乘经典中"经集""宝积"部类经典的思想基础，所以本文中笔者将这些与文殊菩萨关系密切的"经集""宝积"类经典都纳入

[①] 吕澂：《印度佛学源流略讲》，上海：上海人民出版社，1979年，第90页。

了般若系统文殊类经典的范畴。但是我们在《诸佛要集经》、《须摩提菩萨经》及《离垢施女经》的相关内容中也可以看到贬抑文殊法门的倾向,笔者以为这种倾向出现的原因一方面可能与居士佛教的发展有关,另一方面则可能是佛教界对文殊菩萨不拘一格、但说深法的一种反思。

(二)三昧类文殊经典续传

在中国古代译经上,竺法护是翻译三昧类经典数量最多的译者[1]。《出三藏记集》卷九《渐备经十住梵名并书叙第三》中就称:"元康七年(297年)十一月二十一日,沙门法护在长安西市中出《渐备经》,手持梵本,译为晋言。护公,菩萨人也。寻其余音遗迹,使人仰之弥远。夫诸方等无生、诸三昧经,类多此公所出,真众生之冥梯。"[2]所以竺法护所译的文殊类经典中,三昧类文殊经典也占据着重要的地位。其中与文殊菩萨关系密切的经典:

1.《如幻三昧经》二卷,异译本有北魏毗目智仙和般若流支合译的《善住意天子所问经》(三卷)、隋达摩笈多所译的《善住意天子经》(四卷),该经今编入《大宝积经》卷102—105《善住意天子会》中。文殊菩萨在该经中占据着主导地位。一,该经开始时文殊菩萨独处一室,于三昧中见此"婆娑世界众生极重贪欲、极重瞋恚、远离善法、习近恶法、愚痴、闇钝"[3]。文殊菩萨心念若无佛、法、僧三宝,如何能令众生开启智慧,故入普光离垢庄严三昧,以三昧力放光明普

---

[1] 大南竜昇:「竺法護と三昧經典」,『印度學佛教學研究』22卷2号,1974年。
[2] [梁]僧祐撰,苏晋仁等点校:北京:中华书局,1995年,第332页。
[3] [北魏]毗目智仙、般若流支译:《圣善住意天子所问经》卷1,《大正新修大藏经》第12册,第116页上。

第二章 文殊类经典的初传：东汉、三国、西晋时期的文殊类译经 | 55

照十方，感召十方菩萨、十千天子及魔众来到王舍城耆阇崛山中礼拜释迦牟尼佛。并应机为善住意等天子宣说无说、无听、退转、不退转、如来即虚空界；文殊自说得此破坏魔军三昧法门的因缘，并宣说二十四种入此破坏魔军三昧法门的方法，并为魔众说六根缘著无所有之法。此三昧只有菩萨可入，一切声闻、缘觉皆不能见。二，文殊及诸菩萨、天子遵释迦之命，出离三昧，于法会中显现自身。释迦佛因文殊所问，于会中宣说何为菩萨。释迦佛与文殊就菩萨如何发初心、如何依止、发心与无生忍的关系等问题做了解说。三，文殊菩萨为善住意天子宣说菩萨十地及出家法。会中有五百比丘无法接受文殊所说深法不能信受，自身堕于地狱中。但是由于听了文殊深法，虽不信受，但能于地狱中速得解脱。四，文殊为善住意天子说何为梵行，称不持刀剑伤一切众生性命、染平等行、杀人时先伤人头颅、远离佛法僧等皆是梵行。五，会中五百得五神通的菩萨因悟过去曾犯忤逆之罪而不能得甚深法忍。为使这些菩萨开化，文殊菩萨承佛威力，提剑逼佛。佛说："且止，且止！勿得造逆，当以善害。……一切法虚无不实，所受诸法亦复虚妄，幻譬如空，……以是之故彼无有罪，亦无害者。谁有杀者？何谓受殃？"[①]五百菩萨悟诸法如幻、如空，狐疑得解。六，文殊为舍利弗说罪业虚无、报亦虚无，无剑无执，一切皆为贪欲妄想，一心念佛乃得解脱。并普现十方诸佛国土颁宣道经。从这些内容可见，该经与文殊菩萨有着密切的关系，文殊菩萨不仅是般若智慧的象征，而且也对大乘佛教三昧有着深入的体验。

2.《无极宝三昧经》二卷。该经的异译本为东晋祇多蜜的《宝如

---

① ［西晋］竺法护译：《如幻三昧经》卷2，《大正新修大藏经》第12册，第151页上。

来三昧经》（二卷），经中的主导者是宝来菩萨，文殊菩萨只是众多与会菩萨之一。该经中与文殊菩萨相关的内容主要集中在下卷。主要有：佛在会中发笑，文殊启问，佛说宝如来世界的种种功德。文殊请问法会中受持宝如来三昧的人数，佛对文殊说参与法会的众生都得到宝如来三昧。文殊、宝如来等菩萨应阿阇世王之请入宫供养。文殊答宝如来所问乐五事。文殊对宝如来菩萨说新发意菩萨要想得无极法，当建九法宝。宝如来菩萨为文殊说九法宝解脱之法。

3.《等集众德三昧经》三卷。该经的异译本有姚秦鸠摩罗什所译的《集一切福德三昧经》（三卷）。经中文殊菩萨之名被翻译成溥首，应是"manjusri"的其异型"manjughosa"的意译[1]。其中与文殊菩萨有关的部分主要集中在该经的卷三。经中文殊菩萨首先为魔王波旬宣说何为菩萨行，如何修习菩萨行。接着又和常精进菩萨分别说菩萨所作已办究竟成就。最后又为钩锁菩萨说菩萨修等集众德三昧之法。

4.《普门品经》一卷。异译本为唐菩提流志所译的《大宝积经》卷29《文殊师利普门会》一卷。经中文殊请佛说普入不思议法门，佛告文殊"若菩萨欲学此法，应当修习诸三昧门"，并将色相三昧、声相三昧、香相三昧、味相三昧、触相三昧等28种三昧一一作了介绍。

5.《弘道广显三昧经》四卷。该经以佛为阿耨达龙王说法为主线展开的，涉及文殊菩萨的只是部分内容。经中文殊菩萨之名被译为濡首或如软首。该经共二十品，文殊菩萨首见于第八品《决诸疑难品》。该品中称文殊菩萨来自宝英佛土宝饰世界，首先回答了大迦叶关于宝饰世界的来释迦佛土的远近、用时等问题，并论及心解脱及菩萨权辩

---

[1] 宫崎展昌：『Manjusriの漢訳語について』，《仏教学》，2009年，第51期。

之才不可思议。接着智积菩萨为大迦叶说宝英佛土只说菩萨不退转之法、诸佛奥藏要行之论。文殊菩萨对阿耨达龙王说菩萨应以清净心观如来,应修无行而无不行的等行,亦即善行。

我们知道,虽然大乘佛教中"禅法逐渐失去了独立性,变成了般若理论的附庸。不过对于般若理论的实践说,仍然具有重要的意义"①。所以在上述三昧类经典中,文殊菩萨作为般若智慧的代表,不仅作为被崇拜的对象,具有很高的地位。而且也是多种三昧的体验者、修行方法的解说者。所以我们可以推测,文殊类大乘三昧经典的成立与文殊法门的传播有着密切的关系,日本学者平川彰在《大乘佛教的兴起与文殊菩萨》一文就曾指出在印度大乘佛教中存在以文殊菩萨为中心的佛教团②,那么他们修习的可能就是与文殊菩萨关系密切的大乘三昧禅法。而这些三昧经典反过来又为我们深入了解文殊法门的特点提供了重要的依据。

(三)净土类文殊经典的初传

佛教中所谓的"净土"是与尘世间充斥着各种罪恶的"秽土"相对而言的,"按照大乘佛教教义,十方三世之佛多如恒河沙数,而一佛一净土,所以净土也多如恒河沙数"。③其中影响较大的是阿弥陀佛净土、弥勒净土、药师佛净土、唯心净土,而文殊菩萨的净土只是佛教中众多净土之一。关于文殊净土的介绍主要集中在竺法护所译的《文殊师利佛土严净经》(二卷)中。该经的异译本有两种:一种是唐代实叉难陀的《文殊师利授记经》(三卷),该经被收入《大宝积经》卷

---

① 任继愈主编:《中国佛教史》卷一,北京:中国社会科学出版社,1981年,第365页。
② 平川彰:「大乗仏教の興起と文殊菩薩」,『印度哲學佛教學』18卷2号,1970年。
③ 府建明:《净土宗和净土信仰》,《佛教文化》1998年第3期。

58—60的《文殊师利授记会》；另一种是唐代不空所译的《大圣文殊师利佛刹功德庄严经》（三卷）。该经虽以文殊名号命名，但仅部分内容与文殊菩萨有关。经中涉及文殊菩萨的部分以师子步雷音菩萨向文殊菩萨提问文殊何时成最正觉、何时发菩提心而导入。首先佛因师子步雷音菩萨所问为与会大众说前世为东方快成世界一位名为安拔的转轮王，因雷音响如来而发心，并于彼世具足菩萨十地，如来十力，佛地诸法悉皆圆满，但是为救渡众生而未曾起一念之心"我当得佛"。师子步雷音菩萨问文殊菩萨为什么不成佛、为什么教化众生发菩提心？文殊菩萨为与会大众宣说其佛土庄严的本愿：文殊菩萨说只有当经自己教化的一切众生都成佛，自己才会成佛；在自己的佛土中将无有声闻、缘觉及女人，皆为菩萨；释迦说文殊成佛时名曰普现如来；其佛土中菩萨食时，必先供养十方诸佛，并设施贫穷苦恼众生及饿鬼等令其饱足，然后才食，佛土中菩萨的衣服皆于手中自出，但需供养十方诸佛后，才能自用；佛土中菩萨所得财宝、用具也需供养十方诸佛、声闻众后，才能自用；佛土中既无八难也无犯戒、烦恼；释迦佛说文殊成佛后的佛土在南方，名曰离尘垢心世界；该世界由妙宝所成，各种珍宝、名香随菩萨所愿而现，四季亦如是。没有老、病、死，没有涅槃，如有菩萨欲证菩提，即可从兜率天宫降生成佛。空中播放着诸波罗蜜及菩萨藏法门之音，如有狐疑，则佛陀立现为其解答；所有佛刹中的功德庄严皆可置于文殊佛土，但是二乘及五浊除外；佛为与会大众说文殊佛土庄严远胜阿弥陀佛刹，与东方超立愿世界相同，并以三昧力使与会大众见到超立愿佛土之庄严；佛为师子步雷音菩萨说文殊佛土菩萨远多于阿弥陀佛土，普见如来的寿命无有算无有限量。

从上述内容来看，《文殊师利佛土严净经》是一部出现时间相对较晚的文殊类经典，经中与文殊菩萨相关的内容在宣说文殊佛净土功勋严净的同时，也对早期文殊类经典中所宣扬的文殊"在往古佛，具一切法、如来十力，已备十地"①，而仍为菩萨一事进行解释。与般若类经典相比，信仰的成分较为突出，对文殊信仰的形成具有一定的促进作用。经中释迦佛称赞文殊净土称："欲知西方安养世界无量寿佛功德严净，比于文殊师利难以喻哉！假譬言之，如取一毛破为百分，以一毛水取海水一滴，无量寿佛如一分毛水一滴耳，文殊师利成佛汪洋如海，巍巍荡荡不可思议。"②释迦佛又对弥勒菩萨说："虽尔缘是功德福，疾成无上正真之道为最正觉，国土成就不及文殊师利严净之德。"③可见该经对文殊净土的推崇。虽然文殊佛土如此严净，但为化度众生，故仍菩萨身份诸佛宣化，表现出了"自未得度先度他，是故我礼初发心"④的先己后人的精神，所以陈扬炯先生在《中国净土宗通史》称文殊净土最大的特点是"文殊不愿成佛"⑤。

(四)包含护咒的文殊类经典的初传

"咒"又叫咒语，也称神咒。在佛教中咒是佛、菩萨在护法时所说的"密语"，被认为是沟通凡圣的桥梁。佛教中咒的产生与陀罗尼有着密切的关系，是陀罗尼由一种记忆的方法被逐渐神化的产物，所以早期密教又被称为陀罗尼密教。吕建福在先生《中国密教史》一书中曾指出："陀罗尼密教夹杂着西域咒术传进来的时候，中国也开始流行咒术了，中国人已经有了咒语咒术的观念，这就把从西土传进的陀罗尼

---

① [西晋]竺法护译：《文殊师利佛土严净经》卷2，《大正新修大藏经》第11册，第898页上。
② [西晋]竺法护译：《文殊师利佛土严净经》卷2，《大正新修大藏经》第11册，第899页下。
③ [西晋]竺法护译：《文殊师利佛土严净经》卷2，《大正新修大藏经》第11册，第900页上。
④ [北凉]昙无谶译：《大涅槃经》卷38，《大正新修大藏经》第3册，第590页上。
⑤ 陈扬炯：《中国净土宗通史》，南京：江苏古籍出版社，200年，第39页。

很自然地看成神咒了，那些充当与胡僧合作译经的人便把'陀罗尼经'写成了'陀罗尼神咒经'，把'陀罗尼'写作'神咒''咒''祝'了。"①在竺法护译经中就包含了大量的陀罗尼密典以及受其影响的其他部类的大乘经典，其中与文殊菩萨有关的主要有以下三部：

1.《持心梵天所问经》四卷。异译本有鸠摩罗什所译的《思益梵天所问经》（四卷）、北魏菩提流支所译的《胜思惟梵天所问经》（六卷）。该经文殊菩萨名号被翻译为溥首童真。经中涉及文殊菩萨的内容集中该经的后半部分，内容由《谈论品》中持心梵天对佛说文殊菩萨在此法会中无所说，故佛命文殊说法导入。文殊首先对佛说法不可说、不可演、不可论。接着又为持心梵天说法无二相，说者、听者不二，故法不可说及比丘应如何奉如来教等问题。最后又为等行天子说优婆塞皈依佛法僧之法及菩萨发菩提心之法。在《论寂品》中文殊因持心梵天所问，说行处行、知见清净、正行、慧眼、得道、正位、虚妄与真实、圣语言与圣默然。在《力行品》中文殊菩萨分别与等行菩萨和持心梵天论说菩萨精进。在《行道品》中文殊为持心梵天讲说菩提行、一切智、众生相等问题。《建立法品》中文殊菩萨为持心梵天说法不可灭故不可护念、不听法者才是听法。《诸天叹品》中文殊请释迦佛护念持该经者，佛说咒护念。

2.《无希望经》一卷。异译本有刘宋昙摩密多所译的《象腋经》（一卷）。经中先以释迦佛于王舍城耆阇崛山中放光集众、顾文殊而笑引出释迦为阿难说受持此经有大功德。佛因文殊所问宣说此经内容即十二种安住诸功德法，菩萨要解此经，需解悟一切法皆如虚空。若解此法，

---

① 吕建福：《中国密教史》，北京：中国社会科学出版社，1995年，第116—117页。

可速得无生法忍。信解、受持、流通、读诵此经可得二十种功德,可如药树般除去一切疾病。佛对文殊说过去世有金刚幢菩萨,以此经法陀罗尼章句,摄取护持众生等,佛为文殊说此陀罗尼章句的内容及持此陀罗尼的功德。其陀罗尼章句的内容为:"无捶　离为　以律舍　善度　不有实　无有处　离迷惑　尊虚空　荒如幻　无所生　不可得　慈善慈愍众生　一切下　求径路　义精进　斯无楚　此神咒。"①

3.《正法华经》十卷。异译本有两种,一是姚秦鸠摩罗什所译的《妙法莲华经》(七卷),一是隋阇那崛多所译的《添品妙法莲华经》(七卷)。该经是大乘佛教中法华类的根本经典,其内容宣称开权显实、三乘方便、一乘真实等思想,着重塑造了观音菩萨的形象,是一部宣扬观音信仰的重要经典。虽然该经中涉及文殊菩萨的内容较少,但是文殊在经中的地位却很高,"是参加法华会的首席大菩萨"②。经中文殊菩萨被译为溥首童真,涉及文殊菩萨的内容主要集中在《光瑞品》《宝塔品》《安行品》三品中。其中《光瑞品》在过去世,日月灯明佛即因文殊菩萨的前世妙光菩萨而说《妙法莲华经》,在日月灯明佛入灭后,妙光菩萨继续为人宣说此经,并教化日月灯明佛八子使其皆成佛道,其中释迦牟尼之师燃灯佛就是因妙光菩萨教化而成佛;在现在世,文殊菩萨在释迦之前已经在大海中宣说《妙法莲华经》,化度龙众无数,皆具菩萨行,并以八岁龙女速得成佛之事,而证明读诵、持奉此经所具有的功德;在该经的《安乐行品》中,如来则因文殊所问而说在未来恶世中传播《妙法莲华经》时的"四安乐行"。可见,在

---

① [西晋]竺法护译:《无希望经》,《大正新修大藏经》第17册,第781页上。
② 贺世哲:《敦煌壁画中的法华经变》,载于敦煌研究院编:《敦煌研究文集·敦煌石窟经变篇》,兰州:甘肃民族出版社,2000年,第144页。

《妙法莲华经》中，文殊菩萨不仅是位具有大智慧的菩萨，也不仅是个宣讲佛法的有地位、受人尊敬的教义传播者，而更是这部重要经典的继承者与捍卫者①，与这部经典的传承与发展有着重要的关系。

虽然按照《大正藏》的分类以上三部经典都不属于专门的早期陀罗尼经典，涉及陀罗尼密教的内容也只有一部分，主要是作为一种护法的神咒出现的。而且三部经典中所涉及的神咒与文殊菩萨并无直接的关系，所以这些经典并不是当时人们了解和认识文殊法门及文殊形象的主流。但是这类信仰形式的输入，特别是由于早期作为佛经"总持"的陀罗尼与般若类经典的密切关系都为隋唐之际密教文殊信仰的兴盛做了一定的铺垫。

(五)华严类文殊经典的续传

华严典籍是大乘佛教经典的一个部类，其中包含的经典，从形式上看大致可分为由支品、本部及眷属经三个部分，②而从内容上看则又可分为文殊类华严经和普贤类华严经两大类别。从东汉末年及三国时期文殊类华严经（《兜沙经》《本业经》）首先传入中国，西晋时期竺法护在重译文殊类华严经的同时，也翻译了《如来兴显经》《度世品经》《等目菩萨所问三昧经》三部普贤类经典，标志着普贤类华严开始传入中国。此处所涉及的《文殊悔过经》（一卷）就是在此背景下传入我国的文殊类华严经典。经中佛在耆阇崛山时，众新发意菩萨为狐疑所遮蔽，"心怀犹豫，不能自决"③，齐光照耀菩萨见此情形为他们向文殊请问"无罪之事、悔过之义"。文殊为他们说忏悔、劝助、请法、

---

① 任远：《〈妙法莲花经〉与民间信仰中的文殊菩萨》，《宗教学研究》，2007年第4期。
② 魏道儒：《中国华严宗通史》，南京：江苏古籍出版社，2001年，第1页。
③ [西晋]竺法护译：《文殊悔过经》，《大正新修大藏经》第14册，第441页下。

兴供、回向、发愿诸法,最终使他们得无生法忍。而文殊菩萨所说法也得到了释迦佛的赞叹:"善哉!善哉!仁快说此除诸菩萨罣碍罪,盖劝入道。若有菩萨,傥闻说此劝助教者,即能奉持、讽诵、讲说,如是不久皆当灭尽一切罪盖,令无罣碍。如灯及烛入于冥室众暗消索、犹如日出照于天下,靡不蒙明,如盲得目、聋者得听、哑者能言、跛者能行、塞者得通。五阴自消、六衰则灭、升于法堂、入于道室,超慧台阁、处大圣殿。"①

透过这些内容我们可以看到该经与《兜沙经》《本业经》《等目菩萨所问三昧经》等重视"法身""菩萨行"的华严类经典不同,该经的主要在讲如何在佛前忏悔、随喜、劝请、回向,与西晋失译的《三曼陀跋陀罗菩萨经》、东晋佛陀跋陀罗所译的《文殊师利发愿经》内容相似,其中的内容不仅具有方便易行的特点,而且也包含着华严深义,具有较强的可操作性,所以该经在译出之时虽然影响很小,但是对隋唐之际华严系统文殊信仰的形成起到了重要的铺垫作用。

以上十八部经典都是竺法护译经中涉及文殊菩萨内容较多的经典,不仅涉及的部类较为全面,反映了在般若类经典的影响下,其他部类经典对文殊菩萨的吸纳和进一步塑造。这些经典的内容涉及文殊菩萨的身世、法力、智慧、净土,为我们全面地了解显教经典中的文殊菩萨形象及其法门的内容提供了依据,所以说竺法护是早期翻译文殊类经典最重要的译者。而且由于文殊菩萨在早期大乘佛典中有着重要的影响,所以在这些能够集中体现文殊法门的经典外,竺法护所译的其他一些经典中也有涉及文殊菩萨内容,但是在这些经典中文殊菩

---

① [西晋]竺法护译:《文殊悔过经》,《大正新修大藏经》第14册,第447页下。

萨虽然参与法会，但是并没有或者很少参加讨论：如《密迹金刚力士经》的内容与文殊无关，但其中也提到："诸佛世尊，文殊师利慈德，乃为我等决众狐疑狐疑。"而在他译的《超日明三昧经》《决定毗尼经》等经典中，关于文殊菩萨的内容只是很小的一节，且与文殊法门的核心思想无关，所以此处不再一一叙述。

二、同时期其他译者所译的文殊类经典

西晋时期的佛经翻译主要是以洛阳和长安为中心展开的，当时译经家除了竺法护外，尚有聂承远、聂道真、竺叔兰、无罗叉、帛法祖、安法钦等多人，曾经翻译了《超日明经》《放光般若经》等多部经典。这些经典中与文殊菩萨关系密切有《异维摩诘经》（三卷）、《首楞严经》（二卷）、《文殊师利般涅槃经》（一卷）三部。其中据《出三藏记集》中记载《异维摩诘经》和《首楞严经》是竺叔兰于西晋元康元年（291年）翻译的，分别是《维摩诘》及《首楞严三昧经》的异译本，关于这两部经典中所展示的文殊法门的特点，笔者在上文中已经做了介绍，由于竺叔兰译本现已不存，故此处不作讨论。而《文殊师利涅槃经》在《出三藏记集》中将其列入"新集续撰失译杂经录"之中，可见在梁僧祐时，这部经典的译者已难以确定。隋代费长房《历代三宝纪》卷六始将其列入聂道真所译的经典，唐智昇的《开元释教录》及后世的藏经目录皆沿用此说。虽然目前已难以确定这部经典的译者，但是为了较为完整的展示早期文殊法门的特点，此处笔者仍将这部经典置于西晋时期的译经中进行讨论。

《文殊师利般涅槃经》（一卷）中佛因跋陀罗菩萨所问而宣说文殊菩萨之生缘及其所具有的神通功德、变现自在。并为未来众生开示信

仰文殊的种种功德。其主要内容如下：

> 佛告跋陀波罗：此文殊师利有大慈悲，生于此国多罗聚落梵德婆罗门家。其生之时，家内屋宅化如莲华，从母右胁出，身紫金色，堕地能语如天童子，有七宝盖随覆其上。诣诸仙人求出家法，诸婆罗门九十五种、诸论议师无能酬对，唯于我所出家学道，住首楞严三昧，以此三昧力故，于十方面——或现初生、出家、灭度、入般涅槃、现分舍利——饶益众生。如是大士久住首楞严，佛涅槃后四百五十岁，当至雪山，为五百仙人宣畅敷演十二部经，教化成熟五百仙人，令得不退转，与诸神仙作比丘像，飞腾空中至本生地，于空野泽尼拘楼陀树下，结跏趺坐，入首楞严三昧，三昧力故，身诸毛孔出金色光，其光遍照十方世界度有缘者，五百仙人，各皆见火从身毛孔出。是时，文殊师利身如紫金山，正长丈六，圆光严显，面各一寻，于圆光内有五百化佛，一一化佛有五化菩萨，以为侍者。其文殊冠毗楞伽宝之所严饰，有五百种色，一一色中，日月星辰、诸天龙宫，世间众生所希见事，皆于中现。眉间白毫，右旋宛转，流出化佛，入光网中。举身光明，焰焰相次，一一焰中有五摩尼珠，一一摩尼珠各有异光，异色分明，其众色中化佛菩萨不可具说。左手执钵，右手擎大乘经典，现此相已，光火皆灭，化琉璃像。于左臂上有十佛印，一一佛印中有十佛像。说佛名字，了了分明。于右臂上有七佛印，一一佛印中有七佛像，七佛名字了了分明。身内心处有真金像，结跏趺坐，正长六尺在莲华上，四方皆现。……未来世盲瞑众生，若有众生但闻文殊师利名，除却十二亿劫生死之罪；若礼拜供养者，生生之处恒生诸佛家，为文殊师利威神所护。是故众生，当勤系念念文殊像，念文殊像法，先念琉璃像，念琉璃像者如上所说，一一观之

皆令了了;若未得见,当诵持首楞严,称文殊师利名一日至七日,文殊必来至其人所。若复有人宿业障者,梦中得见,梦中的见者,……一日一夜成阿罗汉;若有深信方等经典,是法王子于禅定中,为说深法;乱心多者,于其梦中为说实义,令其坚固,于无上道得不退转。……此文殊师利法王子,若有人念,若欲供养修福者,即自化身,作贫穷孤独苦恼众生,至行者前。若有人年文殊师利者,当行慈心,行慈心者即是得见文殊师利。是故智者当谛听观文殊师利三十二相、八十种好,作是观者,首楞严力故,当得疾疾见文殊师利。作此观者名为正观,若他观者名为邪观。佛灭度后一切众生,其有得闻文殊师利名者、见形象者,百千亿劫中不堕恶道;若有受持读诵文殊师利名者,设有重障,不堕阿鼻极恶猛火,常生他方清净国土。①

"信众对佛菩萨的信仰,往往源于佛菩萨有别于众生的出生缘起以及信仰带来的种种功德。"②《文殊师利般涅槃经》虽然篇幅较短,但是其中内容却详细渲染了出生、学法、文殊菩萨容貌、雪山传法时的种种瑞相及持名、念诵、观想文殊菩萨所获种种福德,与般若系统的文殊类经典不同,具有很强可操作性,是后来五台山被认为是文殊圣地的重要文献依据之一。而且从其内容来看是般若类经典中所宣扬的文殊菩萨作为般若智慧的代表而形成的智慧解脱型文殊信仰的一种总结,对后世文殊信仰的发展曾产生过重要影响。

以上笔者对西晋时期传入我国的文殊类经典的基本情形做了一个

---

① [西晋]聂道真译:《文殊师利般涅槃经》,《大正新修大藏经》第14册,第480页下——481页中。

② 王晓敏:《竺法护与中国文殊信仰的初传》,《西南大学学报》2013年第6期。

简单的介绍,从上述介绍中我们可以看到这一时期的文殊类经典基本是由竺法护所翻译的。与当时般若思想的我国内地的流行的趋势相一致,竺法护所译的这些文殊类经典中,般若系统的文殊类经典仍占据着重要的地位,但与汉末三国时期的已经相比,这些涉及文殊的经典不仅进一步丰富了文殊法门的内容,而且对文殊法门质疑的声音也开始出现,应该引起我们的足够重视。此外,由于竺法护已经数量较多,涉及到佛教的各类景点。所以在其翻译的文殊类经典中也包含着大量的华严类、三昧类、净土类以及包含护咒的文殊经典,反映出佛教中般若类经典之外,各类经典对文殊法门的接受并进一步发展的情形。虽然这些部类的在当时影响没有般若系统的文殊类经典大,但是却为唐代及其以后文殊信仰的形成、发展以及五台山作为文殊圣地的出现都提供了重要的经典依据。所以说这一时期翻译的文殊类经典是中国人认识、了解文殊法门的重要依据,不仅为早期智慧解脱型文殊信仰的盛行提供了理论依据外,为后世其他类型文殊信仰的在我国的发展做了重要的铺垫。

三、西晋译经中的文殊形象

与汉末三国时期相比,西晋时期由于文殊类经典翻译数量的增多,经典中所展示出的文殊菩萨的形象更加丰满,为我们详细了解文殊菩萨在汉译佛典中名称、形象的塑造及相关义理的变化提供了重要的经典依据。但是由于这些经典出现的时间、地点及其所属的佛教派别不同,也使它们关于文殊菩萨本缘的记载和解释有着很大的差异,不仅前后记载不一,有时甚至矛盾重重,使本来就神秘的文殊菩萨,变得更加扑朔迷离,让人难以捉摸。在此笔者将以西晋时期翻译的文殊类经典为依据，对这一时期文殊类经典中所展示的文殊菩萨的名称、身世、地位进行梳理，力图展示西晋时期佛教经典中所展示出的文殊形象。

(一)西晋译经中文殊菩萨汉译名称

文殊菩萨梵文原称manjusri，虽然中国佛教界一般采用其音译名称"文殊师利"作为该菩萨的固定称谓，但在我国译经史上，该菩萨的名称却几经演变、争论不断。特别是在佛教传入我国内地之初，由于不同译者在翻译相关经典时依据的底本、翻译的风格及译者的汉学修养等不同，文殊菩萨译名也多种多样。据笔者统计，汉末三国及西晋时期，该菩萨的汉译名除了文殊师利之外，还有文殊支利、文殊尸利、溥首、软首、敬首、濡首、普首、哀雅威等多种称号。这些称号中，既有对文殊菩萨梵文名称的音译，也有对该菩萨梵文名称的意译。不过我们也可以看到，这一时期文殊菩萨音译名称变化较小，虽然也有"文殊师利""文殊支利""文殊尸利"等区别，但这种差异主要受到了佛经翻译中经常出现的汉字字形的讹误或汉语方言特点的影响。而文殊菩萨意译名称的差别却很大，虽然这种差别表面上也可以看作只是由于译者译经时依据的底本及译者风格而引出的一个语辞翻译、格义的小问题，但是实则在深层底蕴却体现当时译者试图从佛教义理的角度对文殊法门特点进行准确把握的努力，故此处笔者着重对文殊菩萨意译名称进行探讨。

从现有资料来看，在这一时期文殊菩萨众多意译名称中，"濡首"在早期汉译佛典中具有重要地位。佛教中该词最早出现在吴支谦所译的《维摩诘经》中，其后在竺法护的《文殊支利普超三昧经》《弘道广显三昧经》等多部经典都将文殊菩萨意译为"濡首菩萨"或"濡首童真",是汉译佛教经典中出现较早的一个文殊菩萨的意译名称。我们据《出三藏记集》卷一"前后出经异记"中"旧经濡首,新经文殊"①和《大唐西域记》中"曼殊室利,唐言妙吉祥,旧曰濡首"的记载可以推测"濡首"一词是汉末三国西晋时期,众多文殊菩萨意译名称中最具代表性的称谓,据统计"在75部经、律、论、传中,'濡首'共出现398次;在8部经律论传中,'濡首童真'共出现51次"②。该词中"濡"字具有"柔软"的意思,并可引申出"愉悦"之意,而古典梵文manjusri一词由"manju"和"sri"两部分组成,其中"manju"是形容词,含有"优美""愉快"的意思,所以当时的译者就用具有"愉悦"义的濡来对应manju。"sri"则是一个名词,具有"美德""威严"之含义,我国早期的译经者可能将梵文中表示头、头颅之意的"sira"与其混用③,故称"梵语唤头为室利"④,所以将经典中的"manjusri"一词译为"濡首",可能是受当时译经中格义之风流行的影响,当时的译经者又从"濡"一字的发音和涵义中引申出"溥首、软首、敬首、普首"等名称。在梵文原典"manjusri"中有"具有优秀品德者"⑤的涵义,虽然早期汉译经典中的这些关于文殊菩萨的意译名称并未准确表达出一词的内涵,亦即道安法师所谓的"先旧格义,于理多违"⑥,所以这些随着中国佛教界对文殊菩萨了解的深入,这些译名逐渐被"妙德""妙吉祥"等更加适当的词语所取代了。但是这种情形却从侧面反

---

① [梁]释僧祐撰,苏晋仁等点校:《出三藏记集》,北京:中华书局,1995年,第16页。
② 谭兴富:《"溥首"来历补说》,《语言研究》2019年第2期。
③ 朱冠明:《关于汉译佛典中"文殊师利"的译名》,《民族语文》2015年第2期。
④ [唐]法藏:《华严经探玄记》卷4,《大正新修大藏经》第35册,第169页下。
⑤ 宫崎展昌:「Manjusriの漢訳語について」,『仏教学』,2009年,第51期。
⑥ [梁]释慧皎撰,汤用彤校注,汤一玄整理:《高僧传》,北京:中华书局1992年,第195页。

映出到西晋时期文殊菩萨已经引起中国佛教界的重视，当时的信众们对该菩萨仍处于一种逐渐认识的过程，之所以会有多种意译名称出现，可能就是当时信众们为了准确把握文殊菩萨所代表的佛教思想核心内容而做出的种种努力的表现。所以仅在竺法护所译的经典中就有"文殊师利""软首""溥首""濡首"等关于文殊菩萨的名号出现的情形。

(二)西晋译经中关于文殊菩萨出处的记载

上文中提到文殊菩萨是大乘佛教中不同部类佛典共同推崇的一位大菩萨，所以在大乘经典中关于文殊菩萨的记载很多。虽然这些经典中文殊菩萨作为智慧象征的代表是一成不变的，但是不同的佛教经典中通常会根据本经中所宣扬佛理的需要，而赋予文殊菩萨种种不同的身份，因此就造成了佛教经典中关于文殊菩萨出处的记载说法较多情形，以至于佛教界在探讨在早期大乘佛教中个性鲜明的文殊菩萨及其所说深法到底源于何处时很难形成一种统一的认识。汉末、三国时期，文殊类译经相对较少，故在当时这一问题尚不明显，但是西晋时期随着文殊类经典数量的增多，这一问题也逐渐凸显出来。此处笔者首先对这一时期经典中关于文殊菩萨出处的记载做一些简单的归纳：

1.来自东方佛国。在有关文殊菩萨来历的记载中，文殊菩萨东来说一直是一种较为流行的说法。西晋时期的译经中，记载文殊菩萨东来的经典主要是《文殊师利净律经》，经中称："时有天子，名曰寂顺律音，……白世尊曰：'文殊师利今为所在？一切诸会四部之众，天、龙、鬼神、释梵四王，皆共渴仰，欲睹正士咨讲妙辞，听受经义。'佛言：'东去此万佛国土，世界名宝氏，佛号宝英如来、无所著、等正觉，今现在演说道教，文殊在彼，为诸菩萨大士之伦宣示不及。'……

宝英如来告文殊曰：'汝往彼土，能仁如来延企相待，众会无不迟想，相见稽首思闻欲听禀受。'"①可见在该经中文殊菩萨被塑造成一位来自东方宝英如来佛土——宝氏世界的一位大菩萨。而且经中称该佛土"不兴贪欲亦不灭之、不起瞋恚亦无所尽、不建愚痴亦无所除、不造尘劳亦无所坏。所以者何？无所生法亦无所尽。……彼土众生，了真谛义以为元首，不以缘合为第一也"。所以该经不仅为文殊菩萨出处提供了经典依据，而且也为文殊在法会中专说第一胜义，不重视缘起的原因做了说明。

而在竺法护所译的《弘道广显三昧经》《文殊支利普超三昧经》《文殊师利现宝藏经》中也都有关于文殊菩萨来自宝英如来佛土的记载。如《弘道广显三昧经》中称："如来告曰：且忍，阿难！自当见之。说适未久，忽从下方乃宝英如来佛土、宝饰世界，六万菩萨与濡首俱，忽然踊出迁能仁界，升于无热大池之中，各现妙大莲花座上，濡首童子即就莲花高广显座。"②而其所宣说之法是声闻乘难以理解的。《文殊支利普超三昧经》中称："其惟溥首能为斯王决除疑网，所以者何？溥首童真数从诸佛闻是深法，……王阿阇世从集欲轻地狱出，生于上方去是五百佛国，其世界曰庄严，其佛号宝英如来、至真、等正觉，今现说法。当复重见溥首，从闻深经于彼土，即当逮得不起法忍。"③经中所谓的"深法"就是第一义谛，亦即宝英如来佛土中流行的佛法，由于该法但说真谛，不重视缘起故能解阿阇世王心中之狐疑及恐惧。

---

① [西晋]竺法护译：《文殊师利净律经》，《大正新修大藏经》第14册，第448页中。
② [西晋]竺法护译：《弘道广显三昧经》卷2，《大正新修大藏经》第15册，第501页下。
③ [西晋]竺法护译：《文殊支利普超三昧经》卷3，《大正新修大藏经》第15册，第425页下。

在《文殊师利现宝藏经》则对文殊法门中的善巧方便特点的来源做了说明,经中称:"贤者大迦叶谓舍利弗言:'我亦见文殊师利神通变化,仁者且听。佛得正觉未久,我初下须发时,文殊师利来诣此世界,从宝英如来佛国来,欲见世尊稽首作礼。'时,佛在舍卫祇树之园给饭孤独精舍,文殊师利尽夏三月初,不现佛边,亦不见在众僧,亦不见在众僧,亦不见在请会,亦不在说戒中。于是,文殊师利竟夏三月已,说戒尚新时来在众中现,我即问文殊师利:'仁者!三月为所在耶?周旋所奏乎?'文殊师利曰:'唯,迦叶!吾在此舍卫城,于和悦王宫采女中,及诸淫女小儿之中三月。'我心念言:'何缘如此等人,与吾清净众僧共为腊佛。'吾即从讲堂而出,挝揵尺,欲逐出文殊师利。"①这段文字反映了文殊菩萨在教化度人之时,不重戒律,而重视善巧方便之法,这也是宝英如来佛土的一种特点,与释迦佛土中的佛法及戒律有着很大的差异。从上述内容可见文殊菩萨自宝英如来佛土、其所代表的法门正是宝英如来佛土佛法的特点,而这种观点也是当时部分经典的一致认可。

2.出于他方诸佛国。与小乘佛教只承认过去佛或三世佛不同,大乘佛教认为:"从时间上说,不论过去、未来和现在,诸佛都是无限的;从空间上说,四面八方上下所谓十方,佛的存在也都是无限的。"②所以,十方诸佛所居住的佛国净土也是无限"如是十方极过去不可复计诸佛刹……十方国一一方,各有一亿小国土"③。而在西晋时期翻译的文殊类经典中,除了有关文殊菩萨来自东方宝英如来佛土的

---

① [西晋]竺法护译:《文殊师利现宝藏经》卷2,《大正新修大藏经》第14册,第460页上。
② 杜继文:《汉译佛教经典哲学》,南京:江苏人民出版社,2008年,第16页。
③ [东汉]支娄迦谶译:《兜沙经》,《大正新修大藏经》第10册,第446页上。

第二章　文殊类经典的初传：东汉、三国、西晋时期的文殊类译经 | 73

记载外，也有一些关于文殊菩萨在久远无量劫前于不同世界作为比丘、辟支佛、菩萨等身份的记载。

如《文殊师利佛土严净经》中称文殊菩萨为东方雷音响如来佛土的转轮王，因供养雷音响如来，从其闻正法而发心，成为菩萨。经中称："乃往过去七千阿僧祇江河沙劫，乃尔世时有佛号雷音响如来、至真、等正觉，乃在东方，去此七十二姟佛土，世界名曰快成，……时有转轮王，名曰安拔，号为法王，治以文法，王四天下，王有七宝。圣王尔时往诣雷音响如来所，供养尽意八万四千岁，随其所安……王弘慈心，不转道意。……佛语狮子步雷音菩萨：'欲知尔时安拔王乎？……则今文殊师利身是也。'"①《文殊师利普超三昧经》中称文殊菩萨在久远世胜幢如来佛土的慧王比丘，释迦牟尼佛曾因受慧王比丘教导而发心。而《如幻三昧经》中则称文殊菩萨曾于久远世从意华香如来处得闻降毁魔场三昧而发心，经中称："文殊白曰：'唯然，大圣！我未发无上正道意时，闻此定名，寻时则成三昧矣！'（世尊）又问文殊：'所从闻是三昧定者，其号何等如来？'文殊白佛：'乃往过去久远世时，越过江河沙不可计会阿僧祇劫，尔时有佛，号意华香如来、至真、等正觉、明行成为、善逝、世间解、无上士、道法御、天人师、号佛、世尊，彼时演斯三昧行品，我身尔时从得闻是降毁魔场三昧慧音。'"②《首楞严三昧经》中称文殊菩萨曾于照明劫中弗沙佛灭度后，为教化众生以菩萨身份而化身为辟支佛，并示现涅槃相。

以上列举经典中关于文殊菩萨本生等故事的记载虽然说法各异且略显杂乱，但是这些记载却无一例外的暗示出文殊菩萨的修学、成道

---

① [西晋]竺法护译：《文殊师利佛土严净经》卷2，《大正新修大藏经》第11册，第897页下。
② [西晋]竺法护译：《如幻三昧经》卷1，《大正新修大藏经》第12册，第141页下。

都不是在释迦佛土的娑婆世界,因此该菩萨所宣扬的佛教义理也往往被认为具有不同于释迦佛土的他方佛土的特色。①而这种情形也从侧面反映出随着佛教的发展以文殊菩萨菩萨为代表的佛教思想已经传播到很多地区,并被广泛接受,所以当不同地区、不同派别的佛教团体在宣扬自己团体所主张的佛教义理时,经常会以文殊菩萨作为代言人,并根据实际需要而重塑文殊菩萨的本事因缘。

3.生于娑婆世界。娑婆世界又称"堪忍世界",唐代窥基在《妙法莲华经玄赞》中对该"世界"略作阐释时称:"此色界天,梵云索诃,此云堪忍,诸菩萨等行利乐时,多诸怨嫉,众苦逼恼,堪耐劳倦而忍受故,因以为名。"②北凉昙无谶所译《悲华经》中则对娑婆世界做了详细的描述:"娑婆世界其地多有卤苦、盐卤、土沙、砾石、山陵、堆阜、溪谷、沟壑、蚊虻、毒蛇,诸恶鸟兽充满其中……众生食已增益嗔恚,颜色憔悴,无有润泽,于诸众生心无慈悯,诽谤圣人,各各无有恭敬之心,常怀恐怖,共相残害,生恼乱心,噉肉饮血,剥皮而衣,执持刀杖,勤作杀害,自恃豪族,色相端正,读诵外典,便习鞍马,善用刀稍,弓箭射御,于自眷属生妒忌心,若诸众生修习邪法受种种苦。"③可见在大乘佛教的众多佛土中娑婆世界是少有的"秽土",而上述经典中描述的内容可能就是魏晋南北朝时期人民苦难生活的真实映照。但是此"秽土"却是大乘佛教中诸菩萨修行的现实世界,"秽土"中的众生也是大乘佛教中菩萨教化的重点对象。而且在《阿阇世

---

① 张正:《汉译初期大乘经典中的文殊思想研究》,中央民族大学博士学位论文,2019年,第29页。
② [唐]窥基撰:《妙法莲华经玄赞》卷2,《大正新修大藏经》第34册,第675页下。
③ [北凉]昙无谶译:《悲华经》卷6,《大正新修大藏经》第3册,第207页上。

王经》《文殊师利佛土严净经》《持心梵天所问经》《维摩诘经》等经典中都显示出文殊菩萨对秽土修行的重视。所以可能是出于弘扬佛法的考虑，《文殊师利涅槃经》中就将文殊菩萨塑造成一位出生于娑婆世界，最终于佛所出家学道，修行首楞严经三昧，并获得不可思议功德的大菩萨。经中称："（文殊菩萨）生于此国（舍卫国）多罗聚落梵德婆罗门家。其生之时，家内屋宅，化如莲花；从母右胁出，身紫金色；堕地能语，如天童子；有七宝盖，随覆其上。诣诸仙人求出家法，诸论议师无能酬对。唯于我所出家学道，住首楞严经三昧。以此三昧力故，于十方面——或现初生、出家、灭度、入般涅槃、现分舍利——饶益众生。"①

由于早期文殊法门独特的风格及其与释迦佛土佛法的种种差异，文殊菩萨生于娑婆世界的说法在我国佛教界影响一直较小，佛教界一般将文殊菩萨看作是一位从他方"自屈到斯"的一位大菩萨。但是从该经的内容中我们可以窥探出随着文殊菩萨在大乘佛教中地位的日益提高，面对不同经典中对文殊菩萨来源的种种混淆不清甚至互相矛盾的说法，当时的佛教界试图做出一种统一的解释："（文殊菩萨）生于此国（舍卫国）多罗聚落梵德婆罗门家。……唯于我所出家学道，住首楞严经三昧。以此三昧力故，于十方面——或现初生、出家、灭度、入般涅槃、现分舍利——饶益众生。"②而且该经中文殊菩萨被塑造成一位曾经在历史上实际存在过的人物，不仅对文殊出生的地点、家庭有着详细的记载，而且对其学法、弘法直至入灭的过程也有着详细的描述，也会给人一种得实有其人、实有其事的感觉，使人觉得亲

---

① ［西晋］聂道真：《文殊师利般涅槃经》卷1，《大正藏》卷14，第481页下。
② ［西晋］聂道真：《文殊师利般涅槃经》卷1，《大正藏》卷14，第481页下。

近而现实，一方面营造了一种文殊菩萨生于娑婆世界的真实气氛，另一方面也拉近了文殊菩萨与信众之间的距离，同时也为该经后半部分所宣扬的文殊信仰做了铺垫。不过正如顾颉刚先生在《古史辨自序》中称："时代愈后，传说中的中心人物愈放愈大。"[①]所以《文殊师利般涅槃经》虽然在中国佛教史上译出的时间较早，但与其他经典相比，该经形成的时间却比较晚，是一部晚出的经典，是故文殊菩萨生于娑婆世界的观点也应该是一种晚出的观点。

以上内容中，笔者对西晋时期所译佛典中关于文殊菩萨出处的问题做了归纳和总结，从中我们可以看出由于般若类经典及其思维方式的影响，作为般若智慧象征的文殊菩萨也被其他部类的经典所接受，而这些经典又"都把自己倡导的新的教义充实到文殊智慧之中"[②]，并根据经典的实际需要而塑造了文殊菩萨的种种身份。这种情形一方面促进了文殊思想的广泛传播，使文殊思想由一种少数教团或一种地区性的佛教思想演变成为大乘佛教中广泛接受的一种思想；另一方面种种互相矛盾的说法又对信众了解文殊法门造成了一定的困难，为了扭转这种局面，故《文殊师利般涅槃经》中在基于文殊菩萨出于娑婆世界的基础上，以首楞严三昧圆融种种混淆不清的说法，试图给文殊菩萨一个明确的出处，并在此基础上试图宣扬一种以智慧解脱为主要内容的文殊信仰。而这种情形随着西晋时期大量涉及文殊菩萨的经典的翻译在中国佛教界也开始显现出来，所以笔者认为《文殊师利般涅槃经》之所以在西晋时期被译出，并不是译者的一种随机选择，而是在

---

① 顾颉刚：《古史辨自序》，石家庄：河北教育出版社，2003年，第4页。
② 魏道儒：《文殊信仰发展的主脉——从印度佛教到中国佛教》，《世界宗教文化》2016年第5期。

当时般若思想流行的大背景中,译者有目的对代表般若智慧的文殊菩萨身份的一种阐释。

(三)西晋译经中关于文殊菩萨身份、地位的记载

上文中笔者提到,东汉、三国时期所译的经典中文殊菩萨的身份地位经历了一个由众菩萨中的一员向最高才第一、释尊之师、诸菩萨之母、过去世南方平等世界的龙种上如来逐渐提升的过程。到了西晋时期随着更多涉及文殊菩萨经典的译出,文殊菩萨的身份、地位被塑造的更加丰满,但也更加扑朔迷离,此处笔者拟对这一时期佛典中关于文殊菩萨身份地位的记载做一些归纳、总结,并力图在此基础上梳理出其发展、变化的一些规律。

1. 释迦佛之弟子。关于文殊菩萨作为释迦佛弟子的身份,目前已为佛教界所接受,成为一种普遍的说法。但在西晋译经中,明确指出文殊菩萨该身份的只有失译的《文殊师利般涅槃经》,该经中称:"此文殊师利有大慈悲,生于此国多罗聚落梵德婆罗门家。……诣诸仙人求出家法,诸婆罗门九十五种、诸论议师无能酬对,唯于我所出家学道。"[1]不过由于在大乘佛典中,《文殊师利般涅槃经》是一部晚出的经典,所以文殊菩萨为释迦佛弟子之说也应该出现较晚。

2. "童真住"或"法王子住"的上首菩萨。西晋时期所翻译的文殊类经典中,文殊菩萨经常有"童真"或"法王子"的称号。如《文殊师利普超三昧经》中称文殊菩萨为"濡首童真"、《正法华经》中称其为"溥首童真"、《文殊师利般涅槃经》中称其为"文殊师利法王子"。关于"童真"和"法王子"两词的含义,东晋佛陀跋陀罗所译的

---

[1] [西晋]竺法护译:《文殊师利般涅槃经》卷1,《大正新修大藏经》第14册,第480页下。

《大方广华严经》中称其为菩萨修行时仅次于第十阶的"灌顶"的两个阶位。该经称:"菩萨摩诃萨十住行,去、来、现在诸佛所说。何等为十?一名初发心、二名治地、三名修行、四名生贵、五名方便具足、六名正心、七名不退、八名童真、九名法王子、十名灌顶。诸佛子,是名菩萨十住。"① 所以僧肇在《注维摩诘经》中对"文殊师利法王子"的解释合乎该词的本意,他称:"文殊师利法王子菩萨,什曰:'秦言妙德也。……妙德以法身游方,莫知所生,又来补佛处,故言法王子。'"②而唐代窥基在其所撰的《阿弥陀经疏》中称:"'法王子'者,谓从佛化生、从佛口生,佛为法王,人为法子。彼菩萨堪嗣圣种,故言法王子。"则是以《佛地经论》中"由佛教力,彼圣道生,故名佛子。如说皆从世尊口,正法生故"③的观点来解释"法王子",重点突出了文殊菩萨对释迦佛法的传承,亦即"彼菩萨堪嗣圣种",其中也隐含了文殊菩萨作为佛弟子的观念。

3.菩萨身份的佛。其中记载文殊菩萨在过去世已成佛的经典为《首楞严三昧经》,据《出三藏记集》中竺法护,西晋元康元年四月九日竺法护等人曾翻译了该经的异译本《勇伏定经》(二卷)。众所周知,《首楞严三昧经》虽然在汉末三国魏晋时期曾前后几次译出,但目前仅有鸠摩罗什译本存世,故此处笔者以姚秦鸠摩罗什所译的《首楞严三昧经》为依据,对经中关于文殊菩萨在过去世所成佛的佛名及佛土的名号进行说明。该经中的相关内容为:"尔时长老迦叶白佛言:世尊,我谓文殊师利法王子,曾于先世已作佛事,现坐道场,转于法

---

① [东晋]佛陀跋陀罗译:《大方广华严经》卷8,《大正新修大藏经》第9册,第444页下。
② [姚秦]僧肇撰:《注维摩诘经疏》卷1,《大正新修大藏经》第38册,第331页中。
③ 亲光菩萨等造,[唐]玄奘译:《佛地经论》卷2,《大正新修大藏经》第26册,第298页下。

轮，示诸众生，入大灭度。佛言：如是如是，如汝所说，迦叶，过去久远无量无边不可思议阿僧祇劫，号龙种上如来、应供、正遍知、明行足、善逝、世间解、无上士、调御丈夫、天人师、佛世尊。于此世界南方过于千佛国土，国名平等，无有山河、沙砾、瓦石、丘陵、堆埠，地平如掌，生柔软草如迦陵伽，龙种上佛于彼世界……迦叶，汝谓尔时平等世界龙种上佛，岂异人乎，勿生此疑。所以者何，即文殊师利法王子是。"①

而在《文殊师利佛土净律经》中则称文殊菩萨净土已成，但为普度众生，故不愿成佛。如在未来世成佛，佛名曰普现如来："若有众生闻普现名，乃获快利无极之庆，况生其国得见普现，值遇神化、法则其行。若有闻是所说决者，则为见佛闻经，入心藏之不忘，但逮得闻文殊师利成佛名德，巍巍乃尔，何况目见。"②该佛所处世界位于南方，名曰离尘垢心，其佛土功勋严净，远胜于西方阿弥陀净土。此类关于文殊菩萨在过去或未来成佛的说法有一个共同的特点：都是用来衬托文殊菩萨"在往古佛，具一切法、如来十力，已备十地"③的地位，故其所说法皆为正法。所以经中都没有交代文殊菩萨历史身份的线索，而是着重突出了文殊菩萨核心思想的特点，比如"平等""离尘垢心"等。而这种将文殊菩萨抬升至与佛同等地位、且将其净土塑造的严净非常的做法，则又孕育着大乘佛教中菩萨信仰的内涵，为后世文殊信仰的兴盛做了铺垫。而文殊菩萨这种虽得佛道，为化度众生，而甘居菩萨之位的精神，也历来为佛教界称诵："虽得佛道，转于法

---

① [姚秦]鸠摩罗什译：《首楞严经三昧经》卷2，《大正新修大藏经》第15册，第644页上。
② [西晋]竺法护译：《文殊师利佛土净净经》卷2，《大正新修大藏经》第11册，第899页中。
③ [西晋]竺法护译：《文殊师利佛土严净经》卷2，《大正新修大藏经》第11册，第898页上。

轮,入于涅槃,而不舍于菩萨之道,是菩萨行。"①

4.诸佛之师。与小乘佛教不同,大乘佛教中智慧是成佛的先决条件,也是成佛的主要原因。而文殊菩萨在早期大乘佛教中即被塑造成般若智慧的象征,在此后的华严类、经集类等部类的经典中又延续了这一做法,不断的充实着文殊智慧,以至于文殊不仅是般若智慧的象征,也成了佛教智慧的代表。所以众生因智慧成佛,也可说是因文殊而成佛,是故在大乘佛经中文殊菩萨不仅被譬喻为诸佛、菩萨之师,也被称作三世诸佛之母。文殊菩萨的这一身份在东汉时译出的《首楞严三昧经》中已经出现,西晋的译经中进一步延续并丰富该菩萨的这一身份。在《如幻三昧经》中称:"于时,诸佛告众侍者言:'族姓子!有一刹土名曰忍界,于彼有佛,名释迦文如来……彼有菩萨,名曰文殊,其力广大,圣慧无极,精进无比,威变若兹,劝化开示诸菩萨众,使入高德无极大乘,为诸菩萨之父母也!晓了随时解一切法,分别章句,智慧无碍,度于彼岸,辩才无际,还得总持,晓了一切众生根本,从所明识而为流布,功勋之德不可思议。'"②在大乘佛教经典所记载的众多菩萨中,具有诸佛之师乃至诸佛之母身份的菩萨,仅有文殊菩萨一位。关于文殊菩萨的这一身份,一般常见于主要宣扬文殊思想的经典中,这样不仅肯定了文殊菩萨在大乘菩萨中的位列上首的地位,而且也经常使文殊菩萨处于一种超越佛陀的地位,在很多文殊类经典中主要是文殊菩萨在宣扬佛法,而佛在经中仅起到一种印证和赞叹的作用,所以平川彰先生在《大乘佛教的兴起与文殊菩萨》一

---

① [姚秦]鸠摩罗什译:《维摩诘所说经》卷2,《大正新修大藏经》第14册,第545页下。
② [西晋]竺法护译:《如幻三昧经》卷1,《大正新修大藏经》第136页上。

文中曾称当时印度可能存在以崇奉文殊为中心的教团①。

综上所述，笔者从释迦佛之弟子、上首菩萨、菩萨身份的佛及诸佛之师四个方面对文殊菩萨在佛教经典中的地位进行了阐释，若将这些身份串联起来，我们似乎看到了一位大乘佛教的信徒出家、发心、成佛乃至教化众生的全过程。虽然按照《文殊师利般涅槃经》中的相关记载，这些身份都是文殊菩萨为饶益众生而因首楞严三昧力的一种应现。但是如剔除其中夸大的成分，我们可以看出，作为大乘佛教各种部类经典共同推崇的一位大菩萨，文殊菩萨被赋予了种种不同身份，关于这些身份所具的功德和品格有些内容是佛教信众编造、夸大的结果，而大部分内容则是将旧有的故事和神话都集中于文殊菩萨一身，是各类经典共同塑造的结果。而且随着内容的丰富、成熟，文殊菩萨在信众心中的形象变得越来越"真实"了，神格化的趋势也越来越明显了。而各种具体形象的出现不仅能满足不同信众的需求，让众多信众感到越来越亲切、容易接受，而且文殊菩萨自身所具有的非凡神通、超人的智慧等代表神性的一面也更加突出了，在佛教中的地位也进一步提高，以致《文殊师利佛土严净经中》出现了"道是文殊，文殊是道"②说法，而且信众听闻文殊名号、供养文殊菩萨所获的功德也越来越大，"若有得闻百千亿佛名号功称，利益众生、开化度人，不如文殊师利，一一劫中化导众生，永安无患"③，为以后文殊信仰最终形成及流行奠定了基础。

---

① 平川彰:「大乘仏教の興起と文殊菩薩」,『印度哲學佛教學』18卷2号,1970年。
② [西晋]竺法护译:《文殊师利佛土严净经》卷2,《大正新修大藏经》第11册,第901页中。
③ [西晋]竺法护译:《文殊师利佛土严净经》卷2,《大正新修大藏经》第11册,第899页下。

四、西晋译经中文殊法门的特点

关于文殊法门的特点，上文中笔者以《阿阇世王经》《维摩诘经》为依据，对文殊法门中的两个重要特征"第一义谛"和"善巧方便"进行了探讨，并以《首楞严三昧经》为依据探讨了文殊菩萨禅法的重要组成部分首楞严三昧的特点。西晋时，随着更多的文殊类经典的译出，与文殊菩萨的形象一样，文殊法门的义理特征和实践风格的内容更加丰富了。

(一)文殊法门的义理特征

上文中，我们以东汉末期翻译的《阿阇世王经》为依据，对文殊法门的义理特征中表现出一种重第一义谛的特点进行了分析。西晋时期，随着汉译文殊类经典数量的增多，文殊法门中重第一义的特点表现得更加突出了，而且内容也更加丰富了，为我们系统探讨文殊法门的特点提供了依据。通过这些经典中的相关内容，我们可以将文殊法门的特点大致归纳为以下：重第一义谛、诸法平等、心性本净三个方面。

1. 重第一义谛。"第一义实无有相，无有分别，亦无言说：所谓色乃至有漏无漏法，不生不灭相，不垢不净，毕竟空，无始空故。"[1]第一义谛是文殊法门的重要特征，上文中我们已经对文殊法门的这一特征做过一些阐释。此处，我们拟以西晋时期翻译的文殊类经典为依据对文殊法门的这一特征做进一步的分析。由于这一时期翻译的佛经来源较为复杂，不仅涉及佛经的不同部类，而且这些佛经出现的时间也前后不一，所以虽然西晋时期翻译的文殊类经典中都包含着重视第一

---

[1] 龙树造、[姚秦]鸠摩罗什译：《大智度论》卷89，《大正新修大正藏》第8册，第686页上。

义谛的特征，但是该特征在不同经典中的侧重点并不完全一致。

如《大净法门经》中，文殊菩萨为化度逸女上首金光，而向其宣说："五阴无造，道亦无造；阴无自然，道无自然；阴无所有，道无所生；五阴无常，道晓无常；五阴无安，道解苦义；五阴空无，道晓了空；五阴无我，了无我义，则为道矣。诸阴寂然，了澹泊者，则为道也。诸阴无受，无所受则为道矣。……地、水、火、风诸种无想，于此四大能无思想，故曰为道。……其己身者则无吾我、无我、无人、无寿、无命……道亦无我、无人、无寿、无命……"①从这段引文中，我们可以看出该经中文殊菩萨为上首金光女所之法中阐述了般若空观思想中四大、五蕴一切皆空的思想以及我无自性、法无自性、道亦无自性的般若空观智慧，这种空观思想中包含着般若思想中的"缘起性空"的思想，属于早期大乘佛教空观范畴。

而在《文殊师利佛土严净经》《魔逆经》中则重点体现了大乘空观中的毕竟空思想，关于"毕竟空"的含义，《大智度论》中称："因缘生法无自性，无自性故是毕竟空，是毕竟空，从本以来空，非佛所作，亦非余人所作，诸佛为可度众生，故说是毕竟空相，是空相是一切诸法实体，不因内外有。"②可见，毕竟空便是一切诸法无自性之清净实相，属于第一义谛。如《文殊师利佛土严净经》经中称："师子步雷音菩萨问文殊师利：'仁者在往古佛，具一切法、如来十力，已备十地，用何等故不成正觉？'文殊师利答曰：'不以往古过去诸佛一切诸法成最正觉。所以然者？此言得道则为不得，亦无所逮。'又问：'云何具足佛法？'答曰：'具本无故。'又问：'云何具足本无？'答曰：

---

① [西晋]竺法护译：《大净法门经》，《大正新修大藏经》第17册，第818页上、中。
② 龙树造、[姚秦]鸠摩罗什译：《大智度论》卷74，《大正新修大藏经》第25册，第581页下。

'备悉虚空乃具本无,晓了虚空及诸佛法本无之义,等无有二不可分别。'"①而且该经中文殊菩萨也说:"道犹虚空等亦本无,虚空如道,道如虚空,空之与道则无有二,不可分别。"②这段引文一方面文殊菩萨用毕竟空向师子步雷音菩萨阐释了大乘佛教中的"佛法"等表示本体的概念,显示出了在空观的深度发展中形成的以"空"的属性为本体的"空"的本体化趋势。

同时期翻译的《魔逆经》中也阐释了这种将空的属性本体化的毕竟空的观点。经中称:"(文殊)答曰:'天子!其无本者,无来无去无所周旋,吾所由来亦复如是;以是之故吾为如来,所来亦如;如佛所来吾亦如之,以是之故吾为如来。如如来住,吾住亦如;以是之故吾为如来。如来无本,文殊师利亦复无本,故曰无本。以是之故,吾为如来。'"③这些引文从以空的属性为本体的空观智慧的角度对文殊菩萨智慧与佛同等提供了依据。但是文殊智慧中的这种毕竟空的特点,由于在法义的宣说上比较极端,不注重过程和方法,故有被称之为"恶趣空"的困境。

为了避免上述困境,在竺法护所译的《文殊师利净律经》中,通过寂顺律音天子与文殊师利宝英如来关于"真谛"问题的问答,重新对文殊法门中第一义谛内容进行了阐释,该经称:"寂顺律音天子白文殊:'宝英佛土有何奇特超异之德,至使仁者游居乐彼?'文殊告曰:'不兴贪欲亦不灭之、不起瞋恚亦无所尽、不建愚痴亦无所除、不造尘劳亦无所坏。所以者何?无所生法亦无所尽。'又问:'其佛说法',何

---

① [西晋]竺法护译:《文殊师利佛土严净经》卷2,《大正新修大藏经》第11册,第898页上。
② [西晋]竺法护译:《文殊师利佛土严净经》卷2,《大正新修大藏经》第11册,第896页上。
③ [西晋]竺法护译:《魔逆经》,《大正新修大藏经》第15册,第114页中。

所兴为？何所灭除？答曰：'其本净者，以无起灭，不以生尽。所以者何？彼土众生，了真谛义为元首，不以缘合为第一也。'又问：'何谓真谛元首？何谓缘合以为第一？'答曰：'于义无起亦无所坏，无有相处亦不无相，亦非一相亦不离相亦不显相。彼无视者，亦不无视、亦不谛视，亦不有尽无能尽者，已无所尽不可尽者，是曰真谛义义者。天子！谓无心矣。无本心者，不教他人不于此际、不度彼岸、不在中流，是真谛义义者。天子！谓无文字乃为圣谛。所以者何？如佛言曰，一切音声皆为虚伪。'"①经中用一种遮诠的方法对佛法进行了阐释，"中观派明确认为：事物的本来面目用一般的言语概念是不可说的。……只有'遮'了之后，才可能悟出诸法的实相，才能真正达到涅槃。"②认为不偏于经中所说的"起"与"坏"、"有相"与"无相"、"无视"与"谛视"等问题任何一边的中道观才是对般若空观的正确认识，可以看作是文殊法门为了顺利传播，有意识地对前面所说的毕竟空思想所具的偏差的一种纠正。通过上述内容，我们从"缘起性空""毕竟空""中道"三个角度对文殊法门中重视第一义谛中所包含的内容进行了阐释，体现了文殊法门内容逐渐发展、丰富的过程。

而且经中也对文殊法门重视第一义谛的原因做了解释。依照该经的说法，文殊法门是一种来自东方宝英佛土的教法，该佛土以"了义真谛为元首"，与释迦佛土那样借助"假有"、借助"言语"等，由浅入深、应机设教、循循善诱为众生说法不同，直接以一种遮诠的思维方式专说般若思想中的"性空"，彻底地摒除"俗谛"，完全以真谛为

---

① [西晋]竺法护译：《文殊师利净律经》卷1，《大正新修大藏经》第14册，第448页下—449页上。
② 姚卫群：《佛教中重要的思维方法——"遮诠法"》，《社会心理科学》2014年第6期。

核心，所以来自东方宝英如来佛土的文殊菩萨在说法就显示出重真谛、不重缘起的特点。如探究这种说法出现缘由，则可能是当时印度佛教界已经注意到文殊法门与早期般若思想之间的差异，故试图在该经中对二者差异产生的原因进行解释。

2.平等观。平等思想是佛教中的一种核心思想，特别是大乘佛教阶段这种思想超脱了现实批判的意思，而形成一种抽象与超越的特征。不仅在表现为究竟意义上"理"的绝对平等，而且也是佛教道德上终极设定，此外也被发展成为一种佛教实践的观照法门①。平等思想也是思想中的重要内容，在西晋时期翻译的文殊类译经中，平等思想的内容贯穿了始终，主要体现在以下几个方面：

（1）文殊思想中坚持以第一义谛的视角审视佛教的一切命题，所以在这种视角中世间法与出世间法、五逆罪与解脱、秽土与净土就没有差异了，而该思想中的平等观就是一种建立在第一义谛之上的绝对平等。如《文殊师利净律经》中寂顺律音天子问文殊菩萨："何谓所行平等汝等佛法，及于爱欲尘劳之义，亦等诤讼颠倒之事？"文殊答曰："用空、无相、无愿等故。所以者何？空者不别无有若干，犹如，天子！坏瓦器内空，及与宝器之内空者，俱同等空，无有若干，不可言二。如是，天子！爱欲之空，及与诤讼颠倒之空，上之道空，彼则俱空，无有若干，不可名二。"②这段引文中文殊菩萨就从诸法性空的角度为寂顺律音天子阐释了诸法平等的原因。

在《魔逆经》中，文殊菩萨也为大光天子宣说了诸法平等的含义："所谓平等，等于诸逆，亦等吾我；等诸四大，亦等住见；吾所等

---

① 唐忠毛：《佛教平等观的向度及其现实意义》，《华东师范大学学报》2009年第3期。
② [西晋]竺法护译：《文殊师利净律经》，《大正新修大藏经》第14册，第449页中。

者，亦复若兹。如诸种等、四颠倒等，吾等亦如。如等不顺反戾之事及欲所得，吾等亦如；如等生死，等及与本际；如等行原，等生死本及泥洹本。以用泥洹本等等之故，因此故曰本际平等，故吾我等；……若以平等明脱之本，亦等贪淫、嗔恚、愚痴；以等三垢，亦复等于空、无相、愿；已等三脱，亦等有为之本；以等有为本，亦等无为本；以等于无为之本，文殊所等，其亦若兹。是故大光！以此平等，诸法皆等。……一切此法皆悉平等，犹如虚空。虚空正等而无偏党，虚空无数亦无所为。"①可见这部经典中阐释了一种基于一切法自性空的基础上，所形成的一种法界平等观，而这种平等观的核心是无分别，反对一切差别说、反对一切二元的思维方式，而这种思想也是文殊义理的核心思想。

（2）文殊经典中也体现了一种作为人性、道德完善意义上的平等。与有的佛教经典所表现出的分别在家、出家或者歧视女性的特点不同，文殊师利法门中表现出一种"倾向于在家出家平等、男女平等"②的特点。如《如幻三昧经》所说："一切诸佛皆为一佛，一切诸刹皆为一刹，一切众生悉为一神，一切诸法悉为一法，是一定故，故名曰一，亦非定一，亦非若干。"③就是文殊法门中平等观的体现，经中提到一切佛、一切佛土、一切众生、一切法中都是平等的，都可以归为"一"。《文殊师利净律经》的异译本《清净毗尼方广经》中则解释了上述经中佛、法、众生、佛土平等原因。经中文殊菩萨对众菩萨说："善男子！一切世界皆悉平等，一切佛等、一切法等、一切众生

---

① [西晋]竺法护译：《魔逆经》，《大正新修大藏经》第15册，第113页中。
② 释印顺：《初期大乘佛教之起源与开展》，北京：中华书局，2011年，第847页。
③ [西晋]竺法护译：《如幻三昧经》卷1，《大正新修大藏经》第12册，第143页上。

等。……诸善男子一切刹土如虚空故等，诸佛法界不思议等故，一切诸佛法虚伪故等，一切众生无我故等。以是义故我如是说，一切世界乃至一切诸众生等。"可见在文殊法门中，这种道德上的平等也是建立在第一义谛的基础上的一种思想，在第一义谛的基础上体现了一种"心、佛及众生，是三无差别"①的观点。

受此观念的影响，文殊类法门中也能以一种平等的态度来对待女性。如《正法华经》中当智积问菩萨问文殊师利："其法甚深尊妙难及，能有寻时得佛者乎？"②文殊菩萨就以娑竭罗龙王女为例来答智积菩萨所问："龙王有女厥年八岁，聪明智慧与众超异，发达道意，志愿弘广，性行和雅而不仓卒，便可成佛。"③而娑婆罗龙王女以实际行动证明了文殊菩萨所说："于斯变成男子菩萨，寻即成佛，相三十二、众好具足，国土名号、众会皆见，怪未曾有，无央数人、天、龙、鬼神，皆发无上正道意，三千世界六反震动，三万道迹得不退转，皆当速成无上正道。"④而在《诸佛要集经》《须摩提经》《离垢施女经》三经中则称："是离意女，本劝文殊，令发道意，如文殊等，东方世界如恒沙等、南方、西方、北方、四维上下，亦复如是，悉女所化"⑤；"佛语文殊师利：'是须摩提……仁乃于彼发无上正等度意，适甫乃入无所从生法忍，是仁本造发意时师'"⑥；"是离垢施菩萨发无上正真道造行已来，八十千阿僧祇劫，然后文殊师利乃发道意。"可见这些经

---

① [东晋]佛陀跋陀罗译：《大方广华严经》卷10，《大正新修大藏经》第9册，第页上。
② [西晋]竺法护译：《正法华经》卷6，《大正新修大藏经》第9册，第106页上。
③ [西晋]竺法护译：《正法华经》卷6，《大正新修大藏经》第9册，第106页上。
④ [西晋]竺法护译：《正法华经》卷6，《大正新修大藏经》第9册，第106页上。
⑤ [西晋]竺法护译：《诸佛要集经》卷2，《大正新修大藏经》第17册，第769页下。
⑥ [西晋]竺法护译：《须摩提菩萨经》卷1，《大正新修大藏经》第12册，第78页上。

典不仅没有歧视女性,甚至将女菩萨的地位抬高到胜过文殊菩萨。

(3) 文殊菩萨在实践中也体现出了一种平等观。《文殊师利净律经》中就体现了这种思想,经中文殊菩萨对寂顺律音天子说:"吾住五逆,乃成无上正真之道。……如是,天子!如佛所说,其作逆者当堕地狱。若菩萨住于此五逆,疾逮无上正真之道。"①而该经中文殊菩萨为寂顺律音天子所宣说的关于宝英如来佛土声闻众的修行活动也体现了这种思想:"不离于欲,亦不以欲而见恼患;不离瞋恚,不以怒恨而见燋然;不于众生,而怀害心亦无所忧;不离于痴,不以愚呆而为危难,灭除窈冥及一切法;不离尘劳,殷勤精进,化去一切众生爱欲,逮得高节,无所从生而游现生,于诸想念而开化众生,不计吾我及与人寿,悉无所受亦无所舍。"②这两段引文中,文殊菩萨都宣说了一种无差别的思想,当人们认识到"理"的绝对平等之后,就能超越繁杂的现象而获得一种平等统一的体验,并由此种体验去消灭"五逆"与"正道"、"人"与"我"的差异的隔阂,从而达到一种"不二平等境界",并使一切二元对立与冲突都得以消解。

综上所述,笔者分别从义理、道德和实践三个方面对文殊法门中的平等思想进行了探讨,从中我们可以看出,文殊法门中的平等思想并不是一种纯粹现实意义上的具体诉求,而是与宗教的整体信仰体系融为一体,具有超越与抽象特征的平等观。而这种平等观也是文殊法门中的核心思想之一,文殊类经典中的很多内容都与这种平等观有着密切的关系。

3.心性本净。心性问题一直是佛教中关注的一个重点,文殊类经

---

① [西晋]竺法护译:《文殊师利净律经》,《大正新修大藏经》第14册,第499页上。
② [西晋]竺法护译:《文殊师利净律经》,《大正新修大藏经》第14册,第499页下。

典中心性本净思想也是其所宣说的一个重要内容,这种思想在西晋的文殊类译经中也多有体现。如竺法护所译的《文殊支利普超三昧经》中文殊菩萨为阿阇世王所说法中就包含了心性本净的思想,"心者本净而自然明,设心净者,则无染污亦无所净。王当解此,其本净心不可染污、无有净者、无有虚妄、亦无所著无所危害,……假使有人而说言曰:'今此虚空无色无见不可执持,亦无所舍无有言教,吾今欲以尘、烟焰、云雾污染虚空。'王答曰:'不能。'溥首曰:'如是大王!心本之净自然显明,则不可以尘、烟焰、云雾蔽碍污之。譬如尘、烟焰、云雾住于虚空,终不染空而为垢污。'"①而在《文殊师利净律经》中则更明确地指出:"人心本净,纵处秽浊则无瑕疵,犹如日明不与冥合,亦如莲花不为泥尘之所沾污。譬如虚空无能污者,欲行学法、发菩萨心,住于诸逆亦不动摇,开化诸逆则名曰顺,其心本净不与秽合。所以者何?设使合者不可复别,水及泥土尚不俱合,况于心本清净,无形与形,合乎?"②由此可见在文殊法门中的心性本净理论是建立在般若空观的基础上,虽有时会呈现出一种被客尘所污染情形,但仅是由于凡夫的颠倒错误认识所形成的一种假象,由于心性本空,虚空本来清净,不能被污染,是故心的本性就是清净的,也就无所谓染、净了。

所以《持心梵天所问经》中就称:"所以名清净者,谓真清净,真清净者亦无所生、亦无清净。其清净者本源清净,故名本清净,其本清净则一切法。何所法者而本清净?空则本净,便皆远离。……一切诸法本净亦然,斯则名曰为本清净也。……心之本净,无有处所、无

---

① [西晋]竺法护译:《文殊师利普超三昧经》卷3,《大正新修大藏经》第15册,第421页下。
② [西晋]竺法护译:《文殊师利净律经》卷1,《大正新修大藏经》第14册,第452页中。

所志求。……心本清净，心为显明，犹如虚空云雾，烟尘不害虚空，亦无所坏，亦无所照，虚空本净，无能污者，亦无尘劳，是究竟说，永无所污，故曰虚空。假使思惟顺如应者，凡夫愚憨，言发尘劳，心之本净，无能污处，以无能污，是故名曰本末清净，设不染污故曰净，是故解脱为解脱也。"①而这段引文中所谓的"虚空"其实就是毕竟空的一种表述，反映了心性本净与毕竟空之间有着密切的关系，故《大智度论》所说的"毕竟空即是毕竟清净"②，由此可见在文殊法门中所宣说的"净"与"空"的概念相关系密切。但是二者之间并不完全一致，"空"的思想主要是一种对本体的认识论，是一种侧重义理方面的概念，而"净"的观念则是在"空"的基础上所导出的一种信仰化的理念，它强调的是佛教修行者对"心"的认知与态度，是一种侧重于宗教修行实践的概念。此外这种心性本净思想也为文殊法门所宣说的善巧方便、秽土成佛思想及不二法门提供了经典的依据。

从上述内容来看，西晋时期随着文殊类译经的大量翻译，文殊法门的内容中所宣说的义理内容更加完善，不仅完整显示了重第一义谛的思想的发展、演变，而且在重第一义谛的基础上，也运用遮诠的思维方式审视"我""法"等问题，提出了诸法平等、心性本净等观点。可见这一时期文殊类译经中所展示出的文殊法门的思想体系与般若空观思想有着密切的关系，是在般若空观基础上发展、形成的一种文殊法门思想。该思想源自般若思想，但是主要突出了般若思想中的重视毕竟空的第一义谛，可以看作是般若思想发展到一定阶段后的产物，

---

① [西晋]竺法护译：《持心梵天所问经》卷3，《大正新修大藏经》第15册，第20页下—21页上。

② 龙树造、[后秦]鸠摩罗什译：《大智度论》卷63，《大正新修大藏经》地5册，第508页下。

而这种思想则为其后出现的智慧解脱型文殊信仰的形成提供了义理上的依据。

(二)文殊法门的实践特征

西晋时期的文殊类译经在完善文殊法门义理内容的同时，也进一步显示了文殊法门中独特的实践体系，体现了文殊菩萨为教化众生，而对善巧方便的灵活应用。由于这一时期，文殊信仰尚未发展成为一种独立的佛教菩萨信仰，所以此处我们仍从佛教典籍入手，探讨经典中关于文殊菩萨说法风格、说法时主要针对的对象、对待声闻及对待戒律的态度等问题的记载，探寻该实践体系的特点，梳理其发展演变的过程。

1.不拘一格的言行。文殊法门是早期大乘佛教中较为"另类"的一种佛学思想，不仅其内容显示出注重般若"真谛"，摒弃"俗谛"的特点，而且由于文殊菩萨在宣说该法门时，为了促使听众了悟第一义谛，常用遮诠的或反观的表达方式，所以在语言上常常使用超越常情的词句，在行动上也表现出一些超越常理的行为。如《魔逆经》中，文殊菩萨对大光天子说："仁者！倚著菩萨志欲至道则为魔事，心倚布施、持戒、忍辱、精进、一心而依智慧则为魔事。识念布施、妄想持戒、受于忍辱、放逸精进、及倚禅定、传惟智慧则为魔事。……大光菩萨问文殊曰：'其魔事为住何所？'文殊答曰：'住于精进。'又问：'以何等故住于精进？'文殊答曰：'其精进者，乃为诸魔求其便耳；若懈怠者，彼魔波旬当奈之何？'"[1]文殊菩萨在该经中认为大乘佛教中所宣扬的布施、忍辱、持戒都是魔事，平等精进若不依照善巧方便，

---

[1] [西晋]竺法护译：《魔逆经》，《大正新修大藏经》第15册，第112页中。

则就是为"诸魔求其便耳",也是一种魔事。文殊菩萨的这些否定大乘佛教中概念的言辞,通常情况很难为普通听众所接受。

所以当文殊菩萨在《如幻三昧经》中宣说:诸法平等,没有差别,故也无总持之法可说。五恶趣无所作,故也无需总持之法来消除,这种彻底的无分别之法时,会中的五百比丘因难以理解文殊菩萨所说之法,故"彼众会中五百比丘诽谤此经而舍驰去,则以现身大地狱。时,舍利弗报文殊师利:'且止!勿复演此深法,五百比丘闻之狐疑不肯顺入,自恣、骂詈,自谓尊豪,而舍驰走,诽谤心乱弘雅之典,则以现身堕大地狱。'"①但文殊菩萨认为即便是堕入地狱中也好过于执着于"吾我人及计寿命"等颠倒之法,反而在地狱中因听闻此经疾得解脱。因此,即使出现了与会众生因难以信受而堕入地狱的情形,文殊菩萨依然坚持但说深法。

而且文殊菩萨为了能使众生信受其所说胜义,不仅常常宣说令人震惊的言语,而且在行动上也常常有惊人之举。如在《如幻三昧经》五百菩萨听闻文殊菩萨与善住意天子的问答后,"以得四禅,逮五神通,识其宿命——往古世时所作善恶寻自已睹,皆复识命曾所作,逆害父母、杀罗汉、乱圣众、坏佛寺,斯等罪业——本所犯恶,余殃未尽,念伤害心,倍怀忧结,志在疑妄。由是之故,不能逮了此深法要,计有吾我,所据微翳,卒不能舍,不逮法忍。"②文殊菩萨为开化他们:"偏出右肩,右手捉剑,走到佛所。佛告文殊:'且止,且止!勿得造逆,当以善害。所以者何?皆从心发,因心生害。心已起顷,

---

① [西晋]竺法护译:《如幻三昧经》,《大正新修大藏经》第12册,第148页下。
② [西晋]竺法护译:《如幻三昧经》,《大正新修大藏经》第12册,第150页下。

便成为杀。'"①从而使五百菩萨了悟一切诸法虚无不实,幻譬如空,"以是之故,彼无有罪,亦无害者。谁有杀者?何谓受殃?如是观察,惟念本末,则能了知一切诸法,本悉清净,皆无所生。"②理解这个道理后,五百菩萨顷刻间从生无生法忍。由此可见,在这些与文殊菩萨密切相关的经典中,文殊菩萨的言行都与早期大乘佛教有着很大的不同。而这种不同与文殊菩萨在佛教义理中只重第一义谛密切相关,因第一义谛中:"谓无文字乃为圣谛。所以者何?如佛言曰:'一切音声皆为虚伪。'"③所以在其实践体活动中,一切活动皆以能使众生了悟第一义谛为中心,故表现出一种对语言文字的次第顺序及行为上引导的轻视,只要能令众生开悟,语言文字及行动可以随意选择。故《文殊师利现宝藏经》中就称:"佛告我(大迦叶)言:'汝自问文殊师利,为说何法能度尔所人?'我即问文殊师利。文殊师利答我言:'唯,迦叶!随一切人本而为说法令得入律,又以戏乐而教授众人,或以共行,或以游观供养,或以钱财交通,或入贫穷中吝贪中而诱立之,或现大清净行,或以神通现变化,或以释梵色像,或以四天王色像,或以转轮王色像,或现如世尊色像,或以恐惧色像,或以粗狂,或以柔软,或以虚,或以实,或以诸天色像。所以者何?人之本行若干不同,亦为说若干种法而得入道。'"④可见文殊菩萨在化度众生时所表现出的言行不仅没有遵守,甚至违背了佛教戒律,给人一种令人难以接受的感觉。

---

① [西晋]竺法护译:《如幻三昧经》,《大正新修大藏经》第12册,第150页下。
② [西晋]竺法护译:《如幻三昧经》,《大正新修大藏经》第12册,第150页下。
③ [西晋]竺法护译:《文殊师利净律经》,《大正新修大藏经》第14册,第449页上。
④ [西晋]竺法护译:《文殊师现宝藏经》,《大正新修大藏经》第14册,第460页中—下。

第二章 文殊类经典的初传:东汉、三国、西晋时期的文殊类译经

2.贬抑声闻及重天子。关于文殊菩萨对小乘佛教声闻乘的态度,印顺法师在《初期大乘佛教之起源与开展》中曾指出:"'文殊师利法门',起初也还是尊重声闻弟子的,……但贬抑声闻弟子的相当多。……佛的大弟子,如《增一阿含经》说,是各有'第一'的。'文殊法门'大抵从他们所擅长的(或是僧团一般事项)而加以问难,'斥小'就是'叹大',引入大乘佛法。"①由此可见,文殊法门中对声闻乘的贬抑,其实质是大乘佛教为了突破小乘佛教思想观念和宗教实践的束缚,扩大社会影响力,争取社会各阶层支持的一种变革。故在佛经中直接表现为对声闻乘的贬低及对小乘佛法的排斥,西晋及其汉末三国时期的文殊类译经中,与此相关的内容很多。

如在可能为康僧会三国时期翻译的《杂譬喻经》中就体现了这一特点:"昔有一国人民炽盛,男女大小广为诸恶,性行刚弊、凶暴难化。佛将弟子到其邻国,五百罗汉心自贡高"曾先后五百次往该国宣说佛教的行善、戒律等教法,但"皆不能度,咸见轻毁。"②故释迦佛派文殊菩萨"往度脱之"。文殊菩萨到该国后并没有宣说佛法,而是称誉该国民众"言某勇健、某复仁孝、某有胆慧"③,从而使该国众生皆发无上平等意,并随文殊往诣佛所,听佛说法,而发无生法忍。"五百罗汉蹙地泪出:'菩萨威神所化如是,何况如来可复称说耶?我为败种,无益一切。'"④这段引文中不仅展示了佛教大、小乘思想之间的巨大差异:"阿难白佛:'彼国人恶不受善教,多所折辱,辱一罗汉,

---

① 释印顺:《初期大乘佛教之起源与开展》,北京:中华书局,2011年,第840页。
② [吴]康僧会:《杂譬喻经》卷下,《大正新修大藏经》第4册,第520页中。
③ [吴]康僧会:《杂譬喻经》卷下,《大正新修大藏经》第4册,第520页中。
④ [吴]康僧会译:《杂譬喻经》卷2,《大正新修大藏经》第4册,第520页下。

其罪不赀,况乃违戾尔所人教,当获重罪,虚空不容。'佛言:'此罪虽为深重,菩萨视之为无罪。'"①而且也通过五百罗汉自己之口,表达了与文殊菩萨这样的大乘菩萨相比,声闻乘罗汉为"败种,无益一切"。体现了大乘佛教初期,试图通过贬抑小乘佛教,而树立大乘佛教权威的特点。而这一特点在《维摩诘经》《须真天子经》《文殊师利现宝藏经》《文殊师利净律经》《阿惟越致遮经》等经典中表现的更为突出。如《须真天子经》中就将声闻乘弟子所知之法比喻为牛迹水、车辙水,而称菩萨所知之法:"譬如大海,其水广长,无有边幅,深难得底。"②故文殊菩萨在宣说佛法时:"方便称誉佛乘、毁弟子乘。于大众中,自现所行及法事。……欲令一切皆发道意,不使人起小道意。所以者何?焦烧佛种故。教一切人皆令远离,所以者何?不欲令人贪乐故也?如是,天子!欲令菩萨发大乘、灭弟子乘故。"③而《魔逆经》中在讲说菩萨魔事时,甚至将"畅演声闻、缘觉事""与声闻、缘觉相习,乐共谈言"都视之为魔业,可见部分文殊类经典中对小乘佛教传统歧视。

但是由于文殊法门重第一义谛,与般若空观有着密切的关系,所以在文殊法门中包含着一种强烈的平等观,故而在西晋时期翻译的部分文殊类经典中也显示出一种包容声闻乘及小乘佛法的倾向。如《文殊支利普超三昧经》中称:"菩萨有斯三箧。何谓三?一曰声闻,二曰缘觉,三曰菩萨藏。声闻藏者,承他音响而得解脱。缘觉藏者,晓了缘起十二所因,分别报应因起所尽。菩萨藏者,综理无量诸法正谊自

---

① [吴]康僧会译:《杂譬喻经》卷2,《大正新修大藏经》第4册,第520页中。
② [西晋]竺法护译:《须真天子经》卷2,《大正新修大藏经》15册,第104页上。
③ [西晋]竺法护译:《须真天子经》卷2,《大正新修大藏经》15册,第104页中。

第二章 文殊类经典的初传:东汉、三国、西晋时期的文殊类译经

分别觉。……其声闻乘无有三藏,其缘觉者亦无斯藏,诸所说法菩萨究练三藏秘要,因菩萨法而生三藏——声闻、缘觉、无上正真道,故曰三藏。菩萨说法劝化众生,令三乘——声闻、缘觉、无上正觉,是故菩萨,名曰三藏。有斯三藏无余藏学。"①这段引文中对三藏的解释体现了一种"以菩萨藏来涵盖声闻、缘觉藏,最终独将菩萨称为三藏的理念"②。而且这种包容表现在这一时期翻译的律典中,《文殊师利净律经》中寂顺律音天子问文殊菩萨:"文殊为何学律?为修声闻、缘觉之律,若菩萨律?"文殊菩萨回答说:"天子!菩萨之律,犹如大海不逆污涂,十方诸律靡不归之,声闻、缘觉、一切众生开化行律而普游之。"③可见随着大乘佛教的发展,大乘佛教初期那种与小乘的对立态度开始逐渐发生了变化,以文殊法门中重第一义谛的特点逐渐发展出一种对小乘佛教包容的趋势,既为文殊信仰与法华系统经典的融合做了铺垫,也为该信仰的广泛传播奠定了基础。

与早期大乘佛教中文殊菩萨对声闻、缘觉二乘的贬抑不同,文殊类经典中展示出一种重视天子的特点,不仅将天子置于与菩萨同等的地位,而且很多经中也是以天子为主要的说法对象。《维摩诘经》《阿阇世王经》《如幻三昧经》《魔逆经》《文殊菩萨净律经》《持心梵天所问经》《须真天子经》《首楞严三昧经》等经典中天子既是发起众,也是当机众,如《如幻三昧经》之开端处,寂顺律音天子即恳请佛陀邀请文殊菩萨与会说法:"时有天子,名曰寂顺律音,……白世尊曰:'文殊师利今为所在?一切诸会四部之众,天、龙、鬼神、释梵四王,

---

① [西晋]竺法护译:《文殊支利普超三昧经》卷2,《大正新修大藏经》15册,第104页中。
② 梁富国:《早期域外文殊信仰研究》,西北大学博士学位论文,2017年,第99页。
③ [西晋]竺法护译:《文殊师利净律经》卷1,《大正新修大藏经》14册,第450页下。

皆共渴仰，欲睹正士咨请妙辞，听受经义。'"并就原因做了解释，称："文殊师利所说经法，开发结碍，靡不霍然，踰过声闻、缘觉之上。文殊师利设说大法，一切众魔皆为降伏，诸邪迷惑，无得人便，诸外异道，莫不归命；自贡高者不怀自大，未发意者皆发道心，已发道心立不退转……如来、至真皆亦劝赞：'因此圣教，乃令正法长得久存，自舍如来，未有他尊智慧、辩才，颁宣典诰如文殊者也。'"①可见该天子对文殊法门的推崇，是文殊法门的重要支持者和接受者。关于天子的具体身份，印顺法师认为他们"主要是欲界天神"②，在早期大乘佛教经典中，"天子在佛经中代表了久行善业、比人拥有更好福报的一类众生"③。其在现实中的原型应该是当时印度世俗社会中地位较高的上层精英，所以在文殊类经典对天子的重视，实质是早期大乘佛教重视向贵族阶层传教的一种反映。由于这一阶层文化程度较高，而且生活环境与出家僧众有着很大的差异，所以在这些与天子关系灭密切的经典中，文殊菩萨所宣说的内容，主要以不重次第的第一义谛为主，而在实践中也表现出一种轻戒律而重方便的情形。因此，不论是早期文殊法门中贬抑声闻、缘觉二乘，还是中后期对声闻二乘的包容，以及对天子的重视，其实都是大乘佛教为适应不同阶段传播的一种需要。

3.不重戒律的风格。戒律本是佛教三学中最为重要的内容，其在原始佛教及部派佛教中的地位不待言说。但是在大乘佛教时期，佛教为了扩大社会影响力，就力图摆脱早期佛教以出离世间立宗，以出家

---

① [西晋]竺法护译：《文殊师利净律经》卷1，《大正新修大藏经》第14册，第448页中。
② 释印顺：《初期大乘佛教之起源与开展》(下)，北京：中华书局，2011年，第802页。
③ 张正：《汉译初期大乘经典中的文殊思想研究》，西北大学2019年博士学位论文，第81页。

禁欲、涅槃无生为旨归的束缚,而积极地在社会各个阶层中扩大自己的影响、发展自己的信众。所以作为大乘佛教中佛法的主要传承者——菩萨,不仅需要自己努力修行佛教的解脱智慧,争取早日证得无上菩提而不退转,更重要的是要以自己所学之智慧去救助、教化无边的受苦众生。而在这一过程中,就难免参与到社会生活中,与社会各个阶层所接触,也就难免会与原始佛教或部派佛教中的种种清规戒律发生抵牾。《文殊师利现宝藏经》中就较为真实地反映了这一情形:

> 佛在舍卫祇树之园给饭孤独精舍,文殊师利尽夏三月初,不现佛边,亦不见在众僧,亦不见在请会,亦不在说戒中。于是,文殊师利竟夏三月已,说戒尚新时来在众中现,我(大迦叶)即问文殊师利:"仁者!三月为所在耶?周旋所奏乎?"文殊师利曰:"唯,迦叶!吾在此舍卫城,于和悦王宫采女中,及诸淫女、小儿之中三月。"我心念言:"何缘如此等人,与吾清净众僧共为腊佛。"吾即从讲堂而出,挝捷尺,欲逐出文殊师利。……佛言:"迦叶!文殊师利于此舍卫城中,开解五百女人,教化和悦王宫中采女,令得不退转于无上正真道,使五百童子及五百童女立不退转,当逮无上正真道。令无数人得声闻及升天上者。"……佛告我(大迦叶)言:"汝自问文殊师利,为说何法能度尔所人?"我即问文殊师利。文殊师利答我言:"唯,迦叶!随一切人本而为说法令得入律,又以戏乐而教授众人,或以共行,或以游观供养,或以钱财交通,或入贫穷中吝贪中而诱立之,或现大清净行,或以神通现变化,或以释梵色像,或以四天王色像,或以转轮王色像,或现如世尊色像,或以恐惧色像,或以粗狂,或以柔软,或以虚,或以实,或以诸天色像。所以者何?人之本行若干不同,亦为说若干种法而得入道。唯迦

叶！如是之比说五种法而得入审谛律。"①

由此可见，对于戒律的理解，文殊菩萨与大迦叶之间有着很大的差异。这段引文中，大迦叶是原始佛教及部派佛教中坚持出离世间的典型代表，故其所持之戒仍是以指导出家僧众的自我修行为主要目的。而文殊菩萨弘法活动则体现出强烈的入世的特点，其弘法活动的主旨就是化度众生，而因众生"之本行若干不同"故说法时需应机设教、随缘而化。所以文殊菩萨所持之律体现出一种对原始佛教及部派佛教中以指导自我实践为目的的戒律的一种突破，"在'利他'的入世性上进行了拓展"②，也就是《文殊师利现宝藏经》中所谓的"随一切人本而为说法令得入律"③。其行为体现了般若空观、平等慈悲、善巧方便等思想。可见文殊菩萨并不是不重戒律，而是在般若空观及平等慈悲的基础上，对旧有戒律的一种超越。所以在《文殊师利净律经》中，当寂顺律音天子问："何谓声闻律？何谓菩萨律？"文殊菩萨的回答是："受教畏三界难，厌患哑者，声闻之律；护于无量生死周旋，劝安一切人民、蚑行、喘息、蠕动之类，开导三界、决其疑妄、众想之著，是菩萨律。……厌恶积德，以用懈废不能自进，是声闻律；兴功为德，不厌诸行，以益众生因而得济，是菩萨律。……畏三界难，藏隐泥洹，是声闻律；乐于生死，独步三界，意无怯弱，欣心娱乐、道法之乐，劝化众生亦如苑囿游观之园，花实茂盛，多所悦豫，是菩萨

---

① [西晋]竺法护译：《文殊师现宝藏经》，《大正新修大藏经》第14册，第460页上、中。
② 梁富国：《早期与外文殊信仰研究》，西北大学博士学位论文，2017年，第53页。
③ [西晋]竺法护译：《文殊师现宝藏经》，《大正新修大藏经》第14册，第460页中。

4.对秽土修行的重视。大乘佛教中很早就表现出一种多佛主义和多方净土的观念,如《兜沙经》中称"不可计佛处、不可计法处……十方佛诸有刹土悉清净无瑕秽。"② 西晋时期所译文殊类经典中也包含了很多类似的说法。净土又称清净佛土,是佛教典籍中脱离了一切恶行、烦恼,只有快乐与幸福的人间乐土,故往生净土是大乘佛教中众生之所愿。但是文殊法门却对于常有生老病死的忧患、善少恶多、受苦无量的秽土特别重视,甚至认为"秽土修行,比净土修行更有效率。"③在《文殊师利菩萨超三昧经》《持心梵天说问经》《文殊师利佛土严净》《维摩诘经》《阿惟越致遮经》中都表达了这种思想。如《阿惟越致遮经》中,当柔音软响菩萨得知忍世界"人民刚强难化、心劣意弱",故有"我等世尊快哉善利,不生彼土"之想④。最选光明莲花开剖如来却说:"诸贤莫念,重说此辞,当自改过。所以者何?于是佛土修二十亿那术百千劫殖众德本,不如忍世界从明至食为人讲说度无极法,开化愚冥,归命三宝、令受五戒。释于声闻、缘觉之道,是菩萨大士甚难于彼,何况诲之使为沙门,捐俗近道,以法将护、劝助导示善法之义,或复昌显立之大道,此为菩萨大士难及之教。所以者何?其忍世界多有患难。"⑤这段引文反映出文殊法门中对难行道的重视,故在多有患难的忍世界开化愚冥的功德远大于在净土中的修行。

而在《持心梵天所问经》中也表达了此类思想,当东方清净国土

---

① [西晋]竺法护译:《文殊师利净律经》卷1,《大正新修大藏经》第14册,第450页中、下。
② [东汉]支娄迦谶译:《兜沙经》,《大正新修大藏经》第10册,第445页上、中。
③ 释印顺:《初期大乘佛教之起源与开展》(下),北京:中华书局,2011年,第813页。
④ [西晋]竺法护译:《阿惟越致遮经》,《大正新修大藏经》第9册,第199页上。
⑤ [西晋]竺法护译:《阿惟越致遮经》,《大正新修大藏经》第9册,第199页上。

众菩萨叹颂："吾得善利！唯然，世尊！为获嘉庆不生彼界，众生患难，劳集乃然。"①时月明佛即对诸菩萨说："诸族姓子！勿作斯言。所以者何？于吾之土百千劫净修梵行，不如忍界从旦至食不行害心，斯为殊胜。"②这两部佛典所谓的秽土，其实就是我们生活的现实世界，文殊法门中对秽土修行的重视，实质就是对现实世界的重视、对世间众生苦难的关怀。故在《文殊师利佛土严净经》中，由文殊菩萨本愿而生之离尘垢心世界中所展示出的："众妙宝摩尼明珠合成佛土，十方一切未曾见闻，奇珍种宝流布遍现，未曾朽败而有减损，菩萨所作欲令其地化成众宝，如念即成在作何宝。众妙香华所欲备有，亦无日月明冥昼夜，若菩萨身光所照随意，唯华开合别昼异夜，无有寒暑老病死事，唯行菩萨便成正觉，若至他方亦无异业，天上世间悉行菩萨，临命终没，皆成正觉，无有终没、无中灭度。虚空之中不见伎乐悲和之音，自然而作其音，不宣爱欲之辞，恒出佛法六度无极菩萨箧藏经法之音，随意所好闻经法音，如念即解，皆发正觉，见佛疑灭，闻经解达。"③这段引文中所描绘的文殊净土自然环境优美、社会生活良好，居民身心健康，都是对释迦佛秽土众生所忍受的诸多苦难的理想化的一种回应。可见，对文殊菩萨来说不论所发之愿，还是在实践中的种种行为，都是以救渡释迦秽土中的众生所展开的，"正契合了大乘佛教之所以为大的慈悲心，是当之无愧的菩萨精神"④。

综上所述，笔者从文殊菩萨说法的对象、言行的风格及重视秽土

---

① [西晋]竺法护译：《持心梵天所问经》，《大正新修大藏经》第15册，第2页上。
② [西晋]竺法护译：《持心梵天所问经》，《大正新修大藏经》第15册，第2页上。
③ [西晋]竺法护译：《文殊师利佛土严净经》，《大正新修大藏经》第11册，第899页中。
④ 张正：《汉译初期大乘经典中的文殊思想研究》，中央民族大学博士学位论文，2019年，第94页。

修行等方面对大乘佛教中文殊菩萨的实践体系进行了阐释。从中我们可以看出，文殊菩萨实践体系是建立般若思想第一义谛基础之上的一种体系，其目的是以慈悲心、善巧方便引导一切众生了悟般若空观，并最终成无上法忍，表现出了一种强烈的入世倾向。正如《文殊菩萨净律经》中，文殊菩萨因寂顺律音天子所问"何谓菩萨修行圣谛"时的回答："菩萨行谛多所察护，……菩萨行谛广大艰难，……菩萨行谛将护众生，而于本际无所造证；菩萨行谛善权方便，不舍生死泥洹之门；菩萨行谛普观一切诸佛之法。"①这段经文可以说是对文殊法门实践体系的一种总结。

总的来说，与汉末三国时期相比，西晋时期文殊类译经中所展示出文殊法门的特内容更加丰富，体系也更加完善，而且信仰的成分也更加突出。但这一时期文殊法门的相关内容仍未脱离般若空观范畴，不仅其义理的内涵还是实践体系，都是建立在般若空观的基础之上的，为文殊信仰形成之初所展示出的智慧解脱型信仰的模式奠定了基础。虽然西晋时期与东汉三国时期一样，尚未找到确切的文献资料来证明文殊菩萨已经被当时的佛教信众单独崇拜，文殊信仰在我国仍处于一种酝酿阶段。但是随着大量与文殊有关经典的译出，以及这些经典中对文殊形象的塑造及其对文殊法门的说明，必定已经在当时佛教僧俗信众的心中烙下了深深的印记，所以只要社会条件成熟，文殊菩萨一定会与当时某些特定阶层的信众产生共鸣的。此外我们通过分析汉末三国及西晋时期所译的文殊类经典也可以看出，虽然在印度文殊信仰并没有像观音信仰一样形成一种独立的菩萨信仰，但是在般若类

---

① ［西晋］竺法护译：《文殊师利净律经》，《大正新修大藏经》第14册，第449页中。

文殊经典出现之前，关于文殊形象及其信仰的种种因素已经在佛教开始逐渐酝酿，故在传入中国的佛教典籍中文殊菩萨是以一种成熟的形象出现在了中国信众的面前，为文殊信仰在中国的最终形成及发展做了很好的铺垫。

第三章　东晋时期的文殊类译经及般若类文殊信仰在中国引起的共鸣

西晋建兴四年（316年），持续了五十一年的西晋王朝，在"八王之乱"的混战中及匈奴、鲜卑等民族不断内迁的压力下逐渐崩溃了。第二年，琅琊王司马睿在南北门阀士族的共同支持下，于建康先称晋王，翌年改称皇帝（史称元帝），改元大兴，建立了历史上的东晋王朝；与此同时在我国的北方地区，先后内迁的匈奴、鲜卑、羯、氐、羌等民族及西晋的残余势力经过长期的混战，也相继建立了二赵、三秦、四燕、五凉及夏、成等政权，标志着南北分裂、对峙时期的开始。

从中国古代文化史的角度来看，虽然东晋十六国时期由于"戎狄乱华，先王之泽，扫地尽矣"①，中国固有的传统文化处于一个衰落期，但是对中国佛教来说却是一个重要的转折时期，"南北两地的统治者都自觉地重视和利用佛教"②。佛教不仅在上层、知识界中广泛流传，而且由于当时社会动荡不安，普通民众也逐渐接受了佛教中的因果报应、轮回转世等思想，开始求神拜佛以图来世之福，佛教在民间的影响也越来越广泛了，中国佛教的发展迎来了第一个高潮时期。不

---

① ［北齐］魏收撰：《魏书》，北京：中华书局，1974年，第3065页。
② 方立天：《魏晋南北朝佛教》，北京：中国人民大学出版社，2012年，第359页。

仅译经活动持续发展,而且佛教义学及佛教信仰也逐渐流行起来。在此大背景下,文殊菩萨也开始突破经典的局限性,与当时的特定阶层发生共鸣,逐渐被部分佛教信众所认可。

第一节　东晋时期翻译的文殊类经典

与汉末三国、西晋时期相同,佛典的译介仍是这一时期重要的佛教活动。不过这一时期由于帝王、皇室的直接支持,译经的规模、类别、数量和质量都有了很大的提高。那些从中亚、印度等地来华的僧人"较为全面地译出了《阿含》、《阿毗尼》、般若类经论、禅经、密教经典、律典等"[①]。其中,较为重要的译经家有:鸠摩罗什、佛陀跋陀罗、竺佛念、僧伽提婆等人。由于"法门幽邃,化网恢弘,前后翻传,年移代谢,屡经散灭,卷轴参差。复有异人,时增伪妄,致令混杂,难究踪由"[②],所以这一时期译经的总数,在不同经录中的记载也各不相同。此处,笔者仍以《出三藏记集》中的相关记载为准。

据笔者统计,《出三藏记集》中以东晋诸帝年号为序,从晋元帝太兴元年(318年)开始到晋安帝义熙十四年(419年)结束,南北两方共翻译佛经106部。由于很多文殊类经典在竺法护时期已被翻译,故这一时期译出的文殊类经典中很多都属于前期译经的异译,而新译出的、与文殊菩萨关系密切的经典仅有7部。此处,笔者以这些经典所属部类为划分标准,分别就这些经典的内容作一些简单的介绍。

[①] 方立天:《魏晋南北朝佛教》,北京:中国人民大学出版社,2012年,第360页。
[②] [唐]智升:《开元释教录》卷1,《大正新修大藏经》第55册,第477页上。

其一，般若系统文殊类经典的继续翻译。般若系统中的文殊类经典是早期文殊类经典的主流，东晋十六国时期该类经典仍在继续翻译。这一时期的译经中，新译出的此类经典主要有姚秦鸠摩罗什所译的《诸法无行经》及《文殊师利问菩提经》。鸠摩罗什在中国佛教史上占据着重要的地位，他"不仅单纯是佛经翻译家，也是一个佛教理论家"[1]，其译经及佛学思想曾对中国佛教产生过重要影响。

目前，学术界关于鸠摩罗什生平事迹、佛学思想的研究已有很多，故此处笔者不作过多的论述。据《出三藏记集》中记载，鸠摩罗什在长安大寺及逍遥园共译经35部，294卷。其中涉及文殊名称的经典有十一部。这些经典中，《首楞严三昧经》《妙法莲华经》《维摩诘所说经》《思益梵天所问经》与文殊菩萨有着密切的关系，而《摩诃般若波罗蜜经》《新贤劫经》《华手经》《十二门论》《杂譬喻经》《阿弥陀经》则只是在经中提到文殊菩萨之名。虽然鸠摩罗什译经中与文殊菩萨关系密切者多为前代译经的重译，但是由于鸠摩罗什的译经文字优美流畅，而且"义皆圆通"，能做到"中国话达得出的，都应充分用中国话。中国话不能达的，便应该用原文，决不可随便用似是而非的中国字"[2]。所以当其所译经出现后，逐渐取代了旧有的译本而被人们所持诵，在某种意义上成为同类译经的定本，在当时及后世影响都很大。不过由于上文中已经对这些经典的内容做了介绍，所以此处笔者仅对鸠摩罗什新译出的《诸法无行经》和《文殊师利问菩提经》的内容略作阐释。

1.《诸法无行经》二卷，异译本有隋代阇那崛多所译的《诸法本

---

[1] 任继愈主编：《中国佛教史》（第二卷），北京：中国社会科学出版社，1985年，第324页。
[2] 胡适：《白话文学史》，上海：上海古籍出版社，1999年，第112页。

无经》（三卷）、赵宋绍德等所译的三卷本《大乘随转宣说诸法经》。该经的主要内容是宣扬大乘佛教的诸法性空思想，只有部分内容与文殊菩萨有关。

一是，经中释迦佛首先为文殊菩萨说若菩萨能了悟一切法性无业无报、贪嗔痴际即是真际、一切众生性就是涅槃性之义，则就能灭一切业障之罪；而众生因不知诸法性空，故起分别心，虽于佛法中出家学道，但却分别善恶、应知、应断、应证、应修，舍一切有为法，自以为得罗汉果，而命终则堕大地狱。所以修行者应正观四圣谛、四念处、八圣道分、五根、七菩提分。二是，佛应文殊之请说陀罗尼——不动种性法门。文殊师利亦说不动相，面对诸天子的赞叹，文殊师利说文殊师利即是贪欲尸利、嗔恚尸利、愚痴尸利，是凡夫、外道、邪行人。三是，文殊菩萨应释迦佛之要求讲说了自己的宿缘。在过去师子吼鼓音王如来世界有喜根菩萨："不称赞少欲、知足、细行、独处，但教众人诸法实相。"①而文殊菩萨的前世——胜意比丘则重戒律，行头陀法与喜根比丘所行之法不同。胜意比丘误入喜根菩萨在家弟子家中，说喜根法师之过失——一切诸法皆无障碍，因受到喜根弟子的诘责而生嗔怒，诽谤喜根。喜根法师在大众中说"贪欲是涅槃，恚痴亦如是，于是三道中，无量诸佛道"等。胜义比丘因诽谤喜根法师而堕地狱，但又因听闻喜根所说甚深之法，而于后世得智慧利根，这便是文殊菩萨的前世因缘。该经虽在《大正藏》中被归于经集部类，但其内容却主要宣说般若类经典中空观及善巧方便思想，故此处将其纳入般若系统的范畴。

---

① [姚秦]鸠摩罗什：《诸法无行经》卷2，《大正新修大藏经》第15册，第759页上。

2.《文殊师利问菩提经》,又称《菩提经》一卷。异译本为北魏菩提流支所译的《伽耶山定经》(一卷);隋毗尼多流支所译的《象头精舍经》(一卷);唐代菩提流志所译的《大乘伽耶山顶经》(一卷)。该经的主要内容是:佛陀初得道在伽耶山祠,文殊菩萨借佛入甚深三昧谛观诸法性相之机,向佛请问如何发心之事,佛陀以无发心是发菩提心之义回答。文殊菩萨应佛陀的要求,说行菩萨道应以大悲为本,大悲应以直心为本、以一切众生等心为本、以方便慧为本等,答月净光德天子如何行菩萨道之事。并因月净光德天子所问,而说菩萨有初发心、行道心、不退转心、一生补处心等四心。并能摄因、摄果。文殊菩萨因定光明主天子所问,而说菩萨有方便、慧二略道;又有助道、断道二略道;又有量道、无量道;智道、断道等二略道。随智勇行菩萨问文殊菩萨义、菩萨智之事。文殊答曰:义名无用,智名有用。并为与会的诸天子、菩萨宣说菩萨有十智、十发、十行、十思维尽、十治法、十善地、二随行法。

该经篇幅虽短,却言简意赅地宣说了大乘佛教中菩萨应如何发心、如行道之事,可以看作是对大乘佛教中菩萨行的一个总结。故刘宋时期,僧馥在《菩提经注序》中称:"《菩提经》者,诸佛之要藏,十住之营统。其文虽约,而义贯众典;其旨虽玄,而晓然易览。犹日月历天,则群像自朗;示之一隅,则三方自释也。经之为体,论缘性则以二谛为宗,语玄会则以权智为主,言菩提则以无得为玄,明发意则以冥期为妙。婉约而弘深,莫不备矣。耆婆法师入室之秘说也。"[1]

此外,姚秦沙门竺佛念所译的《菩萨璎珞经》(十四卷)中,也有

---

[1] [梁]僧祐撰,苏晋仁等点校:《出三藏记集》,北京:中华书局,1995年,第341页。

部分内容涉及文殊菩萨。其中该经第七品《诸佛劝助品》中佛为软首菩萨说十四佛相报法及十无尽藏；第八品《如来品》中佛为软首说修习十无进藏，要修五法门及具足四神足行；第十二品《四圣谛品》中佛说文殊菩萨在过去世为大身如来，曾为四部众宣说四圣谛：无量圣谛、行尽圣谛、速疾圣谛及等圣谛。第二十九品《贤圣集品》中慧眼菩萨向文殊菩萨阐释了佛法中的有报、无报；第三十七品《闻法品》中佛为文殊菩萨宣说了法轮的转与不转；第四十品《三界品》中文殊为究竟菩萨宣说诸法性空、平等无二、善权方便之法。

以上三部经典就是东晋十六国时期新译出的般若系统中的文殊类经典，从其内容及其所宣说的思想来看，仍处于西晋时期所译般若类文殊经典的范畴，可见在西晋竺法护大量翻译此类经典之后，此类文殊经典不论内容还是思想已基本完善了。到了东晋时期，随着般若类经典的大量译出，对此类经典的讲解、阐释工作也越来越受到佛教界的重视，故这一时期的翻译家在译经的同时，也特别注意般若类经论的翻译，这一变化标志着般若经学独自流布时代的结束，此后进入了般若经学和论学相互交融发展的时期。在佛教般若学流行的背景下，中国信众对般若类文殊经典的了解也更加深入，东晋十六国时期以般若空观为基础的智慧解脱型文殊信仰开始受到人们的认可，并逐渐流传开来。

其二，华严类文殊经典的继续翻译。华严类经典是继般若类经典之外，在我国流行的又一类大乘佛教典籍。东汉、三国及西晋时期，华严类经典中的两个重要组成部分，即以《兜沙经》《本业经》为主的文殊类经典和以《兴显经》《度世品经》《等目菩萨所问三昧经》为主的普贤类经典已经被相继译出。到了东晋十六国时期，产生时间较晚、具有总结文殊和普贤两大类经典性质的《罗摩伽经》也被翻译成了汉语。

《摩罗伽经》共三卷，是《华严经·入法界品》的节译单行经。关于该经的译者及翻译时间，历代所修经录中的记载差异很大：《出三藏记集》中将其列入"新集续撰失译杂经录"；《历代法宝纪》中则称该经最早由三国时期印度沙门维祇难于东吴黄武三年（224年）译于武昌，异译本有西秦僧人圣坚所译的《方等主虚空藏经》（八卷）及北凉昙无谶所译的《罗摩伽经》（一卷）；而《开元释教录》则称《方等主虚空藏经》与《罗摩伽经》"同本非也"[1]，并依据《大唐内典录》中的记载认为圣坚除译出《方等主虚空藏经》外，也曾译出《罗摩伽经》，其异译本则与《历代法宝纪》中的相关记载相同，而目前《大正藏》中仅存题为圣坚所译的译本。本文为了行文严谨，仍以《出三藏记集》中的相关记载依据，将其列为失译经典。并采纳魏道儒先生在《中国华严宗通史》所述观点，认为该经出现时间较晚，西晋竺法护在西域游历、搜寻经典时，该经可能尚未产生。所以不论译者是谁，笔者此处仍将其定为东晋十六国时期译出的经典。《摩罗伽经》与《华严经·十住品》一样，"不仅是华严典籍中最重要的部分之一，也是在古印度流传最广的华严典籍之一"[2]。该经的主要内容是善财童子为了知何为菩萨道、何为菩萨行，而参访天子、比丘尼、在家的女人、长者、菩萨数十位善知识，最终得"极妙清净毗罗摩伽三昧"，成无上正觉。由于该经是节译本，"所以没有善财求法开头部分的记载"[3]。故

---

[1] [唐]智昇：《开元释教录》卷4，《大正新修大藏经》第55册，第518页上。
[2] 魏道儒：《中国华严宗通史》，南京：江苏古籍出版社，2001年，第45页。
[3] 魏道儒：《中国华严宗通史》，南京：江苏古籍出版社，2001年，第46页。

该译本中文殊并未亲自为善财童子宣说佛法,但是仍与普贤菩萨一起,构成了华严类经典菩萨信仰的基本结构。经中称:"时观世音,遥见善财,赞言:'善哉,善哉!善来童子!专求大乘,摄取众生,救护一切众生,生柔软心……求佛法心,起大悲心,向普贤行,发一切大愿清净之行,成就一切大愿庄严,……从文殊师利智慧大海,成熟心行,得佛势力光明三昧,身心严净,无有垢秽,永离懈怠,终不退转,……修行善行,成就智慧,心无障碍,净如虚空,速得对治离苦法门,住诸如来境界光明守护法城,广宣法教。'"①从这段引文可见,善财童子所探求的菩萨道、菩萨行,即以文殊菩萨为代表佛教智慧和以普贤菩萨为代表的"发一切大愿清净之行",两位菩萨并列出现,即是大乘佛教中智慧与修行的体现,反映了构成早期华严类经典的两大类经典逐渐融合的一种趋势。也体现了般若类经典中,文殊菩萨作为佛教智慧的象征,已经在大乘佛教中被广泛地接受了。

此外,《菩萨十住经》(一卷)也应该是翻译于这一时期的、与文殊菩萨有关的华严类典籍。关于该经的译者及翻译时间与《罗摩伽经》的情形相似,不同经录中的记载差异很大:《出三藏记集》中称竺法护及佛陀跋陀都曾经译出该经;《历代法宝纪》则在《出三藏记集》的基础上增加了东晋祇多蜜译本;《开元释教录》中则称"其旧译《华严经》既是觉贤所译,不合别出此经"②。故将佛陀跋陀译本排除于外,但此说也仅是一种推测,不一定可靠,所以该经译出于东晋十六国时期的可能性很大。本文中,笔者为了行文的严谨,将其暂定为译于东晋十六国时期,但译人已失的经典。该经中佛为文殊菩萨阐释了

---

① [西秦]圣坚译:《罗摩伽经》卷1,《大正新修大藏经》第10册,第860页。
② [唐]智昇:《开元释教录》卷4,《大正新修大藏经》第55册,第628页中。

十住菩萨功德，为文殊菩萨与《华严经》"十地"体系的结合提供了契机。而该经的思想框架也与《华严经·十地品》略同："即阐述了从菩萨开始修习大乘佛法到最终达到佛智境界的十个次第，其中的层次递进和分布也大致相同，每个层次又分别展开十个方面进行解说，这种十个层次的论述结构是华严思想表述法事的一个基本特征。"[1]

以上两部经典都是在华严系统文殊类经典的基础上，对文殊思想的进一步丰富和完善。与该系统中的文殊类经典相比，这两部经典不仅继承、发展了文殊菩萨作为智慧象征，而且也将文殊思想与"十地"思想相结合，不仅表现出与般若类文殊思想不同的特点，而且也继续为唐代华严类文殊信仰的盛行作了铺垫。

其三，授记类文殊经典的继续翻译。这类经典的重点在说明文殊菩萨过去的身世及未来的成道，故也可以称为授记类文殊经典。西晋时期，竺法护所译的《文殊师利般涅槃经》就是此类经典的典型代表。东晋十六国时期的《菩萨处胎经》《悲华经》及其他部分经典的个别章节，则继续丰富了此类经典的内容。而且，此类经典在阐述文殊菩萨出生、学道、成道的来龙去脉的同时，也把般若、净土、三昧等不同体系中所体现出的文殊菩萨的特点融合起来，是表现文殊信仰的重要经典。此处，笔者对这一时期此类经典中的相关内容略作介绍。

1.《菩萨处胎经》七卷，姚秦沙门竺佛念译。据《出三藏记集》及《开元释教录》中记载，该经又被称为《胎经》或《菩萨从兜术天降神母胎说广普经》。全经共三十八品，其中关于文殊菩萨过去身世的内容主要集中在第二十七品《文殊身变化品》中。经中释迦佛为利益

---

[1] 梁国富：《早期域外文殊信仰研究》，西北大学博士学位论文，2017年，第118页。

众生，令文殊菩萨于法会中"现汝古昔七十九劫于花光世界，在胎说法全身舍利"①。并以偈颂的形式介绍了文殊菩萨的身世："文殊本成佛，在胎现变化；方身万由旬，光明相炳著。目如青莲花，唇口珠火明，方白四十齿，眼眴上下迎。诸天、龙、鬼神，香花归命礼；今我处此胎，比方汝彼刹。于十六分中，不得如毫厘；如来神德化，通达无所碍。禁戒香远布，诸佛悉叹誉；此今诸来会，欲问难有法。软首现汝力，蠲除疑网结。"②

文殊菩萨立刻以神足定力"接华世界，内娑呵世界释迦牟尼母胎会中"③。并已偈颂的形式对自己的身世及其自己佛土的清净庄严进行了阐释："观内外清净，缘灭想亦然；十方诸佛刹，神德无有异。皆由众生根，现有妙不妙；计我成佛身，此刹为最小。座中有疑故，于胎现变化。我身如微尘，今在他佛国。三十二相明，在在无不现；本为能仁师，今乃为佛弟子。佛道极广大，清净无增减；或欲见佛身，二尊不并立。此界现受教，我刹见佛身；此刹有劫烧，我土无坏败。佛力悉周遍，众生心非一；众会听我说，除此更有余。佛刹名无阂，佛名升仙尊；国土倍复倍，清净无瑕秽。国城皆七宝，水精琉璃地；八解甘露池，洗浴去尘垢；令住无碍处，霍然睹大明。彼升仙佛者，勿谓为异人；众会欲知者，我身软首是。置此更有余，刹土名究竟；佛名大智慧，过诸菩萨量；彼无二乘学，辟支、声闻等。菩萨摩诃萨，无有欲、怒、痴；根败叶不生，况复有果实？大人相具足，先救后自济。命如五河流，五使五缠结；五盛阴喭咳，转轮五道中。……究竟

---

① [姚秦]竺佛念译：《菩萨处胎经》卷7，《大正新修大藏经》第12册，第49页中。
② [姚秦]竺佛念译：《菩萨处胎经》卷7，《大正新修大藏经》第12册，第1049页下。
③ [姚秦]竺佛念译：《菩萨处胎经》卷7，《大正新修大藏经》第12册，第1049页下。

九无阂，庄严佛道树；十力无畏法，被慈弘誓铠。手执智慧剑，芟除结使林；此界诸众生，贪著生贡高。重病离良医，疗治方更剧；犹如野火炽，焚烧山林泽；随岚大风吹，焰炽何时灭？今我等世界，广演大智慧；我如今日身，大智如来是。"①可见该经中文殊菩萨前世的身份有两种，一是早已成佛，拥有自己的净土；一是在释迦佛前世大智慧佛土中，为救贪著贡高之众生，"被慈弘誓铠。手执智慧剑，芟除结使林"，助佛说法。

2.《悲华经》十卷，昙无谶译；异译本有失译的《大乘悲分陀利经》（八卷）。关于该经的译者，《出三藏记集》中又称"别录或云龚上出"②。故李利安先生曾提出："道龚所译的《悲华经》可能为现存八卷本的《大乘悲分陀利经》。"③《悲华经》共六品，其中第三、四品与文殊菩萨的身世直接相关。该经称过去有世界名删提岚，于善持劫中，有转轮王名为无净念。有大臣名为宝海，其子宝藏出家后"成阿耨多罗三藐三菩提，还号宝藏如来"，受到无净念王及其千子、诸小王等的供养。经中称："佛告寂意菩萨：'善男子，我于往昔过恒河沙等阿僧祇劫，此佛世界名删提岚，是时大劫名曰善持，于彼劫中有转轮圣王名无净念，主四天下。有一大臣名曰宝海，是梵志种，善知占相。时生一子，有三十二相璎珞其身，八十种好次第庄严。以百福德成就一相，常光一寻，其身圆足如尼拘卢树，谛观一相，无有厌足。当其生时，有百千诸天来共供养，因为作字号宝藏。其长大后，剔除

---

① [姚秦]竺佛念译：《菩萨处胎经》卷7，《大正新修大藏经》第12册，第1049页下—1050页中。
② [梁]释僧祐撰，苏晋仁等点校：《出三藏记集》，北京：中华书局，1995年，第52页。
③ 李利安：《观音信仰的渊源与传播》，北京：宗教文化出版社，2008年，第236页。

须发,法服出家,成阿耨多罗三藐三菩提,还号宝藏如来。"①当时大臣宝海夜作一梦,知众人虽供养佛但尚未发心求阿耨多罗三藐三菩提,便于佛所,以梦问佛。宝藏佛为其解释梦中种种境像,并劝众人应发阿耨多罗三藐三菩提心。然后王及诸王子各发心愿,宝藏如来依次为他们授记为观世音菩萨、大势至菩萨、文殊菩萨、普贤菩萨等。经中称文殊菩萨为无诤念王第三子王众:

> 尔时,第三王子在佛前坐,叉手白佛言:世尊!如我先于三月之中,供养如来及比丘僧,并我所有身口意业清净之行,如是福德,今我尽以会向阿耨多罗三藐三菩提,我今所愿,不能于是不净世界成阿耨多罗三藐三菩提,亦复不愿速成阿耨多罗三藐三菩提。我行菩萨道时,愿令我所化十方无量无边诸佛世界所有众生,发阿耨多罗三藐三菩提心,安止于阿耨多罗三藐三菩提心,劝化安止于六波罗蜜者,愿令先我悉于十方一一方面,如恒河沙佛刹微尘数等诸佛世界成佛说法,……愿我为菩萨时,能作如是无量佛事,我于来世行菩萨道无有齐限,我所化诸众生等,令其心净如梵天,如是众生生我界者,尔乃当成阿耨多罗三藐三菩提,以是等清净庄严佛刹。愿令三千大千世界恒河沙等十方佛土,为一佛刹,周匝世界有大宝墙,七宝填厕……世尊!我行菩萨道时,无有齐限,要当成是微妙果报清净佛土,一生菩萨充满其中,是诸菩萨无有一人非我所教,初发阿耨多罗三藐三菩提心,安止六波罗蜜者,如是菩萨,皆是我初教发心,安止六波罗蜜,此散提岚界,若入我界一切苦恼皆悉休息。……尔时,佛告第三王子:"善男子!善

---

① [北凉]昙无谶:《悲华经》卷2,《大正藏》卷3,第174页下。

哉！善哉！汝是纯善大丈夫也。聪睿、善解、能作如是甚难大愿。所作功德甚深甚深，难可思议，微妙智慧之所为也。汝善男子！为众生故，自发如是尊重之愿，取妙国土，以是故今号汝为文殊师利。于未来世过二恒河沙等无量无边阿僧祇劫，入第三无量无边阿僧祇劫，于此南方有佛世界，名曰清净无垢宝真，此散提岚界亦入其中，彼世界中有种种庄严，汝于此中当成阿耨多罗三藐三菩提，号普现如来……诸菩萨众皆悉清净，汝之所愿，具足成就，如说而得。善男子！汝行菩萨道时，于无量亿诸如来所种诸善根，是故一切众生以汝为药，汝心清净能破烦恼，增诸善根。"①

上述引文中主要包含三个方面的内容。第一，文殊菩萨与观世音、大势至、普贤等菩萨，皆为过去世善持劫中删提岚世界无诤念王之子，其中文殊菩萨是该转轮王的第三子，名曰王众。第二，因王众王子曾供养如来及比丘僧、所有的身口意业为清净之行以及"为众生故，自发如是尊重之愿，取妙国土"，故被宝藏佛授记为文殊师利，并于未来世成佛，号普现如来。第三，这段引文中最重要的是对文殊菩萨修行时所发本愿的记载。依照大乘佛典的观点，菩萨修行时所发之本愿就是其将来成佛时净土的蓝图。从经文中的内容来看，文殊菩萨本愿的内容虽较为零乱，但内容丰富，而且其中所描绘的净土也是很理想的，不仅远超阿閦佛、弥勒菩萨之本愿，而且与阿弥陀佛本愿颇有相似之处②。在竺法护所译的《文殊师利佛土严净经》中则称文书本愿已实现、文殊净土已建成，内容基本与《悲华经》中所描绘的文殊

---

① [北凉]昙无谶：《悲华经》卷3，《大正新修大藏经》第3册，第188页上。
② 陈扬炯：《中国净土宗通史》，南京：江苏古籍出版社，2002年，第39页。

本愿相同。如果结合西晋时传为聂道真所译的《文殊师利般涅槃经》中的相关记载，我们可以看出，此类经典对文殊信仰的形成及流传具有重要的意义。一方面，对文殊菩萨身世的渲染，将文殊菩萨刻画得有血有肉、栩栩如生，给人一种真实存在的感觉，而这种"人格化"神对于满足信众的信仰需求具有十分重要的意义。另一方面，此类经典的相关内容，也注意调和各类文殊经典中对文殊记载的种种差异。并在调和这些差异的基础上建立了一个结构严谨而容和谐的文殊信仰体系。

以上就是关于东晋十六国时期译经中与文殊菩萨关系密切经典的简单介绍，与西晋时的文殊类经典相比，这一时期此类译经的翻译及内容表现出两个方面的倾向：一方面翻译此类译者的人数增加，反映出在统治者的支持之下，佛经翻译的数量、类别都远远超过了汉末、三国、西晋时期，佛教影响力的不断扩展；另一方面在般若类经典基础上发展起来的华严类经典中，在继续将文殊菩萨作为智慧象征的同时，又逐渐为文殊菩萨的形象及其所代表的思想注入了新的成分，而这些成分为文殊信仰从一种思想上的解脱的信仰向具有实际社会意义信仰的转变提供了基础。而多部受记类文殊经典对文殊菩萨身世、佛土的塑造则加速了这种转变的发展。

第二节 东晋十六国时期中国民众对文殊菩萨的理解和接受

李利安先生在《观音信仰的渊源与传播》一书中，曾将一种文化向新的地域的传播分成了三个阶段。其中第一阶段就是："这种文化从其所生长和发展、成熟的地域向一个全新的地域输入。"①从上面的内容我们可以看到，东晋时期产生于印度和中亚地区的各种类型的文殊经典基本上已经传入中国，虽然此后的南北朝、隋唐及北宋译经与这一时期的文殊类译经相比在数量及质量上有进一步的提高，但是从类型和范围上来看，东晋十六国时期输入中国的文殊类经典已经相当完备了。所以东晋初期文殊信仰在我国的流传，开始进入了李利安先生所说的第二个阶段，即"新地域的人们对这种全新的外来文化的理解和接受"阶段。

与佛教在其他国家或地区的传播不同，我国很早就形成了个性鲜明且高度成熟的文化体系，所以不同类型的文殊类佛典中所塑造的文殊形象及其宣扬的文殊思想是否能得到中国人的认可，并不是由那些来自印度、中亚以及我国本土的翻译经典、传播佛法的译经僧人或在家居士所能决定的，而是取决于东晋十六国时期社会文化，特别是会根据当时社会现实的需要而有所取舍的。由于三国、西晋时期，由于玄学的兴起，大乘佛教中般若学佛教界及部分士大夫所重视，并在玄学的影响下逐渐形成一代学风。而西晋末年，随着永嘉之乱后所引发的南渡风潮，玄学和般若学也在南方逐渐兴盛，并成为当时上层士大夫中盛行的清谈活动的主要内容，其影响持续了整个东晋时期。所以最早为我国民众所接受和认可的文殊菩萨就是般若类文殊经典中所塑造的文殊形象，其他类型经典中所宣扬的文殊思想则暂时被中国人跨越过去了。

---

① 李利安：《观音信仰的渊源与传播》，北京：宗教文化出版社，2008年，第277页。

一、东晋名士、名僧眼中的文殊菩萨

(一)般若类经及《维摩诘经》的影响

具体而言,般若类经典中所塑造的文殊信仰及其表达的文殊法门主要是都是建立在大乘佛教般若空观的基础之上的,而般若类经典及般若思想则是早期中国佛教中影响最大的佛教经典及佛教思想。汤用彤先生在《魏晋南北朝佛教史》中就称:"自汉之末叶,直讫刘宋初年,中国佛典之最流行者,当为《般若经》。"[1]这一时期的佛教界经典的翻译不仅以大乘般若学为主,而且在两晋之交逐渐兴起的"义解"活动也主要是围绕般若类经典展开的。由于东晋时期研习般若类经典的学者不仅人数众多,而且他们又"以经中事数,拟配外书"[2],玄佛互解,各抒新义,遂在我国南方,亦即东晋王朝的统治范围形成了所谓的"六家七宗"。虽然,由于本无家、心无家、含识家、缘会家等六家本土的般若学派既用"老庄玄学解剖佛教般若学,也用般若学阐发玄学"[3]。因此其对佛教义理的理解,与印度佛教正统般若思想之间有着或多或少的差距。特别这些学派与玄学之间的密切,所以从东晋末期开始就逐渐被佛教解说放弃,甚至排斥,如姚秦时期,僧睿法师就在其所撰的《毗摩罗诘经义疏序》中就称"格义迂而乖本,六家偏而不即"[4]。但"如果从比较公正的角度来看,'六家七宗'游走于王公大族,以玄解佛的方法并非一无是处;应该说在东晋一朝,为让中土

---

[1] 汤用彤:《魏晋南北朝佛教史》,北京:北京大学出版社,2011年,第130页。
[2] [梁]释慧皎撰,汤用彤校注,汤一玄整理:《高僧传》,北京:中华书局,1992年,第152页
[3] 张雪松:《唐前中国佛教史论稿》,北京:中国财富出版社,2013年,第145页。
[4] [梁]僧祐撰,苏晋仁等点校:《出三藏记集》,北京:中华书局,1995年,第311页。

上层认识接触佛教，了解佛教，'六家七宗'做出了重要的历史贡献"①，为佛教在中国的大发展奠定了基础。而就本文的主题而言，虽然文殊菩萨与般若类经典的关系很深，但是在《放光般若经》《光赞经》《摩诃般若波罗蜜经》《道行般若经》《小品般若波罗蜜经》等较早的般若类经典中文殊菩萨或是并未出现，或是仅仅提及名号，而并未被赋予特殊的地位和身份，可见在较古时代文殊与《般若经》的关系表现得尚不是那么密切。②所以说魏晋时期般若学说的流传，仅为般若系统中文殊思想及文殊形象的普及做了铺垫。

不过从《出三藏记集》《高僧传》《广弘明集》等文献资料来看，这一时期，在般若类经典流行的同时，源自般若经典，且与文殊菩萨关系密切的《维摩诘经》也被人们广泛推崇。《维摩诘经》是魏晋时期流传最为广泛的经典之一，由于"这部经典所提出的一系列独特的教义，为处于精神困境的士大夫指出了另一种解脱救济之道，恰恰适合他们精神上的需要。而这部经典的文字和表现又与清谈的风格相类……适合士大夫阶层的需要而受到欢迎"③。所以在当时该经不仅被先后六次译成汉语，而且也有多种注释本出现，不仅与般若类经典一起被人们作为研习佛经的主要对象，而且也是当时僧俗信众接触佛教的入门书。如姚秦时期的高僧僧肇就是因读《维摩诘经》而出家的，据《高僧传》记载："释僧肇，京兆人。家贫以佣书为业，遂因缮写，乃历观经史，备尽坟籍。爱好玄微，每以《庄》《老》为心要。……后见旧《维摩诘经》，欢喜顶受，披寻玩味，乃言始知所归矣。因此出家，

---

① 张雪松：《唐前中国佛教史论稿》，北京：中国财富出版社，2013年，第146页。
② 平川彰著，庄昆木译：《印度佛教史》，北京：北京联合出版社，2018年，第224页。
③ 孙昌武：《中国文学中的维摩与观音》，北京：中华书局，2019年，第100页。

学善方等，兼通三藏。"①而《世说新语》中士大夫殷浩学佛也是由《维摩诘经》而入门的："殷中军被废东阳，始看佛经。初视《维摩诘》，疑'般若波罗蜜'太多；后见《小品》恨此语太少。"②由此可见《维摩诘经》在当时社会中的普及程度，不仅为上层社会所重视，也对普通民众产生了重要影响。

在上文中，笔者就多次所提到，虽然《维摩诘经》中主角是作为大乘佛教在家居士的代表维摩诘，但是文殊菩萨作为出家菩萨的代表在该经中也有着重要的地位，二者互相衬托，分别从出家和在家两个方面对佛教般若智慧及善巧方便进行了阐释，可以说："他们两人是一体的，他们的智慧是相互融合的。"③而该经中所宣扬的"不二法门"以及"得意忘象"等思想其实就是"对般若教义的一种具体化演绎"④，也是般若类文殊经典中所宣扬的重要内容。所以，随着《维摩诘经》的流传，该经中出家菩萨的代表——文殊菩萨也越来越为人们所熟悉了，东晋时期的僧人及士大夫对文殊菩萨的认识主要是围绕着《维摩诘经》展开的。

与陶渊明同时的殷晋安在《文殊像赞并序》中称："文殊师利者是游方菩萨，因离垢之言而有斯目。"⑤其中的"离垢"一词就是维摩诘的意译，"文殊师利者是游方菩萨，因离垢之言而有斯目"，就是当时人们对文殊菩萨认识的一种真实反映。而且受此经的影响，当时的士

---

① [梁]慧皎撰，汤用彤校注，汤一玄整理：《高僧传》，北京：中华书局，1992年，第249页。
② [南朝宋]刘义庆著，[南朝梁]刘孝标注，余嘉锡笺疏，周祖谟等整理：《世说新语笺疏》，中华书局，2016年，第257—258页。
③ 穆纪光：《敦煌艺术哲学》，北京：商务印书馆，2007年，第169页。
④ 何剑平：《中国中古维摩诘信仰研究》，成都：巴蜀书社，2009年，第102页。
⑤ [唐]道宣撰：《广弘明集》卷15，《大正新修大藏经》第52册，第198页下。

大夫在与僧人交往的过程中也有意识地将自己比附为《维摩诘经》中"示有妻子，常修梵行；现有眷属，常乐远离；虽服宝饰，而以相好严身；虽复饮食，而以禅悦为味；若至博弈戏处，辄以度人"①；"虽优婆塞，入法深要，其德至淳，以辩才立智不可称"②的长者维摩诘的形象，以满足他们在世间而又超越世间的精神需要。这些士大夫们在以维摩诘作为他们人生榜样的同时，自然也期望当时的名僧们能够"扮演"《维摩诘经》中文殊的角色。如《世说新语·文学》中所载："支道林造《即色论》，论成，示王中郎，中郎都无言。支曰：'默而识之乎？'王曰：'既无文殊，谁能见赏？'"③其中王坦之的行为其实就是在效仿《维摩诘经·不二法门品》中维摩诘的行为，该经中称："如是诸菩萨各各说已，问文殊师利：'何等是菩萨入不二法门？'文殊师利曰：'如我意者，于一切法无言无说，无示无识，离诸问答，是为入不二法门。于是文殊师利问维摩诘：'我等各自说已，仁者当说何等是菩萨入不二法门？时维摩诘默然无言。文殊菩萨叹曰：'善哉！善哉！乃至无有文字、语言，是真入不二法门。'"④可见王坦之希望支遁也能够像《维摩诘经》中的文殊菩萨一样能够理解他的言行举止中所蕴含的"至义非言宣，寻言则失至，且妙理常一，语应无方，而欲以无方之语，定常一之理者，不亦谬哉！是以依义不依语"⑤的深意。

而这种倾向，东晋孙绰在《道贤论》中表现的更加明显。虽然目

---

① [姚秦]鸠摩罗什译：《维摩诘所说经》卷1，《大正新修大藏经》第14册，第539页上。
② [东汉]支谦译：《维摩诘经》卷1，《大正新修大藏经》第14册，第525页中。
③ 徐震堮著：《世说新语校笺》，北京：中华书局，1984年，第121页。
④ [姚秦]鸠摩罗什译：《维摩诘所说经》卷2，《大正新修大藏经》第14册，第551页下。
⑤ [姚秦]僧肇选：《注维摩诘经》卷10，《大正新修大藏经》第38册，第416页下。

前学术界一般认为孙绰在《道贤论》中以"天竺七僧，方竹林七贤"①的作法，是当时社会中流行的"格义"的思想一种表现，但是笔者以为他的这种类比做法，其实也是受《维摩诘经》影响的一种表现。首先，从《晋书》《世说新语》等史料中的相关记载来看，"竹林七贤"中的山涛、嵇康等名士，是魏晋时期清流名士的代表，他们行为方式与《维摩诘经》中的长者维摩诘颇有相似之处，虽看似荒诞不稽，但其中却饱含着深刻的哲理。而从《出三藏记集》《高僧传》《世说新语》等藏内、外的史料中我们也可以发现孙绰在《道贤论》中与"竹林七贤"相比拟的竺法护、竺法乘、竺法深、支遁等僧人也皆是深入佛法，但又"内外该览"，并且与当时的名士有着密切交往的玄学化的名僧。他们的行为与《文殊师利净律经》《大净法门经》等般若系统的文殊类经典中所塑造的深入第一义谛，但为救渡众生以善巧方便之力游化于王宫、淫舍，化度小儿、淫女的文殊菩萨有着很多相似之处。所以说这种比拟的出现不仅仅是由于格义思想的影响，更重要的是受到《维摩诘经》及当时流行的般若类经典的影响。《高僧传》所载的："（支遁）晚出山阴讲《维摩经》，遁为法师，许询为都讲。遁通一义，众人咸谓询无以厝难，询设一难，亦谓遁不能复通，如此至竟两家不竭。"②这一情形难道不正是文殊问疾时长者维摩诘与文殊对谈的情形的一种再现吗？

而这种情形的出现对当时的士大夫和佛教僧人来说可以说是一种"共赢"，是一种各取所需的表现。一方面，永嘉之后当时的士大夫们离开中原，面对故土沦陷的惆怅，前途未卜的困境以及东晋复杂的政

---

① ［梁］慧皎撰，汤用彤校注，汤一玄整理：《高僧传》，北京：中华书局，1992年，第24页。
② ［梁］慧皎撰，汤用彤校注，汤一玄整理：《高僧传》，北京：中华书局，1992年，第161页。

治环境，佛教为他们提供了一种有别于儒家、老庄思想的新的精神寄托，《维摩诘经》中所塑造的"辨才无滞，智慧无阂""降服众魔，游戏神通"的维摩诘形象以及将出世与入世完美统一的行迹，更是为正在寻求精神寄托，且受玄学影响深刻的魏晋名士树立了一种榜样。另一方面，永嘉后南渡的僧人们也面临着佛法的传播，甚至是生存的种种问题。他们为了生存，为了传播佛法他们不得不依仗帝王和士大夫，道安曾说："今遭凶年，不依国主，则法事难立"[①]，也不得不对佛教教义略作调整，"愍度道人始欲过江，与一伧道人为侣，谋曰：'用旧义在江东，恐不办得食。'便共立'心无义'。""格义型佛学和清谈式佛学都是这种妥协和依附的表现。"[②]但是这些名僧与士大夫的过分接近，不仅有悖于佛教戒律中的相关规定，而且在社会上及佛教内部都有反对的声音出现，难免会出现"道士何以游朱门"[③]之讥。面对这种情形，他们需要从佛经经典中寻找一种支持他们行为的依据，而般若系统文殊类经典中所塑造虽然已了悟第一义谛，"圣慧无极，精进无比，……晓了随时解一切法，分别章句，智慧无碍，度于彼岸，辩才无际，还得总持，晓了一切众生根本，从所明识而为流布，功勋之德不可思议"[④]，但是为救渡忍世界受苦众生，仍于秽土行道的文殊菩萨就自然而然地成为他们所推崇的对象。而《维摩诘经》中关于文殊菩萨与维摩诘居士交往的描述也就成了当时玄学化名僧们行为的依据。所以《维摩诘经》的广泛流传及般若类经典中所塑造的文殊信仰

---

① [梁]慧皎撰，汤用彤校注，汤一玄整理：《高僧传》，北京：中华书局，1992年，第178页。
② 方立天：《魏晋南北朝佛教》，北京：中国人民大学出版社，2012年，第367页。
③ [梁]慧皎撰，汤用彤校注，汤一玄整理：《高僧传》，北京：中华书局，1992年，第156页。
④ [西晋]竺法护译：《如幻三昧经》卷1，《大正新修大藏经》第12册，第135页下。

及其表达的文殊法门在当时被人们所接受,不仅是佛教僧侣、士大夫们共同推崇的结果,而且也有着深刻的社会渊源。

(二)关于东晋时期文殊菩萨图像的问题

与经典传播和教义理解相呼应,《维摩诘经》中的内容是当时绘画的重要题材。东晋兴宁年间(363—365年)著名画家顾恺之在建康瓦官寺首创维摩诘像,"以《维摩诘经》为文本基础的维摩诘变相的图像演绎由此开始"①。顾恺之,字长康,小字虎头,《晋书》中称其:"博学有才气,……尤善丹青,图写特妙,谢安重之,以为有苍生以来未之有也。以善画人物像而名重一时,恺之每写起人形,妙绝于时。尝图裴楷像,颊上加三毛,观者觉神明殊胜。"据张彦远的《历代名画记》中记载:

> 长康曾于瓦棺寺北小殿画维摩诘,画讫,光明耀目数日。《京师寺记》云:兴宁中瓦棺寺初置,僧众设会,请朝贤鸣刹注疏,其时士大夫莫有过十万者。既至长康,直打刹注百万。长康素贫,众以为大言。后寺众请勾疏。长康曰:"宜备一壁。"遂闭户往来一月余日。所画维摩诘一躯,工毕,将欲点眸子,乃谓寺僧曰:"第一日观者请施十万,第二日可五万,第三日可任例责施。"及开户,光照一寺,施者填咽。俄而得百万钱。②

瓦官寺是东晋时期建康城内重要的寺院之一,由于《高僧传》《集神州三宝感通录》等资料记载的冲突,所以关于该寺的修建时间在学

---

① 邹清泉:《虎头金粟影——维摩诘变相研究》,北京:北京大学出版社,2013年,第7页。
② [唐]张彦远:《历代名画记》卷5,北京:人民美术出版社,1963年,第113—114页。

术界一直有东晋元帝和哀帝两说①。但据王晓毅在《支道林生平事迹考》一文中考证:"瓦官寺建于兴宁二年,似与史实不合。据《世说新语》,王蒙、刘惔、何充、王修均到瓦官寺清谈,而这些人物在兴宁二年之前早已去世。然又据《高僧传》卷五《竺僧敷传》:'西晋末乱,移居江左,止瓦官寺。'可见,瓦官寺很可能是创建于西晋末或东晋初,远在兴宁之前。"②故兴宁二年应是对该寺的扩建,而不是《京师寺记》中所说的"初置"。从《高僧传》《世说新语》等资料来看,瓦官寺在东晋佛教界有着重要的地位,当时著名的僧人支遁、僧导、竺法汰、竺僧敷、竺道一等都曾在该寺驻锡,并盛开讲席。僧导等人就曾在此奉敕宣讲《维摩诘经》。所以兴宁年间该寺扩建之后,才会吸引当时社会各阶层人士纷纷来此布施,而顾恺之也因此于"瓦官寺北小殿画维摩诘"。当然顾恺之在此寺画维摩诘像之缘由是否如《京师寺记》所载,现已无从考证。但是该画作为瓦官寺一绝,"历唐至宋,幸然犹存,且有了杜牧、苏颂请画工临摹的别本。裴孝源《贞观公私画史》,晋瓦官寺,有顾恺之、张僧繇画壁,在江宁"③。

据张彦远称顾恺之此画中的维摩诘"有清羸示病之容,隐几忘言之状。"④此画惟妙惟肖地表现出了魏晋时期士人那种内在的精神气质,所以杜甫见到后曾赞叹说:"虎头金粟之影,神妙独难忘。"⑤这铺

---

① 杨维中:《从佛寺及其所属高僧看东晋时期建康佛教之兴盛》,《佛学研究》2016年总第25期。
② 王晓毅:《支道林生平事迹考》,《中华佛学学报》第8期,1995年。
③ 杨维中:《从佛寺及其所属高僧看东晋时期建康佛教之兴盛》,《佛学研究》2016年总第25期。
④ [唐]张彦远:《历代名画记》卷5,北京:人民美术出版社,1963年,第29页。
⑤ [唐]杜甫:《送许八拾遗归江宁觐省甫昔时尝客游》,《全唐诗》第225卷,北京:中华书局,1985年,第2414页。

壁画中除维摩诘的图像外，是否还有其他内容，由于史料的缺失，我们现在已经无法考证了。由于该画是以《维摩诘经》为底本经变画之首创，所以其后出现的维摩诘变相均是在其基础上演绎出来的，因此即使壁画中尚未出现文殊菩萨的图像，但其在中国中古文殊信仰史上也占据着举足轻重的地位，标志着有关文殊信仰的实践活动即将展开。

此外，在唐初道宣所著的《集神州三宝感通录》中也有关于东晋时期发现文殊造像的记载。该书卷二"庐山文殊金像缘"条称：

> 昔有晋名臣陶侃，字士衡。建旌南海，有渔人每夕见海滨光，因以白侃。侃遣寻之，俄见一金像陵波而趣船侧。检其铭勒乃阿育王所造文殊像也。昔传云，育王既统此州，学鬼王制地狱，怨酷尤甚。文殊现处镬中，火炽水清，生青莲花。王心感悟，即日毁狱。造八万四千塔，建立形象，其数亦尔，此其一也。初侃未能深信因果，既见此嘉瑞，遂大尊重，乃送武昌寒溪寺。后迁荆州，故遣迎之。像初在舆，数人可举。今加以壮夫数十，确不移处，更足以事力，辇车牵拽，仅得上船，船复即没，使具白侃，侃听还本寺，两三人便起。沙门慧远敬伏威仪，迎入庐岫，而了无艰阻。斯即圣灵感降，惟其人乎。故谚曰："陶惟剑雄，像以神标，云翔泥宿，邈何遥遥。"①

关于陶侃镇广州时，南海渔人于海中打捞出佛像的故事最早见于《高僧传》卷六《慧远传》中，《传》中称："昔浔阳陶侃经镇广州，有渔人于海中见神光，每夕艳发，经旬弥盛。怪以白侃，侃往详视，乃

---

① [唐]道宣:《集神州三宝感通录》卷2,《大正新修大藏经》第52册,第417页。

第三章　东晋时期的文殊类译经及般若类文殊信仰在中国引起的共鸣 | 129

是阿育王像，即以接归，以送武昌寒溪寺。……侃后移镇，以像有威灵，遣使迎接，数十人举之至水，及上船，船又覆没，使者惧而返之，竟不能获。……及远创寺既成，祈心奉请，乃飘然自轻，往还无梗，方知远之神感，证在风谚矣。于是率众行道，昏晓不觉，释迦余化，于斯复兴。既而谨律息心之士，绝尘清洁之宾，并不期而至，望风遥集。"① 通过对比这两段引文，我们发现两段引文的内容基本相同，其目的都是通过陶侃迎接阿育王像则像重船覆，慧远奉请此像则飘然自轻往还无梗之故事，以表示贬抑信奉天师道的陶侃（具有影射陶渊明的意蕴），而赞扬信奉佛教的慧远之意旨②，是东晋时期社会中佛道二教相互抗礼背景下的产物。与《高僧传·慧远传》中的记载相比，《集神州三宝感通录》中相关内容的情节更加丰富，而且所迎之像也有"阿育王像"变成了"阿育王所造文殊像"。其中，"阿育王像是阿育王造释迦牟尼佛像的略称。在中国东晋、南北朝至隋代的中国帝王、僧侣阶层和信众中有特别的信仰和崇奉"③。而唐初道宣在其所撰《集神州三宝感通录》卷二"庐山文殊金像缘"条，可能是受到东晋殷晋安《文殊像赞并序》中所载"有转轮王王阎浮提，号曰阿育，仰规逸轨，拟而像焉"④的影响，将《高僧传·慧远传》中所指的阿育王造释迦像，误认为是阿育王所造的文殊菩萨像。所以，其中所述陶侃迎接阿育王所造文殊像的故事，并不可信。

虽然道宣在《集神州三宝感通录》中的记载有误，但是在其所撰

---

① [梁]慧皎撰，汤用彤校注，汤一玄整理:《高僧传》,北京:中华书局,1992年,第213—214页。
② 邓小军:《陶渊明与庐山佛教之关系》,《中国文化》2001年Z1期。
③ 王剑平、雷玉华:《阿育王像册初步考察》,《西南民族大学学报》2007年第9期。
④ [唐]道宣:《广弘明集》卷15,《大正新修大藏经》第51册,第198页下。

的《广弘明集》卷十五《佛德篇》中所收录的三篇有关文殊菩萨的像赞，为我们了解东晋初期及晚期文殊图像情形及当时名僧及士大夫眼中的文殊菩萨提供了重要依据。像赞属于魏晋之际画赞的范畴，是"绘画与赞体文学结合的产物"①，具有阐明图像内容的功能，故《文心雕龙》在介绍赞体的起源与流变时就称："赞者，明也，助也。"东晋时期随着佛教兴盛，中土赞体在阐释图像、"兼美恶"、"含褒贬"功能的基础上又发展出一种赞美佛、菩萨功德的作用。本文中所引的三篇有关文殊菩萨的像赞的性质都与此有关。

首先，我们来看东晋初年支遁《文殊师利赞》的相关内容："童真领玄致，灵化实悠长。昔为龙种觉，今则梦游方。忽悦乘神浪，高步维耶乡。擢此希夷质，映彼虚闲堂。触类兴清遰，目击洞兼忘。梵释钦嘉会，闲邪纳流芳。"②该赞主要描述了文殊菩萨入维耶离城问维摩诘之事。前四句表现了文殊菩萨对佛理有着深刻的领悟。中间四句则描述了文殊菩萨前来问疾时所呈现出飘逸、悠然的姿态。后四句则描写了文殊与维摩诘对谈时情景。其中"忽悦""希夷""嘉会""闲邪"等词分别出自《老子》《周易》《庄子》等儒家及道家的典籍，是格义思想在佛教中运用的一种表现。而该赞在表现《维摩诘经》内容的基础上，并将《首楞严经》等经典中关于文殊菩萨记载结合起来，以玄学的角度为切入点，以五言赞体的形式颂扬了文殊菩萨的品行，有着较高的审美性。同时也反映出，东晋初年佛教界对文殊菩萨的认识是基于《维摩诘经》展开的，以《维摩诘经》为基础，融合了其他般若类文殊经典的记载，形成了对文殊菩萨最初的认识。

---

① 张伟：《汉魏六朝画赞、像赞考论》，《海南师范大学学报》2013年第11期。
② [唐]道宣：《广弘明集》卷15，《大正新修大藏经》第51册，第197页上。

现存的东晋时期的其他两篇文殊像赞为殷晋安所作的《文殊像赞》和《文殊像赞并序》。虽然关于殷晋安的真实姓名及生平事迹，目前仍存在较大的争议，但从陶渊明的《与殷晋安别并序》可知，殷晋安并非真实姓名，而是陶渊明按照魏晋南北朝时期的习惯，对一位曾做过晋安太守的殷姓官员的尊称。《广弘明集》中共收录了其所作的《文殊像赞》和《文殊像赞并序》两篇关于文殊菩萨的像赞。其中《文殊像赞》中称："文殊渊睿，式昭厥声。探玄发晖，登道怀英。琅琅三达，如日之明。亹亹神通，在变伊形。将廓恒沙，陶铸群生。真风幽暧，千祀弥灵。思媚哲宗，寤言祗诚。绝尘孤栖，祝想太冥。"[1]该赞以四言韵语的形式展开，不仅语言典雅，而且具有强烈的玄学气息，较为准确地把握了般若系统中文殊类经典智慧超群、神通无碍、教化众生的特点。显示出东晋晚期，当时的士大夫们对文殊菩萨的了解已经突破了《维摩诘经》的局限，认识到文殊法门所具有的独特性，"思媚哲宗，寤言祗诚。绝尘孤栖，祝想太冥"。

而《文殊像赞并序》则是以东晋时期出现一种画赞、像赞的新的形式——序赞的形式展开的。其内容是：

> 文殊师利是游方菩萨，因离垢之言而有斯目，非厥号所先也。原夫称谓之生盖至道与其貌，何者虚引之性彰于五德，轨世之表闻于童真，廉俗之风移则感时之训兴，故云濡首。又以法王子为名焉，夫欲穷其渊致者，必先存其深大，终古邈矣。岂言象之所极，难算之劫功高积尘，悠悠遐旷，焉可为言。请略叙其统，若人之始出也。爰自帝胄，尊

---

[1]［唐］道宣：《广弘明集》卷15，《大正藏》第51册，第198页下。

号法王，无上之心，兆于独悟。发中之感，无不由也。近一遇正觉而灵珠内映，玄景未移遂超登道位，于是深根永拘于冲壤，条翼神柯而月茂。慈悲之气与惠风俱扇，三达之明与日月并耀。具体而微，固已功侔法身矣。若乃天机将运即神通为馆宇，圆应密会，以不疾为影迹，斯其所以动不离寂而弥纶宇宙，倏忽无常境而名冠游方也。世尊出兴，乃授跃进之明，显潜德于香林，因庆云而西徂。复龙见于兹刹，法轮即转则玄音屡唱，对明渊极则辄畅发深言，道映开士，故诸佛美其称，体绝尘俗。故濯缨者高其迹，非夫合天和以挺作，吸冲气而为灵，舒重宵以回荫，吐德音而流声，亦孰能与于此哉。将欲摇荡群生之性宅至宗而至，开宏基于一篑，廓恒沙而为宇。若然而不悦文殊之风，则未达无穷之量。长笑于大方之寂矣。自世尊泥日，几将千祀，流光福荫，复与时而升降。由是冥怀宗极者，感悲长津之丧源，惧风日之潜损，遂共表容金石，继以文颂。人思自尽，庶云露以增润。今之所遇，盖是数减百年，有转轮王王阎浮提，号曰阿育，仰规逸轨，拟而像焉。虽真宰不存形，而灵位若有主，虽幽司不以情求，而感至斯应，神变之异屡革民听，因险悟时，信有自来矣。意以为接颜薄之运，寔由冥维之功。通夫昏否之俗。固非一理所弘，是以托想之贤，祗称攸寄，思组将绝之绪。引豪心以标位，乃远摸元匠，像夫所像，感来自衷不觉欣然同咏。

眇眇童真，弱龄启蒙。含英吐秀，登玄履峰。神以王道，体以冲通。浪化游方，乃轨高纵。流光掩映，爰暨兹邦。思对渊匠，靖一惟恭。虚襟绝代，庶落尘封。

这篇像赞的形式为一序一赞，其中序的部分近七百字，占据着该像赞大部分篇幅，主要概括了文殊菩萨的生平，赞颂其品德，并叙述作赞的缘起。而画赞部分仅五十六个字，以四言韵语的方式提炼了序的主要内容，可视为一首四言诗。该篇像赞可以说是东晋晚期士大夫为文殊菩萨所写的一篇传记，也是我国最早的一篇关于文殊菩萨的介绍，其中内容体现出了当时人们对文殊菩萨认识。大致可以分为以下两个方面：

第一，对文殊菩萨名号和品格的理解。"从文化传播热一般规律来讲，一种文化形态进入另一种全新的地域，除了社会的需要、民众的心理等深藏于文化传播背后的诸多要素促成与制导之外，外在的表现首先是代表这种域外文化类型与特质的名称的输入与消化。"[1]名号在中国传统思想中有着重要的意义，在中国传统文化中，名号不仅仅是一种符号、概念，而且也是其所代表内涵的一种总摄与概括，是区别于其他个体的重要标识，正如殷晋安所说："称谓之生盖至道与其貌。"因此面对一位陌生的、来自域外的"神"，殷晋安在《文殊像赞并序》首先对文殊菩萨的名号做了解释，称文殊菩萨的音译名称"文殊师利"并不是汉译佛经中对文殊菩萨最早的称谓，该名称的出现与《维摩诘经》有着密切的关系，因"离垢之言而有斯目"。殷晋安认为佛经中对该菩萨最早的称谓应该是"濡首"，"濡首"一词表现了文殊菩萨"何者虚引之性彰于五德，轨世之表闻于童真，廉俗之风移则感时之训兴"的特点。而"法王子"的称号则更是对文殊菩萨品格的总摄，殷晋安运用玄学化的语言，宣说了文殊菩萨品格中所包含的般若智慧、慈悲及善巧方便的特点："慈悲之气与惠风俱扇，三达之明与日月并耀。具体而微，固已功侔法身矣。若乃天机将运即神通为馆宇，

---

[1] 李利安：《观音信仰的渊源与传播》，北京：宗教文化出版社，2008年，第250页。

圆应密会，以不疾为影迹，斯其所以动不离寂而弥纶宇宙，倏忽无常境而名冠游方也。"①

第二，分析造像及像赞出现的缘由。该赞中称释迦牟尼涅槃后，信众"感悲长津之丧源，惧风日之潜损，遂共表容金石，继以文颂"②。于是就产生了金石造像及像赞。上文中提到，东晋时期的帝王、僧侣及信众对阿育王造像有着特别的信仰和崇奉，受其影响殷晋安也认为当时流传的佛教造像源自阿育王，且有种种灵异、感应。故在该赞中称："今之所遇，盖是数减百年，有转轮王王阎浮提，号曰阿育，仰规逸轨，拟而像焉。虽真宰不存形，而灵位若有主，虽幽司不以情求，而感至斯应，神变之异屡革民听，因险悟时，信有自来矣。意以为接颓薄之运，寔由冥维之功。通夫昏否之俗。固非一理所弘，是以托想之贤，祇称攸寄，思纽将绝之绪。引豪心以标位，乃远摸元匠，像夫所像。"但此处，殷晋安所"赞"之像是文殊造像还是画像，现已无法判断了。而且该像的具体内容我们也无法确知了。

虽然受当时时代的局限及格义之风的影响，殷晋安在两篇像赞的行文中充满玄学的色彩，而且对文殊菩萨名号、品格、生平及思想的把握也有失偏颇，但也反映出东晋末年，中国佛教信众对文殊菩萨的了解已经突破了东晋初年主要以《维摩诘经》为主的局限，而有了较为全面、深入认识。并随着这种认识的进一步深入，与文殊菩萨相关的宗教实践也已经出现，当时的人们不仅开始绘制文殊菩萨像，以赞文的形式歌颂文殊菩萨的功德，而且相信礼拜、供养文殊图像会有感应与灵异。可见经过汉末、魏晋的近二百多年的传播与发展，文殊信

---

① [唐]道宣：《广弘明集》卷15，《大正藏》第51册，第199页上。
② [唐]道宣：《广弘明集》卷15，《大正藏》第51册，第199页上。

仰在我国的发展已经逐渐由"理解和接受"阶段,向"社会实践中的具体运用和流行阶段"过渡,文殊信仰的雏形在东晋末年已经开始显现了出来。

二、十六国佛教中关于文殊信仰的内容

西晋末期"永嘉之乱"所引起的南渡风潮,不仅在中国历史上有着重要的影响,而且也随着南北交流的阻隔,使我国南北方佛教的发展呈现出明显的差异性。"其最显著的区别是南文北质:南方偏尚理论,以玄思拔俗为高;北方统治者大多粗犷少文,信仰之外崇尚实行,偏重实践。"[①]而佛教所表现出的这两种差异,其实就是当时的佛教界根据现实情况对佛教自身所作出的一种调整。

与晋室南迁后,在江南地区建立了较为稳固的统治,并由此能够为佛教义理的辨析提供稳定的社会环境不同,当时的北方地区政权更迭频繁,胡汉矛盾严重、民族成分复杂,且战乱不断,"惵惵遗黎,求哀无地"。不仅普通民众颠沛流离、难以自存,就连上层贵族也常有朝不保夕之感,故僧人们常以善恶报应、生死轮回、慈悲戒杀及灵异方术来迎合民众的需要,并获得统治者的支持。因此佛图澄初见石勒时并不宣讲佛教义理,而以"道术为征"。《高僧传》卷九《佛图澄传》中描述了当时的情景:"(石勒)召澄问曰:'佛道有何灵验?'澄知勒不达深理,正可以道术为征,因而言曰:'至道虽远,亦可以近事为证。'即取应器盛水,烧香咒之。须臾生青莲花,光色曜目,勒由此信服。……凡应被诛余残,蒙其益者十有八九,于是中州胡晋略皆奉

[①] 方立天:《魏晋南北朝佛教》,北京:人民大学出版社,2012年,第369页。

佛。"①通过这种办法，佛图澄的传教活动获得了很大的成功，"前后门徒，几且一万。所历州郡，兴立佛寺八百九十三所，弘法之盛，莫与先矣"②。但我们不能就此断言，当时的南、北方佛教各困于自己所守之"义"与"禅"，而无相似之处。

以佛图澄为例，他不仅"术智非常"，而且宣说佛经"皆妙达精理，研测幽微"，故"佛调、须菩提等数十名僧，皆出自天竺、康居。不远数万之路，足涉流沙，诣澄受训。樊沔、释道安、中山竺法雅并跨关河，听澄讲说"③。此外，经过早期的频繁的战乱之后，十六国中晚期的各族统治者逐渐意识到汉文化对"改变少数民族的'荒俗'、净化社会风气、提高政府官员的素质以及巩固政权的重要作用"④，比较重视汉文化传播及人才的培养。

虽然由于南北对峙、关山阻隔等原因，南北双方的学术风气差异明显，有所谓的"南人约简，得其英华，北人深芜，穷其枝叶"之别，但随着北方少数民族统治者汉文化修养的提高，南方的学术风尚往往会成为其向往的对象。如前秦皇室苻融、苻朗的人生哲学和行为方式，就具有明显的玄学烙印。其中，苻融字博休，是前秦君主苻坚的弟弟，《晋书》中称："融聪辩慧，下笔成章，至于谈玄论道，虽道安无以出之。耳闻则诵，过目不忘，时人拟之王粲。尝著《浮图赋》，壮丽清赡，世咸珍之。未有升高不赋，临丧不诔。朱彤、赵整等推其妙速。"⑤苻朗亦然，《晋书》中称其："性宏达，神气爽迈，幼怀远

---

① [梁]释慧皎撰，汤用彤校注，汤一玄整理：《高僧传》，北京：中华书局，1992年，第346页。
② [梁]释慧皎撰，汤用彤校注，汤一玄整理：《高僧传》，北京：中华书局，1992年，第356页。
③ [梁]释慧皎撰，汤用彤校注，汤一玄整理：《高僧传》，北京：中华书局，1992年，第356页。
④ 崔明德：《苻坚评述》，《历史教学》1996年第12期。
⑤ [唐]房玄龄等撰：《晋书》，北京：中华书局，1974年，第2934页。

第三章　东晋时期的文殊类译经及般若类文殊信仰在中国引起的共鸣 | 137

操，不屑时荣。坚尝目之曰：'吾家千里驹也。'……及为方伯，有若素士，耽玩经籍，手不释卷，每谈虚语玄，不觉日之将夕。登山涉水，不知老之将至。"而在其降晋后遭王保国陷害，"临刑，志色自若，为诗曰：'四大起何因？聚散无穷已。既过一生中，又入一死理。冥心乘和畅，未觉有终始。如何箕山夫，奄焉处东市。旷此百年期，远同嵇叔子。命也归自天，委化任冥纪。'"①由此可见，玄学在前秦上层社会中有着强大的影响力。也正是由于对南方社会与文化的认同，淝水之战前，王猛、苻融都不同意对东晋用兵："且国家，戎族也，正朔会不归人。江东虽不绝如缀，然天之所向，终不可灭。"

对佛教而言，十六国中晚期的统治者不再仅仅关注佛教中的神异方术，义学沙门也逐渐成为他们笼络的对象。如《高僧传》中所载，前秦统治者苻坚对高僧道安就十分仰慕，"时苻坚素闻安名，每云：'襄阳有释道安是神器，方欲致之，以辅朕躬。'"②当道安到达长安之后，苻坚待之为上宾，据《晋书·苻坚载记》记载，苻坚曾游猎东苑，"命沙门道安同辇。权翼谏曰：'臣闻天子之法驾，侍中陪乘，清道而行，进止有度。三代末主，或亏大伦，适一时之情，书恶来世。故班姬辞辇，垂美无穷。道安毁形贱士，不宜参秽神舆。'坚作色曰：'安公道冥至境，德为时尊。朕举天下之重，未足以易之。非公与辇之荣，此乃朕之显也。'"虽然不可否认，作为统治苻坚的行为有着强烈的政治寓意，拉拢佛教领袖，也是其控制教权的一种手段，但是我们也不能排除这些行为中佛教信仰的因素。上有所好，下必效之，在统治者的支持之下，佛教义学也必然会在当时崇尚玄学的前秦上层社会

---

① [唐]房玄龄等撰：《晋书》，北京：中华书局，1974年，第2937页。
② [梁]释慧皎撰，汤用彤校注，汤一玄整理：《高僧传》，北京：中华书局，1992年，第181页。

中广泛传播。

而后秦统治者对佛教义学的支持较前秦苻坚有过之而无不及。《高僧传》中称后秦君主姚兴"少达崇三宝,锐智讲集"①。后秦弘始三年(401年),姚兴出兵灭后凉,龟兹名僧鸠摩罗什应邀来到长安,"待以国师之礼"。由于鸠摩罗什的到来,中国佛教史迎来了一个重要的发展时期。"是时,鸠摩罗什为姚兴所敬,于长安草堂寺集义学八百人,重译经本。罗什聪辩有渊思,达东西方言。时沙门道肜、僧略、道恒、道㯹、僧肇、昙影等,与罗什共相提挈,发明幽致。诸深大经论十有余部,更定章句,辞义通明,至今沙门共所祖习。道肜等识学洽通,僧肇尤为其最。"除了译经之外,鸠摩罗什"还要宣讲经义、指导弟子、自撰论说,可以说是超负荷地工作,终于使自己的事业达到了光辉的顶点"②。关于鸠摩罗什在长安僧团中所宣说的内容,汤用彤先生在《魏晋南北朝佛教史》中曾总结为四条:"一曰,什公确最重《般若》三论(或四论)之学也。……二曰,什公深斥小乘一切有之说也。……三曰,什公而无我义始之大明也。……四曰罗什之学主毕竟空也。"③可见鸠摩罗什来华译经及宣讲活动,不仅为中国佛教界提供了准确的佛经译本,而且也使佛教界对佛教般若学有了更为深刻和系统的理解,使佛教在中国的发展达到了一个新的阶段。故僧叡在《毘摩罗诘提经疏序》中就称:"自慧风东扇,法言流咏已来,虽曰讲肆,格义迂而乖本,六家偏而不即。性空之宗,以今验之,最得其实,然炉冶之功,微恨不尽,当是无法可寻,非寻之不得也。何以知之?此

---

① [梁]释慧皎撰,汤用彤校注,汤一玄整理:《高僧传》,北京:中华书局,1992年,第52页。
② 牟钟鉴:《鸠摩罗什与姚兴》,《世界宗教研究》1994年第4期。
③ 汤用彤:《魏晋南北朝佛教史》,北京:北京大学出版社,2011年,第176页。

土先出诸经，于识神性空，明言处少，存神之文，其处甚多。《中》《百》二论，文未及此，又无通鉴，谁与正之？先匠所以辍章于遐慨，思决言于弥勒者，良在此也。"①而鸠摩罗什所取得的这些成就与后秦君主姚兴有着密切的关系。

从相关史料来看，姚兴不仅为鸠摩罗什译经提供经济资助、推荐译经人才，而且还亲自参与译经译经，《高僧传》中称："更令出《大品》，什持梵本，兴执旧经，以相雠校，其新文异旧，若义皆圆通，众心惬伏，莫不欣赞。"②此外，姚兴对佛教义学也有认真的思考和深入的研讨，并撰写成文请鸠摩罗什指正。而《广弘明集》中也收录了姚兴所撰的《与安成侯嵩书》《通圣人》《通圣人放大光明普照十方》《通三世》《通一切诸法空》以及姚嵩所撰的《安成侯姚嵩表》《难上通圣人放大光明普照十方》《难通一切诸法皆空》可见当时后秦王朝君臣上下之间也有参玄问难的文化习惯③。其中《安成侯姚嵩表》中就真实地反映了姚兴对佛教义学的重视和理解。《表》中称："臣言：奉陛下所通诸义，理味渊玄，辞致清胜，简诣踰于二篇，妙尽侔乎《中观》。咏之翫之，纸已致劳，而心犹无厌，真可谓当时之高唱，累劫之宗范也。但臣顽闇，思不参玄，然批寻之日，真复咏歌，弗暇不悟。弘慈善诱，乃欲令参致问难，敢忘愚钝，辄位叙所怀，岂曰存难，直欲咨所未悟耳。……臣言上通不住、法住，《般若》义云：'众生所以不阶道者，有著故也。圣心玄诣，诚无不尽。然至乎标位六度，而以无著

---

① [梁]释僧祐撰，苏晋仁等点校：《出三藏记集》，北京：中华书局，1995年，第311—312页。
② [梁]释慧皎撰，汤用彤校注，汤一玄整理：《高僧传》，北京：中华书局，1992年，第52页。
③ 何剑平：《中国中古维摩诘信仰研究》，成都：巴蜀书社，2009年，第69页。

为宗。取之于心，诚如明海。即之于事，脱有未极。……'"①可见，虽然不能完全否认姚兴作为统治者对佛教的支持中有利用宗教巩固统治的考量，但是我们也应该看到姚兴礼尊佛学大德以及对佛教的信仰是一种发自肺腑的行为。所以，尽管十六国时期的北方地区，从佛图澄到鸠摩罗什等僧人都会通过神异方术来宣扬佛教，并获得统治者的支持，但从上述记载中我们也可以看到十六国中晚期的北方地区佛教义学曾有过一段特别兴盛的时期，"四方义学之士，萃于京师，新异经典，流乎遐迩"②。

而在重视佛教义学的氛围中，以姚兴为首的后秦社会上层及鸠摩罗什为首的长安僧团都特别重视《维摩诘经》的流布。如僧肇在《维摩诘经序》中称："大秦天王（姚兴）俊神超世，玄心独悟。弘至治于万机之上，扬道化于千载之下，每寻玩兹典，以为栖神之宅。而恨支、竺所出理滞于文。常恐玄宗坠于译人，北天之运，运通有在也。以弘始八年（406年），岁次鹑火，命大将军常山公、左将军安城侯，与义学沙门千二百人，于长安大寺请鸠摩罗什法师重译正本。"③在姚兴的支持下，鸠摩罗什等人重译了《维摩诘经》，该译本为《维摩诘经》的第六次翻译，也是《维摩诘经》七个汉译译本中最为流行的一个译本。如在敦煌莫高窟藏经洞中发现的《维摩诘经》中，属于支谦的译本仅有2个编号，属于玄奘译本的也只有4个编号，但鸠摩罗什译本却有821个编号。

而且鸠摩罗什还曾为长安僧团详细讲解了《维摩诘经》，僧肇在

---

① 道宣：《广弘明集》卷18，《大正新修大藏经》第52册，第229页上。
② [梁]僧祐：《弘明集》卷10，《大正新修大藏经》第52册，第73页下。
③ [梁]释僧祐撰，苏晋仁等点校：《出三藏记集》，北京：中华书局，1995年，第309—310页。

《答刘遗民书》中就称:"什法师以午年出《维摩经》,贫道时预听次,参承之暇,辄复条记成言,以为注解。"① 除僧肇外,僧团中的竺道生、道融、僧叡也都曾注释《维摩诘经》,如将这些注疏汇集起来,"便形成东晋南朝有关《维摩诘经》最富权威的经典性注释"②,对南方佛教界曾产生过重要影响。可见,与南方相似,在当时的北方地区《维摩诘经》也是一部广受上层士大夫及义学沙门喜欢的一部经典。

可以确定的是,随着《维摩诘经》的流传,文殊菩萨作为该经中出家菩萨也一定会被姚秦的僧俗信众所熟悉。但是与同时代的南方地区出现的对文殊菩萨做了较为详细的介绍的像赞不同,目前尚未在北方地区发现同类作品,但是我们也能从当时人的著作中找到零星的线索。如僧肇《注维摩诘经》中就有"如来命文殊于异方"、文殊菩萨为化度逸女上首金光、"文殊大士游化无疆"、"除却形色廓然无像,令其空心虚静,累想自灭,亦如文殊师利灭众色像,现虚空相以化阿阇世王也"等记载,这一注疏中的内容涉及到《大净法门经》《阿阇世王经》等般若类文殊经典,所以可以推测当时长安僧团对文殊菩萨的形象及思想已经有了比较清晰的认识。

而且在当时的北方地区也出现了将对文殊菩萨的认识付诸于宗教实践之中的行为。在雕凿于西秦建弘元年(420年)的炳灵寺169窟中的第11号龛依照《维摩诘经》的内容,绘制了目前所知我国最早的维摩诘、文殊对坐的变相(图1)。该变相中间绘一坐佛,结跏趺坐,背光内绘火焰纹,墨书题名"释迦文佛",东侧绘一菩萨,结跏趺坐于莲花上,通肩大衣,墨书题名"文殊菩萨",西侧墨线所勾的帷幔下,维

---

① [姚秦]僧肇:《肇论》卷1,《大正新修大藏经》第45册,第155页下。
② 何剑平:《中国中古维摩诘信仰研究》,成都:巴蜀书社,2009年,第67页。

摩诘居士卧于床上，作拥被半卧之姿，呈欲开口辩论之态，旁边立一侍者，中间墨书题记"维摩诘之像"和"侍者之像"。该像与张彦远在《历代名画记》中所载顾恺之所画维摩诘像有"清羸示病之容，隐几忘言之状"有着明显的差距，显示出绘制者并未受到当时流行于南方地区的玄学之风的影响，虽绘画水平有限，表现手法稚拙，但却展示了当时陇右地区以及绘制者自己对《维摩诘所说经》卷二《文殊师利问疾品》中相关内容的理解。

而炳灵寺石窟169窟中的维摩诘、文殊对坐壁画的出现，可能就与后秦时期长安佛教的流布有关。炳灵寺石窟位于今甘肃永靖县境内小积石山，处黄河渡口的交通要道之上，是当时僧侣往来东西的必经之地，所以《高僧传》中法显、法勇、慧览、昙霍等僧人西行求法都曾行经此处，炳灵寺石窟169窟中至今仍保存有法显的题名。所以该地虽位置偏僻，但由于途经此处的僧人众多，也将中原内地及印度、西域的佛教思想源源不断的传至此处。虽然目前尚不能完全肯定该石窟169窟中"比丘道融之像"的题记中所载的"道融"就是鸠摩罗什门下四圣之一，且受鸠摩罗什及姚秦君主姚兴器重的道融法师，但是由于西秦疆域地近关中，且"其境内佛教之盛，并不亚于四周其他政

图1 炳灵寺石窟169窟 第11号龛维摩诘、文殊坐像（西秦）

权"①，故"其佛教可能更多的受到关中地区的影响"②。如《高僧传》卷十一《玄高传》中称："释玄高，姓魏，本名灵育，冯翊万年人也。……高乃策杖西秦，隐居麦积山。山学百余人，崇其义训，禀其禅道。时有长安沙门释昙弘，秦地高僧，隐在此山，与高相会，以同业友善。……时河南有二僧，虽形为沙门，而权侔伪相，恣情乖律，颇忌学僧，……二僧乃向河南王世子曼谗诉玄高，……曼信谗便欲加害，其父不许，乃摒高往河北林阳堂山。"③此处的"林阳堂山"很可能就是炳灵寺石窟所在的唐述山④。

虽然西秦境内禅学为非常兴盛，如僧传中所记玄高"专精禅律"、昙无毗"领徒立众，训以禅道"，与以鸠摩罗什为首的长安僧团所宣扬的般若义学有所不同，但是由于地理位置关系及西秦与后秦政权之间的密切关系。该地佛教与长安佛教之间交流应该是比较顺畅的，不仅出生于长安的玄高率领徒众在此修行，而且来自长安的昙弘法师也曾受到西秦统治者的热烈欢迎。《高僧传》中称："昔长安昙弘法师，迁流岷蜀，道洽成都，河南王藉其高名，遣使迎接。"⑤特别是鸠摩罗什的译经涉及数量众多，且"译文简练精粹，流畅质高，流畅可读，接近'信、达、雅'的完美程度"⑥，所以鸠摩罗什等人所翻译并推崇的《维摩诘所说经》《妙法莲华经》等经典在西秦应该也产生了一定影响，炳灵寺石窟169窟中所出现的维摩诘经变及法华经变都可以看作是

---

① 杜斗城：《炳灵寺石窟与西秦佛教》，《敦煌学辑刊》1985年第2期。
② 杜斗城：《炳灵寺石窟与西秦佛教》，《敦煌学辑刊》1985年第2期。
③ [梁]慧皎撰，汤用彤校注，汤一玄整理：《高僧传》，北京：中华书局，1992年，第409—410页。
④ 魏文斌：《麦积山石窟初期洞窟调查与研究》，兰州大学博士学位论文，2009年，第253页。
⑤ [梁]慧皎撰，汤用彤校注，汤一玄整理：《高僧传》，北京：中华书局，1992年，第410页。
⑥ 潘桂明：《中国佛教史稿》第一卷，南京：江苏人民出版社，2009年，第233页。

当时关中义学在西秦传播的一种具体表现。

综上所述，东晋十六国时期，随着佛教开始在我国盛行，特别是《维摩诘经》等经典的影响，人们对文殊菩萨的认识已经不只局限在佛教经典的记载中，而且当时的部分士大夫及僧人也开始将他们对文殊菩萨形象、行为、思想的理解以实际行动、文学作品以及绘画的形式表现出来，可见东晋时期文殊菩萨不再仅仅在佛教典籍有着丰富的义理思想。当时，部分佛教信众已接受，并以宗教实践的形式表现出他们对文殊菩萨的敬仰和崇拜，标志着文殊信仰在当时已经被我国佛教信众理解和接受了，并开始在社会实践中具体运用和流行[①]。而且我们从殷晋安的两篇文殊菩萨像赞中可以看到，东晋晚期中国人对文殊菩萨的理解，已经突破了《维摩诘经》局限，了解得更全面了。受当时流行的般若类经典的影响，这一时期的文殊信仰以般若系统的文殊信仰为主，虽然表现出明显的对玄学思想的依附性，但是文殊菩萨作为般若智慧的象征已经植根于我国民众的心中，而且文殊信仰也开始作为一种独立的佛教菩萨信仰，受到我国民众的关注。

[①] 李利安：《观音信仰的渊源与传播》，北京：宗教文化出版社，2008年，第277页。

第四章　南北朝时期文殊信仰在我国的发展

420年，东晋恭帝禅位于刘裕，刘裕建宋国，改元永初。刘宋代晋不仅是一般的王朝更替，而且也标志着政治上一个旧时代的终结和一个新时代的开启："门阀士族让出了他们的统治权力。他们在政治上、军事上失败了"[①]，以寒族为主的武人集团取代了高门士族的政治地位，其后的齐、梁、陈三国也延续了这一趋势，寒族兴起士族衰落成为这一时期发展的主流。就社会文化而言，由于文化的延续性，非短时间内能够改变，所以这一时期门阀士族在社会文化方面仍有相当大的影响力，但是此时由于权力的天平已经向寒族倾斜，与东晋时重门第相比，南北朝时期的统治者更关注的是真实才学，故当时的社会环境为寒族士人的崛起提供了较多的机会，而寒族士人抓住一切机会积极进取并取得了较高的政治地位。与之相应的思想文化方面的变化也逐渐开始显现，南北朝时期，在玄学流行的同时也出现了一种由玄学向"务实"的儒学回归的趋势。《南齐书·陆澄传》中陆澄就向王俭建议："今若不大弘儒风，则无所立学，众经皆儒，惟《易》独玄，玄不

[①] 田余庆：《东晋门阀政治》，北京：北京大学出版社，2005年，第267页。

可弃，儒不可缺。谓宜并存，所以合无体之义。"①可见随着政局的变动，儒学重新被人们重视，社会文化中出现了一种儒玄并存的趋势。

在这一变革的大环境中，佛教义学的重点也开始发生变化，"关于宇宙本原的'空'的讨论，终究是为人生提供终极意义的依据"②，这一时期佛学界的热点问题由般若学转入涅槃佛性，由对"空""有"的重视，转向对个人"佛性"问题的关注。而伴随着这种转变，南朝佛教的教风及僧人的学风与东晋时期相比都表现出了巨大的变革，僧人们受玄学影响形成的"孤明先发"任意讲说的风气逐渐转向在讲说及注疏时循规蹈矩并遵守佛教基本教义的态度。与之关系密切的文殊信仰的形态也随之被改变了，一方面在般若类文殊信仰继续流传的同时，基于法华、华严类经典形成的文殊信仰的新的形态，随着佛教界对《法华经》的注疏及六十卷《华严经》译出，内容进一步丰富；另一方面随着文殊信仰的流传，与之相关的宗教实践活动也随之增加。不仅文殊图像或造像数量越来越多，而且文献中关于文殊菩萨的记载也屡次出现，文殊信仰呈现出一种由上层社会逐渐向普通民众普及的趋势，由思想上的解脱逐渐变为对现实苦难关注的变化。由于南北朝时期仍是我国历史上东晋十六国分裂时期的延续，南北民族构成、学术风气等差异，所以与东晋十六国时期相似，南北双方的佛教既有相似之处，也有着较大的差异性。故本章将分南、北两部分，从义理和实践两个方面，对南北双方文殊信仰的具体情形进行探讨。

---

① [梁]萧子显撰：《南齐书》，北京：中华书局，1972年，第684页。
② 葛兆光：《七世纪前中国的知识、思想与信仰世界》，上海：复旦大学出版社，1998年，第555页。

第一节　南朝文殊类经典的翻译

经典翻译不仅是佛教这种外来宗教在华传播的基础，而且持续不断的翻译活动也为中国佛教的发展提供了新的思想源泉。南北朝时期在帝王都重视佛教的社会氛围中，中国佛教的趋于隆盛，随着西行求法的中国僧人及东来传法的印度及西域僧人人数的增加，佛经翻译的数量、种类及质量也有了很大的提高。任继愈先生在《中国佛教史》（第三卷）中称："南北朝时期译经的最大特点是部类多、译者多，分别超过了前后时代的总和。"[1]与前期相比，这一时期的译经不仅能较为迅速地反映国外新兴的佛教思潮，而且佛经翻译的范围也有了很大的扩进展，各种部类的经典都被翻译出来，使中国佛教界从原来只重视般若思想的狭窄的圈子中走出来，随着视野的扩大及主尊经典的不同，佛教界出现了以讲说、注疏《十地论》或《涅槃经》等经论为主的僧俗信众的团体，并最终形成了地论、三论、四论、净土、涅槃等多个学派，为其后中国佛教宗派的出现奠定了基础，而这一切都与这一时期新译出的佛教典籍有着密切的关系。其中，南朝的译经活动始于刘宋时期，由于延续了鸠摩罗什在长安的译经活动，所以南朝的译经僧们的译经活动在中国佛教史上占据着重要的地位。据《开元释教录》中记载，从刘宋永初元年（420年）开始到陈后主贞明三年（589年），前后共有译者67人，所译佛经（包含失译）750部，1750卷。这

---

[1] 任继愈主编：《中国佛教史》（第三卷），北京：中国社会科学出版社，1988年，第134页。

些经典中新译出的、与文殊菩萨关系密切的经典共有10部。此处，笔者以这些经典所属部类为划分标准，分别就这些经典的内容作一些简单的介绍。

(一)华严类文殊经典的继续翻译

南朝时华严类经典的翻译与佛驮跋陀罗有着密切的关系，佛驮跋陀罗（359—429年）也是我国佛教史上最重要的翻译家之一。据《出三藏记集》《高僧传》中记载，佛驮跋陀罗是北天竺人，少年出家，其前半生一直活动于在天竺、罽宾，后应西凉州僧人智严的邀请来到长安，受到了长安佛教僧俗信众的推崇。但因与鸠摩罗什僧团在教理、践行及学风方面差异颇大而被排斥，改投庐山慧远处，并于庐山"译出禅数诸经"。东晋义熙八年（412年）于荆州为刘裕所崇敬，并于次年随刘裕还来到当时东晋的都城建康，于道场寺，开始了大规模的译经活动，《出三藏记集》中共收录了佛驮跋陀译经十部六十七卷。其中《大方广华严经》《观佛三昧海经》《文殊师利发愿经》是其新译出的与文殊信仰关系密切的经典。

1.《大方广华严经》六十卷。据《出三藏记集》《高僧传》中记载，该经是"沙门支法领于于阗国得《华严》前分三万六千偈，未有宣译"[1]。晋义熙十四年（418年）三月十日，"吴郡内史孟顗、右卫将军褚叔度，即请（觉）贤为译匠。乃手执梵，共沙门法业、慧严等百有余人，于道场译出。"[2] "至宋永初二年（421年）十二月二十八日都讫。"[3] 佛驮跋陀罗所译原为五十卷，今本为六十卷，故称"六十华

---

[1] [梁]慧皎撰，汤用彤校注，汤一玄整理:《高僧传》，北京:中华书局，1992年，第73页。
[2] [梁]慧皎撰，汤用彤校注，汤一玄整理:《高僧传》，北京:中华书局，1992年，第73页
[3] [梁]释僧祐撰，苏晋仁等点校:《出三藏记集》，北京:中华书局，1995年，第53页。

严"或"晋译本"。异译本有唐代武则天时于阗沙门实叉难陀等人所译的八十卷《大方广佛华严经》，简称"八十华严"或唐译本；唐德宗贞元年间沙门般若等译的四十卷《大方广华严经》，简称"四十华严"。其中"四十华严"虽也题为《大方广佛华严经》，但其前三十九卷的内容，与"八十华严"最后一品《入法界品》基本相同。只有第四十卷则《不思议解脱境界普贤行愿品》是"六十华严"及"八十华严"中所没有的，是"四十华严"中新增内容。

在这三个译本中，"四十华严"的内容主要以善财童子五十三参为主，所以结构相对简单。而"六十华严"和"八十华严"的结构较为复杂，但"从整体上看，无论是品目所占的卷数还是品目的名称，'八十华严'都在'六十华严'的基础上做了不同程度的扩充"[1]。其中也有删减的情况。所以此处，笔者仍以"六十华严"为主，对《华严经》中与文殊菩萨相关的内容做一些简单的介绍。

在"六十华严"三十四品单经中，以文殊菩萨为主角的共有五品，以普贤菩萨为主角的共有八品单品，其他的十九品中有的倾向于发挥文殊类经典，有的倾向于发挥普贤类经典，而有的经典的内容则是有衔接文殊和普贤类经典的性质。可见，《华严经》："在内容上以卢舍那佛为中心，编排次序上，又明显地以文殊、普贤两大菩萨为基调及核心。从这个层面上看，文殊和普贤菩萨是《华严经》里陈述宗旨以及证明真谛时绝对倚重的二位菩萨。"[2]亦即唐代李玄通所说的：该

---

[1] 桑大鹏：《三种〈华严〉及其经典阐释研究》，华东师范大学博士学位论文，2006年，第36页。

[2] 释见脉（黄淑君）：《佛教三圣信仰模式研究》，中国社会科学院研究生院博士学位论文，2010年，第47页。

经中毗卢遮那佛、文殊、普贤"三身一时，法合如是，废一不可。若废文殊存普贤，所有行门属有漏；若废普贤存文殊，所证寂定是二乘；若废佛存文殊、普贤，佛是觉义，无觉者故。以是义故，三人不可废一。若废一，三不成故"①。

在该经中文殊菩萨的名称从第四卷《如来名号品》中开始出现，接下来《四谛品》《如来光明觉品》《菩萨明难品》《净行品》四品中均以文殊菩萨为主角，作为卢舍那佛的代言人，文殊菩萨主要宣说了菩萨修行总体框架以及修行初步展开时的具体内容。文殊菩萨所说之法既受到了卢舍那佛的认可，也是众菩萨证得觉悟的引导者，以此明确了其代佛宣法的权威。此后，文殊菩萨在该经的最后一品《入法界品》中才再次出现。该品中叙述了善财经过文殊菩萨经文殊菩萨指点到各地参访职业和身份各异的五十三位善知识，学习、实践、完成菩萨行的过程，是对整部经典主导思想的形象化总结。关于《华严经》中文殊菩萨的角色性格，笔者以为有以下四种：

（1）上首菩萨及部分教义的宣说者。上文中已经提到，在《六十华严》的七处八会中，与文殊菩萨关系密切的"普光法堂会"属于该经的第二会，在这一"会"中，文殊菩萨是作为上首菩萨以及这部分教义的主要宣说者的角色出现的：《如来名号品》中称卢舍那佛在普光法堂中"与十佛国微尘数等大菩萨俱，尽一生补处，悉从他方世界来集"。卢舍那佛："知诸菩萨心之所念，即如其像，现神通力。现神力已，东方过十佛刹微尘数国，有世界名金色，佛号不动智，有菩萨字文殊师利，与十佛土尘数菩萨，来诣佛所，恭敬供养，头面礼足，即

---

① [唐]李玄通：《新华严经论》卷5，《大正藏》第36册，第747页中。

于东方,化作莲华藏师子之座,结跏趺坐。……是时,文殊菩萨承佛神力,观察大众,叹曰:'快哉!今菩萨会为未曾有,诸佛子!当知佛刹不可思议,佛住、佛国、佛法、佛刹清净、佛说法、佛出世、佛刹起、诸佛阿耨多罗三藐三菩提皆不可思议。'"[①]经中文殊菩萨具有代佛宣言的资格也是从该品中开始的;在《四谛品》中,文殊菩萨向与会诸菩萨宣说了苦、集、灭、道四圣谛在不同世界佛土中的种种不同的名称;在《如来光明觉品》中文殊菩萨由佛陀远方放光明,故以偈颂的方式赞叹佛陀,并教导佛教徒们如何看待世界万物、佛如来、众生苦、如来诸法、性空、方便等问题。其内容既体现了不生不灭、无来无去的如来本质,也体现了说法时根据众生的现状和需求做出的种种变化。从而将理论与实践、性空与假有、真谛与方便等紧密结合起来。而《菩萨明难品》文殊菩萨提出"心性是一,云何能生种种果报""一切众生、非众生,如来云何随众生时、随命、随身、随行、随欲乐、随愿、随意、随思维、随筹量、随众生而教化之"等十个问题,要求九首菩萨回答,既可以看作对此前般若"方便"说的细化,也反映出《华严经》所讲的般若空观,重心已开始由怀疑论转移到了唯心论的基础上。而文殊菩萨其宣说的对象则比较复杂,既有一生补处的众菩萨,也有比丘、龙王、福城人等各个阶层、各种职业的代表,体现了其开化范围的广泛性。经中称,通过文殊所说法的启示,比丘、龙王、福成人等都于阿耨多罗三藐三菩提中得不退转道,由此可见听者所获功德之广大。

(2)菩萨戒律的宣说者。在《净行品》中,文殊菩萨以偈颂的形

[①] [东晋]佛驮跋陀罗译:《大方广华严经》卷12,《大正藏》第9册,第58页下。

式向智首菩萨宣说了在家、出家、参学、修道的各个方面和各个环节的注意事项，相当于文殊菩萨为众菩萨所作的规范。①菩萨在家："当愿众生，舍离家难，入空法中。孝事父母，当愿众生，一切护养，永得大安。妻子集会，当愿众生，令出爱欲，无恋慕心。……若上楼阁，当愿众生，升佛法堂，得微妙法。布施所珍，当愿众生，悉舍一切，心无贪著。若在聚会，当愿众生，究竟解脱，到如来处。若在危难，当愿众生，随意自在，无所罣碍。"②初出家："以信舍家，当愿众生，弃舍世业，心无所著。若入僧坊，当愿众生，一切和合，心无限碍。……脱去俗服，当愿众生，解道修德，无复懈怠。除剃须发，当愿众生，断除烦恼，究竟寂灭。受著袈裟，当愿众生，舍离三毒，心得欢喜。受出家法，当愿众生，如佛出家，开导一切。……"③外出及所见诸物："涉路而行，当愿众生，覆净法皆，心无障碍。见趣高路，当愿众生，升无上道，超出三界。见趣下路，当愿众生，谦下柔软，入佛深法。……若见大树，当愿众生，离我净心，无有忿恨。……若见刺棘，当愿众生，拔三毒刺，无贼害心。……见诸流水，当愿众生，得正法流，入佛智海。若见陂水，当愿众生，悉得诸佛，不坏正法。若见浴池，当愿众生，入佛海智，问答无穷。……若见桥梁，当愿众生，兴造法桥，度人不休。……见严饰人，当愿众生，三十二相，而自庄严。……见强健人，当愿众生，得金刚身，无有衰耄。……若见城郭，当愿众生，得金刚身，心不可沮。若见王都，当愿众生，得上妙色。"④诵经礼佛："读诵经典，当愿众生，得总持门，摄一切法。若见如来，当愿众生，悉得佛眼，见诸最胜。谛观如来，当愿众生，悉睹十方，端正如佛。见佛塔庙，当愿众生，尊重如佛，受天人敬。……赞咏如来，当愿众生，度功德岸，叹无穷尽。赞佛相好，当愿众生，光明神德，如佛法身。若洗足时，当愿众生，得四神足，究竟解脱。昏夜寝息，当愿众生，休息诸行，心净无秽。晨朝觉悟，当愿众生，一切智觉，不舍十方。"这些规范不离日常生活，皆以普利众生为主，不论在家还是出家，只要修菩萨行就必须为利益众生而发大愿修大行。正如杜继文先生所说："作为菩萨，不论面对条件的好恶，是否受到众生的善待，都必须永持良好的诸愿，将自己训练得心地无比纯洁，不离与人为善。"①这是菩萨戒律的准则，也是文殊菩萨的标志性原则。

（3）随缘助化者。在《华严经》中，文殊菩萨作为随缘助化者的角色曾多次出现。如在该经的《如来名号品》中，文殊菩萨就称娑婆世界不仅众生的根机各不相同，而且众生于娑婆世界诸四天下所见佛之名号、身形、寿命、生处、语业也各不相同。故经文称："诸佛子！当知佛刹不可思议，佛住、佛国、佛法、佛刹清净、佛说法、佛出世、佛刹清净、佛说法、佛出世、佛刹起、诸佛阿耨多罗三藐三菩提皆不可思议。何以故？十方诸佛说法，知彼心行，随化众生，与虚空、法界等。何以故？此娑婆世界中，诸四天下教化一切种种身、种种名、处所、形色、长短、寿命、诸得、诸入、诸根生处、业报，如是种种，不同众生，所见亦异。何以故？诸佛子！此四天下佛号不同，或称悉达、或称满月、或称狮子吼、或称释迦牟尼、或称神仙、或称卢舍那、或称瞿昙、或称大沙门、或称最胜、或称能度，如是等称佛名号，其数一万。"②所以他提倡在教化众生时，所用的方法也各不相同，亦即随"人之本行，若干不同"而为他们说"若干种法而得入道。"而

---

① 杜继文：《汉译佛教经典哲学》，南京：江苏人民出版社，2008年，第224页。
② [东晋]佛驮跋陀罗译：《大方广华严经》卷4，《大正藏》第9册，第419页上。

要达到这一效果，就需要菩萨根据众生根机的不同而随缘教化。

此外，文殊菩萨作为随缘助化者的角色在《菩萨明难品》中表现得也比较突出，该品种文殊菩萨根据九位菩萨的不同根基而从九个不同的方面向他们发问，这些问题涉及缘起、教化、业果、说法、福田、正教、正行、正助及一道。根据澄观在《大方广佛华严经随疏演义钞》中的内容可知，这九个问题具有明显的次第性，是修学佛法所经历的九个阶段，而不同阶段所对应的方法各不相同。可见，《华严经》中所塑造的文殊菩萨，虽然仍以般若空观作为其主要思想，"如来觉诸法，如幻如虚空；心净无障碍，调伏群生类"。但与般若系统中的文殊菩萨不顾次第、但说深法的形象有了很大的不同。在《华严经》中，文殊菩萨更重视如何在"有"的世界里，根据众生的根机、心智的不同采用不同的方法按次第进行教化。

（4）引导者。在前文中笔者曾提到，在《阿阇世王经》等大乘佛典中，文殊菩萨被塑造成诸菩萨之师、诸佛之母，并度化诸佛及众菩萨的事迹。而《华严经》中《入法界品》则叙述了善财童子受文殊启发到各地参访不同阶层的善知识，学习、实践、完成菩萨行的过程。该品约占全经四分之一的篇幅，在《华严经》各品中所占篇幅最长。经中关于文殊菩萨的记载大致可以分为两部分：

第一，经文首先通过舍利弗的赞叹来显示文殊菩萨的身行威仪及智慧光明："尔时，尊者舍利弗观察大众，告海智比丘言：'汝可观察文殊师利清净之身，相好庄严，一切天人，莫能思议，光明圆满，令无量众生，发欢喜心，放大庄严妙光明网，除灭众生无量苦恼。观其眷属，成就善根；观其游步，威仪庠序，所游行处，自然平正，十方无碍；观其功德所行道路，其傍悉有众妙宝藏，自然发出；观其供养过去诸佛，善根依果，从众林树出庄严藏，观彼一切诸天大王，恭敬礼拜，供养宝雨。海智！汝观文殊师利、一切如来，眉间毫相，放无量光，说诸佛法，悉入其顶。'"①而且与舍利弗一同朝礼文殊菩萨的六千比丘在过去生中皆是文殊所化度的修行者。

第二，《入法界品》中还通过善财童子五十三参的经历，树立了文殊菩萨善于运用教化智慧以及善巧方便启发修行者菩提心的形象。经中文殊菩萨首先为他演说一切佛法，使其发心，经文称文殊为善财："说一切佛积集法，说一切佛相续法，说一切佛次第法，说一切佛众会清净法，说一切佛法轮化导法，说一切佛色身相好法，说一切佛法身成就法，说一切佛言辞辩才法、说一切佛光明照耀法、说一切佛平等无二法。……善财童子从文殊所闻佛如是种种功德，一心勤求阿耨多罗三藐三菩提。"从而坚定了善财童子的向佛之心。此后，文殊菩萨又告诉他："亲近供养诸善知识，是具一切智最初因缘，是故于此勿生疲厌。"鼓励他去参访善知识，在他游历一百一十城，参访了四十七位圣者善知识，这些善知识中有菩萨、比丘、比丘尼、优婆塞、优婆夷、童子、童女等社会各个阶层、各个行业。他们从不同方面回答了善财童子所问的："云何菩萨学菩萨行，修菩萨道，乃至云何具菩萨行？"的问题。而当他见弥勒时，弥勒菩萨告诉他为他解答上述问题之后，并告诉他应返回寻求文殊菩萨的指导，究其原因："文殊师利满足无量亿那由他菩萨愿行，常为无量亿那由他诸佛之母。又为无量亿那由他诸菩萨师，勇猛精进，教化众生，名称普闻十方世界；常于一切诸佛众中，为大法师，悉为诸佛之所赞叹，安住甚深智慧法门，分别了知

---

① [东晋]佛驮跋陀罗译：《大方广华严经》卷45，《大正藏》第9册，第687页上。

一切法界；于无量劫，修诸法门，究竟普贤菩萨所行。善男子！文殊师利是汝善知识，能令汝得生如来家，长养善根，积功德聚；能示语汝诸善知识，满足大愿，显现一切菩萨不思议功德。是故，善男子！汝应一心尊重，恭敬往诣其所，何以故？汝先所见诸善知识，修菩萨行，满足大愿，得诸法门，皆由文殊师利威神力故。"所以善财童子又返回文殊师利处，文殊师利为他说"信"之重要，并指导他入普贤行，从而使善财童子："能自究竟普贤所行诸大愿海，不久当与一切佛等，一身充满一切世界刹等、身等、行等、正觉等、自在力等、转法轮等、诸辩才等、妙音声等、方便等、无畏力等、佛所住等、大慈悲等、不思议法门自在力等。"①

综上所述，笔者从上首菩萨及部分教义的宣说者、大乘戒律的宣说者、随缘助化者、说法者四个方面对《华严经》中关于文殊菩萨的内容进行了分析，使我们对《华严经》中文殊菩萨的形象有了一个整体的认识。而《华严经》在我国文殊信仰的发展史上占据着重要的位置，是南北朝时期直到现在，文殊信仰在我国传播、发展及至兴盛的重要理论依据。在《华严经》文殊菩萨作为大乘佛教智慧象征的地位被最终确立，在该经中文殊菩萨中主要演说般若的空观与方便，但与般若类经典相比，二者的内容就发生了一定的变化，包容性也更强了。特别是在《华严经》卷二十九《菩萨住处品》中"东北方有菩萨住处，名清凉山，过去诸菩萨常于中住，彼现有菩萨，名文殊师利，有亿万菩萨眷属，常为说法"的记载，经常被我国佛教僧俗信众将五台山圣山为文殊道场的经典依据。所以，随着《华严经》及其支品、

---

① ［东晋］佛驮跋陀罗译：《大方广华严经》卷60，《大正藏》第9册，第786页下。

眷属经典的流传，文殊菩萨的信仰形态及艺术表现形式都发生了很大的变化，对我国文殊信仰产生了重要的影响。

2.《文殊师利发愿经》一卷，佛驮跋陀罗译。异译本有唐般若翻译的《普贤行愿品》（一卷），收入《四十华严》最后一卷；唐代不空所译的《普贤菩萨行愿赞》（一卷）以及英藏敦煌遗书《普贤菩萨行愿王经》和《大方广佛花严净菩萨菩萨行愿王品》，可见该经在南北朝及隋唐之际较为盛行，曾有多种版本的单行本流通。除了经名的差异外，该经不同版本的内容大致相同。其中，佛驮跋陀罗所译的《文殊师利发愿经》是诸多版本中最早一个版本。据《出三藏记集》卷九《文殊师利发愿经记》中称该经是佛驮跋陀罗于东晋元熙二年（420年）在扬州斗场寺译出的。该经虽以文殊命名，内容实则相当于普贤十大愿，并称赞普贤行。全经为五言偈颂体，四句一偈，共四十四偈，八百八十字，主要内容即宣说了普贤十大愿："一者礼敬诸佛，二者称赞如来，三者广修供养，四者忏悔业障，五者随喜功德，六者请转法轮，七者请佛住世，八者常随佛学，九者恒顺众生，十者普皆回向。"[1]据《出三藏记集》中记载，该经在外国时，礼佛时诵持的："外国四部众礼佛时，多诵此经以发愿求佛道。"[2]其中的"忏悔、随喜、劝请、回向，或加上礼佛、供养，主要是'忏悔法门'"[3]。可见，该经与《文殊师利悔过经》及《三曼跋陀罗菩萨经》一样属于华严类经典中的"忏悔法门"。

与般若类文殊法门中重视智证、重视见佛之法身不同，"忏悔法

---

[1] [唐]般若译:《大方广佛华严经》卷40,《大正新修大藏经》第10册,第844页中。
[2] [梁]僧祐撰,苏晋仁等点校:《出三藏记集》,北京:中华书局,1995年,第350页。
[3] 释印顺:《初期大乘佛教之起源与开展》(下),北京:中华书局,2011年,第971页。

门"是需要在佛的形象前进行的,更加重视佛的色身,故此类经典的出现,标志着随着华严类经典的出现及流传,文殊法门的特点也在逐渐发生变化。而且《文殊师利发愿经》的最终归属为阿弥陀净土:"愿我命终时,除灭诸障碍,面见阿弥陀,往生安乐国。生彼佛国已,成满诸大愿,阿弥陀如来,现前授我记。"①为隋唐之际的文殊信仰与净土信仰的结合奠定了基础。

3.《观佛三昧海经》亦名《观佛三昧经》十卷,佛驮跋陀罗译。经中详细叙述了观佛及念佛的具体事宜,并由此所得的功德。其中涉及到文殊菩萨的部分,主要集中在该经的第九卷,经中文殊菩萨以自述其往昔本生因缘切入,称其在过去无量劫宝威德如来佛土时为一切施长者之子,名曰戒护。因其八岁时,"父母请佛于家供养,童子见佛安行徐步,足下生华,有大光明,见已欢喜,为佛作礼,礼已谛观,目不暂舍,一见佛已即能除却百万亿那由他劫生死之罪。……尔时世尊赞文殊师利言:'善哉善哉!文殊师利!乃昔时一礼佛故,得值尔无数诸佛,何况未来我诸弟子勤观佛者。'"②虽然该经中涉及文殊菩萨的内容很少,而文殊菩萨的出现仅仅是为了证明修观佛三昧功德之广大。但是该经卷四中称:"佛告阿难:'若善男子善女人作是思惟时,如是忆想者、梦见此事者,生生之处,恒常值遇普贤、文殊!是法王子,为众行者梦中恒说过去、未来三世佛法;说《首楞严三昧》《般舟三昧》,亦说《观佛三昧》以为璎珞,觉已忆持,无所忘失。'"③由此

---

① [东晋]佛驮跋陀罗译:《文殊师利发愿经》,《大正新修大藏经》第10册,第876页下。
② [东晋]佛驮跋陀罗译:《观佛三昧海经》卷9,《大正新修大藏经》第15册,第688页上、中。
③ [东晋]佛驮跋陀罗译:《观佛三昧海经》卷9,《大正新修大藏经》第15册,第665页下—666页上。

可见，文殊菩萨不仅是该经功德广大的见证者，也是该经的宣说者。

4.《菩萨内戒经》一卷，刘宋求那跋摩译。求那跋摩本为罽宾国人，后到师子国（今斯里兰卡）观风弘教，后又至阇婆国（今印度尼西亚爪哇）。元嘉元年（424年），宋文帝在高僧慧观、慧聪等人的请求下，遣使赴阇婆国邀请求那跋摩来华。《高僧传》记载："以元嘉元年九月，面启文帝，求迎请跋摩，帝即敕交州刺史，令泛舶延致。观等又遣沙门法长、道冲、道俊等，往彼祈请，并致书于跋摩及阇婆王婆多加等，必希顾临宋境，流行道教。"① 其在华期间，除翻译了《龙树菩萨为禅陀迦王说法要偈》外，还翻译了《菩萨内戒经》《优婆塞五戒威仪》等五部菩萨戒本。

其中涉及文殊菩萨的是《菩萨内戒经》，该经中文殊菩萨请佛说："初发意菩萨，于道于俗当用何等功德，以开化一切众生，使各得成其功德？"② 佛因此而说十二时戒法。与文殊菩萨关系密切的是第六时"文殊师利菩萨三昧"。经中称："持是三昧戒具者，文殊师利菩萨当来共语：'持是三昧戒具者，是为诸菩萨中最尊。'……文殊师利菩萨三昧坐欲起时，叉手念腹中所愿言：'我是菩萨摩诃萨，文殊师利菩萨，我所作分檀布施用，是故我得菩萨道。若人从菩萨求目，菩萨当以目与之；若人从求身，菩萨以身与之；若人求财物，菩萨当以财物与之！'常常当念言：'我是菩萨，文殊师利亦是菩萨，今我当谛持是身与不妄。菩萨常当念使十方天下人民安养富乐，如使十方人民勤苦，我当念令安隐富乐解脱。菩萨当谛持身法，行菩萨道，菩萨当急欲作沙门，当持禅波罗蜜，我急当至阿弥陀佛所，我持是三昧，急欲与水

---

① [梁]释慧皎撰，汤用彤校注，汤一玄整理：《高僧传》，北京：中华书局，1992年，第107页。
② [刘宋]求那跋摩译：《菩萨内戒经》，《大正新修大藏经》第24册，第1028页下。

精、琉璃、金银共会相娱乐。'"①从这段引文中，我们可以看出经中文殊菩萨被作为一位重要的持念、礼拜的对象。而该经作为菩萨戒的一种，在当时曾产生过重要的影响，所以该经的流传，对文殊信仰在我国的传播曾起到过重要的推动作用。而且经中称："我急当至阿弥陀佛所，我持是三昧，急欲与水精、琉璃、金银共会相娱乐。"明确地指出了修行"文殊师利菩萨三昧"可至西方阿弥陀所，对促进文殊信仰与阿弥陀净土的进一步结合有一定的作用。

总的来说，这一时期所译的华严类文殊经典中，主要是六十卷《华严经》，对中国文殊信仰的发展曾产生过关键的影响。其他三部经典中部分内容涉及文殊菩萨或以文殊菩萨命名，但与文殊菩萨的形象或思想并没有特别的关系，文殊菩萨在其中并无特殊的地位。

(二)般若类文殊经典的续传

南北朝时，在华严类文殊经典流传的同时，与般若思想关系密切的文殊类经典仍在继续流行，其中较为重要的有：

1.《文殊师利问经》二卷，萧梁僧伽婆罗译。僧伽婆罗，又名僧养或僧铠，据《续高僧传》中记载，其为扶南国人，南朝萧齐时来华，住建康正观寺，"为天竺沙门求那跋陀罗之弟子也。"②萧梁时曾奉敕在"正观寺及寿光殿、占云馆中，译出《大育王经》《解脱道论》等。"③涉及文殊菩萨的有《文殊师利问经》和《度一切诸佛境界智严经》。其中《文殊师利问经》中文殊菩萨代众生向释迦佛启问菩萨戒、涅槃、无我、烦恼、波罗蜜、来去、中道、居士戒、陀罗尼等问题。

---

① [刘宋]求那跋摩译：《菩萨内戒经》，《大正新修大藏经》第24册，第1031页上。
② [唐]道宣撰：《续高僧传》，《大正新修大藏经》第50册，第426页上。
③ [梁]慧皎撰，汤用彤校注，汤一玄整理：《高僧传》，北京：中华书局，1992年，第139页。

该经文殊菩萨以发起众的身份出现，经中文殊菩萨虽以发起众的身份出现，但总体来看该经中并没有特别体现出文殊菩萨的思想，文殊菩萨在经中仅起到一种陪衬的作用。该经虽属于大乘佛教菩萨戒的范畴，但据日本学者西本龙山研究，该经属于龙树系大乘戒观，是建立在般若空观基础之上的①，所以本文中笔者将其置于般若类文殊经典的范畴中。在其所译的《度一切诸佛境界智严经》一卷（异译本有题为昙摩流支所译的《如来庄严智慧光明入一切佛境界经》二卷）中文殊菩萨也仅起到陪衬的如来藏思想的作用，故此处不做过多的介绍。

2.《法界体性无分别经》二卷，梁曼陀罗译，编入《大宝积经》卷二十六、二十七《法界体性无分别会》。据《出三藏记集》中记载该经为："天监年初（502—519年），扶南国沙门曼陀罗。梁言弱声。大齎梵本经来贡献，虽事翻译未善梁言，其所出经文多隐质，共僧加婆罗于扬都译。"②该经中文殊菩萨占据着主导地位，经中佛陀应宝上之请命文殊菩萨说法界体性因缘，文殊却说法界体性因缘不可说，并因舍利弗所问而说法界体性的染、净，系缚与解脱，即世谛与第一义谛。会中有二百比丘因无法理解文殊所说之法，故背众而去。文殊菩萨化一比丘与二百比丘谈论，使他们了悟"文殊菩萨说法界体性无污染净，亦无向得解脱者"。并回到法会脱衣供养文殊菩萨。文殊由此为阿难演说一切诸法体性是化，如化调伏是正调伏，以及比丘的增上慢与无增上慢。文殊为宝上天子说菩萨授记及初发心、久行、不退转等，佛为宝上天子授记。魔王波旬因佛为宝上天子授记而不喜，故率

---

① 西本龍山：「藏經中に於ける大乘律典籍の批判研究」,『印度學佛教學研究』,1958年7卷1号。

② [隋]费长房：《历代三宝记》卷11,《大正新修大藏经》第49页,第98页中。

领魔众来至法会中,文殊使魔王波旬与舍利弗皆化为世尊像,共论菩提。文殊菩萨过去所教化的四方数千菩萨皆来至法会中受持守护此经,礼敬释迦,供养礼拜文殊菩萨。从该经的内容来看,文殊思想与之前的般若类文殊经典中的内容发生了较为明显的变化。如经中提出初发心菩萨和久行菩萨的两种区别就体现了一种依菩萨思想渐次修行的特点。

3.《濡首菩萨无上清净分卫经》又名《决了诸法如幻化三昧经》二卷,译出时间及译者不详。据《历代法宝纪》中记载:"宋世不显年,未详何帝译。群录直注云:'沙门翔公于南海郡出。'"①印顺法师曾根据该经的译文,判定该经翻译的年代近于晋代②。该经的异译本有唐玄奘所译的《大般若波罗密多经》第八分《那伽室利分》。经中文殊菩萨之命被译为濡首,"全经以乞食为线索,阐述如幻毕竟空的深义"③。

该经开始时,在祇树给孤独园法会中,英首菩萨在会中赞叹文殊菩萨:"古今诸佛,无数如来及众仙圣有道神通,所共称赞。去、来、现在诸成大业菩萨之等,导进无由,为一切师。了深睹远,道度渊懿,明踰日月,智过江海,达越虚空,慧辩无极,德显无上,四等普育,慈悲利安,仁泰宽济,弘雅汪洋,德无崖边,如无底泓,憺怕旷定,如无像体,居于静寂。仪容无量,于十方土,现佛广化,为诸菩萨所戴奉,一切释梵及四天王,咸率礼敬,委仰尊重,诸天、龙神、阿须伦众、迦留罗辈、真陀罗、摩睺勒等,莫不供事。睹世帝王所共奉遵。圣相满具,光好湛然。吾瞻濡首,众德具备,诸善若斯,为难

---

① [隋]费长房:《历代法宝纪》卷10,《大正新修大藏经》第49册,第93页下。
② 释印顺:《初期大乘佛教之起源与开展》(下),北京:中华书局,2011年,第752页。
③ 释印顺:《初期大乘佛教之起源与开展》(下),北京:中华书局,2011年,第755页。

思议。愿常歌咏，显赞无极，咨嗟叹美，流著十方，于百千劫，永无懈也。"[1]这段描述看似仅是对文殊德行之赞叹，其中不乏溢美之词，但却可以看做是文殊法门及其形象的一个精炼概括。其中"睹世帝王所共奉遵"一句仅为一句赞叹之语，还是暗示了"明踰日月，智过江海，达越虚空，慧辩无极，德显无上，四等普育，慈悲利安"的文殊菩萨形象已经在现实中为帝王所接受，而受到帝王的礼拜呢？这段引文是全经的纲领，该经就是依此纲领展开的。而该纲领中对文殊形象及文殊法门做了总结，对文殊信仰的传播也有着重要的意义。

闻此赞叹后，文殊菩萨为英首菩萨说了法身如幻如化，无了不了，亦无言说。然后"整圣无上清净道服，执法锡杖"入城乞食。有无数菩萨及天人围绕，王舍城国王、大臣及普通民众皆出城迎接。此后的内容皆是文殊菩萨入城前围绕分卫一事展开的：文殊菩萨因龙首菩萨之所问，为其宣说此次入城乞食的缘由："吾适此城，欲行分卫，多所愍念，广其慧利，为拯世众一切天人，度义故现行分卫耳，普为诸众成大导故。"[2]面对龙首菩萨"濡首，仁尊于今分卫想未断耶"之问，文殊为其说"食想"，从而引出菩萨应解本空法无著之行，不仅道无名无性，无处所，无所为，而且魔及魔天也悉皆本无，无取无得。既然道及魔悉皆本无，是故魔即是道，所以一切皆道，而"道像虚空、道体广荡"，是故道不可得。

龙首菩萨又问："谁于生死而有脱者？"文殊菩萨说众生因不了诸法无所有，生死如幻化，故"续流生死"。若有洞晓诸法本无者，则可不退佛道，永成正觉。因为，"众生皆在觉道法之数故，故诸一切于佛

---

[1]［宋］翔公译：《濡首菩萨无上清净分卫经》卷1，《大正新修大藏经》第8册，第740页上。
[2]［宋］翔公译：《濡首菩萨无上清净分卫经》卷1，《大正新修大藏经》第8册，第740页上。

法而无罣碍，是故众生悉住佛法也。"笔者以为这一观点的出现是文殊法门的一个重要转变。一方面与前期经典中文殊法门表现出明显的偏大斥小欧的倾向不同，该经中表现出随着时代的变迁，文殊法门的包容性表现的越来越强，众生都变成其说法、教化的对象。另一方面经文中一切众生与佛法无所罣碍，一切众生本来都住于佛法的思想也有南北朝时期所关注的众生皆有佛性的潮流相一致，表现出文殊法门的开放性，随着时代的变迁，文殊菩萨作为大乘佛教智慧的代表被延续了下来，文殊法门实现了从"空"到"有"的一种转化，为隋唐之际文殊信仰在流行作了重要的铺垫。

其后又四次通过欲"入城"之举，文殊菩萨又分别宣说了"四等普育，慈悲利安""菩萨不于色、痛、想、行、识界有想，又于法本亦无所行，其本无者亦无所行，以是之行得离诸想"等思想。并应龙首菩萨之请，而说了"法界"，称："其法界者，亦无说不说，亦无言趣，无屈无申。所以者何？如是，龙首！法界无所有，言无所说，亦不所说，亦无戏行，无所著，无合偶，彼无想念，亦不有念，亦无所起，亦无灭行。譬如，龙首！虚空之界，无想无念，无起无灭。诸法亦尔，同如虚空，其本相空，本不可得，亦不可知。其相如是，亦不可得。……"①可见该经中对法界的定义延续了前面般若类文殊经典中法界如虚空，不能言说，本质是空的思想。上述内容就是该经中的主要内容，从这些内容中我们可以看出《濡首菩萨无上清净分卫经》中既延续了前期般若类文殊经典中对空、对第一义谛的重视，但是也随着历史的发展，其表现出的大乘思想更为成熟，表现出明显的开放性

---

① [宋]翔公译：《濡首菩萨无上清净分卫经》卷1，《大正新修大藏经》第8册，第740页上、中。

与包容性的特点，所以该经是后期出现的般若类文殊经典的典型代表。

4.《文殊师利所说般若波罗蜜经》一卷，梁僧伽婆罗译。异译本有《文殊师利所说摩诃般若波罗蜜经》2卷，梁曼陀罗仙译，编入《大宝积经》第115—116卷《文殊说般若会》；唐玄奘所译的《大般若波罗蜜多经》第七《曼殊室利分》（二卷）。即《台宗十类因革论》中所谓的"其《文殊说般若》，文凡是三出，并同本异译"[①]。此处笔者根据僧伽婆罗译本并参考其他译本来梳理该经中的主要内容。

文殊菩萨贯穿了该经的始终，该经以正观如来契入般若："文殊师利即白佛言：'如是，世尊！我实来此欲见如来。何以故？我乐正观利益众生。我观如来如如，相不异相，不动相、不作相，无生相、无灭相，不有相、不无相，不在方、不离方，非三世、非不三世，非二相、非不二相，非垢相、非净相。以如是等，正观如来利益众生。'"[②]经中多次强调般若在佛法中的重要地位，"文殊师利！若善男子、善女人，不习甚深般若波罗蜜，即是不修佛乘。譬如大地，一切药木皆依地生长，文殊师利！菩萨摩诃萨亦复如是，一切善根皆依般若波罗蜜而得增长，于阿耨多罗三藐三菩提不相违背"。而该经中文殊菩萨所说的般若波罗蜜是甚深般若波罗蜜，亦即般若思想中的第一义谛，"世尊！修般若波罗蜜时，不见法是应住是不应住，亦不见境界可取舍相。何以故？如诸如来不见一切法境界故，乃至不见诸佛境界，况取声闻、缘觉、凡夫境界。不取思议相，亦不取不思议相，不见诸法有若干相，自证空法不可思议。如是菩萨摩诃萨，皆已供养无量百

[①]［宋］善月：《台宗十类因革论》卷2，《大正新修大藏经》第57册，第158页上。
[②]［梁］曼陀罗仙译：《文殊师利所说摩诃般若波罗蜜经》卷1，《大正新修大藏经》第8册，第726页中。

千万亿诸佛种、诸善根,乃能于是甚深般若波罗蜜不惊不怖。复次,修般若波罗蜜时,不见缚、不见解,而于凡夫乃至三乘不见差别相,是修般若波罗蜜。"①"从观如来空相,推及到众生空、一切法空正是此经的基本逻辑。"②所以唐代西明寺玄侧在《大般若波罗蜜多经第七会曼殊室利分序》中就称:"正明如来法无,况菩萨法;菩萨法无,况二乘法;二乘法无,况凡夫法。法尚不有,何有菩提?尚无菩提,云何可趣?尚无可趣,何有证得?尚无证得,何有证者?是故有之斯殊,无之斯贯,洞之斯远、沮之斯局。"③

针对上述思想,该经中介绍了不思议三昧和一行三昧两种修行的方法,为深入甚深般若波罗蜜从"定"或"止"的方面提供了实在、可行的修行途径。关于不思议三昧和一行三昧,虽然肖黎民先生在《彼此之间:文殊三昧与一行三昧——以〈文殊师利所说摩诃般若波罗蜜经〉为中心》④一文中进行了区分,但不思议三昧的内容实际上与一行三昧类似,故学界一般不将二者作过多的分别。所以《文殊师利所说般若波罗蜜经》最为重要也是最具特色的三昧是一行三昧。经中称:"佛言:'文殊师利!如般若波罗蜜所说行,能速得阿耨多罗三藐三菩提。复有一行三昧,若善男子、善女人,修是三昧者,亦速得阿耨多罗三藐三菩提。'文殊师利言:'世尊!云何名一行三昧?'佛言:'法界一相,系缘法界,是名一行三昧。若善男子、善女人,欲入一行三昧,

---

① [梁]曼陀罗仙译:《文殊师利所说摩诃般若波罗蜜经》卷1,《大正新修大藏经》第8册,第726页中。
② 夏德美:《〈文殊说般若经〉的内容、特色及流传》,《五台山研究》2018年第1期。
③ [唐]玄侧撰写:《大般若波罗蜜多经第七会曼殊室利分序》,《大正新修大藏经》第7册,第963页下—964页上。
④ 肖黎民:《彼此之间:文殊三昧与一行三昧——以〈文殊师利所说摩诃般若波罗蜜经〉为中心》,《佛学研究》2007年。

当先闻一行三昧，当先闻般若波罗蜜，如说修学，然后能入一行三昧。"①可见一行三昧是建立在般若基础上的，不能脱离般若而存在。具体的修行方法是："善男子、善女人，欲入一行三昧，应处空闲，舍诸乱意，不取相貌，系心一佛，专称名字。随佛方所，端身正向，能于一佛念念相续，即是念中，能见过去、未来、现在诸佛。"②可见修行该三昧的关键是念佛而不是观佛。通过念佛就能够达到："念一佛功德无量无边，亦与无量诸佛功德无二，不思议佛法等无分别，皆乘一如，成最正觉，悉具无量功德、无量辩才。如是入一行三昧者，尽知恒沙诸佛、法界、无差别相。……若得一行三昧，诸经法门，一一分别，皆悉了知，决定无碍。昼夜常说，智慧辩才，终不断绝。"而且修行一行三昧的过程与前面所说修行甚深般若直截了当的风格似乎不同，而是一个渐修的过程："佛言：'菩萨摩诃萨当念一行三昧，常勤精进而不懈怠。'如是次第渐渐修学，则能得入一行三昧，不可思议，功德作证，除谤正法不信，恶业重罪障者，所不能入。"③

从上述内容可见《文殊师利所说摩诃般若波罗蜜经》在重视般若智慧的同时，也重视禅定。而这一特点与南北朝时期佛教界所强调的"定慧双修"的趋势重合，故该经译出后受到了南北朝及隋唐时期佛教界的重视，不仅在《大乘起信论》和《摩诃止观》中对该三昧的内容进行了阐释，而且也体现在南北朝石窟造像及刻经中。

---

① [梁]曼陀罗仙译：《文殊师利所说摩诃般若波罗蜜经》卷1，《大正新修大藏经》第8册，第726页中。
② [梁]曼陀罗仙译：《文殊师利所说摩诃般若波罗蜜经》卷1，《大正新修大藏经》第8册，第731页下。
③ [梁]曼陀罗仙译：《文殊师利所说摩诃般若波罗蜜经》卷1，《大正新修大藏经》第8册，第731页中。

如出现于南朝的《大乘起信论》中就对一行三昧的修学过程做了阐释,并称:"依如是三昧故,则知法界一相,谓一切诸佛法身与众身平等无二,即名一行三昧。当知真如是三昧根本,若人修行,渐渐能生无量三昧。"①而公元594年,当智𫖮在玉泉寺讲《摩诃止观》时,"他试图综合当时所流行的大小乘佛教修行传统。为了达到这个目的,他汇集了多种坐禅及祷告实践方式,并将之大体分为四种类型,即四种三昧:常坐三昧、常行三昧、半行半坐三昧、非行非坐三昧"②。智者大师在《摩诃止观》卷二中称:"一、常坐者,出《文殊说》《文殊问》两般若,名为一行三昧。"③可知智𫖮所谓的常坐三昧即一行三昧,认为其所依据的经典便是《文殊师利所说摩诃般若波罗蜜经》和《文殊师利问经》两部般若类文殊经,并对修行的方法作了阐释。到了唐代,武则天曾问神秀法师:"所传之法,谁家宗旨?"神秀答曰:"禀蕲州东山法门。"武则天又问:"依何典诰?"神秀答曰:"依《文殊说般若经》一行三昧。"④可见后世对一行三昧的继承与发展主要源于这部文殊经典。南响堂山石窟第二窟前壁入口处左侧所刻九十八字,就是节录自《文殊师利所说摩诃般若波罗蜜经》的一部分:"文殊师利白佛言。世尊,何故名般若波罗蜜。佛言:'般若波罗蜜无边无际,无名无相,非思量,无归依,无洲渚,无犯无福,无晦无明,犹如法界,无有分齐,亦无限数。是名般若波罗蜜。亦名菩萨摩诃萨行处,非行非不行处,悉入一乘名非行处。何以故?无念无作故。'"⑤而在该窟

---

① [梁]真谛译:《大乘起信论》卷1,《大正新修大藏经》第32册,第582中。
② 伯兰特·佛尔撰,蒋海怒译:《早期禅的"一行三昧"观念》,《中国哲学史》2010年第2期。
③ [隋]智𫖮:《摩诃止观》卷2,《大正新修大藏经》第46册,第11页上、中。
④ [唐]净觉集:《楞伽师资记》卷1,《大正新修大藏经》第85册,第1290页上。
⑤ 张林堂主编:《响堂山石窟碑刻题记总录》,北京:外文出版社,2007年,第15页。

入口上方所刻之"西方净土变"浮雕与这段《文殊般若经》的组合，可能就是受一行三昧思想影响的表现①。

以上四部经典就是南朝所译的般若类文殊经典，从其内容来看思想体系较前期般若类文殊经典更加丰富和完善。一方面这些文殊般若类经典中，出现了不同于早期文殊思想中："强调认识对象本性'毕竟空'的新取向，即开始在大乘佛教一乘观、大乘佛教信仰的唯一性前提下提倡一佛乘、一法身、一相、一念等强调'一性'的观念。"②另一方面不仅增加了更多的方便法门，而且也更具包容性，开始重视修行次第，而不再像以前般若类经典中那样强硬，为文殊思想的进一步传播以及文殊信仰的兴盛做了铺垫。

此外，刘宋时期求那跋陀罗所译的四卷本《央掘摩罗经》也提到了文殊菩萨，但是该经中文殊法门是被呵责的。该经在《大正藏》中有两个异译本分别是西晋竺法护所译的《佛说鸯掘摩经》（一卷）、西晋法炬所译的《佛说鸯崛髻经》（一卷）。三个译本的核心内容基本相同，但是求那跋陀罗所译的《央掘摩罗经》中不仅表现出明显的大乘特点，而且故事情节也最为复杂，与文殊菩萨相关的内容也是其他两部经中所没有的。该经以主人公央掘摩罗故事为切入点，阐释了"一切众生悉有如来藏，为无量烦恼覆，如瓶中灯"③的思想。经中主要宣扬了大乘佛教如来藏思想不仅贬低了小乘佛教，而且也斥责了以文殊为代表的大乘佛教般若性空的思想，称："譬如有愚夫，见雹生妄想，

---

① 井上尚实著，李贺敏译：《北齐禅土与净土——南响堂山第二窟所见一行三昧的二种解释》，《佛学研究》2019年第1期。
② 梁国富：《早期域外文殊信仰研究》，西北大学博士学位论文，2017年，第121页。
③ [刘宋]《央掘摩罗经》卷4，《大正新修大藏经》第2册，第539页上。

谓是琉璃珠，取已执持归，置之瓶器中，守护如真宝，不久悉消融，空想默然住。文殊亦如是，修习极空寂，常作空思惟，破坏一切法。"①但与舍利弗等人不同，文殊菩萨在遭到央掘摩罗的斥责之后，"仍被赋予了与央掘一道前往十方佛国的资格。"②经中称："北方去此过四十二恒河沙刹，有国名常喜，佛名欢喜藏摩尼宝积如来、应供、等正觉，在世教化。彼土无有声闻、缘觉，纯一大乘无余乘名，亦无老病众苦之名，纯一快乐，寿命无量、光明无量、无有譬类，故国名常喜，佛名欢喜藏摩尼宝积如来、应供、等正觉，王当随喜，合掌恭敬。彼如来者异人乎？文殊师利即是彼佛，若有众生向央掘摩罗、文殊师利恭敬作礼，若复闻是二人名者，见欢喜国如见自家，闻彼名故常闭四趣，或以戏笑或随顺他，或为名利，此及外道，或犯重禁五无间罪，亦闭四趣。若善男子、善女人为二名所护者，若今现在及未来世，狂野崄难，诸恐怖处皆悉蒙护，于一切处恐怖悉灭，若天、龙、夜叉、乾达婆、阿修罗、迦楼罗、紧那罗、罗睺罗伽、毗舍阇众，悉不能干。"③虽然这种设计可以看作是为了服务于大乘佛教而出现的一种情节，但是就该经的内容而言，经中的主角是央掘摩罗，文殊虽与佛陀之诸弟子等一样受到了斥责，但仍被赋予了与央掘摩罗进行辩论的资格，可以说在该经中文殊菩萨的地位是处于央掘摩罗之下的"第二位"的。故在该经中称："若有众生向央掘摩罗、文殊师利恭敬作礼……若善男子、善女人为二名所护者，若今现在未来世，狂野崄难，

---

① [刘宋]《央掘摩罗经》卷4，《大正新修大藏经》第2册，第527页中。
② 孙尚勇：《论佛教经典的戏剧背景——以〈央掘摩罗经〉为例》，《四川大学学报》2005年第3期。
③ [刘宋]求那跋陀罗译：《央掘摩罗经》卷4，《大正新修大藏经》第2册,第543页中。

诸恐怖处皆悉蒙护，于一切处恐怖悉灭。"①此类叙事方式也见于《维摩诘经》和《华严经》中，在这两部经中，文殊菩萨虽然未被斥责，但其地位与《央掘摩罗经》中的文殊菩萨一样，分别属于仅次于维摩诘居士、普贤菩萨的第二位，印顺法师称"这暗示了'文殊法门'时代的推移"②。此外，虽然《央掘摩罗经》中贬低了文殊菩萨所代表的大乘空观思想，但也突出了文殊菩萨在信仰方面的功能，而且与般若类文殊信仰中所具有的思想解脱功能不同，该经中文殊菩萨被赋予了实实在在的救难功能"狂野崄难，诸恐怖处皆悉蒙护"。

以上就是南北朝时期，南方佛教界所翻译的十部与文殊菩萨关系密切的经典。透过这些经典的内容我们可以发现，伴随着南北朝时期中国佛教界风气的转变，文殊菩萨的形象被塑造得更加丰满，而且文殊法门的内容也更加完善。一方面就文殊思想而言，般若类经典中的文殊思想随着《华严经》《文殊师利问经》《文殊师利所说摩诃般若波罗蜜经》的译出，文殊思想逐渐开始摆脱那种宁入地狱，但说深法的特点。开始重视次第，并越来越具有包容性，使文殊菩萨融合了各类大乘思想，真正具备了作为大乘佛教般若智慧象征的地位；另一个方面随着上述经典的翻译，文殊菩萨在宗教信仰中的功能也逐渐显示出来，其中相关经典中称念文殊名号可得救度的描述为普通民众接受文殊信仰做了一定的铺垫。所以南北朝时期的文殊信仰显示出以下几方面的特点：一是随着整本《华严经》的翻译，并受两晋时期翻译的单本华严类经典的影响，华严系统的文殊信仰虽有一定的发展，但仍处于酝酿阶段，当时社会中对文殊菩萨的理解和认识仍是围绕《维摩诘

---

① [刘宋]求那跋陀罗译：《央掘摩罗经》卷4，《大正新修大藏经》第2册，第543页中。
② 释印顺：《初期大乘佛教之起源与开展》（下），北京：中华书局，2011年，第977页。

经》展开的，以般若系统中的文殊信仰为主；二是这一时期随着中国佛教实践活动的大量开展，文殊菩萨作为佛教智慧象征的特点也被普通民众所认识和接受。所以，接下来就南北朝时期文殊法门所发生的新的变化及其信仰的传播作一些简要的分析。

第二节　南朝译经中文殊法门特点的完善

上文中提到晋宋之际，我国佛教思想发生了重大变化，僧叡法师在《喻疑》一文中对这一转变也作了总结，"三藏祛其染滞，般若除其虚妄，法华开一究竟，泥洹阐其实化。此三津开照，照无遗矣。"①可见当时佛教界以般若学为重心的时代转向了以《法华经》《涅槃经》中心的多元发展时期。而就佛教义学而言："般若空观虽然可以扫荡一切滞相，但极端化的结果是把一切都空了，这作为一种宗教学说显然是不够的。因此，对于寻求一种摆脱般若学'空'的思想而谈'有'的学说作为指导的要求变得迫切起来。"②所以在当时人撰述的《喻疑》中就称："每至苦问佛亦真主亦复虚妄，积功累德，谁为不惑之本，或时有言，佛若虚妄，谁为真者，若是虚妄，积功累德谁为其主。"③那么在这一风气中，文殊法门的特点也发生了重要的转变，特别是随着《法华经》的流行及《华严经》《文殊师利所说般若波罗蜜经》的翻译，当时人们对文殊法门的认识也有了进一步的发展。

---

① [梁]释僧祐撰，苏晋仁等点校：《出三藏记集》，北京：中华书局，1995年，第232页。
② 刘剑锋：《僧叡与晋宋之际的涅槃学转向》，《学术论坛》2005年第9期。
③ [梁]释僧祐撰，苏晋仁等点校：《出三藏记集》，北京：中华书局，1995年，第232页。

一、《法华经》中所包含的文殊法门的特点

作为一部大乘佛教初期即已形成的佛教典籍,《法华经》不仅在印度受到了广泛的重视,而且在传入中国后更是产生了重要的影响。故唐代道宣就在其所撰的《妙法莲华经弘传序》中称:"自汉至唐六百余载,总历群籍,四千余轴,受持盛者,无出此经。"[①]而在中国佛教史上,该经虽被前后三次译出,但后世通行且影响最大的译本是鸠摩罗什的译本,故道宣曾说:"三经重沓、文旨互陈,时所崇尚,皆弘秦本。"[②]而且对该经的疏释活动也发端于南北朝时期,故虽然该经在西晋竺法护时已被翻译成汉语,但是真正形成重要影响是从东晋末年,南北朝时期开始的,所以本文中将该经置于南北朝时期,并对经中所显示出的文殊法门的特点进行阐释。

《法华经》中涉及文殊菩萨的内主要集中在"序品"、"提婆达多品"及"安乐行品"三品中,虽然内容很少,但是文殊菩萨在该经中的地位却十分重要。一方面就佛教义理而言,在《法华经》中文殊菩萨被赋予了该经宣说者及护持者的双重身份,文殊菩萨不仅在过去世、现在世宣说《法华经》,而且也是未来世《法华经》的重要宣说者和护持者。《法华经》的流传与文殊菩萨有着密切的关系,所以在该经中文殊菩萨被赋予了极其重要的地位,《妙法莲华经论优婆提舍》中就称:"文殊师利菩萨以宿命智现见过去因果相,成就十种事如现在前,是故能答弥勒。……成就十种事者,何等为十?一者现见大义因成就;二者现见世间文字章句甚深意因成就;三者现见希有因成就;四

---

① [唐]道宣:《妙法莲华经弘传序》,《大正新修大藏经》第9册,第1页中。
② [唐]道宣:《妙法莲华经弘传序》,《大正新修大藏经》第9册,第1页中。

者现见胜妙因成就；五者现见受用大因成就；六者现见摄取一切诸佛法轮因成就；七者现见善坚实如来法轮因成就；八者现见能进入因成就；九者现见忆念因成就；十者现见自身所经事因成就。"①另一方面就文殊信仰的实践而言，现存与文殊菩萨有关的图像中，不论是文殊—维摩诘还是文殊—普贤组合都会与法华变结合在一起，融入《法华经》所塑造的体系中。关于这种图像组合出现的原因李静杰、赖文英等学者已有较为全面的探讨。笔者认为，虽然佛教艺术作品是有其艺术表现形式的一面，但更重要是工匠按照佛经典籍或者是佛教信众心中佛、菩萨及其对佛教义理认识的一种反映，绘制或雕凿佛教造像的过程其实就是将相关思想或臆想物化的过程，故其实质是一种宗教实践活动。所以上述情况也在宗教实践层面反映出文殊信仰的发展与《法华经》流传有着密切的联系。

具体而言，二者结合的基础是般若学。文殊法门是一种基于般若学的基础上形成的一种菩萨法门，而《法华经》的形成也与早期般若思想有着密切的关系。虽然二者的侧重的各不相同，但是二者的偏重又为二者的融合提供了铺垫。故僧睿就在《法华经后序》中称："至如《般若》诸经，深无不极，故道者以之而归；大无不该，故乘者以之而济；然其大略，皆以适化为大；应务之门，不得不以善权为用。权之为化，悟物虽弘，于实体不足，皆属《法华》，固其宜矣。"②可见，在僧叡看来《法华经》的基本内容不仅与般若学有着密切的关系，而且其特点是在般若性空的基础上、以譬喻的形式强化了般若学中善权方

---

① [北魏] 勒那摩提共僧朗等译：《妙法莲华经论优婆提舍》，《大正新修大藏经》第26册，第13页中。
② [姚秦] 僧叡：《妙法莲华经后序》，《大正新修大藏经》第9册，第62页中。

便的内容,所以就思想来源而言,《法华经》中所宣扬的主要思想与早期文殊法门的基本内容是一致的,并不存在很大的隔阂。因此,当《法华经》所宣扬的"开权显实,会三归一""开近显远,开迹显本"的佛陀观、"众生皆可成就"的等内容都可以被文殊法门所接受,并在此基础上使文殊法门的思想体系更加完善,也使该法门更具包容性。

文殊法门在受到法华思想影响的同时,文殊类经典中也对法华思想进行了创新性的阐释[①],发展了法华思想的内容,《大萨遮尼干子所说经》中就体现了这一特点。该经中称:"尔时圣者文殊师利法王子菩萨白佛言:'世尊!若无三乘差别性者,何故如来为诸众生说三乘法,而言此是声闻学乘,而言此是缘觉学乘,而言此是菩萨学乘?'佛告文殊师利:'诸佛如来说三乘者,示地差别,非乘差别;诸佛如来说三乘者,说法相差别,非乘差别;诸佛如来说三乘,说人差别,非乘差别;诸佛如来说三乘者,示少功德,知多功德,而佛法中无乘差别。何以故?以法界性无差别故。文殊师利!诸佛如来说三乘者,令诸众生悉入如来诸佛法门,令诸众生渐入如来大乘法门,如学诸伎,次第修习。'"[②]这句引文从佛法的本体性阐释了法华一乘的思想,反映了文殊类经典对法华一乘观思想的创新式推动。总之,在文殊法门与《法华经》的相互融合的过程中,"促成了文殊智慧代表第一性佛法并包融旧有小乘佛法的特征,促成了文殊信仰接受并容纳小乘佛教信仰者的新立场,促成了文殊信仰对女性信仰者的彻底吸纳与鼓励,也促成了文殊信仰对代表民众信仰群体的居士佛教的推崇,最终形成了文殊智慧代表佛教第一真理和最高精神、文殊菩萨接纳并教化所有佛教

[①] 梁富国:《早期域外文殊信仰研究》,西北大学2019年博士学位论文,第96页。
[②] [北魏]菩提留支译:《大萨遮尼干子所说经》卷2,第325页下—326页上。

信仰群体、文殊信仰实践适应一切社会信众等构成文殊信仰特征的要素。"①

二、《华严经》中所展示出的文殊法门的特点

关于《华严经》的主要内容及其在中国佛教史上的重要地位，目前学界已有较多的研究，故此处笔者不再赘述。就本文主题而言，《华严经》也是一部非常重要的经典，该经与《维摩诘经》《法华经》一起对推动中国文殊信仰的形成和发展曾起到过其他佛教典籍难以替代的作用，所以该经中所包含的文殊法门是我们在本文中必须探讨的重要问题。

与般若类文殊经典及《法华经》中文殊菩萨所宣讲的内容基本一致，在《华严经》中："文殊仍然演说般若空观与方便这个主题，由此看来，他所表征的'智'，即是大乘般若学。"②所以该经中的文殊法门也是以此为基础展开的。主要体现在以下四个方面：会通三乘、以信行为基础、渐次修行、重视善知识、体现般若思想。

1.会通三乘。与早期文殊法门中所表现出的弹偏斥小的特点不同，《华严经》中延续了《法华经》中"会三归一"的思想，无分大小乘，只说一乘法。如该经卷四《四谛品》中，文殊菩萨就以大乘菩萨的身份宣说、阐释了早期佛教的四谛思想。经中："文殊师利告众菩萨言：'佛子！所说苦谛者，于此娑婆世界，或言害、或言逼迫、或言变异……所说苦集谛者，或言火、或言能坏、或言受义、或言方便……所说苦灭谛者，或言一乘、或言趣寂静、或言引导、或言究竟希望、

---

① 梁富国：《早期域外文殊信仰研究》，西北大学博士学位论文，2019年，第131页。
② 杜继文：《汉译佛教经典哲学》，南京：江苏人民出版社，2008年，第223页。

或言常不离……'"①四圣谛本来是释迦牟尼佛初转法轮时所说之法,也是早期般若类经典所排斥的对象。但是在《华严经》中四圣谛成为文殊菩萨说法的内容之一,文殊菩萨列举了苦、集、灭、道四谛在诸佛世界中的种种异名,而这些名称都是随众生的根机而建立的,众生根机不同,对苦、集、灭、道的领悟也就不同,故经中文殊菩萨"以无量法门对治众生的不同烦恼,使众生调伏"②。从而使早期佛教教义与《华严经》中所宣说的义理相关联:"可视为小乘佛教教理的华严化。"③可见该经中文殊菩萨彻底贯彻了晚期般若类文殊经典中所体现出的会通三乘的思想,佛教义理无分大、小乘,而是依据众生的根性不同而随机说法。

2.以信行为基础。信、解、行、证是佛教中修行的四个重要阶段,要求佛教徒要由信而解,再依解修行,方能证得圆满佛果。《华严经》中的文殊法门是在信行的基础上展开的。

(1)其中的"信"主要是指信心、信仰。如该经卷四《入法界品》中文殊菩萨为诸新出家比丘的开示,就是由"信"开始的。经中称"文殊师利告诸比丘:'汝等当知,若善男子、善女人,成就十种大心,则得佛地,况菩萨地。何等为十?所谓:发广大心,长养一切善根,究竟不退,心无厌足;见一切佛,恭敬供养,心无厌足;遍行菩萨诸波罗蜜,心无厌足;具足一切菩萨三昧,心无厌足;于一切三界流转,心无厌足;严净佛刹,充满十方,心无厌足;教化成熟一切众生,心无厌

---

① [东晋]佛驮跋陀罗译:《大方广华严经》卷4,《大正新修大藏经》第9册,第420页中。
② 释慧道:《〈华严经〉中的文殊菩萨及其法门》,(香港)华严专宗学院研究所第五届毕业论文,2000年,第29页。
③ 魏道儒:《中国华严宗通史》,南京:江苏古籍出版社,2001年,第303页。

足；于一切刹、一切劫中，行菩萨行，心无厌足；发广大心，修习一切佛刹微尘等诸波罗蜜，度脱一切众生，具佛十力，心无厌足。若善男子、善女人，成就如是十种大法，则能长养一切善根，离生死趣一切世间性，超出声闻、缘觉之地；生如来家，具足成就菩萨大愿，行菩萨行，住菩萨地，成就如来功德之力，降伏众魔，制诸外道。'"①其中所说的十种大心就是对佛教的信仰及信心。在佛教修行的过程中，信心一向被视为最重要的入手处，有清净的信念，才能得逐渐步上成佛之道。所以该经《贤首品》中称："信为道源功德母，长养一切诸善法；……信能增益最胜智，信能示现一切佛。"②而在该经《入法界品》中，文殊菩萨对善财童子的开示也是从"信"开始的。善财童子初见文殊菩萨之时，"观察善财而告之曰：'吾当为汝说微妙法。'即为分别诸佛正法；分别诸佛次兴世法；净眷属法；转梵轮法；诸佛色身相好，清净庄严之法；一切诸佛具法身法；诸佛音声妙庄严法；说一切如来平等法。……尔时善财童子从文殊师利，闻佛如是诸妙功德，专求菩提，随从文殊师利。"③可见文殊菩萨初见善财童子之时，通过佛法的宣说令善财对他有信心，进而才鼓励善财参访诸善知识。

故澄观在《大方广华严经随疏演义钞》中称"文殊主二法门，一主信故，善财初见，便发信心，二主智故。善财后见便，见普贤，始人之信，亦信佛境，能度之智，亦证佛境耳。"④而当善财童子一百一十城后，于普门城再次见到文殊菩萨时，文殊仍在强调"信"的重要

---

① [东晋]佛驮跋陀罗译：《大方广华严经》卷4，《大正新修大藏经》第9册，第687页中。
② [东晋]佛驮跋陀罗译：《大方广华严经》卷4，《大正新修大藏经》第9册，第433页中。
③ [东晋]佛驮跋陀罗译：《大方广华严经》卷4，《大正新修大藏经》第9册，第688页中。
④ [唐]澄观：《大方广华严经随疏演义钞》卷34，《大正新修大藏经》第36册，第261页上。

性:"文殊师利遥伸右手,过百一十由旬,至普门城,摩善财顶而作是言:'善哉!善哉!善男子!若离信根,忧悔心没,功行不具,退失精勤;于少功德,便以为足;于一善根,心生住著;不善发起菩萨行愿,不为善知识所摄护,不为如来所忆念,是等皆悉不能了知如是法性……'"①可见在该经中"信"是根本,若"信"心缺失,则其后的解、行、证就无从谈起。当然文殊菩萨两次所说的"信"并不是简单地相信、信奉,而是一种由信生智,再由智而坚定信心的过程。

(2)"行"则主要是指为了达到解脱境界而作的修行活动。如该经《净行品》中:"文殊菩萨详细叙述从在家到出家修行的各个方面和各个环节,要求把自我约束的'奉戒'和施惠他人的'行愿'贯彻到一言一行、一事一法中去。"②经中文殊以偈颂的形式回答了智首菩萨的问题,其中共列出一百四十一条大愿。关于这些大愿的内容,唐代澄观法师在《大方广华严经随疏演义钞》中归纳为事行、理行、智行和大悲行四种。澄观称:"答文中辨行,略有数重。谓就所历事中,始自出家,终于卧觉,皆事行也。知加性空,理行也。触境不迷,善达事理,智行也。以愿导智,不滞自利,大悲行也。"③而该经《入法界品》中文殊菩萨为诸新出家比丘说法后,便"劝诸比丘,修普贤行,住普贤行"④。而该品中善财童子受文殊菩萨开示"求善知识,亲近善知识。问菩萨行,求菩萨道",而游历、礼敬善知识的故事更是凸显了文殊菩萨对"行"的重视可见。但是文殊菩萨所说的"行"也不是一

---

① [东晋]佛驮跋陀罗译:《大方广华严经》卷4,《大正新修大藏经》第9册,第783页中、下。
② 魏道儒:《中国华严宗通史》,南京:江苏古籍出版社,2001年,第303页。
③ [唐]澄观:《大方广华严经随疏演义钞》卷34,《大正新修大藏经》第36册,第613页中。
④ [东晋]佛驮跋陀罗译:《大方广华严经》卷4,《大正新修大藏经》第9册,第687页下。

般所说的行为、行动，而是一种由智引导的行，而行的目的也是为了获得智慧，是智行合一的一种表现。

3. 渐次修行。早期文殊法门显示出一种不重次第，但说深法的特点，故很少涉及渐入法门，对听法对象的要求也很高。不仅声闻弟子难以理解文殊所说之法，就连很多新发意菩萨也难以信服。故《文殊师利巡行经》称："说此法时，彼诸比丘五百人中，四百比丘不受诸法，尽诸结漏，心得解脱；一百比丘起于恶心，自身将堕大地狱中。"[1]《如幻三昧经》中五百比丘听闻文殊师利所说之法后，"诽谤此经而舍驰去，则以现身堕大地狱。时，舍利弗报文殊师利：'且止！勿复演此深法，五百比丘闻之狐疑不肯顺入，自恣、骂詈，自谓尊豪，而舍驰走，诽谤心乱弘雅之典，则以现身堕大地狱。'"[2]但是这些经典中认为，即使是因听深法而堕入地狱，也比依次第而渐入要好的多，从而就表现出一种漠视次第修行的特点。

但是随着大乘佛教的发展，这种情况逐渐发生了变化。如《法界体性无分别经》中就将菩萨分为初发心菩萨和久行菩萨两种，而《华严经·十住品》中则将菩萨修行由低到高、由浅入深分为十个阶段，即："一名初发心，二名治地，三名修行，四名生贵，五名方便具足，六名正心，七曰不退，八曰童真，九曰法王子，十名灌顶。"并依次对十住的内容做了解释，如经中称："诸佛子！何等是菩萨摩诃萨初发心住？此菩萨见佛三十二相、八十种好，妙色具足，尊重难遇；或睹神变、或闻说法、或听教诫、或见众生受无量苦、或闻如来广说佛法，

---

[1] [北魏]菩提流支译：《文殊师利巡行经》，《大正新修大藏经》第14册，第510页上。
[2] [西晋]竺法护译：《如幻三昧经》卷2，《大正新修大藏经》第12册，第148页下。

发菩提心，求一切智，一向不回，此菩萨因初发心得十力分。"①引文中从初发心菩萨因为见到佛相庄严，并佛听闻信受所说之法，由此希望行佛道、追求佛的智慧，故而开始修行的过程，符合修行初级阶段的特点。而且其他九住的内容也都与此类似，逻辑较为合理，可见在《十住品》中形成了一个较为完善的次第体系。虽然《十住品》的主角是法慧菩萨，但是《华严经》中以法慧为主角的五品经"具有发挥以文殊为主角各品经某些内容的性质"②，所以菩萨十住说与文殊法门有着密切的关系，是文殊法门的重要内容，也是随着大乘佛教的发展，文殊法门中的修行体系发展完善的一种体现。

4.重视亲近善知识。《华严经》中不论是以普贤为主角的经典中，还是以文殊为主角的经典中，都特别重视善知识的作用。如《入法界品》中就称："念善知识，能开导我萨婆若门；念善知识，现真实道；念善知识，能安置我一切智地；念善知识，然智宝灯，明净慧光，长养十力，智慧光明；善知识道，即一切无尽之藏。善知识为灯，照一切智境界故；善知识为桥，度生死故；善知识为盖，生大慈力，覆一切故；善知识为不虚，照一切法真实相故；善知识为海潮，满足大悲故。"③故在《入法界品》中文殊菩萨为善财童子演说佛法后，又嘱咐善财童子："求善知识，亲近善知识；问菩萨行，求菩萨道。善男子！是为菩萨第一之藏，具一切智，所谓：求善知识，亲近恭敬而供养之。是故，善男子！应求善知识，亲近恭敬，一心供养而无厌足；问菩萨行：云何修习菩萨道？云何满足菩萨行？云何清净菩萨行？云何究竟

---

① [东晋]佛驮跋陀罗译：《大方广华严经》卷8，《大正新修大藏经》第9册，第445页下。
② 魏道儒：《中国华严宗通史》，南京：江苏古籍出版社，2001年，第303页。
③ [东晋]佛驮跋陀罗译：《大方广佛华严经》卷47，《大正新修大藏经》第9册，第699页下。

菩萨行？云何出生菩萨行？云何正念菩萨道？云何缘于菩萨境界道？云何增广菩萨道？云何具普贤行？"①故善财童子南行参访五十三位善知识，完成了从菩萨行而入如来不思议境界的历程。

5.重视般若学。在《华严经》中，文殊菩萨演说的主题仍是般若空观与方便，其所表现出的"智"仍是大乘般若学。在与文殊菩萨关系密切的《如来名号品》《四圣谛品》《光明觉品》《菩萨问明品》《净行品》《贤首品》《入法界品》都蕴涵着般若学的思想。这些经典中一方面宣说了如来不生不灭、无来无去的本质，另一方面也指出如来随应众生的现状和需求做出种种方便示现，从而将性空与假有、真谛与方便、理论与实践结合了起来。所以《华严经》中文殊菩萨所代表"智"的实质就是佛境界与世俗生活的结合，即重视"解了诸法真实性，不生差别种种念……谛了分别诸法时，无有自性假说名"，也重视"众生诸法及国土，分别了知无差别，善能观察如自性，是则了知佛法义"。

三、《文殊师利所说摩诃般若波罗蜜经》中所实展示的文殊禅法的特点

虽然文殊类经典中所涉及的禅法较多，但与文殊法门关系密切的主要有两种，一种是首楞严三昧，另一种是一行三昧。关于首楞严三昧的内容，我们在简介《阿阇世王经》时曾做过较为系统的阐释，南北朝时与文殊关系更为密切的是一行三昧。该三昧的名称及特点在《放光般若经》、《摩诃般若波罗蜜经》及《占察善恶业报经》都有涉

---

① [东晋]佛驮跋陀罗译：《大方广佛华严经》卷47，《大正新修大藏经》第9册，第689页中。

及，但是真正赋予一行三昧丰富内涵及地位的是《文殊师利所说摩诃般若波罗蜜经》[1]，随着该经的译出一行三昧在中国佛教界产生了深远的影响，如《楞伽师资记》中记载，当武则天问神秀禅师："所传之法，谁家宗旨？"神秀答曰："禀蕲州东山法门。"问："依何典诰？"答曰："依《文殊般若经》一行三昧。"[2]所以在佛教界一行三昧几乎等同于文殊禅法[3]。

"一行三昧"中"三昧"是指调正心行，使心离开昏沈、掉举，使心平等安静、不散不乱，从而达到一种开悟智慧，证得真如的境界。而"一行"就是"法界一相，系缘法界"[4]。其中"法界一相"就是般若空观，亦即前面所说的"第一义谛"；而"系缘法界，则与文殊之前所说的'系心一缘'相应"[5]。亦即《文殊师利所说摩诃般若波罗蜜经》中所说的："善男子、善女人，欲入一行三昧，应处空闲，舍诸乱意，不取相貌，系心一佛。"[6]所以该经中所提供的两种关于"一行三昧"的修行方就是围绕"法界一相，系缘法界"展开的。其中，第一种方式与"法界一相"相适应，通过学习般若类经典的相关内容，从而获得般若智慧，了悟诸法性空，无碍无相。第二种方式则与"系缘法界"相适应，"人们通过不断地称念佛名（不一定是阿弥陀佛），将

---

[1] 张正：《汉译初期大乘经典中的文殊思想研究》，中央民族大学博士学位论文，2017年，第53页。
[2] ［唐］净觉：《楞伽师资记》卷1，《大正新修大藏经》第85册，第1290页上。
[3] 崔正森：《文殊菩萨禅法》，《五台山研究》2006年第2期。
[4] ［梁］曼陀罗仙译：《文殊师利所说摩诃般若波罗蜜经》卷2，《大正新修大藏经》第8册，第731页上。
[5] 米媛：《〈文殊般若经〉的核心理念和修学方法》，《五台山研究》2016年第2期。
[6] ［梁］曼陀罗仙译：《文殊师利所说摩诃般若波罗蜜经》卷2，《大正新修大藏经》第8册，第731页上。

其思虑集注于佛本身,并避免观想其外表"①。从而达到一种"能于一佛念念相续,即是念中,能见过去、未来、现在诸佛"②。可见这两种修行方式其实就是分别从"理"和"事"两个方面对修行"一行三昧"的途径进行了阐释,也分别为利根人和钝根人提供了证入"一行三昧"提供了方便法门。由此可见,一行三昧法门也是一种建立在般若空观基础之上的大乘佛教的修行方式,但与首楞严三昧只重第一义谛相比,这种禅法中即包含了第一义谛的思想,也顾及到了初学者实际情况,也是文殊法门内容进一步丰富、包容性进一步扩展的产物。

  以上就是南北朝时期与文殊法门关系密切的《华严经》《法华经》以及《文殊师利所说摩诃般若波罗蜜经》中所展现出的文殊法门的特点的简单介绍。从这些特点我们可以看出,当时文殊法门的主要内容与前期相似,依然是建立在般若空观的基础之上的,但是与前期不同的是这一时期文殊法门不仅内容更加丰富,也更具包容性。而且随着《法华经》《华严经》及一行三昧思想在中国佛教史上地位的提高,文殊法门的这些特点都被固定下来,成为文殊信仰中最基本内涵的体现。

---

① 伯兰特·佛尔著,郭怒涛译:《早期禅的"一行三昧"观念》,《中国哲学史》2010年第2期。
② [梁]曼陀罗仙译:《文殊师利所说摩诃般若波罗蜜经》卷2,《大正新修大藏经》第8册,第731页上。

第三节　南朝文殊信仰的内容

一、义学沙门对文殊名义和品格的理解

与西晋时期文殊名号众多的情形不同，西晋时期的"濡首"一词，在南北朝时期为鸠摩罗什的"妙德"这种新的译法所取代。"妙德"一词作为文殊菩萨梵文名称的意译最早见于鸠摩罗什所译的《诸法无行经》及《大智度论》中，其中"妙"为"manju"的意译，表"优美""善良"之意，而"德"为"sri"的意译，有"美德""威严""幸运"之意，二字合在一起体现了文殊菩萨"万德圆备，皆彻性源"之德行，表文殊菩萨"能证真理之大智"，该汉译名称较为准确地把握了文殊法门的特点。

南北朝时期随着文殊菩萨影响的扩大，当时佛教界已经试图就文殊菩萨的众多名称进行阐释，并试图从中找出其中最能代表文殊内涵的名称。其中对文殊菩萨名称的诠释最全面的、完整的是陈代智𫖮的解释。智𫖮在《妙法莲华经文句》中曾对"妙德"一词的含义作了较为系统的解释："文殊师利，此云妙德。《大经》云：了了见佛性，犹如妙德等。《无行经》云：满殊尸利。《普超》云：濡首。《思益》云：虽说诸法而不起法相，不起非法相，故名妙德。《悲花》云：愿我行菩萨道，所化众生皆于十方先成正觉，令我天眼悉皆见之。我之国土皆一生菩萨，悉令从我劝发道心。我行菩萨道无有齐限。宝藏佛言：汝作功德甚深甚深，愿取妙土，今故号汝名文殊师利，在北方欢喜世界作佛，号欢喜藏摩尼宝积佛，今犹现在，闻名灭四重罪，为菩萨像，影响释迦耳。观心性理，三德秘密，不纵不横，故名妙德。"①可见，智𫖮认为在文殊菩萨的众多汉译名中，"文殊师利"及"妙德"是文殊菩萨最主要的，也是最能表现文殊菩萨法门的译名。文殊师利是文殊菩萨梵文名称的一种音译，故很难体会其中所蕴含的实际意义。而意译名"妙德"背后所蕴含的内容则是当时人心中文殊菩萨身份的一种真实写照，智𫖮法师在解释"妙德"一词时，所引佛经内容皆从佛教义理切入，在他的解释中文殊菩萨乃是般若智慧的象征。而智静在《檄魔文》中涉及文殊菩萨的内容则可以看作是当时僧侣们对文殊菩萨这一身份的实际运用。文中称："使持节后览大将军、十三天都督、小千诸军事、九住王大文殊，承胄返元，形辉三界，胤自紫宫，神高体大，应适千涂，玄算万计，群动感于一身，众虑静于一念，深报慈悲，情兼四摄，领众若尘，翱翔斯土。"②虽然此处智静按照中国传统给文殊菩萨冠以一个新奇而又威风的头衔，但是重点是"玄算万计，群动感于一身，众虑静于一念"，仍是以对空性的觉悟为中心的。

二、名士及名僧对文殊菩萨的推崇

方立天先生曾指出，佛教信仰的内容虽然广泛而庞杂，但具体而言大致可以分为内、外两部分。内部信仰指的是佛教的思想，而外部信仰则由佛、菩萨、罗汉、天王等佛教中的神灵；佛堂、舍利等佛教中的圣物及祖庭、极乐世界等佛教中的圣地三部分组成③。其中，内部

---

① [隋]智𫖮：《妙法莲花经文句》卷2上，《大正新修大藏经》第34册，第22页下—23页上。
② [梁]僧祐：《弘明集》卷14，《大正新修大藏经》第52册，第93页下。
③ 方立天：《方立天讲谈录》，北京：九州出版社，2014年，第303—305页。

信仰是外部信仰形成及发展的基础,外部信仰则是内部信仰的重要表现形式。南朝时期,文殊信仰也是建立在当时主流的佛教思想基础之上的,当时人们对文殊菩萨的认识和崇拜不可能脱离当时主流佛教思想的范畴。

虽然南朝时期,中国佛教义学呈现出与东晋时期迥然不同的学风,《涅槃》《成实》《法华》之说相继流行。但在《涅槃》《成实》《法华》等经论讲说盛行的时代,与般若思想关系密切《维摩诘经》仍是当时佛教界研习的重要经典。如《高僧传》中记载释慧静"诵《法华》、《小品》,注《维摩》《思益》"的同时,并著《涅槃略记》、《大品旨归》及《达命论》[①];释昙度游学京师,"备贯众典,并探索微隐思发言外",并"撰《成实论大义疏》八卷,盛传北土"[②];释道盛"幼而出家务学,善《涅槃》《维摩》兼通《周易》"[③];释慧基"善《小品》《法华》《思益》《维摩》《金刚般若》《胜鬘》等经",并著"《法华义疏》,凡有三卷"[④];释僧宗"讲《涅槃》、《维摩》、《胜鬘》等,近盈百遍"[⑤];释法安于齐永明年间"还都止中寺,讲《涅槃》《十地》《成实论》,相继不绝。"并"著《净名》《十地》义疏并《僧传》五卷"[⑥];释宝亮在南齐时,止于灵味寺,"于是续讲众经盛于京邑,讲《大涅槃》凡八十四遍,《成实论》十四遍,《胜鬘》四十二遍,《维摩》二十遍,其大小《品》十遍,《法华》《十地》《优婆塞

---

① [梁]慧皎撰,汤用彤校注,汤一玄整理:《高僧传》,北京:中华书局,1992年,第270页。
② [梁]慧皎撰,汤用彤校注,汤一玄整理:《高僧传》,北京:中华书局,1992年,第304页。
③ [梁]慧皎撰,汤用彤校注,汤一玄整理:《高僧传》,北京:中华书局,1992年,第307页。
④ [梁]慧皎撰,汤用彤校注,汤一玄整理:《高僧传》,北京:中华书局,1992年,第323—324页。
⑤ [梁]慧皎撰,汤用彤校注,汤一玄整理:《高僧传》,北京:中华书局,1992年,第328页。
⑥ [梁]慧皎撰,汤用彤校注,汤一玄整理:《高僧传》,北京:中华书局,1992年,第329页。

戒》《无量寿》《首楞严》《遗教》《弥勒下生》等亦皆近十遍。"并于天监八年（509年）奉敕撰《涅槃义疏》十余万字①；释慧庆："学通经律，清洁有戒行，诵《法华》《十地》《思益》《维摩》"②；释普明："以忏诵为业，诵《法华》《维摩》二经"③；释僧侯"宋孝建来至京师，诵《法华》《维摩》《金光明》，常二日一遍，如此六十余年。……时普弘有释慧温亦诵《法华经》《维摩》《首楞严》，蔬苦并有高节。"④《续高僧传》中称释宝琼："凡讲《成实》九十一遍，撰《玄义》二十卷；《文疏》十六卷，讲《涅槃》三十遍，制《疏》十七卷，讲大《品》五遍，制《疏》十三卷，余有《大乘义》十卷，《法花》《维摩》等经，并著文疏。"⑤

当时人已经注意到佛教义学中涅槃思想、法华思想、《维摩诘经》等共同流传之情形，在著者已失的《南齐安乐寺律师智称法师行状》中就称："自方等来仪，变胡为汉，鸿才巨学，连轴比肩，《法华》《维摩》之家，往往间出，《涅槃》《成实》之唱，处处聚徒。"⑥南齐周颙在《抄成实论序》中也称"顷《泥洹》《法华》，虽或时讲，《维摩》《胜鬘》，颇参余席，至于《大品》精义，师匠盖疎，《十住》渊弘，世学将殄。"⑦可见，当时在《涅槃经》《成实论》《法华经》盛行的同时，对《维摩诘经》的讲习、注疏也并未间断，仍是当时讲说中的必备节目。

---

① [梁]慧皎撰，汤用彤校注，汤一玄整理：《高僧传》，北京：中华书局，1992年，第337—338页。
② [梁]慧皎撰，汤用彤校注，汤一玄整理：《高僧传》，北京：中华书局，1992年，第463页。
③ [梁]慧皎撰，汤用彤校注，汤一玄整理：《高僧传》，北京：中华书局，1992年，第464页。
④ [梁]慧皎撰，汤用彤校注，汤一玄整理：《高僧传》，北京：中华书局，1992年，第473页。
⑤ [唐]道宣：《续高僧传》卷7，《大正新修大藏经》第50册，第479页下。
⑥ [唐]道宣：《广弘明集》卷23，《大正新修大藏经》第52册，第269页中。
⑦ [梁]释僧祐撰，苏晋仁等点校：《出三藏记集》，北京：中华书局，1995年，第406页。

南北朝时期，南方士族文化中依然保持着重视玄学的风气。如《宋书》中称羊玄保有二子，宋太祖赐名曰咸、曰粲，谓玄保曰："欲令卿二子有林下正始之风。"《南史》言何尚之谓王球"正始之风尚在。"故清人赵翼在《二十四史札记》中称：（南朝）"至梁武帝始崇经学。然魏晋之习依然未改，且又甚焉。风气所趋，积重难返，直至隋平陈之后，始扫除之。"所以从现存的文献及图像资料来看，南朝时人们对文殊菩萨特点的理解仍然主要是在《维摩诘经》的基础上展开的。与东晋时期一样，我们仍然可以从南朝时期士人的著述中体会当时社会上层对文殊菩萨的理解和认识。如江总在《建初寺琼法师碑》中称赞宝琼法师时，就引用了《维摩诘经》中的相关内容："夫智精进，皆曰第一。妙德、净名，并称不二。若乃斡五欲之泥，解六情之纲，御宝车之迹，面香城之路，荷像持法，汲引人伦，惟此法师。"[①]其中江总此处提到的"妙德"就是文殊菩萨的意译名称，而"妙德、净名，并称不二"一句可以看出，虽然《维摩诘经》的主角是维摩诘，魏晋南北朝时期该经的流行也为维摩诘的形象与当时士大夫的追求相似有关，但是就佛教义理而言，在当时的部分士人心中文殊菩萨与维摩诘居士的地位是相同的。而且由于《维摩诘经》在统治阶层中影响的扩大，文殊菩萨的形象也被上层统治者所熟悉，其名号开始出现于统治者的日常书信中。如梁简文帝萧纲在作太子时，给其弟湘东王的书信中就曾引用了《维摩诘经》中"文殊问疾"的故事，在其《答湘东王书》一文中称："吾春初卧疾成委弊，虽西山白鹿，惧不能愈；子豫赤丸，尚尤未振。高卧六安，每思扁鹊之问，竟然四屋，念

[①] [唐]欧阳询撰，汪绍楹校：《艺文类聚》，上海：上海古籍出版社，1965年，第1310页。

绝修都之香，岂望文殊之来，独思吴客之辩。"①可见《维摩诘经》中"维摩示疾，文殊来问"的情节，已经被当时的士人所熟知，并被广泛用于日常的文章及书信当中。

此外，在简文帝所作的用于宗教活动的唱导文中也曾提到维摩诘与文殊菩萨之名。唱导文是记录唱导说法、礼佛、忏悔时的文字。简文帝在该文中称："众等宜各露诚，逮为天龙八部、护塔善王，乃至修罗八臂、摩醯三目，尽为敬礼尊经正典，清净波若，究竟涅槃、法花会一之文、净名不二之说。愿一切善神，永断无明，长遵正本，卧处宝宫，坐甘香积……今为六道四生、三途八难、慈悲恳到，一心遍礼十住菩萨、三行声闻、礼救世观音、献盖宝积、西方大势、东国妙音、四辩净名，二土螺髻、珠颈善宿、弥勒、文殊、金刚藏、解脱月、弃荫盖、常举手、十大弟子、五百罗汉，愿囹圄空虚，疾恼消息。"②从《唱导文》中的内容来看，在此次宗教活动中《维摩诘经》被奉为正典，而文殊菩萨也位列弥勒之后，成为此次法会中礼敬的重要对象。从这些内容可见，虽然与文殊信仰密切相关的《法华经》及《华严经》在这一时期都已译出，但是当时中国佛教界仍处于对这两部经典的理解、接受之中，对这两部经典的熟悉程度远逊于《维摩诘经》，故南朝时期人们对文殊菩萨的理解和认识，仍是建立在《维摩诘经》的基础之上的，《法华经》及《华严经》中所体现出的文殊信仰的特点，在这一时期尚处于被人们理解并接受的过程中。

众所周知，南朝时期佛教在士大夫及王室间流行的同时，普通民众也逐渐沉浸在虔诚的佛教信仰中。与贵族、官员及高僧多热衷于佛

---

① [唐]道宣：《广弘明集》卷16，《大正新修大藏经》第52册，第211页上。
② [唐]道宣：《广弘明集》卷16，《大正新修大藏经》第52册，第205页下。

教义理的探讨、宣说不同，普通民众的佛教信仰则更侧重于实用主义：如南朝民歌《西曲歌·月节折杨柳十三首》之四《四月歌》中就形象地描绘了一位女子于佛前礼拜，祈祷佛陀保佑她能早得佳婿，且能长相厮守虔诚的心情，"芙蓉始怀莲，何处觅同心？俱生世尊前！折杨柳，捻花散名香，志得长相取。"①所以虽然《维摩诘经》已经在当时社会中广泛传播，如《陈书》卷十九《马枢传》中称："（王）纶时自讲《大品经》，令枢讲《维摩》《老子》《周易》，同日发题，道俗听者二千人。"②《维摩诘经》的受众之广，由此可见一斑。但由于此时的佛教信众对信仰特点较为突出的《法华经》及《华严经》尚处于不断接受的过程当中，而以《维摩诘经》为基础展示出的文殊菩萨的神格主要是建立在般若空观的基础之上的，更侧重于精神上的解脱，而并无可行的操作仪式及诸如救助各种苦难的现实福报，故在当时对文殊菩萨的推崇多集中于重视佛教义理的上层社会和义学沙门中，而对普通僧侣及民众而言，文殊菩萨所代表的佛教思想不仅深奥难懂，而且缺乏现实利益的吸引力，所以目前笔者尚未发现这一时期关于普通民众及僧侣礼敬、崇拜文殊菩萨的记载。

三、南朝时期的文殊菩萨图像

佛教在东传中国的过程中，图像是除文字外的一种重要传播媒介，是我们今天研究古代佛教发展、演变的一种重要依据。与文字资料相比，不同类型的佛教图像既是当时佛教主流思想的反映，也是当时佛教实践活动中礼拜及观想的对象。与当时北方地区佛教造像主要

---

① 逯钦立辑校：《先秦汉魏晋南北朝诗》（全三册），北京：中华书局，1998年，第1067页。
② ［唐］姚思廉撰：《陈书》，北京：中华书局，1972年，第264页。

集中在寺院及石窟中的情形不同，南方的佛教造像虽然形式多样，材料各异，但多集中在以土木结构为主的寺院建筑，故数量虽多，但留存至今的较为稀少。

南朝时，由于佛教的兴盛，造像立寺之风盛行，宋齐梁陈四代帝王也多有营建寺院以为功德。汤用彤先生在《魏晋南北朝佛教史》一书中，就曾对四代帝王所建寺院做过简要的归纳，"宋文帝（造天竺寺、报恩寺）、孝武帝（造药王寺、新安寺）、明帝造（湘宫寺、兴皇寺）、齐高帝造（建元寺）、武帝造（齐安寺、禅林寺、集善寺）、梁武帝、简文帝、陈后主（大皇寺）各有建造。"[1]而且这些皇家寺院极尽奢华，《南史》卷二十八《虞愿传》中记载："（宋明）帝以故宅起湘宫寺，费极奢侈。以孝武帝庄严刹七层，帝欲起十层，不可立，分为两刹，各五层。"[2]但是由于这些以土木结构为主寺院早已消逝在历史上长河中，所以寺院中精美的造像和壁画也随之流散、消失，因此与北方地区在石窟中保留了大量佛教造像遗存不同，南方地区的此类遗存很少，我们目前只能从零星的考古发现和文献资料窥探当时佛教造像的内容。

而这些零星的资料中与文殊造像相关的图像更是稀少。就造像遗存而言，南朝可以确定为文殊造像的仅有两例，且均发现于四川地区。其中一例是成都西安路出土的编号为H1：6号三佛造像背后浅浮雕维摩诘变相，具体内容是变相右侧是维摩诘居士，居士头戴冠、身着宽袍坐于长方形宝帐床上，肘部置于小几之上，面朝左前方。床前为一头梳双髻的侍女，侍女手中捧一物，面向左边的文殊菩萨而立，其身份应该是《维摩诘经》中维摩诘室内的天女，侍女前为一置于莲

---

[1] 汤用彤：《魏晋南北朝佛教史》，北京：北京大学出版社，2011年，第247页。
[2] [唐]李延寿撰：《南史》，北京：中华书局，1975年，第1710页。

座上的博山炉。文殊菩萨坐于方形束腰宝座上,高发髻,头顶有华盖,后有圆形头光,有披帛,披帛于腹前穿环而过,右侧为一弟子,与维摩诘之侍女相对而立。文殊菩萨左侧有三弟子立像及一头顶有高肉髻、身后有舟形身光,身着袈裟,足踏覆莲花的人物形象,均面向维摩诘。[1]其中,图中四位弟子的形象,其身份应该是《维摩诘经》中代表声闻乘的舍利弗、目犍连等声闻弟子,而身后有舟形身光、立于覆莲花座上的人物形象其身份可能是弥勒菩萨,如果说图中的四位弟子形象是随文殊一起来问疾的声闻弟子的象征,那么弥勒菩萨则是与文殊菩萨一起问疾的众菩萨的象征。虽然该造像未雕刻具体的纪年,但是根据同一窖藏发现的有确切纪年的造像分析,该造像的雕凿年代大约为梁代中后期,"约在公元六世纪中叶"[2]。而其风格则体现了萧梁时期南朝佛教造像的特点[3],是萧梁时期南朝维摩诘造像的典型代表。另一例文殊造像则位于绵阳平杨府君阙第17号龛外,在第17号龛外两侧,"有线刻人物若干:上部龛拱外边各有一像结跏趺坐于莲台上,像旁隐约可见侍从若干,从右侧一像左手前伸与右侧之像形成呼应的构图来看,这种组线刻可能为维摩、文殊对问之像"[4]。据图像右侧造像题记来看,该像雕刻时间为梁大通三年(529年),与上一例造像一样,都是萧梁时期的造像。霍巍先生在《齐梁之变:成都南朝纪年造像风格与范式源流》一文中曾指出,萧梁时期的南朝佛教造像的

---

[1] 成都市文物考古工作队、成都市文物考古研究所:《成都市西安路南朝石刻造像清理简报》,《文物》1998年,第11期。
[2] 符永利:《南朝佛教造像的考古学研究》,南京大学2012年研究生毕业论文,第164页。
[3] 霍巍:《齐梁之变:成都南朝纪年造像风格与范式源流》,《考古学报》2018年第3期。
[4] 孙华:《四川绵阳平杨府君阙阙身造像——兼谈四川地区南北朝佛道龛像的几个问题》,载于巫鸿主编:《汉唐之间的宗教艺术与考古》,北京:文物出版社,2000年,第106页。

风格和题材"大量吸收了来自南朝政治中心建康的文化因素,达到了一个高潮和顶峰",是这一时期南朝造像的典型代表[①]。

而《历代名画记》《宣和画谱》等文献资料中也有关于文殊图像的记载,与现存雕刻于当时的文殊造像相同,文献记载中这一时期的文殊造像也是以文殊、维摩对坐的形式表现的。如《历代名画记》卷五称袁倩绘:"维摩诘一卷,百有余事,运事高妙,六法备呈,置位无差,若神灵感会,精光指顾,得瞻仰威容。前使顾陆知惭,后得张阎骇叹。"[②]如果说顾恺之所绘维摩诘像还只限于表现维摩诘一个人的像,那么从关于袁倩的维摩诘变中"百有余事"的记载可见,该变相已经是一种由一系列《维摩诘经》中的故事组成的一种变相[③],与文殊菩萨有关的"问疾品"应该就是其中的一个重要表现部分。此外,据《历代名画记》《宣和画谱》中记载,当时的戴逵、陆探微等人也都曾绘过文殊菩萨的图像,但是具体内容及形式已经无从考证了。不过关于这些画家的记载中也都有维摩诘像,所以我们推测,《历代名画记》《宣和画谱》中所载的南朝时期的文殊图像可能是与维摩诘图像相对而出的。即使当时有单独表现文殊菩萨形象的绘画出现,其风格及特点也难免会受到维摩诘经变相中的文殊菩萨形象的影响。但是由于《维摩诘经》义理单调,难以承担起组织复杂图像的功能,所以随着《法华经》《华严经》的先后流传,在实践表现过程中,维摩诘变相"基本从属于法华经或华严经的图像构成"[④]。

---

① 霍巍:《齐梁之变:成都南朝纪年造像风格与范式源流》,《考古学报》2018年第3期。
② [唐]张彦远:《历代名画记》第6卷,北京:人民美术出版社,1963年,第135页。
③ 金维诺:《敦煌壁画维摩变的发展》,《文物》1959年第2期。
④ 李静杰:《北朝隋代佛教图像反映的经典思想》,《民族艺术》2008年第2期。

从上述内容中可知，南朝时期虽然《法华经》《华严经》等与文殊菩萨关系密切的经典已被译出，而且但是这一时期对文殊菩萨的认识和理解仍是以《维摩诘经》为基础展开的。但是随着《法华经》及《华严经》的先后流传，当时的宗教实践中法华经思想和华严经思想曾先后发挥过重要的指导作用，而由于这两部经典中文殊菩萨都有着重要的地位，所以在当时的造像实践中维摩诘经变先后与法华经图像和华严经图像的结合，也从侧面反映出文殊图像由以《维摩诘经》为中心展开，逐渐向以《法华经》《华严经》中所表现的文殊菩萨形象转变的趋势。虽然由于文献及图像资料的缺失，我们已无法考证当时普通民众文殊信仰的具体内容，但是从僧传中的相关记载来看，当时的《维摩诘经》已不仅是士大夫清谈时的玄理的重要来源，而且关于该经的宗教信仰也在逐渐形成。据《高僧传》记载，刘宋时，广陵僧人慧庆："诵《法华》《十地》《思益》《维摩》。每夜吟讽，常闻暗中有弹指赞叹之声。尝于小雷遇风波，船将覆没，庆唯诵经不辍，觉船在浪中，如有人牵之，倏忽至岸，于是笃厉弥勤。"[1]道场寺僧人法庄："诵《大涅槃》《法华》《净名》，没后夜讽诵，比房常闻庄户前有如兵仗羽卫之响，实天神来听也。"[2]上述《高僧传》中关于两僧人的记载是当时僧人经典信仰的一种体现。经典信仰不仅表现为对经典本身的受持、读诵、抄写的重视，更重要的是对经典中所宣扬的"佛法"的崇拜。通过当时僧人们的选择，部分经典被赋予了神圣的力量，成为经典信仰的主体，从上述记载来看，当时的《维摩诘经》就获得了"神圣"的地位。更有甚者，当时有僧人还将由《维摩诘经》衍生出的维

---

[1] [梁]慧皎撰，汤用彤校注，汤一玄整理：《高僧传》，北京：中华书局，1992年，第463页。
[2] [梁]慧皎撰，汤用彤校注，汤一玄整理：《高僧传》，北京：中华书局，1992年，第465页。

摩诘信仰运用到用于烧身供养的宗教实践活动中。据《高僧传》中记载，刘宋时期僧人僧庆于孝武帝大明三年（459年）二月八日，"于蜀城武担寺西，对其所造净名像前，焚身供养。刺史张悦躬出临视，道俗侨旧，观者倾邑。行云为结，苦雨悲零。俄而晴景开明，天色澄净，见一物如龙，从积升天。"[1] 上述记载说明，在当时的一些僧侣中《维摩诘经》已经不仅仅是一部表达玄理的经典，而且也显示出了信仰方面的神圣性，不仅开启了《维摩诘经》与民间信仰相结合的途径[2]，而且也为由《维摩诘经》的流传所演化出的维摩诘信仰及文殊信仰由一种社会上层的信仰发展成为一种全民性的信仰提供了突破口。

第四节　文殊信仰在北方的传播

南北朝时期，我国北方相继出现了北魏、东魏、西魏、北齐、北周五个政权，由于东魏、西魏政权的特殊性，故笔者此处分别将其置于北齐、北周的范围内进行讨论。虽然这些政权存在的时间都比较短暂，但就佛教而言，由于当时这些政权的统治者大多实行扶持佛教的政策，很多统治者对建寺立塔、开窟造像等佛教活动表现出极大的热忱，所以北朝时期不仅是我国佛教发展史的一个小高峰，而且这一时期形成的佛教学说及佛教政策，对我国佛教曾产生过重要的影响。一方面这一时期形成的北方佛教重修禅持戒的宗教修行、重修寺造像积累功德的特点为佛教从义理走向宗教实践提供了重要途径，而北朝佛

---

[1] ［梁］慧皎撰，汤用彤校注，汤一玄整理：《高僧传》，北京：中华书局，1992年，第454页。
[2] 何剑平：《中国中古维摩诘信仰研究》，成都：巴蜀出版社，2009年，第126页。

教中所显示出的教权依附于君权的特点，最终发展出了一套完整的僧官系统，对后世佛教曾产生过重要的影响。另一方面，北朝时期佛教义学在北方重新复苏，并产生了重大的影响，先后形成了涅槃、毗昙、成实、地论等多个学派，为隋唐之际中国佛教宗派的形成奠定了基础。由此可见，北朝佛教在中国佛教史上有着重要的地位，是隋唐佛教的基础。而就文殊信仰而言，这一时期的文殊信仰在延续以《维摩诘经》为基础展开的同时，《法华经》《华严经》在人们理解和认识文殊菩萨时开始发挥越来越重要的作用，并由此影响了文殊信仰发展的趋势，为唐代之际文殊信仰的盛行做了义理方面的准备工作。故此处笔者将分北魏、东魏北齐、西魏北周三部分对这一时期文殊信仰的特点进行探讨。

一、北魏时期的文殊信仰

与东晋十六国时期相比，南北朝时期，随着拓跋鲜卑所建立北魏政权势力的不断扩大，我国北方地区政局逐渐稳定，为佛教的发展提供了良好的社会环境。特别是在北魏迁都平城后，道武帝在依照儒家传统重塑拓跋部政权的同时，也积极地利用北方民族易于接受的佛教来改变民众的旧有习俗，以减少政治、经济领域变革的阻力，并为其所推行的汉化政策助力。所以，当天兴元年（398年）七月迁都不久之后，道武帝就下诏弘扬佛法。诏书称："夫佛法之兴，其来远矣。济益之功，冥及存没，神纵遗轨，信可依凭。其敕有司，于京城建饰容范，修整宫舍，令信向之徒，有所居止。"[①]而且拓跋珪在平城内营建

[①] ［北齐］魏收：《魏书》第 8 册，北京：中华书局，1974 年，第 3030 页。

宫殿、宗庙及宫城内的其他附属建筑的同时,也在平城内先后修建了五级佛图、耆阇崛山殿、须弥山殿、讲堂及禅堂等佛教建筑,用以礼拜佛教,招揽僧人,佛教在平城内逐渐发展了起来,而"令沙门敷导民俗"的政策,就是在此背景下实行的。

道武帝之子明元帝拓跋嗣继位后,延续了道武帝时期推崇佛教的政策,史称"太宗践位,遵太祖之业,……又崇佛法,京邑四方,建立图像,仍令沙门敷导民俗。"①可知在拓跋嗣统治时期,北魏佛教有了进一步的发展。到太武帝时,随着戎车屡动,"摧折强竖,克剪大憨"②将夏国、北燕、北凉等政权的国土纳入北魏版图之时,将大量北凉、长安、北燕等地的大量僧人迁到平城附近,为当时北方佛教的融合提供了一个重要的契机。但是由于当时不同地区佛教所关注的重点差异很大,以致佛教内部及其与政权之间有着重重矛盾。虽太武帝曾试图调节佛教这些矛盾,并力图使佛教适应北魏的统治,但他的种种努力都以失败告终,最终于太平真君七年颁布了我国历史上第一个也是最为严厉的一个灭佛诏书。这一诏书使北魏佛教受到了毁灭性的打击,"土木宫塔,声教所及,莫不毕毁矣"③。虽然,在中国佛教史上,太武帝灭佛一直都被认为是中国佛教的一次浩劫,但是从结果来看,这次灭佛不仅没有终止佛教在我国的传播,反而迫使我国佛教开始由城市转入广大乡村地区,客观上扩大了佛教在我国传播的范围及传播的深度。所以当文成帝即位之后,在文成帝的支持下,佛教很快得以恢复,并以更加迅猛的形势发展起来。据《魏书·释老志》记

---

① [北齐]魏收:《魏书》第8册,北京:中华书局,1974年,第3030页。
② [北齐]魏收:《魏书》第8册,北京:中华书局,1974年,第80页。
③ [北齐]魏收:《魏书》第8册,北京:中华书局,1974年,第3034页。

载:"自魏有天下,至于禅让,佛经流通,大集中国,凡有四百一十五部,合一千九百一十九卷……略而计之,僧尼大众二百矣,其寺三万有余。"[1]而孝文帝时期,由于拓跋鲜卑汉化程度的不断加深,姚秦鸠摩罗什译场之后的北方佛教义学又重新发展起来。而在当时与佛教义学密切相关的文殊菩萨的形象也逐渐被北魏上层统治者所接受,并体现在了宗教实践中。主要表现在以下几个方面:

1. 文殊类经典的翻译。"据《开元录》载,魏自初都恒安(平城),南迁洛阳,再迁邺。在一百五十五年中,有译者十二人,所译佛籍八十三部,二百七十四卷。"[2]由此可见,与南朝译经相比,当时北方译经数量较少。而就其时间而言,主要集中于孝文帝迁都后的三十五年间,主要译者是以菩提流支为"译经元匠"的译经集团。其中涉及文殊菩萨的经典也主要为菩提流支所译,主要有《文殊师利巡行经》《大乘伽耶山顶经》《大萨遮尼乾子所说经》三部。

(1)《文殊师利巡行经》一卷,异译有隋代阇那崛多所译的《文殊尸利行经》(一卷)。经中称文殊师利于五百比丘行住之处次第巡行,见到长老舍利弗入禅思惟,便为舍利弗说无依、无念、无所取舍的大乘禅法。五百比丘难解文殊菩萨所说之法,"从坐而起舍离而去,作如是言:'我不用见文殊师利童子之身,我不用闻文殊师利童子名字。随何方处,若有文殊师利童子住彼处者,亦应舍离。何以故?如是文殊师利童子异我梵行,是故应舍。'"[3]一百比丘因起恶心而堕大地狱中,佛告诉长老舍利弗堕入地狱的一百个比丘由于听闻文殊所说之法

---

[1] [北齐]魏收:《魏书》第8册,北京:中华书局,1974年,第3048页。
[2] 任继愈主编:《中国佛教史》(第三卷),北京:中国社会科学出版社,1988年,第152页。
[3] [元魏]菩提流支译:《文殊师利巡行经》,《大正新修大藏经》第14册,第510页上。

而速生兜率陀天，终于弥勒法会中得解脱。舍利弗赞叹文殊师利所说之法："甚希有，文殊师利乃能善说如是法门，成就众生。"[①]文殊师利言："大德舍利弗！真如不减、真如不增，法界不减、法界不增、诸众生界不减、不增。……如是不依即是菩提，如是菩提即是解脱。"[②]从上述内容来看，该经虽译出较晚，却属于早期文殊类经典，文殊菩萨在经中所说内容以般若空观为主。虽然这些内容难以为声闻弟子所接受，但是文殊也不会因此而变通。因为即使声闻弟子因不能了悟文殊所说之法而入地狱，最终所得之功德也较也其一直修习小乘佛法要大很多，并最终能于弥勒初会之中得解脱，体现了文殊法门中宁入地狱，但说深法的特点。

（2）《伽耶山顶经》一卷，异译本有姚秦鸠摩罗什所译的《文殊师利问菩提经》（一卷）、隋代毗尼多流支所译的《象头精舍经》（一卷）及唐代菩提流志所译的《大乘伽倻山顶经》（一卷）。在印度天亲菩萨所造、北魏菩提流支翻译的《文殊师利菩萨问菩提经论》中将该经的内容分成九分，"一、序分；二、所应闻弟子成就分；三、三昧分；四、能观清净分；五、所观法分；六、起分；七、说分；八、菩萨功德势力分；九、菩萨行差别分。"[③]经中称："又菩提者，随于世间而立名字，无音响、无形色、无成实、无相状、无来、无去、不出、不入。过于三界无有处所，不可见闻、不可忆念；离攀缘处、非戏论境，无所入、无文字，不可动摇、不可安立。绝于一切语言之道，而

---

① [元魏]菩提流支译:《文殊师利巡行经》,《大正新修大藏经》第14册,第511页上。
② [元魏]菩提流支译:《文殊师利巡行经》,《大正新修大藏经》第14册,第511页中。
③ [元魏]菩提流支译:《文殊师利菩萨问菩提经论》卷1,《大正新修大藏经》第26册,第328页上。

言现证、已证、当证，但惟名字虚妄分别，无生、无起、无有体性，不可取、不可说、不可爱著，是中实无，已成正觉、现成正觉及当成者。若能如是无证、无成，乃得名为成正觉耳。何以故？菩提者离于一切变动相故？"①可见，该经是从毕竟空的角度理解菩提的。经中称菩提心需要从六波罗蜜、方便慧、不放逸、三种净行、十善业道、忆持不忘等处依次生起。而菩提心则有四种发心"一者，初发心；二者，解行住发心；三者，不退转发心；四者，一生补处发心。"②而速证悟菩提心又有方便道和般若道两种法门。上述内容就是文殊菩萨在该经中所宣扬的主要内容。印顺法师在《初期大乘佛教之起源与开展》中称，该经的主旨与大乘瑜伽思想相接近③。

（3）《大萨遮尼乾子所说经》十卷，《开元释教录》中称该经又名《菩萨境界奋迅法门经》，是菩提流支于"正光元年（520年），于洛阳为司州牧汝南王"译出，异译本有刘宋求那跋陀罗所译的《菩萨行方便境界神通变化经》（三卷）。主要内容是"尼乾子外道论师大萨遮应文殊菩萨的发问，而宣传大乘深妙之法，认为如来所说三乘，是为了令众生渐入如来大乘深妙之法"④。该经由《序品》《问疑品》《一乘品》《诣严炽王品》《王论品》《请食品》《问罪过品》《如来无过功德品》《诣如来品》《说法品》《信功德品》等十二品组成，其中涉及文殊菩萨的内容主要集中在《问疑品》《一乘品》及《信功德品》三品中。虽然在这三品中，文殊名称多次被提及，但是由于文殊在该经中多以

---

① ［唐］菩提流志译：《大乘伽耶山顶经》，《大正新修大藏经》第14册，489页下。
② ［元魏］菩提流支译：《伽耶山顶经》，《大正新修大藏经》第14册，485页上。
③ 释印顺：《初期大乘佛教之起源与开展》（下），北京：中华书局，2011年，第784页。
④ 朱封鳌：《〈法华经〉眷属经初探》，《闽南佛学院学报》2002年第2期。

发问者的身份出现，所以该经的内容与文殊法门的关系不是特别密切。该经所说的主要内容是阐明"开演三乘，显一乘义"的真实义理，所以与《法华经》的旨趣基本相同，但是它把世间法和出世间法结合起来，从而使"三乘归一"的思想更易于为广大信众所接受。

上述三部与文殊菩萨关系较为密切的经典中，除《文殊师利巡行经》是当时的新译经典外，其他两部都是对已经译出经典的再译。而且三部经典的主要内容也并不相同，其中《文殊师利巡行经》与般若类经典的内容相近，《伽耶山顶经》的内容与瑜伽思想相近，而《大萨遮尼乾子所说经》的内容则与法华思想相接近，这种情形反映了这一时期元魏译经的多样化，也体现了当时流行的佛教思想多元化的特点。而且从相关史料来看，这三部经典对北朝文殊信仰的发展并无特别的作用。与南方一样，当时北朝社会中对文殊菩萨的理解和认识也是围绕《维摩诘经》展开的，而其他文殊类经典则是在《维摩诘经》的基础上进一步发展和丰富了文殊法门的内容，可以看作是《维摩诘经》中所塑造出的文殊形象的一种重要的补充。此外，菩提流支所译的《第一义法胜经》及月婆首那所译的《大宝积经》卷八十八、八十九《摩诃迦叶会》中也提到文殊菩萨名号，但是文殊菩萨在这两部经中并没有参与讨论，仅是以一个与会菩萨的身份出现，故此处笔者不作过多介绍。

2.《维摩诘经》在北方的流传及其影响。虽然北方佛教义学在鸠摩罗什之后，随着刘裕入关及长安僧团流散而趋于沉寂。但是到北魏统治中期，随着拓跋鲜卑汉化程度的不断加深及太武帝灭佛后佛教实现了对北魏政权的妥协，成为北魏统治者维护统治的重要手段。而且由于太武帝灭佛迫使佛教由城市转入乡村，客观上促进了佛教的进一步发展，所以到了北魏孝文帝时期，北魏佛教的具体情形发生了很大的变化，佛教在上层社会及普通民众的传播中表现出了很大的差异。其中在上层社会中，当时统治者及士大夫在信仰佛教时，不仅表现出重功德的特点，更是形成了一种热衷于佛教义理的特点。据《魏书·高祖纪》中称：(孝文帝)"雅好读书，手不释卷。《五经》之义，览之便讲，学不师受，探其精奥。史传百家无不该涉。善谈《庄》《老》，尤精释义。才藻富瞻，好为文章，诗赋铭颂，任兴而作。有大文笔，马上口授，及其成也，不改一字。自太和四年已后，诏册皆帝之文也。自余文章，百有余篇。爱奇好士，情如饥渴。待纳朝贤，随才轻重，常寄以布素之意。悠然玄迈，不以世务婴心。"①从这段引文中可见，孝文帝对汉族传统文殊涉猎广泛，不仅熟悉儒家学说，而且在道家思想及佛教义理方面也有着很深的造诣，常与"名德沙门，谈论往复"②。甚至还曾专门下《帝令诸州僧众安居讲说诏》以提倡讲说之风，其文曰："门下，凭玄归妙，固资真风。餐慧习慈，实钟果智。故三炎检摄道之恒规，九夏温诠法之嘉猷。可敕诸州令此夏安居清众，大州三百人，中州二百人，小州一百人，任其数处讲说。皆僧祇粟供备。若粟少徒寡不充此数者，可令昭玄量减还闻。其各钦旌贤匠，良推叡德，勿使滥浊，惰兹后进。"③上有所好，下必效之。在这种背景之下，佛教义学重新被北方佛教界所重视，一批以"义解"闻名的沙门陆续以各种方式云集平城、洛阳，逐渐使北魏佛教由重视禅行向禅义并重转变，而且受汉化政策的影响，北魏时期讲论之风行于当时的

---

① [北齐]魏收撰:《魏书》,北京:中华书局,1974年,第187页。
② [北齐]魏收撰:《魏书》,北京:中华书局,1974年,第1014页。
③ [唐]道宣:《广弘明集》卷24,《大正藏》第52册,第272页下。

平城及洛阳。如"释僧宗,姓严,本雍州冯翊人。……善《大涅槃》及《胜鬘》《维摩》等,每至讲说,听者近千余。妙辩不穷,应变无尽,而任性放荡,亟越仪法。得意便行,不以为碍。……魏主元宏,遥挹风德,屡致书并请开讲,齐太祖不许外出。宗讲《涅槃》《维摩》《胜鬘》等,近盈百遍。"①"释道登,姓芮,东莞人。……闻徐州有僧药者雅明经论,挟策从之研综《涅槃》《法花》《胜鬘》,后从僧渊学究《成论》。年造知命,誉动魏都。北土宗之,累信征请。……及到洛阳,君臣僧尼莫不宾礼。魏主邀登昆季,策授荣爵。……讲说之盛,四时不辍。"②"释昙度,本姓蔡,江陵人。……后游学京师,备贯众典,《涅槃》《法华》《维摩》《大品》,并探索微隐,思发言外。……魏主元宏闻风餐挹,遣使征请。既达平城,大开讲席。宏致敬下筵,亲管理味。于是停止魏都,法化相续,学徒自远而至,千有余人。"③在这种重视讲论的背景之下,与本书内容密切相关的《维摩诘经》又重新为北方佛教界所重视,成为当时讲论时的必讲经典之一,并涌现出孝文帝、宣武帝、崔光、淮阳王尉元、东阳王苟及道辩、慧顺、僧范、灵询、慧光等一大批推崇《维摩诘经》的僧俗信众。

其中,北魏宣武帝及崔光是《维摩诘经》在北魏宫廷及朝野中流行的重要推动者。北魏宣武帝,讳恪,孝文帝第二子。宣武帝继承了其父孝文帝之遗风,"雅爱经史,尤长释氏之义,每至讲论,连夜忘疲。善风仪,美容貌,临朝渊默,端严若神,有人君之量矣。"④而在

---

① [梁]慧皎撰,汤用彤校注,汤一玄整理:《高僧传》,北京:中华书局,1992年,第328页。
② [唐]道宣:《续高僧传》卷8,《大正新修大藏经》第50册,第379页下。
③ [梁]慧皎撰,汤用彤校注,汤一玄整理:《高僧传》,北京:中华书局,1992年,第304页。
④ [北齐]魏收撰:《魏书》,北京:中华书局,1974年,第215页。

当时流传的众多佛经中，宣武帝对《维摩诘经》给予了特别的关注，永平二年"十有一月甲申，诏禁屠杀含孕，以为永制。己丑，帝于式乾殿为诸僧、朝臣讲《维摩诘经》。"①而在宣武帝的朝臣中崔光也是《维摩诘经》在北魏流传的重要支持者。据《魏书》卷六十七《崔光传》中称："本名孝伯，字长仁，高祖赐名焉，东清河鄃人也。……光年十七，随父徙代。家贫好学，昼耕夜诵，佣书以养父母。太和六年，拜中书博士，转著作郎，与秘书丞李彪参撰国书。"②崔光一生历仕孝文帝、宣武帝、孝明帝三朝。孝文帝曾称赞他说："孝伯之才，浩浩如黄河东注，固今日之文宗也。"③他不仅有着深厚的传统文化修养，而且在佛教义理方面也有着很深的造诣。"（崔光）崇信佛法，礼拜读诵，老而逾甚，终日怡，未尝恚忿。曾于门下省坐读经，有鸽飞集膝前，遂入于怀，缘臂上肩，久之乃去。道俗赞咏诗颂者数十人。每为沙门朝贵请讲《维摩》《十地经》，听者常数百人，即为二经义疏三十余卷。识者知其疏略，以贵重为后坐疑于讲次。"④而且据《十地经论序》《续高僧传》中记载，北魏时期菩提流支在洛阳翻译《十地经论》，崔光曾与僧朗、道湛一起担任该论的笔受工作，并亲自为该论作序。由于其地位很高，而且与北魏皇室接触较为频繁，所以崔光的讲解《维摩诘经》的活动，在一定程度上促进了《维摩诘经》在北魏统治者及上层社会之中的流传。

而正是在这些人的合力推动之下，《维摩诘经》在当时的社会中流行

---

① [北齐]魏收撰：《魏书》，北京：中华书局，1974年，第209页。
② [北齐]魏收撰：《魏书》，北京：中华书局，1974年，第1487页。
③ [北齐]魏收撰：《魏书》，北京：中华书局，1974年，第1487页。
④ [北齐]魏收撰：《魏书》，北京：中华书局，1974年，第1499页。

极为广泛，不仅为上层士人及名僧所关注，也被普通民众熟悉的一部大乘经典。不仅上层统治者及名僧如宣武帝、崔光等人在讲谈中常讲《维摩诘经》的内容，在当时的民间法会中《维摩诘经》也是一部被经常宣讲的经典。与此同时，为了讲解的方便以及便于信众理解，注疏该经便成为一种时代需要，一些《维摩诘经》的注疏便应时而生了。不仅《续高僧传》中有相关记载，如"释道辩，姓田氏，范阳人。……但注《维摩》《胜鬘》《金刚》《般若》《小乘义章》六卷、《大乘义》五十章及《申玄照》等行世。"①"释慧顺，姓崔，齐人侍中崔光之弟也。……时年二十有五，即投（慧）光出家焉。……讲《十地》《地持》《华严》《维摩》，并立疏记。"②而且敦煌文献中也保留了大量关于《维摩诘经》的疏释，其中属于北魏时期有景明元年（500年）二月二十日，悲秋昙兴于定州丰乐寺所撰的《维摩义记》（S.2106）、大统十四年十月五日法鸾等人所撰的《维摩诘经义记》（P.2273）等。随着《维摩诘经》的不断传播以及当时人们对该经理解的不断深入，特别是在北方佛教重宗教行为风气的影响下，人们对该经中所塑造的两个重要角色——维摩诘居士及文殊菩萨形象理解已经不仅仅是局限于清谈或讲论之中，而且对维摩诘和文殊信仰的成分也在不断增加。当时信众对抄写该经以及雕凿与之相关的图像所能获得的功德的祈盼，逐渐超越了其中所体现出的佛教义理，其不仅表现在当时的人们为了治病祈福、获得福报，造写了大量的《维摩诘经》或经疏，而且在西秦炳灵寺石窟中已经出现的维摩、文殊对坐像，这一时期发展、演变成为当时佛教造像中的重要题材，受到了僧俗信众的特别关注。

---

① ［唐］道宣:《续高僧传》卷8,《大正新修大藏经》第50册,第471页下。
② ［唐］道宣:《续高僧传》卷8,《大正新修大藏经》第50册,第484页中。

一方面，维摩文殊像是云冈石窟、龙门石窟、麦积山等由官方开凿的石窟中主要题材，据统计石窟群中，现存北魏时期的洞窟中保留了大量的维摩诘造像。如云冈石窟第1窟、第6窟、第7窟、第11—第16窟、第14窟等洞窟中保留了十余铺维摩变造像；龙门石窟中的古阳洞、宾阳中洞、路洞、慈香洞、六狮洞、莲花洞火烧洞、魏字洞等洞窟中现存的维摩变造像更是多达百余铺；麦积山石窟第133窟、第123窟、第102窟、第127窟、第135窟中也保留了北魏及西魏时期的维摩变造像。因为佛教图像与佛教思想密切相关，所以维摩诘、文殊对坐像在官方主持开凿的石窟中的盛行，其实也是《维摩诘经》思想在上层社会流行的真实写照。另一方面，可能是受石窟中维摩变造像的影响，当时普通民众雕凿的造像碑、造像塔及金铜造像中维摩诘、文殊对坐像也是其表现的主要题材。如太和元年（477年）的阳氏造鎏金铜佛坐像、日本大阪市立所藏的永熙二年（533年）造像碑等中都刻有维摩诘、文殊对坐像，由于这一时期包含此类题材的造像碑、造像塔的数量较大，故笔者在此不做过多的阐释。但是此类题材在民间的流行也反映出《维摩诘经》思想在普通民众中的广泛流传。

虽然从表现形式来看，维摩诘、文殊对坐像有隔门对坐、同龛对坐、同亭对坐等种种样式，但其内容都是以维摩诘与文殊菩萨左右对称出现的形式展开的，表现了《维摩诘经·问疾品》中的内容。在当时清谈之风盛行的背景下，《维摩诘经·问疾品》无可置疑被置于该经的中心位置。众所周知，佛教造像是佛教信仰的一种具体反映，造像不仅是佛教义理传播的媒介，也是佛教在宗教实践的体现。虽然目前学术界普遍《维摩诘经》和维摩诘变的流行与维摩诘信仰有关，是维摩诘信仰兴盛的一种表现，但是我们也应该看到，《维摩诘经》在塑造在家居士维摩诘形象的同时,也反衬出前来问疾的文殊菩萨的智慧超群、辩才无碍,所以仅就佛教义理的角度来看,在《维摩诘经》中,文殊菩萨与维摩诘有着同样的地位。而且就现存的维摩诘经变的构图形式及内容来看,文殊菩萨也与维摩诘居士处于平等的地位,并没有通过图像上的大小、位置上的主从来显示二者的尊卑。所以当时社会各阶层的民众,通过《维摩诘经》及维摩诘变相熟悉、崇拜维摩诘的过程,其实也是了解、认识文殊菩萨的过程。而且北魏时期的维摩诘经变相所表现出的思想并不是一成不变的,通过其与释迦像、法华经图像、净土信仰图像及两种布施本生图像等造像题材的组合,维摩诘变像所宣扬的主题也经历了一个由宣扬大乘、强调菩萨行到表述净土思想的发展过程。而这种变化有些是有经典的依据,而有些则是一种较为随意的组合。不论是哪种情形,都反映了虽然这一时期不同阶段佛教的主流思想不同,主要的信仰也不相同,但是《维摩诘经》变相作为一种重要的佛教艺术题材均被保留下来,并被赋予了不同的内涵。而这一情形对《维摩诘经》信仰,特别是与之关系密切的文殊信仰内涵的扩大做了重要的铺垫。

二、东魏、北齐时期的文殊信仰

众所周知,东魏、北齐时间虽短,但就佛教而言,东魏、北齐时期的佛教继承北魏而继续兴盛。在当时统治者的大力扶持之下,达到了北朝佛教发展的顶点。据佛教史料记载当时北齐,"僧二百万余人,寺出四十千。"[①] "因以国储分为三分:一以供国,一以自用,一供三宝,自

---

① [唐]道宣:《大唐内典录》卷4,《大正新修大藏经》第55册,第270页中。

是彻情归向，通古无伦，大起寺塔，僧尼满于诸州，佛法东流，此焉盛矣。"[1]仅当时的首都邺城就有"大寺略计四千，见住僧尼仅将八万，讲席相距二百有余，在众常听，出过一万，故宇内英杰，咸归厥邦"[2]。这些史料无不反映出当时佛教之兴盛。关于这一时期佛教兴盛的具体原因，学界已从政治、文化等方面进行了讨论，此处不再赘述。而就佛教自身发展而言，虽然由于东魏、北齐时间较短，这一时期的佛教明显表现出一种与对北魏佛教的继承关系，但是这一时期佛教的兴盛，所以在延续北魏佛教传统的同时，又形成了一些体现当时时代内容的特点。就文殊信仰而言，一方面由于当时社会中的义学讲论之风依旧盛行，如《续高僧传》卷六《释真玉传》中所说："齐天保中，文宣皇帝盛弘讲习，海内髦彦咸聚天平。于时义学星罗，跨辀相架。"在此背景之下，人们对文殊菩萨的理解和认识仍是围绕《维摩诘经》展开的。但另一方面随着《华严经》《十地经论》等华严类佛教经典、论书的传播，文殊信仰的内涵及形式也被赋予了新的内容。

1.以《维摩诘经》为中心的文殊信仰的继续发展。北齐时期，延续了元魏佛教重《维摩诘经》之趋势，仅《续高僧传》中所载的慧光、道凭、灵询、僧范、法上等僧人都曾讲习、注疏《维摩诘经》。以对当时及后世都产生过重要影响的地论学派慧光一系为例，我们可以看到在他们的佛学结构中，既有重视《十地经论》《华严经》特点，也有读诵、讲说、注疏《维摩诘经》的经历。如《续高僧传·慧光传》中就称："自此《地论》流传，《命章》开释。《四分》一部草创基兹。

---

[1] [宋]本觉编集，[明]毕熙载校订:《历代编年释氏通鉴》卷5，《大正新修大藏经》第76册，第57页上。

[2] [唐]道宣:《续高僧传》卷10，《大正新修大藏经》第50册，第501页中。

其《华严》《涅槃》《维摩》《十地》《地持》等,并疏其奥旨而弘演导。"①慧光的弟子僧范也曾对《维摩诘经》进行注疏,"讲《华严》《十地》《地持》《维摩》《胜鬘》,各有疏记。"②而慧光的另一位弟子法上,在圆寂之时"赢瘦微笃,设舆坐之,袈裟覆头,弟子抗举,往升山寺,合掌三礼,右绕三周,便还山舍,诵《维摩》、《胜鬘》,卷讫卒于合水故庑,春秋八十有六"③。可见,《维摩诘经》在当时,受到了慧光一系僧人重视。可能正是由于当时很多僧人既重《维摩诘经》又重《法华经》或《华严经》经典,而在这三部经典中文殊菩萨都有着重要的地位,且内部教义也有着一定的联系。所以在当时由于《维摩诘经》的流传,而被佛教界所熟知的文殊菩萨,很自然地在《法华经》或《华严经》逐渐流行之后,仍然作为一位重要的大乘菩萨,受到人们的重视。但是随着不同阶段佛教主流思想的变化,文殊菩萨的形象和内涵也变得更加丰富了。

2.与《华严经》有关的文殊信仰雏形初现。南北朝时期,北方地区研习《华严经》的重要力量,主要是当时所谓的地论学派。地论学派随着《十地经论》的翻译兴起于北魏晚期的洛阳地区,"东魏、北齐时期,随着政治中心的迁徙,地论学中心转移到邺都,经过去数十年积聚,华严经的研习已形成气候"④。众所周知,地论学派由于对《十地经论》中"当常"和"现常"的不同理解,其在产生之初,内部就分为道宠与慧光两派。"初勒那三藏教示三人,房、定二士授其心法,

---

① [唐]道宣:《续高僧传》卷21,《大正新修大藏经》第50册607页下。
② [唐]道宣:《续高僧传》卷8,《大正新修大藏经》第50册483页下。
③ [唐]道宣:《续高僧传》卷8,《大正新修大藏经》第50册485页下。
④ 李静杰:《北朝隋代佛教图像反映的经典思想》,《民族艺术》2008年第2期。

慧光一人偏教法律。菩提三藏惟教于宠,宠在道北教牢、宜四人,光在道南教冯、范十人,故使洛下有南、北二途,当、现两说自斯始也。"由于道宠一系虽在道宠在世时人数很多,但是"他们的思想并没有明确的立场,以至于并没有涌现出多少史上留名的高僧"[1],特别是在摄论宗流行之后,该系逐渐与之融合,所以就慢慢淡出了人们的视野,相关注疏也多不存。故目前学界对地论派的研究主要集中在慧光一系。

慧光法师,俗姓杨,定州卢人,十三岁从佛陀扇多禅师出家,"多受律检"。后曾协助菩提流支、勒那摩提、佛陀扇多翻译《十地经论》,"以素习方言,通其两净。取舍由悟,纲领存焉。自此地论流传,命章开释"[2],从而开启了地论学派南道一系。在慧光的思想体系中,《华严经》占据着主导的地位,《华严经》也是其重要的研习对象,其所撰的"《华严经义记》是慧光在华严学发展方面作出的最大贡献"[3]。该书虽只残存一卷,约六七百字,但我们仍可据此发现慧光通过揭示《华严经》所描述的形象画面的象征意义,提出新概念,并阐释了其宗教哲学思想,从而促使华严学在理论形态上发生了彻底的转变。而在这一过程,慧光对文殊菩萨给予了特别的关注,不仅在十大菩萨中将文殊菩萨排在第一位,称:"文殊为首者,欲明始发于妙实也。"并对文殊菩萨的象征意义进行了阐释,称:"就此菩萨中,初明文殊者,始证真性般若根本妙惠故也。……下品明求说法行。若论缘

---

[1] 李四龙:《经典、地域与思想传统——以六世纪地论师与北方佛教为中心》,《中国高校社会科学》2014年第1期。

[2] [唐]道宣:《续高僧传》卷21,《大正新修大藏经》第50册,第607页下。

[3] 魏道儒:《中国华严经通史》,南京:江苏古籍出版社,2001年,第72页。

起行集次第时,以妙实应于方便故。言文殊说也。既明方便契实故方便德,就是以德熟归本,还应于实故。下《明难品》,文殊显问,诸菩萨答,诸菩萨问,文殊复答者,欲明德熟归本故。"①我们知道,整本《华严经》是在"以普贤类经典统摄文殊类经典的基础上,汇集在古印度各地形成的相关单行经,并进行了系统化整理和改造之后形成的"②。所以在整本《华严经》中,普贤菩萨的地位是高于文殊菩萨的。而慧光在《华严经义记》残卷中将文殊菩萨排在第一位的做法,一方面可能与现存的《华严经义记》残卷属于解释《如来光明觉品》的一部分,而该品的主角和文殊菩萨有关;另一方面,则可能与其重视《维摩诘经》有关。李四龙先生曾指出南北二道除共同推崇《十地经论》外,南道系最重视《华严》《涅槃》《地持》《胜鬘》,爱讲《维摩诘经》,而南北两道的地论师对《法华经》并不重视③。

上文中我们曾多次提到,《维摩诘经》中虽以出家居士维摩诘为中心展开,但是就佛教教义而言,在该经中作为出家众的代表文殊菩萨地位与维摩诘是平等的。南北朝时,虽然不同阶段,佛教的主流思想并不相同,但是由于《维摩诘经》中所塑造的维摩诘居士的形象是南北方士大夫共同的榜样,所以不论佛教思想发生怎样的变化,《维摩诘经》一直是当时流行的重要经典。而随着《维摩诘经》的流行,在维摩诘居士被人们推崇的同时,经中的文殊菩萨也被人们所熟悉和推崇,所以随着《维摩诘经》的流传,不仅维摩诘信仰随之形成,而且

---

① [元魏]慧光:《华严经义记》,《大正新修大藏经》第85册,第234页上。
② 魏道儒:《中国华严经通史》,南京:江苏古籍出版社,2001年,第46—47页。
③ 李四龙:《经典、地域与思想传统——以六世纪地论师与北方佛教为中心》,《中国高校社会科学》2014年第1期。

该经也是早期文殊信仰形成的重要经典。而《法华经》则是一部以宣扬观音信仰为主的经典，该经中除观音菩萨外，也有涉及文殊及普贤菩萨的内容，虽然文殊菩萨在该经中的地位很高，但从《高僧传》中的相关记载来看，该经在南北朝时与普贤信仰有着更为密切的关系。据《高僧传》卷十二《普明传》记载："释普明，姓张，临淄人。少出家，禀性清纯，蔬食布衣，以忏诵为业。诵《法华》《维摩》二经。及诵之时，有别衣别座，未尝秽杂，每诵至《劝发品》，辄见普贤乘象，立在其前。"①同书卷八《慧基传》中也称精研《法华经》的慧基法师，在"会邑龟山立宝林精舍……基尝梦见普贤，因请为和上。及寺成之后，造普贤并六牙白象之形。即于宝林设三七斋忏，士庶鳞集，献奉相仍。"②同书卷七《僧苞传》中称："释僧苞，京兆人，少在关，受学什公。宋永初中游北徐，入黄山精舍。复造静、定二禅师进业。仍于彼建三七普贤斋忏。至第七日，有白鹄飞来，集普贤座前，至中行香毕乃去。……苞尝于路行，见六劫被录。苞为说法，劝念观世音。群劫以临危之际，念念恳切。俄而送吏饮酒洪醉，劫解枷得免焉。"③上述引文中提到的三七普贤忏，也就是后来由天台宗实际创始人智𫖮依据天台教观说，结合南北朝广为流行的礼忏活动，所制作的四大忏法中的《法华三昧忏仪》。该忏仪以普贤菩萨为忏悔主，忏悔时需观想普贤菩萨乘六牙白象，无量眷属围绕之形，并向普贤菩萨发露忏悔。而我们知道天台宗是以《法华经》为宗经而立宗的，由此我们可知中国佛教中普贤菩萨是《法华经》中除观音菩萨外，所推崇的又

---

① ［梁］慧皎撰，汤用彤校注，汤一玄整理：《高僧传》，北京：中华书局，1992年，第464页。
② ［梁］慧皎撰，汤用彤校注，汤一玄整理：《高僧传》，北京：中华书局，1992年，第324页。
③ ［梁］慧皎撰，汤用彤校注，汤一玄整理：《高僧传》，北京：中华书局，1992年，第271—272页。

一位重要的大乘菩萨。

而就地论学派的思想而言，文殊菩萨也有着重要的地位。究其原因，除了受《维摩诘经》的影响之外，也与文殊法门与十地思想的密切关系有关。具体而言，文殊法门在逐渐发展的过程，逐渐将菩萨修学从诸多层面依次划分为十个组织层次，并提出各层面对应，各层次递进的观点，这与华严经中的十地属于同一思想体系。可见，文殊菩萨不仅在信仰层面代表十地菩萨的形象，而且也对"十地"思想本身的阐发也起到了相应的推动作用。而《十地经》就是主要宣扬大乘菩萨十地修学体系的重要经典。所以地论学派是当时研习《华严经》的诸多学派中，重视该经中文殊思想的一个派别。

虽然目前学术界一般认为，地论学派南北两系之间的思想差异很大，但是由于两系僧人们的活动地域不同，就僧团个体及僧人个人而言，其思想也处于一种不断变化的过程中，并不是一成不变的。北齐时期，地论学派由慧光、道宠两系而演化出五个较为重要僧团：即慧光僧团、道宠僧团、法上僧团、慧远僧团、灵裕僧团。这些僧团不论是属于南道系还是北道系，其主要成员的活动范围主要集中于"嵩洛—邺城—长安—并州"一带。这四地中，洛阳是北魏南迁后的首都，邺城是东魏、北齐时期的首都，长安是西魏、北周时期的首都，而并州即晋阳，虽名义上东魏、北齐的陪都，但是由于当时的军国政令皆由所出，故其地位实际超过邺城，是当时东魏、北齐实际上的首都[①]。可见当时地论学派在不同时期、不同地域均依附于当时的政治中心，

---

① 渠传福：《我国古代陪都史上的特殊现象——东魏北齐别都晋阳略论》，《中国古都研究（第四辑）——中国古都学会第四届年会论文集》，1986年，第334页。

与主流社会关系密切①,在当时均有重要的影响。但是这一时期,由于政局变动频繁,所以地论学派的这些僧团所依靠的政治势力也经常发生变化,且其流传的地域也随政局的变动而变化,当政局变动及流传地域发生变化之后,地论学派的佛学思想就有可能发生变化。比如原活动于邺城一带的南道系法上僧团,由于北周武帝灭佛而南渡,在建业遇到真谛的弟子法泰,学习《摄大乘论》《俱舍论》而改为摄论宗。原活动于邺城一带的,慧光一系的道凭——灵裕僧团的一支,隋朝建立之后又迁于长安,"隐修民间,不慕京华",其后学渐成华严宗。而慧光一系的灵询及道宠一系最重要的弟子志念则都曾在并州一带活动,其中志念在并州活动的时间主要集中在隋文帝开皇四年(584年)至隋炀帝继位之初,故此处笔者先对灵询僧团在并州的活动进行探讨。据《续高僧传》中记载,灵询在东魏末曾担任并州僧统,当时并州虽为陪都,但实为高氏家族的重要基地,所以高氏势力应是灵询僧团依靠的重要政治势力。北周灭北齐之后,高氏势力随之消散,灵询僧团的僧人可能也可能流散到并州周围地区,并活动于民间。其中,五台山可能就是他们活动的重要区域。

五台山位于今山西省西北部,作为我国佛教中文殊菩萨的道场,关于佛教与五台山的关系,一直是学术界关注的一个重要问题。佛教传入五台山的时间,虽然目前有"东汉说""东晋说"等多种观点,而目前学界普遍认同"北魏说"。但是我们也发现关于《古清凉传》及《华严经传记》中北魏时期孝文帝在此建寺及宦官刘谦之及沙门灵辨在五台山研习、弘扬《华严经》的记载,都是后世编撰僧史时的一种附

---

① 李四龙:《经典、地域与思想传统——以六世纪地论师与北方佛教中心为例》,《中国高校社会科学》2014年第1期。

会。但究其原因，大致可分为两个方面。

　　一方面与北魏定都平城之后道教的兴盛有着密切的关系。在北魏建都平城的百余年间，由于统治者及上层贵族的支持，道教在北方有了很大的发展，而在道教的神仙信仰观念中，山岳被认为是仙人居所。登山服食修行，则是重要的成仙之道①。五台山："左临恒岳秀出千峰，右接孟津长流一带，北临绝塞遏万里之烟尘，南拥汾阳为大国之艮，背回泊日月蓄洩云龙。虽积雪夏凝而名花万品，寒风劲烈而瑞草千般。"②不仅地势险峻，"层盘秀峙，曲径萦纡"能够为修行者提供一种封闭、安静的现实中修行空间，也能为道教神仙景观提供丰富的想象空间。而且山中："诸药，可百余种，大黄、仁参，寔繁其类也。"③也为修行者提供了大量可服食的药物，故吸引了很多道教的修行者来到此山中服食修仙。如《北史》卷九十八《卢太翼传》中记载："卢太翼，字协昭，河间人也。本名章仇氏。七岁诣学，日诵数千言，州里号曰神童。及长，博综群书，尤善占候、算历之术。隐于白鹿山，徙居林虑山茱萸涧。受业者自远而至，初无所拒，后惮其烦，逃于五台山。地多药物，与弟子数人，庐于山下，以为神仙可致。"④

　　随着道教修行者的进入，五台山逐渐开启了由一座自然界中的山体演变成一座具有灵异特征圣山的进程。唐代慧祥在《古清凉传》中引《仙经》中的有关记载称："五台山，名为紫府，常有紫气，仙人居之。"⑤其中《仙经》一书早已佚失，其具体内容现已无从考证。但是

---

① 魏斌：《"山中"的六朝史》，北京：生活、读书、新知三联书店，2019年，第85页。
② [唐]澄观：《大方广华严经随疏演义钞》，《中华大藏经》第12册，北京：中华书局。
③ [唐]慧祥：《古清凉传》卷1，《大正新修大藏经》第50册，第1100页下。
④ [唐]李延寿：《北史》，北京：中华书局，1974年，第2951页。
⑤ [唐]慧祥：《古清凉传》卷1，《大正新修大藏经》第50册，第1093上。

引文中的"紫府"一词应源自道教，道教中常称神仙所居之处为"紫府"。如《太平广记》卷四十七《李球》中当引者将李球引至："向来洞侧，示以别路曰：'此山道家紫府洞也。'"① 而且《古清凉传》中又引用郦道元《水经注》中的相关记载称：（五台山）"五峦巍然，回出群山之上，故谓五峰。晋永嘉三年（309），雁门郡葰人县百余家避乱入此山，见山人为之步驱而不返。往还之士，时有望其居者，至诣寻访，莫之所在，故人以是山，为仙者之都矣。"②

而另一方面随着道教修行者在五台山活动的展开，佛教信徒也紧随其后进入五台山地区。虽然目前普遍认为《华严经》卷二十九《菩萨住处品》中"东北方有菩萨住处，名清凉山，过去诸菩萨常于中住，彼现有菩萨，名文殊师利，有一万眷属菩萨，常为说法"③的描述，为"岁积坚冰，夏仍飞雪，曾无炎暑"的五台山作为文殊道场提供了理论依据。而且现有文献记载中，仿佛给人造成一种由于《华严经》中的这段记载才会有刘谦之、灵辨等人在五台山中顶礼《华严经》的错觉。而真相却正好与之相反，正是由于研习《华严经》的佛教徒在五台山的活动，才逐渐开启了五台山演变为清凉山的过程。而从当时北方佛教发展的情形来看，最早在五台山中研习《华严经》的僧人与地论学派有着密切的关系。

上文中提到，东魏末年，慧光弟子灵询就曾在并州任僧统一职，"释灵询，姓付氏，渔阳人也。少年入道，学《成实论》并《涅槃经》……后弃小道，崇仰光公。……虽博知群籍，而擅出《维摩》，并

---

① [宋]李昉等编：《太平广记》，北京：中华书局，1991年，第292页。
② [唐]慧祥：《古清凉传》卷1，《大正新修大藏经》第50册，第1092页下。
③ [东晋]《大方广佛华严经》卷29，《大正新修大藏经》第9册，第590页上。

有疏记。至迁京漳邺，游历燕赵，化霑四众，邪正分焉。初为国都，魏末为并州僧统，齐初卒于晋阳。"由于并州在当时虽为陪都，但其在政治、军事上的实际地位却远超邺城，所以灵询在当时佛教界有着重要的地位。而其在东魏末年由邺城来到晋阳，势必会将当时在邺城地区盛行的地论思想带到晋阳，并在其周围形成一个研习《十地经论》的僧团。由于晋阳地近五台山，所以地论学说极有可能随之传入五台山地区。据《古清凉传》中记载，灵询的弟子祥云初随其住于并州，后听闻五台山灵，"乃往居之。后于寺南，见数十余人，皆长丈许，中有一人威陵最盛，直来迎接。顶礼云：'请师行道七日。'云曰：'不审檀越何人？家在何处？'曰：'弟子是此山神，住金刚窟。'于是将云北行，至数里见宫殿园林，并饰以朱碧，云乃居之诵经，其声流亮，响满宫室。诵经讫。神以怀其珍物，奉施于云。云不肯受。神固请纳之。云曰：'患此微生，不得长寿，以修道业。檀越必不遗，愿赐神灵之药。'神曰：'斯亦可耳。'即取药一丸，大如枣许，色如白练，奉之。云受已便服，遂获登仙，还经师所，陈谢而去。"[1]虽然该故事中充满了求仙、修道的成分，但是剔除这些成分之后，可以看出最迟在北齐初期慧光一系地论师们已经开始在五台山中活动了。

而且祥云的故事也从侧面反映出东魏末年、北齐初年的五台山是一座由当地民众的民间信仰（山神）、道教修行者（赐药、登仙）以及佛教修行者共同塑造出的一座神山。而且，可能正是由于当时地论派僧人在晋阳及五台山一带的活动，所以《古清凉传》中才会有："至北齐初年，第三王子，于此求文殊师利，竟不得见，乃于塔前，烧身供

---

[1] [唐]慧祥：《古清凉传》卷1，《大正新修大藏经》第50册，第1095页。

养。"以及"爰及北齐高氏,深弘像教。宇内寺塔,将四十千。此中伽蓝,数过二百。又割八州之税,以供山众衣药之资焉"。虽然这些记载中虚构的成分特别明显,但是如深究其出现的背景,则与地论派僧人有着密切的关系。

而灵询之后,地论学派在并州一带的传承并没有中断,据《续高僧传》中记载,地论学派道宠一系的重要人物志念在隋文帝时期曾长期在并州一带活动,从其学者有数百人。与灵询在晋阳受到高氏家族礼遇的经历相同,志念的活动也受到了当时以晋阳为基地的汉王杨谅的资助。《续高僧传》中称:"隋汉王谅作镇晋阳,班条卫冀,搜选名德,预有弘宣。念与门学四百余人,奉礼西并,将承王供。谅乃于宫城之内,更筑子城,安置灵塔,别造精舍,名为内城寺,引念居之,开义寺是也。劳问殷至,特加尤礼。……仁寿二年(602年),献后背世。有诏追王入辅,王乃集僧曰:'今须法师一人,神解高第者,可共寡人入朝,拟抗论京华,传风道俗。'众皆相顾,未之有对。王曰:'如今所观念法师,堪临此选。'遂与同行,记达京师。禅林创讲,王自为檀越,经营法祀。……王又与念,同还并部,晋阳学众,竚想来仪。王又出教令,于宝基寺开授。方面千里,法座辍音,执卷承旨,相趋阶位。"[1]可见当时汉王杨谅对志念法师之推崇,以及志念法师在并州佛教界地位之高。但是隋文帝死后,由于汉王杨谅举兵反对隋炀帝失败,并州士民因"从乱"而被诛杀、流放者人数众多。当时在晋阳的佛教僧侣也被牵连其中,"官军入郭,搜求逆党。总集诸僧,责供反者。僧等辞曰:'王力严切,不敢违约。'素曰:'有几僧谏王被杀,

---

[1] [唐]道宣:《续高僧传》卷11,《大正新修大藏经》第50册,第590页中。

而云王力严切。此并共反。不劳分疎，可依军法。'"①故志念"乘舋还里"，依附于他的数百弟子也随之流散，虽然目前就目前史料而言，已难以确知志念的弟子中是否有人入于五台山修行、传法，但可以肯定的是地论思想在晋阳一带的传播，并没有因此而中断，而是隐匿于民间继续发展。他们："不断下潜民间，既有可能继续潜心治学，也有可能蜕变为没有任何学术诉求的纯粹信仰。"②由于晋阳是当时山西的政治中心，故在此地流行的地论学说极有可能传入五台山地区。虽然地论两派的由于对佛性始起和本有的看法不同，争议很大。但是重视《十地经论》、重视《华严经》是他们的共同特点。而正是由于地论学派僧人长期在并州一带研习《华严经》的活动，才使五台山逐渐与《华严经》、与文殊菩萨产生了联系，并围绕五台山形成了一个研习《华严经》的文化圈，为五台山作为文殊道场身份的获得提供了重要契机。综上所述，虽然北齐时期人们对文殊菩萨的认识仍主要是以《维摩诘经》为中心展开的，但是随着北魏晚期《十地经论》的翻译而形成的地论学派的出现，特别是活跃在并州一带的地论僧人研习《十地经论》及《华严经》的活动，为隋唐之际盛行的五台山文殊信仰做了早期的铺垫。

三、西魏、北周的文殊信仰

西魏、北周是以宇文氏为主建立的政权，虽然与东魏、北齐相似，二者存在时间也较短，但是由于当时的大多数统治者都特别重视

---

① [唐]道宣：《续高僧传》卷24，《大正新修大藏经》，第50册，第641页上。
② 李四龙：《经典、地域与思想传统——以六世纪地论师与北方佛教中心为例》，《中国高校社会科学》2014年第1期。

佛教，所以佛教在短时间也曾达到过一个发展的高潮。据《续高僧传》中《菩提流支传》记载："时西魏文帝大统中，丞相宇文黑泰，兴隆释教，崇重大乘。虽摄总万机，而恒扬三宝。第内常供百法师，寻讨经论，讲摩诃衍。又令沙门昙显等，依大乘经，撰《菩萨藏众经要》及《百二十法门》。始从佛性，终于融门。每日开讲，即恒述以代先旧。虽山东江表乃称学海，仪表有归，未能踰矣。"①而且与东魏、北齐相比，西魏、北周文化中更多的延续了北魏时期汉化的趋势，在其文化政策中表现出对儒家传统文化的高度重视。所以北周帝王在重视佛教的同时，也表现出一种对儒佛兼通的提倡。如《周书》卷三十五《薛善传》中所附《薛慎传》中记载："太祖于行台置学，取丞郎及府佐德行明敏者充生。悉令旦理公务，晚就讲习，先《六经》，后子史。又于诸生中简德行淳懿者，侍太祖读书。慎与李琛及陇西李伯良……等十二人，并应其选。又以慎为学师，以知诸生课业。太祖雅好谈论，并简名僧深识玄宗者一百人，于第内讲说。又命慎等十二人兼学佛义，使内外俱通。由是四方竞为大乘之学。"②

《维摩诘经》中所塑造的在家修行、而不必剃发离家维摩诘居士的形象，对调和士大夫阶层的个人信仰与社会价值的矛盾，帮助士大夫摆脱佛教出世观与儒家所提倡修齐治平及忠、孝思想的两难抉择有着重要的意义。所以当时西魏、北周时期，《维摩诘经》仍是当时社会中所关注的一部重要经典，如敦煌文献S.2732《维摩经义记》卷四题记就记载了当时僧人在北周柱国大将军大都督同州刺史段永的斋会上中宣讲《维摩诘经》的情形。题记中称："龙华二儒共校定，更比字一校

---

① [唐]道宣：《续高僧传》卷1，《大正新修大藏经》，第50册，第429页中。
② [唐]令狐德芬等撰：《周书》北京：中华书局，1971年，第625页。

也。大统五年（539年）四月十二日比丘惠能写题记流通。保定二年（562年）岁次壬午于尔锦公斋上榆树下大德僧雅讲《维摩经》一遍。"而且周武帝在《周高祖巡邺除殄佛法有前僧任道林请开法事》中也用《维摩诘经》中的相关内容来调和出家与在家之间的矛盾："大士怀道，要由妙解。至人高达，贵其不执。融心与法性齐宽，肆意共虚空同量。万物无不是善，美恶何有非道？是则居酒卧肉之中，宁能有罪？带妇怀儿而游，岂言生过？故使太子取妇得道，周陀以舍妻沈沦，净名以处俗高达，身子以出家愚执。是故善者未可成善，恶者何足言恶，禁酒断肉之奇，殊乖大道。"①周高祖在文中也称："是知帝王即是如来，宜停丈六。王公即是菩萨，省事文殊。耆年可为上座，不用宾头。"②虽然这段引文是周武帝宇文邕是在其与还俗僧侣任道林就灭佛之事发生激烈争论时所说的，但是文中将文殊作为菩萨的代表，这一观点的来源可能也与《维摩诘经》中的相关内容有关。而且从敦煌藏经洞这一时期的题记来看，当时随着《维摩诘经》的流传，民间也逐渐形成了抄写《维摩诘经》以祈福之势。

因此，维摩诘、文殊对坐像也常见于麦积山石窟及关中地区的造像碑中，是北周时期佛教造像的重要题材，而且其风格样式及组合形式与北魏、东魏相比变化不大。可见，虽然长安也是当时研习华严学的重要中心，但是当时人们对文殊菩萨的认识仍主要是围绕《维摩诘经》展开的。但是随着《华严经》的流传，《华严经》中关于文殊菩萨形象的影响在当时也开始显现出来。如"讨据《华严》，以致明道"③

---

① [唐]道宣：《广弘明集》卷29，《大正新修大藏经》第52册，第155页下—156页上。
② [唐]道宣：《广弘明集》卷29，《大正新修大藏经》第52册，第154页下。
③ [唐]道宣：《续高僧传》卷17，《大正新修大藏经》第50册，第561页上。

的僧人慧命在其所著的《详玄赋》中就引用了善财童子五十三参的故事，称："慕善财于南国，历多城而进解，访众师而遣惑。使承命于文殊，终归宗于妙德。"①而且随着地论派僧人在五台山研习《华严经》活动的深入，文殊菩萨显化五台山的传说可能在北齐、北周之际已经开始逐渐形成。故《古清凉传》中引《别传》所记载："文殊师利，周宇文时，化作梵僧，而来此土云。访圣迹，欲诣清凉山，文殊师利住处。于时，智猛法师，乃问其事，才伸启请。俄失梵僧，此似晓励群蒙，令生渴仰，若笃信神通者，岂远乎哉？"②当然此时该传说的流传范围可能只局限于五台山一带，尚未被佛教界广泛接受。

综上所述，南北朝时期人们对文殊菩萨的理解和认识，主流仍是在延续东汉以来以《维摩诘经》为中心展开的一种般若智慧型文殊信仰，但由于当时《华严经》《十地经论》等经典的流传又为一种新的文殊信仰形态，即与《华严经》关系密切的五台山文殊信仰的形成作了铺垫。我们也注意到，虽然南北朝时期是中国佛教发展的第一个高潮，由于统治者的支持，南北双方的佛教都有了很大的发展，出家人数也迅猛增长。而随着佛教在社会各个阶层中的传播，佛教的宗教性也越来越明显。但是与观音信仰、净土信仰崇尚等"他力"解脱的菩萨信仰不同，这一时期的文殊信仰的主流属于一种通过"自力"解脱的信仰，需要信仰者对佛教义理有较为深入的理解，所以当时的普通民众虽然已经通过各种材质的文殊造像及各类文殊类经典接触到了文殊菩萨，但是能够深入理解文殊法门特点的群体仍是主要集中于上层社会的士人及义学沙门中，而文殊信仰仍然缺乏在普通民众中流行的

---

① [唐]道宣：《广弘明集》卷29，《大正新修大藏经》第52册，第335页中。
② [唐]慧祥：《古清凉传》卷下，《大正新修大藏经》卷51册，第1096页下。

条件。综合日本学者佐藤智水先生的《北朝造像铭考》[①]以及侯旭东先生的《五、六世北方民众佛教信仰：以造像记为中心的考察》中的相关内容，我们可以看出南北朝时期的具有救苦救难、净土解脱功能的观音信仰、净土信仰、弥勒是当时民众所崇信的主要对象，而文殊菩萨仍是一位主要流行于上层士人及名僧中的大乘佛教智慧的象征，其在相关经典中表现出重第一义谛的思想以及与之相关的智慧解脱对普通民众中而言不仅难以理解，而且远没有念诵观音名号所获福报来得实际而且迅速，所以对文殊菩萨的理解和认识，仍是当时士人及义学沙门精神解脱的重要内容而在普通民众中仍缺少信仰的基础。这一局面，直到隋唐时期才逐渐发生了变化。

[①] 刘俊文主编：《日本中青年学者论中国史》（六朝隋唐卷），上海：上海古籍出版社，1995年，第56—115页。

第五章　隋代的文殊信仰

隋朝是在延续北周的基础上产生的一个政权。与北周、北齐相同，隋朝立国时间很短，从隋开皇元年（581年）到618年隋炀帝于江都（今江苏扬州）被杀，仅仅经历了三十八年。然而，在这短短几十年的时间里，隋朝结束了魏晋南北朝以来的分裂局面，使我国南北两地重新统一。随着统一政权的重建，南、北方的佛教也随之融合，禅、慧合一的趋势表现得更为明显。而且由于当时统治者的重视，隋代佛教有了很大的发展，"民间佛经多于六经数十百倍"①。据《释迦方志》中记载，仅隋文帝在位的二十年间，"度僧尼二十三万人，立寺三千七百九十二所，写经四十六藏，十三万二千八十六卷，治故经三千八百五十三部，造像十万六千五百八十躯"②。虽然这一数字的真实性现已难以确知，但是隋代文帝、炀帝两朝，对佛教的扶持，用功之巨却是有目共睹的。而且当时佛教也有了创造性的发展，文帝、炀帝两朝都致力寻求义学精英，当时的关中复变为佛教中心，各方名德互

---

① [唐]魏征等撰：《隋书》，北京：中华书局，1973年，第1099页。
② 《释迦方志》卷2，《大正新修大藏经》第51册，第974页下。

相辩论,促进了佛教义学的发展,南北佛理至此渐相融合。[1]并最终由南北朝时期的各类师说发展出了大型的宗派,开启了极具中国化特色佛教的新阶段,为唐代佛教的兴盛做了铺垫。

在佛教义学发展的同时,佛教信仰也有了进一步的发展。究其原因,隋文帝杨坚帝位的获得与传统的封建礼教相悖,故其为谋取帝位,并在即位之初为了获得舆论上的支持,而大力提倡谶纬。《隋书·律历志气》中就称:"时高祖作辅,方行禅代之事,欲以符命曜于天下。道士张宾,揣知上意,自云玄相,洞晓星历,因盛言有代谢之征又称上仪表非人臣相。由是大被知遇,恒在幕府。"[2]在此背景之中,隋文帝不仅重视儒家传统的谶纬符命,而且由于当时佛教的兴盛,信众众多,为争取人心,故隋文帝也将谶纬与佛教结合,发展出佛教类谶纬。如《隋书》卷六十九《王劭传》中称:"劭于是采民间歌谣,引图书谶纬,依约符命,捃摭佛经,撰为《皇朝感应志》,合三十卷,奏之,上令宣示天下。劭集诸州朝集使,洗手焚香,闭目而读之,曲折其声,有如歌咏。经涉旬朔,遍而后罢。上益喜,赏赐优洽。"[3]《续高僧传》卷二《达摩笈多传》中也称:"时有秀才儒林郎侯白,奉敕撰《旌异传》一部二十卷,多叙感应,即事亟涉,弘演释门者。……又有晋府祭酒徐同卿,撰《通命论》两卷,卿以文学之富,镜达玄儒等教。亦明三世因果,但文言隐密,先贤之所未辩,故引经史正文,会通运命,归于因果。意在显发儒宗,助佛宣教,导达群品,咸奔一

---

[1] 汤用彤:《隋唐佛教史稿》,武汉:武汉大学出版社,2008年,第6页。
[2] [唐]魏征等撰:《隋书》,北京:中华书局,1973年,第420页。
[3] [唐]魏征等撰:《隋书》,北京:中华书局,1973年,第1068页。

趣。"①《续高僧传》卷二《彦琮传》中称:"有王舍城沙门,远来谒帝,……将还本国,请《舍利瑞图经》及《国家祥瑞录》。敕又令琮翻隋为梵,合成十卷,赐诸西域。"②虽上述这些谶纬类书籍已经佚失,具体内容也不得而知。但据笔者推测,其中《舍利瑞应图经》的内容可能就是隋文帝仁寿年间"下敕率之内,普建灵塔,前后诸州,一百一十所,皆送舍利"③的过程中,各地出现的大量祥瑞的记录,如法楷送舍利于曹州时"午时现双树之形,下列七佛。申时双树又见一佛二菩萨像三花承足。又见天人擎花在空,黄狮子"④"并州于旧无量寿寺起塔,舍利初在道场,大众礼拜,重患者便得除。起塔之旦云雾昼昏,至于以后,日乃朗照。五色云夹之,舍利将入函,放光将入函,放光或一尺或五寸。有无量天神,各持香花幢幡、宝盖,遍覆州城"⑤等。虽然这些祥瑞在当时被认为是上天因隋文帝为政有德、统治有方而现之感应,故受到极大的重视,被汇集成册。而随着这些祥瑞在全国的宣扬,也促进了佛教在全国民众中的流传。

由于隋代佛教上述的特点,所以此处笔者在讨论关于这一时期的文殊信仰时,也拟从义理和宗教实践活动两个方面展开论述。隋代关于文殊菩萨相关的义理大致可以分为两部分,一部分是随着新的文殊类经典的翻译,与文殊菩萨相关的新的义理传入了中国;另一部分则是对已有文殊类经典义理的探究。而宗教实践活动也大致可分为围绕《维摩诘经》所展开的实践活动及与《华严经》有关的宗教活动两种。

---

① [唐]道宣:《续高僧传》卷2,《大正新修大藏经》第50册,第436页上。
② [唐]道宣:《续高僧传》卷2,《大正新修大藏经》第50册,第438页上。
③ [唐]道宣:《续高僧传》卷12,《大正新修大藏经》第50册,第517页下。
④ [唐]道宣:《续高僧传》卷26,《大正新修大藏经》第50册,第675页下。
⑤ [唐]道宣:《广弘明集》卷17,《大正新修大藏经》第52册,第215页上。

第一节 隋代译经及中土撰述中所示的文殊法门的特点

一、隋代新译文殊类经典中所展现出的文殊法门的特点。佛经翻译是隋代佛教复兴的主要内容之一,《续高僧传》卷二十六《道密传》中就称:"隋运兴法,翻译为初。"①所以隋代立国时间虽短,但对佛经翻译工作特别重视。从开皇二年(582年)到隋末,先后有昙法智、毗尼多流支、那连提黎耶舍、阇那崛多等人都曾先后在长安或洛阳建立译场,翻译佛经,前后共译经五十九部,二百六十二卷。其中,属于新译文殊类经典只有阇那崛多所译的《商主天子所问经》一卷。该经是唐菩提流志所译的《大宝积经》卷八十六、八十七《大神变会》(二卷)的一部分。经中商主天子称:"今此众中有诸天子,文殊师利童真菩萨法王之子久成熟者,是等若闻文殊师利童真菩萨智辩才已,当发阿耨多罗三藐三菩提心!发是心已,于佛法中得不退转。"②是故,商主天子请文殊菩萨说法。文殊菩萨代佛阐发佛教要义,而此要义则是通过分析菩萨摩诃萨的诸种智慧以及修菩萨行的种种方法而揭示出来的。经中商主天子问文殊师利:"以何因缘名为菩萨?"文殊菩萨答曰:"天子!于菩提分住持入故,故名菩萨。"而诸菩萨之所以能得大解脱,因为是有大智慧,这些智慧虽有多种,但其核心主要是般若智慧。而且经中认为菩萨能得解脱,还与其行诸种菩萨行有着密切的关系。此外,经中也提到涅槃平等的思想,可见该经形成的时间应该比较晚。

---

① [唐]道宣:《续高僧传》卷26,《大正新修大藏经》第50册,第667页中。
② [隋]阇那崛多译:《商主天子所问经》,《大正新修大藏经》第15册,第119页上。

此外，那连提耶舍所译的《力庄严三昧经》、阇那崛多所译的《越上女经》及达摩笈多所译《药师如来本愿经》中也都有部分内容与文殊菩萨有关，因为在这三部经中文殊菩萨不占据主导地位，仅为法会的参与者或启问者，三经的内容与文殊法门思想关系不是很大，故此处关于三部经中与文殊菩萨有关的内容不做过多的介绍。但是需要指出的是，隋代文殊类经典中，文殊菩萨有时被翻译为"曼殊室利"。"曼殊室利"是我国佛经翻译史上"新译"时期常用的一个关于文殊菩萨的音译名称。与"文殊师利"相比，"曼殊室利"一词不仅在发音上与梵文"manju"相近，而且"曼"字在古汉语中有"柔美，细腻"之意，如《淮南子·氾论》中有"裘不可以藏者，非能具绨绵曼帛温暖于身也"的记载，而该词的这一含义也与梵文"manju"一词的所含之意相似。虽然"曼殊"一词很早就出现在佛经中，东汉支娄迦谶所译的《道行般若经》中就有"曼殊颜花""摩诃曼殊颜华"的记载，但是直到隋代阇那崛多三藏所译经典中，"曼殊"才作为文殊菩萨梵文名称中"manju"一词的音译被首次使用。唐代，玄奘、义净等人在译经时，继续沿用了文殊菩萨的这一音译名称，而在玄奘、窥基等人的眼中，曼殊室利是文殊菩萨最为准确的音译名称。故佛教音韵学家家慧琳在《一切经音义》中称："经中或作满濡，或作文殊师利，或言曼殊尸利，译云妙德；或言敬首，《旧维摩经》云：'汉言濡首'，《放光经》作：'哀雅咸'，皆讹也。正言曼殊室利，此云妙吉祥。"[1]可见较文殊菩萨的其他音译名称而言，"曼殊室利"一词的发音与文殊菩萨的梵语名称最为接近。

---

[1] [唐]慧琳:《一切经音义》卷9,《大正新修大藏经》卷54,第358页下。

而且达摩笈多所译《药师如来本愿经》的内容也值得我们重视。方广锠先生在《国图敦煌遗书〈药师琉璃光如来本愿功德经〉叙录》中称："佛教药师信仰起源于中国。最早的药师经典为南朝宋秣陵鹿野寺比丘慧简所撰。梁僧祐判其为伪经。……该经后流传到印度，翻译成梵文。该梵本于隋代倒传回中国，由天竺三藏达摩笈多译出，名《药师如来本愿经》，一卷。"[①]该经是一部伪经，以世尊因文殊菩萨之请而宣说该经的形式展开："《药师如来本愿经》者，致福消灾之要法也。曼殊以慈悲之力请说尊号。"这种情节的安排一方面可能是编撰者沿用其他经典的表现形式，但是另一方面也可能是由于该经在编撰时可能曾参照了《维摩诘经》中的阿閦佛净土信仰、疾病观等部分内容，所以文殊菩萨能够出现于该经中，可能是受到了《维摩诘经》流传的影响。

二、对已有文殊类经典义理的探究。关于这一时期文殊信仰的特点，古正美教授在《从天王传统到佛王传统——中国中世佛教治国意识形态研究》一书中称："从北齐到隋代，无论是官方还是私人的五台山文殊信仰，都与《华严经》的信仰有着密切的关系。"[②]而且这两个时期都有帝王使用与《华严经》佛王传统有关的文殊菩萨的另一种身份——月光童子信仰治国[③]。古正美教授的这一说法虽然极具启发性，但是就实际情况而言，当时中国佛教界对《华严经》的理解，尚处于接受和认识的阶段，虽然《华严经》已经为佛教界所接受，并受到较

[①] 方广锠:国图敦煌遗书〈药师琉璃光如来本愿功德经〉叙录》,《敦煌研究》2012年第3期。

[②] 古正美:《从天王传统到佛王传统——中国中世佛教治国意识形态研究》,台北:商周出版社,2003年,第381页。

[③] 古正美:《从天王传统到佛王传统——中国中世佛教治国意识形态研究》,台北:商周出版社,2003年,第183页。

为普遍的推崇，但是该经对当时政治活动及文殊信仰的影响尚处于逐渐形成的过程中，并未取得后世那样的重要地位，所以此处笔者对古教授的上述观点持保留态度。

笔者以为，这一时期人们对文殊菩萨的认识，仍然主要是围绕着《维摩诘经》展开的，当时僧人延续了南北朝时期重视《维摩诘经》的风气，不仅出现了很多关于该经的注疏：如当时著名的净影慧远曾撰《维摩义记》六卷、灵裕法师曾撰《维摩疏》二卷、智𫖮法师曾撰《维摩经玄疏》六卷及《维摩经文疏》二十八卷、吉藏法师曾撰《净名玄疏》八卷及《维摩经义疏》六卷等。而且很多义学沙门也将《维摩诘经》作为一种保留经目，在僧讲及俗讲活动中经常讲说。如《续高僧传》卷九《智脱传》中记载："及献后既崩，福事宏显。乃召日严英达五十许人。承明内殿，连时行道，寻又下令讲《净名经》，储后亲临，时为盛集。"① 可见在为独孤皇后追福的法会上也讲《维摩诘经》。而对大量的《维摩诘经》的诠释、阐扬、讲说活动，也丰富并推动了与此经相关的信仰的发展。此外，随着《华严经》及《法华经》相关经典的传播，当时人们对文殊菩萨的认识也开始突破了《维摩诘经》的范围，使文殊法门的内容进一步丰富。如《隋炀帝于天台山𫖮禅师所受菩萨戒文》中自称："弟子基承积善，生长皇家。庭训早趋，殆教夙渐。福履攸臻，妙机顿悟。耻崎岖小径，希优游于大乘。笑息止于化城，誓舟航于彼岸。开士万行，戒善为先。菩萨十受，专持最上。喻立宫室，先必基趾。徒架虚空，终不能成。孔老释门，咸资镕铸。不有仪轨，孰将安仰。诚复能仁，奉为和上。文殊冥作阇梨。而必藉人

---

① [唐]道宣：《续高僧传》卷9，《大正新修大藏经》第50册，第499页上。

师，显传圣授。自近之远，感而遂通，波仑罄髓于无竭，善财亡身于法界。经有明文，非徒臆说，深信佛语，幸遵时导。"①该戒文是隋炀帝杨广随智𫖮受菩萨戒时亲自撰写的戒文，文中隋炀帝以文殊菩萨作为阿阇梨。阿阇梨又称轨范师，"是能教弟子法式之义"②。可见文殊菩萨在此处被赋予阿阇梨的身份，而文殊此身份的获得可能与其在《华严经》中指导善财童子五十三参的内容有关。

第二节　隋代文殊信仰的实践活动

佛教实践活动的展开与佛教义理的发展的有着密切的关系，隋代文殊信仰的实践活动也是围绕着《维摩诘经》和《华严经》两部经典展开的。其中与《维摩诘经》有关的文殊信仰活动的开展，大致与魏晋南北朝时期相同，主要表现在以《问疾品》为中心的维摩诘经变的大量雕凿活动。据赵声良先生在《敦煌隋朝经变画艺术》一文中统计，敦煌莫高窟现存隋代洞窟中共有经变画30铺，其中维摩诘经变就有11铺，这些维摩诘经变主要表现的就是文殊问疾品③。以莫高窟第420窟中的维摩诘经变为例，我们可以看到与北朝时期相比，隋代维摩诘经变中所表现的维摩示疾、文殊来问场景的内容更加丰富。该幅维摩诘经变位于莫高窟420窟西壁佛龛两侧的上部，画面以对称的形式展开。其中维摩诘像位于佛龛的北侧，在一处歇山顶殿堂建筑中，维摩

---

① [唐]道宣：《广弘明集》卷27，《大正新修大藏经》第52册，第305页下。
② [唐]义净：《南海寄归内法传》卷3，《大正新修大藏经》第54册，第219页上。
③ 贺世哲：《敦煌莫高窟壁画中的维摩诘经变》，《敦煌研究》1982年第2期。

诘居士凭几而坐，周围听法的比丘密密麻麻地围绕在其身旁，甚至在维摩诘身后的窗户及殿堂外的台阶处也挤满了听法的僧众。文殊菩萨像则位于佛龛南侧的一处歇山顶殿堂建筑中，文殊菩萨举手作谈论状，身边也围满了听法的比丘及菩萨。笔者以为，以"问疾品"为中心的维摩诘变相的出现及内容的不断丰富，其样式及部分内容为唐代受《法华经》特别是《华严经》影响而出现的文殊、普贤像所借鉴。

此外，随着《华严经》的流传，与之相关的文殊信仰活动也随之展开。由于北齐时期地论师在五台山中活动的影响，隋代五台山逐渐发展成一处重要佛教中心。如隋代五台县昭果寺的解脱禅师，曾多次入五台山巡礼，顶礼文殊菩萨，后又常住五台山佛光寺，故其对当时五台山佛教的情形较为熟悉。据《续高僧传》卷二十《解脱传》中记载"在山学者来往七八百人"，由此可见隋代五台山中已经集中了大量僧人在此修行，故《古清凉传》中称"然承近古以来，游此山者多矣"。而吸引僧人在此修行的重要原因，就是山中的种种灵瑞及特别是文殊菩萨在此显化的传说。成书于唐初的《续高僧传》《古清凉传》中就有很多关于隋代僧俗信众在五台山中活动的记载：

释明曜，……住昭果寺，常诵《法华》，读《华严经》，每作佛光等观。曾同与解脱，俱至大孚寺，祈请文殊师利，至花园北，见一沙门，容服非常，徐行前进。又至东边佛堂，将欲东趣。曜时惊喜交集，肘步而前，来至数尺，遂无所睹，悲叹久之，与脱俱返。

释昙韵，不详氏族，高阳人，初厌世出家，诵《法华经》有余两卷。时年十九，仍投恒岳侧蒲吾山，就彼虚静，讫此经部。值栖隐禅师曰："诵经非不道缘，常诵未即至要，要在观心离念，方契正道耳。"韵初承此告，谨即受而行之，专精念慧，深具举舍。又闻五台山即《华严经》清凉山也。世传文殊师利常所住处。古来诸僧多入祈请，有感见者，具蒙示教。……遂举足栖焉。遍游台岳，备见灵相。初停北台木瓜寺二十余岁，单身吊影，处以瓦窑，形覆弊衣，地布草褥。食惟一受，味不兼余。然此山寒厉林生涧谷，自外峰岭，坦然迥净，韵夜行昼坐，思略昏情，庆其晚逢也。

释僧明者，不知何人。在五台山娑婆古寺，所营屋宇二十余间。守一切经，禅诵为业。自云，年十七时从师上五台，东礼花林山，访文殊师利，至一石谷，渐深见有石臼、木杵，又见两人，形大无影，眉长披发，眼睑上掩。师便顶礼请救，其人曰："汝谷臭小远从何来？"答："昭果寺僧，习禅乐道，隐在娑婆已数十年。然食五谷，愿真人救苦。"报曰："待共众议。"须臾更一人来，长大、著树皮衣，云：汝来已久，可遂至我寺。行大石侧，忽见山谷异常，廊院周绕，状若天宫。有十四五人同坐笑谈，问所来方，言议久之，送出后重寻失路，还旧业定，以贞观十六年卒，八十一矣，今娑婆寺二砖塔存。

释法空者，不知何人，隋末任雁门郡府鹰击郎将，时年四十，欻自生厌离，见复子家宅，如牢狱桎梏，志慕佛法情无已，已总召家属曰："吾为尔沈日久矣，旦夕区区，止是供给，可各自取计，吾自决矣。"便裹粮负襆独诣台山，饥则餐松皮柏末，寒则入穴苦覆，专思经中要偈，亦无所参问。时贼寇交起，追击攸归……志逾慷慨，跏坐不动不食不息已经五日，守令以下莫不鹫愕，因放任其所往，一坐三十余载，禽兽以为亲邻。妻子寻获，欲至粮粒，空曰："吾厌俗为道，以解脱为先，自今以往愿为善知识，非尔缠吾何解之？更不须相见。"于是前遂绝。幽居日久，每有清声，召曰空禅，如是非一。空知是自心境界以法遣之，后遂安静。初学九次，以禅用乃明，终为对碍，遂学大乘离相。有从学者，并以此诲之，不知所终。

隋并州人高守节，家代信奉，而守节尤深。最为精恳。到年十六、七时，曾游代郡，道遇沙门，年可五六十，自称海云。与之谈叙，因谓曰："儿能诵经否？"答曰："诚其本心。"云即将向台山，至一住处，见三草屋，才可容身，乃于中止，教诵《法华经》，在外乞求，给其衣食。节屡见胡僧来至，与师言笑，终日归去。后云辄问："识向胡僧否？"曰："不识。"云貌似戏言曰："是文殊师利菩萨。"节虽频承此告，未晤其旨。后忽使节下山，就村取物，仍诫之曰："夫女人者，众恶之本，坏菩提道，破涅槃城，汝向人间，宜其深慎。"节敬诺，受教下山，中路见一女人，年十四五，衣服鲜华，姿容雅丽，乘一白马，直趣其前叩首。向节曰："身有急患，要须下乘。马好跳跃，制不自由，希君扶接，济此微命。"节遂念师言，竟不回顾。女亦追寻数里，苦切其辞，节执志如初，俄而致失。既还本处，具陈其事。师曰："汝真丈夫矣。虽然，此是文殊菩萨，汝尚不悟。"犹谓戏言。然于此诵经，凡历三载。《法华》一部，甚得精熟。后闻长安度人，心希剃落。晨昏方便，谘师欲去。师曰："汝诵得《法华经》，大乘种子，今已成就，汝必欲去，当询好师，此之一别。难重相见，汝京内可于禅定道场，依止卧伦禅师。"节入京求度，不遂其心，乃往伦所。伦曰："汝从何来。"答曰："从五台山来，和尚遣与师为弟子。"伦曰："和尚名谁？"答曰："海云。"伦大惊叹曰："五台山者，文殊所居。海云比丘，即是《华严经》中善财童子祈礼第三大善知识，汝何以弃此圣人，千劫万劫，无由一遇，何其误也。"节乃悟由来，恨不碎其身骨，而愚情眷眷，由希再睹。遂辞伦返迹，日夜奔驰，及至故处，都无所见。

从上述记载中我们可以看出，佛教传入五台山之初，由于进山修行的僧人数量较少，力量也较为有限，故早期僧人居住条件较为简陋，多居于草屋、岩穴之中，故《古清凉传》中多有僧人出入洞穴的传说。隋代随着进入五台山中修行的僧人数量的增加，相应的僧团开始出现，所以僧人在五台山中的起居、生活等问题逐渐凸显，佛教的寺院建筑也就逐渐增多，但此时山中的寺院处于初创阶段，由于条件的限制，规模较小，设施也比较简陋，穴居或建草屋自居的僧人仍占很大的比例。而僧人在五台山中的修行活动，除诵经、禅定外，也受到了山中道教修行者的影响，僧人辟谷、服食"长松"等所谓仙药等记载也在《古清凉传》中多次出现，构成了一幅僧人与神仙共处的场景，五台山佛教仍处于初创时期。但与东魏、北齐相比有了较大的发展，五台山中原有的山神信仰，已经为道教神仙所取代。而且随着《华严经》的传播，文殊菩萨在五台山中显化的传说也开始流传，很多僧人巡礼五台山的目的就是为了顶礼文殊菩萨，五台山中一些自然现象也开始被赋予神秘的色彩。

此外，虽然《广清凉传》"释法珍"条中称开皇十八年（598年）"隋帝梦五台山华严寺法珍大师院有摩尼宝珠二十颗，敕遣黄门侍郎郭，驰骅求取珠。法珍院供养库中，果得宝珠，尽符圣梦，乃造七宝函盛之进献，自余珠宝，有百千种，凡五斗余，有诏复送台山，仍以珊瑚树一株并归山，供养文殊大圣"。而《清凉山志》中更是称隋文帝在五台山之五顶分别供奉聪明文殊像、智慧文殊像、狮子文殊像、无垢文殊像、孺童文殊像。但是这些记载并不见于唐初慧祥的《古清凉传》中，可能是随着文殊信仰的兴盛而出现的一种附会，故此处笔者对这些持保留态度。但是据相关史料我们也能推测隋文帝、炀帝可能通过与五台山有关的僧人已经知道了五台山灵异的存在。当时与隋皇室关系密切僧侣中彦琮、昙迁、慧瓒都直接或间接与五台山发生过联系。据《续高僧传》中记载，彦琮法师的"本师为五台山沙门道最"，昙迁法师更是亲自与其师昙静法师巡礼五台山，慧瓒禅师曾在五台山附近的雁门川中兰若为业，从其学者就有来自五台山中的僧人。这些与隋朝皇室关系密切的僧人，在长安进行佛教活动时，很有可能将关于五台山消息带到长安地区。可能是随着五台山影响力的扩大，所以隋炀帝大业初年就将五台山所在之驴夷县改为五台县，《隋书》卷三十《地理志》中称："五台，旧曰虑虒，久废。后魏置，曰驴夷。大业初改焉。"[①]从现存史料来看，隋朝建立初，地方行政区划曾发生过较大法的变化。隋文帝开皇三年（583年）废郡，开皇九年（589年）析置州县，隋炀帝大业三年（607年）并省，该州为郡。而在这一过程中，以依山设县的情况多有发生。如眉山郡因有峨眉山的存在，于开皇十三年（593年）设峨眉县；梁郡因有砀山的存在，于开皇十八年（598年）设砀山县。这些以山命名的县，从一个侧面反映出当时这些山在当时是比较有影响的，故以此山来作为县级行政区划的名称。可见，隋大业年间，随着道教修行者及佛教的僧俗信仰在五台山的活动，五台山的影响逐渐扩大，以致在隋炀帝大业初就后魏所置之驴夷县改为为五台县。

综上所述，隋代文殊信仰在延续前代以《维摩诘经》为中心展开的基础上，与《华严经》有关的文殊信仰内容也逐渐流传。与《维摩诘经》及其相关信仰主要流行于社会上层及义学沙门中所不同。以

[①]［唐］魏征等撰：《隋书》，北京：中华书局，1973年，第853页。

《华严经》为中心的文殊信仰的产生与北方的地论学派有着密切的关系，流行于山西一带的地论学派，由于山西地理位置较为偏僻，特别是受其所依靠的汉王杨谅叛乱的影响，这些地论师们很早便隐匿民间，并逐渐产生分化，他们中除少数人仍以佛教义理的研究为主外，大部分地论师的重心转向了与《华严经》有关的宗教信仰活动，所以与之相关的文殊信仰在其出现之初便表现出一种强烈的宗教信仰的特点，不仅对上层社会及义学沙门有着强烈吸引力，也更加方便被普通民众所接受。而且由于《华严经》中《诸菩萨住处品》的记载与五台山独特自然环境的结合，该山被逐渐附会为《华严经》中的清凉山，山中的很多自然现象也被附会为与文殊菩萨有关的灵瑞，不仅吸引了大批僧人来之该山巡礼文殊圣迹、顶礼文殊菩萨，而且也吸引了大量僧人在此修行、研习《华严经》。随着入山巡礼、修行僧人数量的增加，五台山中成规模的寺院也开始出现，大量佛教景观与想象的空间相结合，逐渐将五台山塑造成一座文殊菩萨的道场。在固定的寺院、僧团、传说、经典等因素互相结合的情况下，使五台山成为一个研习《华严经》、传播文殊信仰的重要基地，为唐代文殊信仰的兴盛奠定了基础。

第六章　唐朝、五代时期的文殊信仰

　　618年,李渊父子利用隋末农民起义之机,建立了一个新的统一王朝——唐朝。唐朝的历史大致可以分为两个阶段,唐朝前期政局稳定,而且统治者也吸取了隋朝二世而亡的教训,注意调整社会矛盾,并先后实施了一系列安定民生、发展生产的措施,且能执行省刑薄赋、与民休息的法律与政策,从而使经济迅速恢复并走上健康发展的轨道,政治上也保持了较长期的稳定。特别是"贞观之治"和"开元盛世"相继出现,使我国封建社会的发展达到了一个全盛的时期。与此同时,由于唐代统治者的重视及其佛教发展的自身特点,佛教在我国的发展也达到了一个鼎盛的阶段。不仅在消化、总结魏晋南北朝及隋代佛教义理发展的基础上形成了具有中国特色的佛教宗派,而且佛教在民间也更加普及,佛教的思想、观念深入民众的日常生活之中,成为普通民众日常生活中重要组成部分。唐朝中后期,由于安史之乱的爆发,国力有所衰退,"原本强大、一统的唐王朝衰落为虚弱和分裂的国家"[①],特别是地方藩镇势力的兴起,使李氏王朝的中央权威受到

---

① 胡平:《未完成的中兴:中唐前期的长安政局》,北京:商务印书馆,2018年,第3页。

了极大的损害。所以在安史之乱后的很长一段时间内，重建中央权威一直是唐朝政治活动的中心任务。作为一种政治权威，中央权威必须植根于社会流行的特殊信仰或强烈的感情中，或者至少基于掌握政治资源的那部分人的信仰与情感中。[1]当时的君臣们也意识到这种重建不能仅仅通过拥有权力来实现，而且还必须为权力的合理性寻找一种思想道德的基础。佛教由于其在笼络人心、维护统治方面的特殊作用，而更加受到统治者的推崇，所以安史之乱后，虽然对佛教义理的研究远逊于盛唐时期，但是就信仰而言，由于统治者的扶持，其盛行的程度却远远超过盛唐。

就本文研究的主体而言，唐代是我国文殊信仰形成、发展的最为重要的一个时期。一方面随着各类经典的翻译、注疏，与文殊信仰相关的佛教义理更加成熟、完善，为文殊信仰的盛行提供了义理的基础。另一方面由于统治者的支持，特别是安史之乱后，在唐代宗的提倡和支持下，文殊信仰逐渐由一种地方信仰发展成为一种全国性的菩萨信仰，由一种部分人的信仰发展成为一种全民的信仰。不仅为社会各个阶层所推崇，而且甚至在一段时间内作为"治国意识形态或治国信仰的内容"[2]，被奉为国教。

虽然现有的文献、图像等资料似乎都给人一种文殊信仰在唐代一直都很兴盛的感觉，但具体而言，文殊信仰在唐代重要地位的取得并不是一蹴而就的，而是有一个不断发展的过程，就笔者所掌握的资料来看，文殊信仰在唐代的发展大致可以以安史之乱为界分为两个阶

---

[1] [意]加塔诺·莫斯卡著，贾鹤鹏译：《统治阶级》，南京：译林出版社，2002年，第120页。
[2] 古正美：《唐代宗与不空金刚的文殊信仰》，载于古正美主编《唐代佛教与佛教艺术》，新竹：觉风佛教艺术文化基金会，2006年，第29页。

段，此处笔者依次对这两个阶段文殊信仰的特点进行探讨。

第一节　安史之乱前的文殊信仰

上文中提到安史之乱是唐代历史的一个分水岭。安史之乱前，唐代政治稳定、经济发达，是我国封建社会的鼎盛时期。虽然这一时期的统治者并不是全部以信佛见称，但是对佛教，大多采取了默许或鼓励的政策，所以这一时期也是我国佛教发展的"黄金期"。

一、唐高祖、唐太宗时期的文殊信仰

由于唐高祖、太宗时期是唐王朝的初创阶段，所以很多政策正处于形成过程中，并没有成为定制。虽然当时李氏统治者为了攀附道教李耳作祖先，以抬高自己的出身门第，如武德八年（625年）唐高祖李渊曾下诏叙儒、道、释三教之先后顺序时曾称："老教、孔教，此土之基；释教后兴，宜崇客礼。今可老先，次孔，末后释宗。"但是这种安排更多的是一种出于政治考量的规定，并不影响统治者对佛教的推崇，如《旧唐书·张仲方传》载："大海佛寺有高祖为隋郑州刺史日为太宗疾祈福，于此寺造石像一躯，凡刊勒十六字以志之"[1]。可见唐高祖李渊在尚未称帝之时，就曾因其子李世民生病而为其建造佛像祈福。在唐朝建立之后唐高祖李渊在崇信道教的同时，与佛教僧侣也有着密切关系，如《续高僧传》卷二十《释志超传》中称："高祖建义太

---

[1]［后晋］刘昫等撰：《旧唐书》，北京：中华书局，1975年，第4444—4445页。

原,四远咸萃。(志)超惟道在生灵,义居乘福。即率僧侣晋阳住凝定寺。禅学数百,清肃成规。道俗钦承,贵贱恭仰。及皇旗南指,三辅无尘。义宁二年(618年),超率弟子二十余人奉庆京邑,武皇夙承嘉望,待之若仙,引登太极,叙之殊礼。"①

在唐太宗李世民在位时期,史书中关于国家建寺、组织佛事活动的记载明显增多。如法琳在《辨证论》中记载:"贞观元年(627年)……京城僧尼,并于当寺七日行道,斋供所须,有司准给,散斋之日,总就大兴善寺。贞观二年,下诏曰:'神道设教,慈慧为先……今百谷滋茂,万实将成,犹恐风雨失时,字养无寄,敢藉聪明,介兹多祉,宜为溥天亿兆仰祈加祐,可于京城及天下诸州寺观,僧尼、道士等七日七夜转经行道,每年正月七日,例皆准此。'"②在贞观十五年(641年),唐太宗李世民在弘福寺为太穆皇后追福时,就曾对该寺僧众说:"比以老君是朕先宗,尊祖重亲,有生之本,故令在前。……朕以先宗在前,可即大于佛也。自有国已来,何处别造道观,凡有功德并归寺家,国内战场之始,无一不归命于佛。今天下大定,战场之地并置佛寺。乃至本宅先妣唯置佛寺。朕敬有所处,以尽命归依,师等宜悉朕怀。彼道士者止是师习先宗,故位在前。今李家据国,李老在前。若释家治化,则释门居上,可不平也?"③由此可见唐太宗时期对佛道二教的地位已经开始有了重新的评估。特别是唐太宗晚年,随着国家佛教监管制度的建立及完善,唐太宗对佛教的态度有了明显的变化。据《大慈恩寺三藏法师传》中:"帝少劳兵事,篡历之后,又心

---

① [唐]道宣:《续高僧传》卷20,《大正新修大藏经》第50册,第592页中。
② [唐]法琳:《辨证论》卷4,《大正新修大藏经》第52册,第512页中。
③ [唐]道宣:《集古今佛道论衡》卷3,《大正新修大藏经》第52册,第386页上。

存兆庶，及辽东征发，栉沐风霜，旋旆已来，气力颇不如平昔，有忧生之虑。"①故向玄奘法师询问："欲树功德，何最饶益？"玄奘法师回答说："弘法由人，度僧为最。"遂于贞观二十二年（648年）下诏令京城及天下诸州各度僧五人，弘福寺度五十人。"计海内寺三千七百一十六所，计度僧尼一万八千五百余人。"②

由此可见，唐王朝建立之初，最高统治者对佛教的政策体现出一种抑制与弘法并举的特点。究其原因，萧梁佞佛而误国的教训及佛教在隋末农民起义中所显示出来的巨大力量，使统治者不能不有所警惕。但佛教在社会各阶层中影响，也使得统治者在抑制佛教的同时也不得不试图利用佛教维护其统治。所以"新王朝要巩固自己的政权，简单地打击佛教或扶植佛教，显然都不合适。"③唐初佛教正是在统治者这种犹豫不决的态度中、在国家监管体制中逐渐展开的。

众所周知，太原是李唐王朝的龙兴之地，不仅李氏家族与晋阳有着密切的关系，而且围绕在李氏父子周围的太原功臣中很多也是山西人，所以笔者推测李渊父子可能通过直接或间接的途径了听说过五台山。如李世民第四子魏王李泰奉旨所撰之《括地志》中就对五台山及其中的佛教及道教的情形做过简单的介绍，称"其山层盘秀峙，曲径萦纡，灵岳神溪，非薄俗可栖。止者，悉是栖禅之士，思玄之流。及夫法雷震音，芳烟四合，慈觉之心，邈然自远，始验游山者，往而不返。"④但是《清凉山志》中关于唐太宗贞观九年诏书中的"五台山

---

① [唐]《大慈恩寺三藏法师传》卷7，《大正新修大藏经》第50册，第258页下。
② [唐]《大慈恩寺三藏法师传》卷7，《大正新修大藏经》第50册，第259页上。
③ 杜继文主编：《佛教史》，南京：江苏人民出版社，2006年，第240页。
④ [唐]慧祥：《古清凉传》卷1，《大正新修大藏经》第册，第1093页上。

者,文殊闼宅,万圣幽栖。境系太原,实我祖宗植德之所,尤当建寺度僧,切宜祗畏"①的记载则应是一种附会。据《清凉山志》记载镇澄此说出自《释鉴》,《释鉴》一书的具体名称现已不可考证。而镇澄生于明代,距离唐代时间相隔久远,如果唐太宗在贞观九年(635年)真有此诏书,并曾在五台山建十寺度僧百数的话,成书于唐初的《古清凉传》不可能没有相关的记载。所以,镇澄此说恐为孤证,关于此记载的真实性,值得商榷。

就现有资料来看,在唐高祖、唐太宗两朝,统治者对五台山并无特别的推崇,当时文殊信仰的特点延续了隋代文殊信仰的特点,虽然五台山文殊信仰雏形初现,但其影响仍主要局限于五台山附近,而就全国范围而言,对文殊菩萨的理解和认识仍是围绕对《维摩诘经》《华严经》《十地经论》等经典的讲说、疏释中展开的。

二、高宗、武则天时期的文殊信仰

五台山真正进入统治者的视野、且统治者对五台山文殊信仰有实质性的关注始于唐高宗和武则天时期。在此之前的统治者已经知道了五台山的存在,而且可能也对该山中的种种灵异有所耳闻,但是都没有对五台山表现出特别的关注。高宗和武则天时期与皇室有关的巡礼五台山的活动,正式拉开了国家层面巡礼五台山的序幕。但是我们只需粗略地阅读一下文献,就能明显地看出高宗与道教关系的密切,"唐高宗在登基之初就十分关注皇室家族与神仙世界之间的联系"②。所以这一时期巡礼五台山活动背后的支持者,应该是武则天。

---

① [明]镇澄:《清凉山志》卷5,《大正新修大藏经》第81册,第208页上。
② 巴雷特著,曾维加译:《唐高宗和武则天时期的道教与政治》,《宗教学研究》2011年第2期。

关于武则天与佛教的关系，学术界已经有很多的研究，此处笔者不再赘述。而就本文的主题而言，武则天与文殊信仰之间的联系，则是随着其所主导的几次巡礼五台山的活动展开的。而就其时间来看，前期分别是在龙朔、乾封年间，是武则天称帝之前，而第三次德感法师的五台山之行的时间是长安二年（702年），则属于武则天执政的晚期，可见武则天对五台山的关注持续了其整个政治生涯。也正是由于武则天的关注，才使得"清凉圣迹，益听京畿；文殊宝化，昭扬道路"①。所以武则天时期是五台山文殊信仰发展的重要时期，特别是几次五台山巡礼之旅也可以看作是文殊信仰的一系列宗教实践活动。此处依次对几次巡礼五台山的活动进行探讨。

（一）高宗、武则天时期巡礼五台山的活动

唐高宗及武则天时期开始的巡礼五台山的活动，可能与唐高宗及武则天显庆五年（660年）的并州之行有着密切的关系。据《旧唐书》记载，显庆五年"正月春甲子，幸并州。二月辛巳，至并州。……夏四月戊寅，车驾还东都。"高宗一行在并州停留近两月之久，其间不仅"宴从官及诸亲、并州官属父老"，而且也武后也曾宴请亲族邻里故旧于朝堂。所以有可能是此次并州之行中，武则天得悉了五台山中的灵异事迹，由此开启了对五台山的重视，并多次派人赴五台山巡礼。

1. 会赜的五台山之行。《续高僧传》中记载："近龙朔中，主人令会昌寺僧会赜，两度将功德物往彼修补塔尊仪，与五台山县官同往，备见圣迹，异香钟声相续不绝。"②这是史书中关于君主派人巡礼五台山的最早记录。关于会赜一行在五台山中活动的内容，慧祥在《古清

---

① [唐]慧祥:《古清凉传》卷2,《大正新修大藏经》第51册,第1098页下。
② [唐]道宣:《续高僧传》卷25,《大正新修大藏经》第50册,第665页中。

凉传》中有着较为详细的记载:"唐龙朔年中,频敕西京会昌寺沙门会赜共内侍掌扇张行弘等,往清凉山,检校圣迹。赜等祇奉明诏,星驰顶谒,并将五台县吕玄览、画师张公荣等十余人,共往中台之上。未至(中)台百步,遥见佛像,宛若真容。挥动手足,循环顾盼。渐渐至近,展转分明。去余五步,忽然冥灭。近登台顶,未及周旋。两处闻香,芬列逾盛。又于塔前,遣荣妆修故佛,点睛才毕,并闻洪钟之响。后欲向西台,遥见西北,一僧着黑衣,乘白马奔就,皆共立侍,相去五十步间,忽然不见。赜庆所稀逢,弥增欺诣。又往大孚寺东堂,修文殊故像,焚燎傍草,飞飚及远,烧热花园,烟焰将盛。其园,去水四十步,遣人往汲,未及至间,堂后立起黑云,举高五丈。寻便雨下,骤灭无余,云亦当处消散,莫知其由,便行至于饭仙山,内侍张行弘,复闻异香之气。从南向北,凡是古迹,悉追寻,存亡名德,皆亲顶礼。"[1]

由此可见,检校圣迹是会赜一行在五台山活动的重要内容。关于这些"圣迹",慧祥在《古清凉山》中又有"佳祥""灵瑞"之称,也就是我们常说的祥瑞。我国古代认为祥瑞是"国祚兴盛,天下太平的征验与吉兆"[2]。《白虎通义·封禅篇》中称:"王者承天统理,调和阴阳,阴阳和,万物序,休气重塞,故符瑞并臻,皆应德而至。"[3]在唐代我国古代政治文化中的祥瑞思想发展得更加完备,而且渗透到了社会的各个阶层,祥瑞在作为申明君主天命的政治武器的同时,也常常

---

[1] [唐]慧祥:《古清凉传》卷2,《大正新修大藏经》第51册,第1098页下。
[2] 金霞:《两汉魏晋南北朝祥瑞灾异研究》,北京师范大学博士学位论文,2005年,第1页。
[3] 陈立撰,吴则虞点校:《白虎通疏证》,北京:中华书局,1994年,第283页。

作为地方官员治理有方、乡里百姓德行优异的证明[1]。故《唐六典》《唐会要》中都有关于祥瑞的记载。如《唐六典》中将祥瑞分为大瑞、上瑞、中瑞、下瑞。其中大瑞多与中央政治有关。根据《唐会要》中的记载："诸祥瑞，若麟、凤、龟、龙之类，依图书，大瑞者即随表奏，其表惟言瑞物色目及出处，不得苟陈虚饰，告庙颁下后，百官表贺。其诸瑞并申所司，元日以闻。其鸟兽之类有生获者，放之山野，余送太常。若不可获及木连理之类，有生即具图书上进。诈为瑞应者徒二年。若灾祥之类，史官不实对者，黜官三等。"[2]上述会赜一行在五台山中所见到的"圣迹"，虽然不见于《唐六典》《唐会要》的相关记载之中，但是其属性与两书中所描述的"大瑞"的特征相符，且"不可获"，符合唐代关于"随即表奏""据图奉上"的规定。所以《古清凉传》中所载张公荣的"山图"就是会赜法师用来向唐高宗和武后奏闻的祥瑞图[3]。而慧祥在叙述该事之后称："千载之后，知圣后之所志焉。"[4]慧祥此说虽然较为隐晦，但是我们也由此可知龙朔年间会赜法师一行的五台山之行是由武则天主导的一次检校五台山圣迹的活动。而该事出现的根源则与武则天在地位不断上升的过程中，面对"天下颇多流言异议"，而利用佛教祥瑞为其进行舆论上的造势有着密切关系。

从两《唐书》中的相关记载来看，武则天与唐高宗的关系大致可分为两个阶段：从唐高宗即位到显庆四年（659年）罢黜宰相长孙无忌

---

[1] 孙英刚：《谁的祥瑞？——唐代乡村的权力与秩序》，《山西大学学报》2019年第6期。
[2] [宋]王溥撰：《唐会要》，上海：上海古籍出版社，1991年，第618页。
[3] 许栋：《论早期五台山图的底本来源——敦煌壁画中的五台山图为中心》，《社会科学战线》2013年第1期。
[4] [唐]慧祥：《古清凉传》卷2，《大正新修大藏经》第51册，第1098页下。

等人时，可以看作是武则天与唐高宗关系的第一个阶段。这一阶段，二人关系密切，唐高宗以武则天为助手，两人合力除掉了以长孙无忌为首的顾命大臣，使唐高宗获得了至高无上的政治权威，而不再受朝臣的羁绊。但是也正是在协助高宗获得至高无上的政治权威的过程中，武则天也逐渐积聚了自己的力量，所以此后随着政局的变化，武则天与唐高宗之间的矛盾也越来越尖锐，以至于麟德元年（664年）高宗与宰相上官仪、原太子李忠等合谋废皇后武则天，但是由于高宗一派失利，导致上官仪、李忠被诛，"自诛上官仪后，上每朝视，天后垂帘于御座后，政事大小皆预闻之，内外称为'二圣'"①。所以龙朔年间是唐高宗与武则天政治斗争的关键时期，关于这一时期政治斗争的内容韩昇②等学者已经有所涉及。其中佛、道二教关系也被当时斗争的两派所利用。我们在上文中曾提到，唐朝建立之时，曾将道教教主李耳作为自己的祖先，所以在唐初二教关系中，道教被置于佛教之前，如《唐会要》中称："贞观十一年（637年）正月十五日，诏道士、女冠宜在僧尼之前。"③但至上元元年（674年）随着武则天在当时的政局越来越占据主动，这一规定被打破了。《唐会要》中又称："至上元元年八月二十四日辛丑，诏凡有公私斋会及参集之处，道士、女冠在东，僧、尼在西，不须更为先后。"可见在高宗、武则天共同执政期间，佛、道二教地位的升降转换，亦成为高宗与武则天权力抗衡、转换的标志④。

---

① ［后晋］刘昫等撰：《旧唐书》，北京：中华书局，1975年，第100页。
② 韩昇：《上元年间的政局与武则天逼宫》，《史林》2003年第6期。
③ ［宋］王溥撰：《唐会要》，北京：中华书局，1960年，第1005—1006页。
④ 吴丽娱：《唐高宗朝"僧道致拜君亲"的争论与龙朔修格》，《学术月刊》2020年第4期。

关于武则天与佛教的关系，一方面有个人宗教信仰的原因，如其在《三藏圣教序》所自称"朕幼崇释教，夙慕归依"①及其在《方广大庄严经序》中所说的："朕爱自幼龄，归心彼岸，务广三明之路，思崇八正之门。"② 但更重要的一方面是她利用佛教作为对抗儒家及道教中对其不利的内容，从而为她不断崛起的政治地位造势。吴丽娱教授就指出龙朔年间关于的"僧道致拜君亲"的争论，并不仅是一场礼法之争，更是一场当时皇室内部的权力之争。当时佛教被认为是皇后的代表，佛教与皇后一体，佛教地位的提升就转化为皇后本人形象、权力的提升。③佛教及道教不再仅仅是一种宗教信仰的表达，而且也变成了高宗与武则天权力的象征。故在此期间，由武则天所主导的会赜一行赴五台山检校圣迹一事也不仅仅是一场出于宗教目的佛教巡礼，其中政治目的更是武则天主导此次活动的初衷。

从现存敦煌文献P.2638《瑞应图》的内容来看，我国古代传统的祥瑞多为一些自然现象或想象中的祥禽瑞兽，与佛教并无太大关联。但是隋文帝曾将其在全国范围内"普建灵塔……分送舍利"过程中出现的诸如"午时现双树之形，下列七佛。申时双树又见一佛二菩萨像三花承足。又见天人擎花在空，黄狮子"之类的瑞应编为《舍利瑞图经》和《国家瑞应录》而流布天下。可见随着佛教在我国社会文化中的影响不断扩大，祥瑞的内容也随之扩大。因为祥瑞特别是大瑞在古代政治文化中被认为是君主德行高尚、统治有序的象征，故龙朔年间，武则天对五台山中佛教祥瑞的重视，应该就是为其与唐高宗政治

---

① [清]董诰：《全唐文》，北京：中华书局，1983年，第1001—1002页。
② [清]董诰：《全唐文》，北京：中华书局，1983年，第1001页。
③ 吴丽娱：《唐高宗朝"僧道致拜君亲"的论争与龙朔修格》，《学术月刊》2020年第4期。

斗争中利用祥瑞为其造势的一种表现，这些灵瑞"非夫道契玄极，影响神交，何能降未常之巨唱，难思之圣轨"①。可作为武则天摄政期间统治有序、政治清明的反映。故会赜等回到长安后，将其在五台山中所见之祥瑞奏闻时，受到了武则天赞许，即《古清凉传》中所谓的："赜等既承国命，目睹佳祥，具已奏闻，深称圣旨。"②由此可见，虽然会赜的五台山之行是一次充满了政治意味的巡台之旅，但五台山文殊信仰却由于得到最高统治者的支持，并借此契机开始突破地域的局限，传入了当时的国都长安，为五台山文殊信仰的后续发展及其最终演变成一种全国性的菩萨信仰奠定了基础。故慧祥在叙述会赜一行的五台山之旅后，就称："于是，清凉圣迹，益听京畿，文殊宝化，昭扬道路。使悠悠溺丧，识妙物之冥泓，蠢蠢迷津，悟大方之幽致者，国君之力也。"③可以说武则天是唐代文殊信仰的奠基者④。

2. 梵僧释迦蜜多罗的五台山之行。《关中创立戒坛图经》中称："近以乾封二年（667年）九月，中印度大菩提寺沙门释迦蜜多罗尊者，长年人也，九十九夏来向五台，致敬文殊师利。今上礼遇，令使人将送。"⑤关于释迦蜜多罗的此次五台山之行，慧祥曾全程陪同，并在《古清凉传》中有着详细的记载："释迦蜜多罗者，本狮子国人。少出家，本住摩伽陀国大菩提寺，游方利物，盖自天真。麟德年中，来仪此土，云向清凉，礼拜文殊师利。……至止未久，奉表以闻，特蒙恩许，仍资行调。敕遣鸿胪寺掌客，为译语人，凉州沙门智才，乘驿往

---

① [唐]慧祥：《古清凉传》卷2，《大正新修大藏经》第51册，第1098页下。
② [唐]慧祥：《古清凉传》卷2，《大正新修大藏经》第51册，第1098页下。
③ [唐]慧祥：《古清凉传》卷2，《大正新修大藏经》第51册，第1098页下。
④ 古正美：《从天王传统到佛王传统》，台北：商周出版社，2003年，第377页。
⑤ [唐]道宣：《关中创立戒坛图经》卷1，《大正新修大藏经》45册，第808页下。

送所在，供给多罗。以乾封二年六月，登于台者。并将五台县官一员，手力四十人，及余道俗总五十余人。……于是而进，路既细涩，前后联翩。多罗与二僧，最为先导，欲至山下，遥望清凉寺，下至半峰，忽遇神僧立于岩上，即五体投地，顶礼数拜。及登未远，乃有数人闻钟声香气。……多罗肘膝而行，血流骨现，仅登台上，见白兔、狐，绕塔而灭。即于塔前，五体布地，从辰至西方还所止。明旦，更欲登台。其敕使王，与余及二三道俗，去其十余步，徒倚环立，王徐而议曰：'在京闻此极多灵瑞，及到已来，都无所见，虽有钟声香气，盖亦未有奇特，人间传者，何多谬也。'言适竟，多罗遂呼之译语，而责之曰：'君是俗人，未闲佛法，何乃于此纷纭兴谤。……今此大圣慈悲，赴众生愿，以余寡薄，将为满足。君但生殷重，获福无边，何以轻发枢机，口贻深祸。'王乃鞠躬顶礼，忏谢无已。"①

虽然引文中释迦蜜多罗自述本怀，来仪此土，只为"礼拜文殊师利"。但从其能立刻听懂王敕使对传闻五台山中极多灵瑞表示怀疑的言论来看，释迦蜜多罗来华已有较长时间，其到五台山中礼拜文殊菩萨之举，应该与前文提到的"唐龙朔年中，频敕西京会昌寺沙门会颐共侍掌扇张行弘等往清凉山，检行圣迹"后五台山文殊信仰在当时的京城长安一带广泛流传密切相关。但是作为一位来自摩伽陀国大菩提寺的印度僧人，其身份对五台山作为文殊道场地位的确立却有着特殊的意义。众所周知，佛教是起源于印度，印度是佛教的故乡，如果能由一位来自印度著名寺院的印度僧人来确认五台就是《华严经》中所载的清凉山就是文殊菩萨的道场，无疑比出自中国人之口的说法更具说

---

① [唐]慧祥：《古清凉传》卷2，《大正新修大藏经》第51册，第1099页下。

服力。所以释迦蜜多罗的此次五台山之行备受统治者的重视，而史书称高宗："自显庆已后，多苦风疾，百司奏表，多委天后详决之，常称旨。后既专宠与政，乃上书言天下利害，务收人心，而高宗春秋高，苦疾，后益用事，遂不能制。"①所以释迦蜜多罗的此次五台山之行应该是受到了武则天的重视，故与会赜一行相同，仍是一个以官方的形式派出的五台山巡礼团体。释迦蜜多罗是现有史料中第一位赴五台山巡礼圣迹的印度僧人，所以武则天此举意义重大，不仅是对龙朔年间频敕会赜一行赴五台山检行圣迹活动的一种验证，而且对中国佛教徒而言，释迦已经涅槃，弥勒尚未下生，如能将五台山塑造成文殊菩萨说法的道场，无疑是他们摆脱困扰了几个世纪的"边地情节"，并将中国塑造成佛教中心，进而成为宇宙中心的一次绝佳的机会②。由此可见，释迦蜜多罗的五台山之行虽是受会赜一行巡礼五台山后，五台山文殊信仰在长安一带流行的影响而出现的一次巡礼文殊道场的旅行，但是由于释迦蜜多罗的印度身份，所以此次巡礼之行被赋予了政治、宗教的重要内涵，而且也正式开启了印度、西域僧人巡礼五台山序幕。

3. 德感的五台山之行。德感法师是窥基的弟子，在武周政权中曾扮演了重要的角色③。他与薛怀义一样，是洛阳内道场的大德之一，不仅曾被"征为翻经大德"，而且"又与胜庄、大义等同参义净译场"④。曾主管天下僧尼事物，被武则天赞曰："河汾之宝，山岳之英，早祛俗累，夙解尘缨，缁门仰德，绀宇驰声，式亚龙树，爰齐马

---

① [宋]欧阳修、宋祁撰：《新唐书》，北京：中华书局，1975年，第81页。
② 陈金华：《佛教与中外交流》，上海：中西书局，2016年，第11页。
③ 孙英刚：《佛光下的朝廷：中古政治史的宗教面》，《华东师范大学学报》2020年第1期。
④ [宋]赞宁撰，范祥雍点校：《宋高僧传》，北京：中华书局，1987年，第84页。

鸣。"①长安二年（702年）五月十五日，建安王仕并州刺史，奏重修葺清凉寺。武则天，"敕大德感法师，亲谒五台山。以七月二十日，登台之顶。僧俗一千余人，同见五色云中，现佛手相。白狐白鹿，驯狎于前。梵响随风，流亮山谷。异香芬馥，远近袭人。又见大僧，身紫金色，面前而立。复见菩萨，身带璎珞，西峰出现。法师乃图画闻奏。"②

长安二年德感法师的五台山之行及建安王修葺清凉寺的原因，白化文先生在《入唐巡礼行记》的注解中称："有关武则天与五台的关系，《广清凉传》等书有如下记载：长安二年武则天做梦，神游五台山五顶，于是敕并州敕使重建清凉寺。次年，敕僧人在山斋会。"但笔者发现，德感的此次五台山之行，不仅仅是"长安二年，后神游五顶"③这么简单，而是武则天晚期一系列佛事活动中重要的一环。这些佛寺活动是围绕长安和五台山展开的，其主持者都是德感法师。其中，长安的佛事活动以七宝台造像为主，"从其造像铭文来看，七宝台浮雕像所装饰的石塔集合了忠于武则天的僧团和官僚的僧团"④。而德感法师主持的五台山巡礼活动，也有一系列的后续活动，如长安三年（703年），"仍敕右庶子侯知一、御史大夫魏元忠，命工琢玉御容，入五台山礼拜菩萨。至长安三载，送向清凉山安置。于是倾国僧尼，奏乞送之，帝不许。以雁门地连猃狁，但留御容于太原崇福寺大殿中间供

---

① [宋]赞宁撰，范祥雍点校：《宋高僧传》，北京：中华书局，1987年，第84页。
② [宋]延一：《广清凉传》卷1，《大正新修大藏经》第51册，第1107页上。
③ [明]镇澄：《清凉山志》卷5，《大正新修大藏经》第81册，第208页上。
④ 杨效俊：《长安光宅寺七宝台浮雕石佛群像的风格、图像及复原探讨》，《考古与文物》2008年第5期。

养，于五台山造塔建碑，设斋供养。"①可见，武则天已不再仅仅满足于派遣僧人巡礼五台山了，而是用她的御制雕像代替她巡礼五台山，朝拜文殊菩萨，虽然由于五台山地近边地，"但留御容于太原崇福寺大殿中间供养"。但是此举开启了帝王朝拜五台山的先例。同年她又"遣内侍黄门金守珍，就山供养，显庆设斋，乃供一万菩萨。是日，忻、代诸处，巡礼僧数，盈一万，皆云：'万圣赴会'，普施一钵钱，一万缗别施菩萨，内侍及州县，具达朝廷，由斯灵瑞，台山复兴。"②所以，这一系列的佛事活动背景不可能仅仅是武则天的梦，而应该有更加深刻的原因。关于其原因，主持这两项工作的德感法师应该最具发言权，在其所造七宝台十一面观音像所刻题记称："检校造七宝台、清禅寺、昌平开国公、翻经僧德感、奉为国敬造十□面、观音像一区、伏□皇基永固、圣寿延长、长安三十五。"而且七宝台造像中韦均造像记中也提到武则天的身体不适："为慈亲不豫，敬发菩提之心，今者所苦已疗，须表坚明之力……"③由此可见长安二年、三年的一系列佛事活动是在武则天八十岁生日之际，祈求武则天平安长寿及大周"皇基永固"而做的。

综上所述，武则天是五台山文殊信仰的奠基者。虽然其在最初派人巡礼五台山可能主要是出于政治斗争需要的一种造势活动，但是以此为契机，五台山文殊信仰开始传入长安地区，并被逐渐被发展成为一种全国性的菩萨信仰。在武则天关注五台山中种种灵瑞的同时，《华严经》也被重新翻译，在此背景之下，佛教界受此影响也翻译了大量

---

① [宋]延一：《广清凉传》卷1，《大正新修大藏经》第51册，第1107页中。
② [宋]延一：《广清凉传》卷1，《大正新修大藏经》第51册，第1106页下。
③ 白文：《图像与仪式——隋唐长安佛教艺术》，北京：商务印书馆，2016年，第45页。

与文殊信仰密切相关的密教类经典，不仅这些经典的一个显著特征是把文殊菩萨具体化、形象化，并赋予了文殊菩萨所代表的高深义理落实到实际修行中的具体方法，而且也为使文殊信仰由智慧解脱向护国、消灾的转变奠定了基础。

(二)高宗、武则天时期的文殊类译经

"大凡一种信仰的流行都起自一部或数部经典的传译与流布。"文殊信仰在唐代高宗、武则天时期的流布，除了统治者的提倡，也与当时《华严经》等文殊类经典的翻译密切相关。汤用彤先生在《隋唐佛教史稿》中称："佛书翻译首称唐代，其翻译之所以佳胜约有四因：一人才之优美；二原本之完备；三译场组织之精密；四翻译律例之进步。"[1]唐朝立国到武则天时期，先后涌现出波颇、玄奘、智通、无极高、日照、杜行顗、佛陀波利、实叉难陀、义净、菩提流志等一批译经家。其中的唐太宗、高宗时期的代表人物是玄奘法师，他前后译经论共七十三部，总一千三百三十卷，不仅数量多，而且译经质量很高，在我国佛教史上产生了重要的影响。而武则天时期则是唐朝译经的第二个高峰期，译经总数为七十一部二百五十八卷，在唐代译经中占据着重要的地位，其中与文殊菩萨有关的经典有《华严经》《文殊师利所说不思议佛境界经》《文殊师利根本一字陀罗尼经》《曼殊室利菩萨咒藏中一字咒王经》《六字神咒经》《文殊师利宝藏陀罗尼经》《文殊师利咒法藏经》等多部经典。

1.唐译《华严经》实叉难陀译，八十卷。据僧传记载，实叉难陀本为于阗人，善大小乘佛法，并旁通外道之学。武则天因晋译《华严

---

[1] 汤用彤：《隋唐佛教史稿》，北京：中华书局，1982年，第72页。

经》不全，而当时的于阗有该经的梵文全本，故"发使求访，并请译人，又与经夹同臻帝阙"①。译场先后在洛阳的大遍空寺、佛授记寺、三阳宫及长安清禅寺。"印度译经僧菩提流志、刚从印度南海求法归国的义净、著名学僧复礼、法藏、法宝等人都曾应召参加他的译场协助译经。"②唐译《华严经》是现存三种《华严经》中最为完备的本子。据法藏《华严经传记》卷一"部类"及"隐显"条称：该经全本有十万偈四十八品。晋译《华严经》共三万六千偈，内容为"七处八会"，而唐译本则共四万偈，内容为"七处九会"，其中第一会华藏世界，"旧译阙略，讲解无由，今文并具，灿然可领。其十定一会，旧经有问无答，今本照然备具"。可见随着该译本的出现，中国佛教界对《华严经》的义理和结构的理解将达到一个新的高度，澄观的《华严经随疏演义钞》（八十卷）、法藏的《华严经传记》《华严经探玄记》等都是围绕此经展开的。但是在李通玄之前，由于受《华严经》编纂思想的影响，中国佛教界对该经中的文殊、普贤二位的理解，基本上是以"隐于文殊，独言普贤"为基础展开的，表现出了一种重普贤轻文殊的特点，这一情形在李通玄的《新华严经论》中的"三圣一体"说提出后才被改变。

2.《文殊师利所说不思议佛境界经》（二卷），菩提流志译。异译本有《善德天子会》（一卷），被编入《大宝积经》第一百零一卷，虽二者都题为菩提流志译，但是两个译本差异颇大，"有名言的不同，有文字的不同，甚至连人名亦有不同"③。菩提流志原名达摩流支，意译法

---

① ［唐］法藏集：《华严经传记》卷1，《大正新修大藏经》第51册，第155页上。
② 杨曾文：《隋唐佛教史》，北京：中国社会科学出版社，2014年，第241页。
③ 谈锡永：《文殊师利二经密意》，上海：复旦大学出版社，2015年，第105页。

希，入唐后改为菩提流志（意为觉爱）。本为南天竺国人，出身婆罗门种姓，姓迦叶，"年十二就外道出家，事波罗奢罗学声明、僧佉等论，历数、咒术、阴阳、谶纬，靡不该通。年逾耳顺，方乃回心。知外法之乖违，悟释门之渊默，隐居山谷，积习头陀，初依耶舍瞿沙三藏学诸经论，其后游历五天，遍亲讲肆。"[①]唐高宗听闻其名，于永淳二年（683年）遣使迎接，来华后受到了武则天的重视，令住洛阳福先寺，先后译出《佛境界》《宝雨经》《华严》等经凡十一部。唐中宗神龙二年（706年），唐中宗、睿宗的支持下，又于长安崇福寺、北苑莲池甘露亭翻译《大宝积经》，前后历时七年，至玄宗先天二年（713年）译毕。

此后虽菩提流志因年事已高而不再组织译场、翻译佛经，但是仍受到唐玄宗的礼遇，开元十五年（727年）十一月四日于洛阳去世。去世后唐玄宗追授"试鸿胪卿"，赐谥曰"开元一切遍知三藏"，玄宗遣"内侍杜怀信监护丧事，出内库物务令优赡，用卤簿羽仪，幡幢花盖，阗塞衢路"。并将其遗骨安葬于洛阳龙门西北原，起塔供养。菩提流志在唐三十五年，历经武则天、唐中宗、睿宗、玄宗四朝，共翻译佛教经论五十三部，一百一十一卷。

其中《文殊师利所说不思议佛境界经》翻译于武周长寿二年（693年），经题的表意很简单，即文殊师利阐释佛境界。该经中文殊菩萨占据着主导地位，文殊菩萨首先为与会大众说何为佛境界。佛境界无差别、空、无为，应于一切众生烦恼中求，烦恼性即是佛境界性，所以佛住平等性。所以，佛境界即是佛的内自证智境界，亦即如来法身境界。接着该经用了很大部分来阐释由观修悟入佛境界之所行。大致可

---

① [宋]赞宁撰，范祥雍点校：《宋高僧传》，北京：中华书局，1987年，第43页。

以分为智慧和方便两个部分。其中智慧不能显现实相,所以不能由色、声、香、味、触、法来显示如来法身境界,故文殊菩萨在智慧的基础上,又用方便来阐释如来境界。在如此说佛境界后,文殊菩萨又与与会大众同赴兜率陀天,文殊在兜率陀天为与会大众讲说不放逸与菩萨道。其中,不放逸由持戒、修禅、神通、调伏四种行组成,而菩萨道的内容则较为简单,主要从往和复两方面作了阐释。最后文殊菩萨所说之法得到普贤如来的称赞。

3.《六字神咒经》(一卷),该经又名《六字咒法经》,长寿二年(693年)于佛授记寺中译出。关于该经的异译本,《开元释教录》中称该经:"与上集经第六卷中文殊师利菩萨咒法及咒五首经六字陀罗尼,并杂咒中六字陀罗尼咒同本异译。"[1]该经的主要内容是阐释持诵文殊菩萨六字神咒的"唵、婆、髻、驮、那、莫"的方法及功能。经中详细介绍了奉持该咒的具体仪式,特别是详细记载了六字文殊造像的具体内容及绘制所需的材料及绘制过程。经中称:"其文殊师利像,莲华座上结跏趺坐。右手作说法手,左手于怀中仰著。其像身作童子形,黄金色,天衣作白色遮脐已下,余身皆露。首戴天冠,身佩璎珞、臂印钏等,众事庄严。左厢画观世音像,其身白银色,璎珞衣服庄严如常,坐莲华上,结跏趺坐,右手执白拂。右厢画普贤菩萨像,其身金色,璎珞庄严如常,亦坐莲华座右手执白拂。于文殊上空中两边,各作一首陀会天,手执华鬘,在空云内唯现半身,手垂华鬘。于文殊像下右边,画受持咒者。右膝著地,手执香炉。其文殊师利等所坐华下遍画作池水,其菩萨像两边,各画在山峰。"[2]大历十二年(777

---

[1] [唐]智昇:《开元释教录》卷12,《大正新修大正藏》第55册,第599页下。
[2] [唐]菩提流志译:《六字神咒经》,《大正新修大藏经》第20册,第779页中、下。

年），沙门惠果在大兴善寺文殊镇国阁中所塑的"文殊六字菩萨"像一铺九身造像可能就是以此为依据所塑造的。

经中称："取沈水香，截为长二指，都卢婆香油无烟佉陀罗木炭，若无，以紫檀木替，又以沈香内前油中，于像前佉罗木炭火中烧尽一夜，至明相出已，即见文殊师利。所有求愿皆悉满足，除淫欲事，自外悉皆不违所求。又法于像前，取旃檀，截长二指还，昼夜烧供养，是时文殊师利即现身当为说法，所有身患悉皆除愈。得菩萨地自在。又法于像前，以瞿摩夷涂地，散众名华，行者于涂地场内一边坐，诵咒满一百八遍，经一月得聪明持一切经论。又法日日随心常诵莫忘，定受业报，亦令消灭。又法若日别能诵满一百八遍，临命终时得见文殊师利，随心所愿，皆生得受生。"①由此可见，随着密教的发展，文殊菩萨不再仅仅是一位具有精神解脱功能的菩萨，相关的咒语、仪轨、造像等也随之产生。就其功能而言，虽然尚不见护国、护王的内容，但是已经具有了赋予聪明、治病消灾等多种功能。文殊信仰由此演变为一种可具操作性的菩萨信仰，这是显教中文殊信仰所不具备的。

4.《文殊师利法宝藏陀罗尼经》（一卷），菩提流志译。该经又名《文殊师利菩萨八字三昧法》《文殊法藏经》。该经目前在《大正藏》中有两个译本，即《文殊师利法宝藏经》与《文殊师利宝藏陀罗尼经》，且都题为菩提流志译。但姚长寿先生在整理房山石经时发现，这两部经也被收录于房山石经中，但译者却有较大的出入。其中，房山石经中的《文殊师利法宝藏陀罗尼经》为辽保大元年（1121年）刻本，译者题作"大唐南印度三藏菩提流志译"。而《文殊师利宝藏经》则为金

---

① ［唐］菩提流志译：《六字神咒经》，《大正新修大藏经》第20册，第779页下。

天会十年（1132年）刻本，译者题作"三藏真谛奉制译，三藏宝思惟依梵本再勘定"。关于真谛译出此经的时间，因无史料记载，现已无从考证。而对该经进行勘定的宝思惟，则据《宋高僧传》中记载："以天后长寿二年届于洛都，敕于天宫寺安置。即以其年创译。至中宗神龙景午，于佛授记、天宫、福先等寺，出《不空绢索陀罗尼经》等七部……那自神龙之后不务翻译，唯精勤礼诵，修诸福业。"①故宝思惟勘定该经的时间应该在武周时期。该经的主要内容为文殊师利八字陀罗尼，经中先说该陀罗尼之功德，次举除一切障如来陀罗尼、阿弥陀如来陀罗尼等十六个佛、菩萨陀罗尼，并颂其功德。最后详细阐释了画像法及相关仪轨，及其相关的果报。

该经对中国文殊信仰的影响很大，主要体现在两个方面：第一个方面是在该经的开始处世尊即对金刚密迹主菩萨说："我灭度后，于此赡部洲东北方，有国名大振那，其国中有山号五顶，文殊师利童子游行居住，为诸众生于中说法，及有无量诸天龙神、夜叉、罗刹、紧那罗、摩睺罗伽、人非人等围绕供养恭敬。"②这部经在晋译《华严经·诸菩萨住处品》的基础上，进一步明确了五台山即《华严经》中所说的清凉山，五台山就是文殊道场的一部经典。当然，关于这一说法的来历前辈学者早有质疑，此处不再赘述。我们知道，菩提流志在翻译此经时，五台山为文殊菩萨道场的说法，已经得到了官方的认可，菩提流志在该经中不过是对已有说法的一种附会，但是菩提流志在经中以佛说的形式明确五台山即文殊道场的做法，从某种意义上说却是以佛教经典形式将这一广行三辅的说法固定下来，为五台山最终成为文

---

① [宋]赞宁撰，范祥雍点校：《宋高僧传》，北京：中华书局，1987年，第42页。
② 菩提流志译：《文殊师利法宝藏陀罗尼经》卷1，《大正新修大藏经》第20册，第791页。

殊道场提供了重要的经典依据。

第二个方面则是该经中较早地提出了文殊信仰的护国、护王功能。经中称："此文殊师利法藏中有真实法，最胜殊胜法，无有比法，能为众生作如意宝，能令所在国土十善劝化。若国王行十善者，国王所作悉皆圆满。此八字大威德陀罗尼者，乃往过无量百千恒河沙诸佛所说，为拥护一切行十善国王。令得如意，寿命长远。福德果报，无比逾胜，诸方兵甲悉皆休息，国土安宁。王之所有，常得增长。此陀罗尼能利益、怜悯一切有情，诸众生故。能断三恶道，能作一切安稳法。如佛现在处世无异。此是文殊师利菩萨身，为利益众生故，现是身为咒神像，能圆满一切意乐等事。若人能暂时闻忆念此陀罗尼，即能灭四重五逆等罪，何况常念诵之。"①笔者以为，虽然菩提流志翻译此经时可能受到当时统治者推崇五台山中种种灵瑞的影响，但是该经的翻译也从理论上使五台山中种种灵瑞的重要性得以升华。

5.《一字陀罗尼经》（一卷），是宝思惟长安二年（702年）于天宫寺所译，沙门慧智证梵文，李无谄译语，直中书李无碍笔受。据《开元释教录》中记载，宝思惟为梵文阿你真那的汉译。北印度迦湿弥罗国人，出身于刹帝利种姓，为王室后裔。"以天后长寿二年届于洛阳，敕于天宫寺安置。即以其年创译。至中宗神龙景午，于佛授记、天宫、福先等寺，出《不空绢索陀罗尼经》等七部……那自神龙之后不务翻译，唯精勤礼诵，修诸福业。每于晨朝，磨香为水，涂浴佛像，后方饮食，从始至终，此为恒业。"②开元九年（721年）终于洛阳龙门山天竺寺。该经的异译本有菩提流志所译的《一字咒王经》及义净所

---

① [唐]菩提流志译:《文殊师利法宝藏陀罗尼经》卷1,《大正新修大藏经》第20册,第793页中。
② [唐]智昇:《开元释教录》卷9,《大正新修大藏经》第55册,第567页上、中。

译的《曼殊室利菩萨咒藏中一字咒王经》。该经的主要内容是阐释文殊菩萨一字陀罗尼的内容、仪轨及功德。经中称:"此咒能消一切灾障、一切噩梦、一切怨敌、一切五逆、四重十恶罪业、一切恶邪不祥咒法,亦能成办一切善事,具大精进。当知是咒于世出世种种咒中为最殊胜。"①此外,该咒不仅具有消灾、免难、治病、疗伤之功能,而且还有护国、护王的作用。经中称:"诵之一遍,力能守护自身;若诵两遍,力能守护同伴;若诵三遍,力能守护一宅中人;若诵四遍,力能守护一城中人;若诵五遍,力能守护一国中人;若诵六遍,力能守护一天下人;若诵七遍,力能守护四天下人。"②

以上五部经典都是武则天时期所译的与文殊信仰关系密切的经典,其中除《华严经》外,都是与文殊信仰有关的真言、咒语及修行仪轨,"主要用作弘法传教之辅助手段,主旨在解决尘世之具体事相,如解灾度厄,治病疗伤等问题,并未将其视为获得最终解脱之主要途径"③。而这些经典在此时被翻译,既有宗教的原因,但是笔者以为更为主要的因素则是与当时武则天重视五台山中种种与中央政治关系密切的"大瑞"有关,所以这些经典的选择、翻译甚至经典中内容的安排,都体现出了当时政治环境的特点。但也正是由于这些经典在我国的翻译,使中国文殊信仰变成了一种极具操作性的菩萨信仰,为该信仰在我国的大规模的流行奠定了一定的基础。不过与当时流行的观音信仰不同,与之相关的文殊信仰仍在酝酿、形成之中,因此,即使在

---

① [唐]宝思惟译:《大方广菩萨藏经中文殊师利根本一字陀罗尼经》,《大正新修大藏经》第20册,第780页中。
② [唐]宝思惟译:《大方广菩萨藏经中文殊师利根本一字陀罗尼经》,《大正新修大藏经》第20册,第780页中。
③ 朱丽霞:《唐初密教流布的特征》,《西北民族大学学报》2018年第6期。

武周末期的德感法师的五台山之行仍是以检行五台山中种种祥瑞为主，且这些灵异现象也尚未被完全附会成文殊菩萨在五台山中的化现，所以虽然"武则天统治时期的文殊信仰已初具密教色彩，带有护国、护王的政治性质"，但当时的统治者主要关注的是能够体现其德行高尚、统治有序的祥瑞圣迹。

(三)文殊信仰在民间的流传

经过漫长的时间，中国文殊信仰在唐初已经基本具备了作为一种菩萨信仰所需的义理及修持所需的基本仪轨。而且经过从东汉末年到唐初，历代译者在多部经典的共同塑造，文殊菩萨的形象及神格也逐渐完善，主要体现在三个方面：一是佛教智慧的象征，这是文殊菩萨神格的基础；二是慈悲之心；三是神通广大，主要体现在显化之力和感应之力方面，在早期的文殊类经典中，文殊菩萨已被塑造成一位极具善巧方便的，在上述密教文殊经典中文殊菩萨的这一特征更加明显。所以到了初唐时期，文殊信仰已基本成熟。特别是在统治者的影响下，也吸引了很多普通僧人及民众开始关注文殊信仰。目前关于唐初文殊信仰流传的记载主要集中在《续高僧传》《华严经传记》《古清凉传》等中，虽然这些文献资料的主要内容大多围绕僧侣的活动轨迹展开的，但是其中也夹杂着一些关于普通民众佛教信仰的内容。故此处我们就以《续高僧传》《华严经传记》《古清凉传》中的相关内容为依据，对初唐时期，普通民众及僧人的文殊信仰的情形进行简单的探讨。由于受官方巡礼五台山的影响，唐初民间五台山文殊信仰的形式主要是以巡礼五台山展开的。

1.慧祥等人巡礼五台山。据《古清凉传》中记载，慧祥在陪同释迦蜜多罗巡礼五台山之后，并没有回到长安，"便往定州恒阳县黄山，造玉石舍利函三枚。大者高一尺三寸,拟安中台塔内;小者二,高九寸,拟安北台铁浮图内,并做莲花色道。异兽之像,亦尽一方之妙焉。时定州隆圣寺僧智正及清信孝行者郄仁,闻余此志,咸期同往,以总章二年四月,正等俱至。正,时年过七十余,而步涉山水,八百余里,并将妙馔,上山供养,即以其月二十三日,与台山僧尼道俗,向六十人俱登之。至台南面,仅将下乘,而玄云四合,雨下数滴,并皆惶惧,恐不得安,乃捧舍利并函,即上到讫,礼拜备尽诚敬,焚香采花供养舍利,每将安置石函,忽绕四边,可百余尺,云雾廓清,团圆如镜。安函既毕,还合如初。时有一尼,独往太华池供养,乃见池里有大藁,大龙绕之,侣彼方龙花藁之像也。俄而云雨晴霁,于台宿,明旦,往北台,正以所持香花供养,敬设中食,食讫安舍利,安讫礼拜,众哀号而去。"①据日僧圆仁的《入唐求法巡礼行记》中记载:"(开成五年五月)二十日,……到中台。台南面有求雨院。从院上行半里许,到台顶。顶上近南有三铁塔,并无曾级相轮等也。其体似覆钟,周圆四抱许。中间一塔四角,高一丈许。在两边者团圆,并高八尺许。武婆天子镇五台所建也。武婆者,则天皇是也。……(西)台顶中心,亦有龙池,四方各五丈许。池之中心,有四间龙堂,置文殊像。于池东南,有则天铁塔一基,圆形无级,高五尺许,周二丈许。……(北)台头中心有则天铁塔,多有石塔围绕。"②由此可以推测,慧祥可能就是因武则天的三处铁塔,故造三枚舍利石函以安置其中。所以慧祥的此次五台山之行也可以说是官方组织的巡礼五台山

---

① [唐]慧祥:《古清凉传》卷2,《大正新修大藏经》第51册,第1099页中。
② 白化文、李鼎霞、许德楠校注:《入唐求法巡礼行记校注》,石家庄:花山文艺出版社,2007年,第280—285页。

活动的余续。

2. 弘景、灵察等人五台山巡礼的活动。"荆州覆舟山玉泉寺沙门弘景，高尚僧也，以咸亨二年二月，从西京往彼礼拜，承遂厥心，未详其所感耳。慈恩寺僧灵察，以上元二年七月十日，往彼礼拜，遍至代州，见一人，先非旧识，无何而至。引察从台北木瓜谷，上北台，经两宿，每六时，尝闻钟声，又夜闻青雀数百飞鸣，左右不见其形，又向中台，经两宿，又往西台，将去之时，有百鸟飞引其前，还至中台，方乃远去。"[①]

3. 惠藏等人巡礼五台山的活动。"洛阳白马寺沙门惠藏，本汾邑人，幽栖高洁僧也，孝敬皇帝重修白马寺，栖集名德，贮植福田，藏深契定，门最为称首，以调露元年四月，与汾州弘演禅师、同州爱敬寺沙门惠恂、汴州沙门灵智、并州沙门名远，及异方同志沙门灵裕等。于娑婆寺坐夏九十日中，精加忏洗，解夏安居，与道俗五十余人，相次登台，藏禅师，与三十人将至中台，同见白鹤一群，随行数里。适至台首，奄忽而灭，僧名远、灵裕等一十八人，先向东台，见无色庆云，僧惠恂后往，亦同前见。名远于中台佛塔东南六十余步，又见杂色瑞光，形如佛像，光高可三丈，人或去就，光亦随之，礼二十余拜，良久方灭。僧灵智于太华池南三十余步见光如日，大可三丈，百千种色，重沓相间，霏微表著，难可具名。而举众形服威仪，屈伸俯仰，光中悉见，如临明镜。智等夺目丧神，心魂失措，顶礼恳诚，少选而灭。又智等，正见光时，佛塔之前有三沙弥，顶臂焚香，以身供养。复见此光在其东面，藏等周旋往来，向经七日，方遵归路

[①]［唐］慧祥：《古清凉传》卷2，《大正新修大藏经》第51册，第1099页下。

焉。"①

4. 除了僧侣外，普通民众也加入了入山巡礼文殊圣迹的行列。如《古清凉传》中记载："西京清信士房德元、王玄爽，少结地外之交，并因读《华严经》见《菩萨住处品》，遂心专胜地。以上元三年（676年）五月十三日，共往登之。初半路食时将到，忽闻谷下大声告曰：'食时至。'及等中台，并闻钟声香气。后日重往，食未毕间，又闻谷下大声，连告之曰：'登台迟去也。'既承此告，即发人而往。"②同书也载："代州郭下，有聂世师者，士俗以为难测之人也。年可五六十，颜容赤黑，视瞬澄谛，其耳长大，可余四寸，居室鄙陋，衣服破弊，凡见道俗，必劝之行善，或隐窃语人曰：'令向五台礼拜。'"③

综上所述，唐高宗、武则天时期，由于统治者对五台山的关注及其相关密教文殊类经典的翻译，五台山文殊信仰逐渐引起了社会各个阶层的注意。其中巡礼五台山，是这种信仰重要的表达方式之一。与当时官方派出的巡礼团体相似，普通僧侣及民众也多结伴在五台山中巡礼，而巡礼的重点则是山中所谓的种种灵瑞。与隋代五台山中所流行的仙佛结合的信仰相比，此时，随着五台山中佛教的发展，该山中关于道教神仙的传说已经逐渐减少了，五台山中的建筑，以及对五台山中景观的种种想像都逐渐向佛教靠拢。但是从上述巡礼者来源的地域分布来看，除了山西本地僧人外，其余来台巡礼者多与长安、洛阳，可见由于统治者的重视，唐初，五台山文殊信仰逐渐开始从一种山西本地的信仰开始演变为一种全国性的信仰。

---

① [唐]慧祥：《古清凉传》卷2，《大正新修大藏经》第51册，第1100页上。
② [唐]慧祥：《古清凉传》卷2，《大正新修大藏经》第51册，第1100页上。
③ [唐]慧祥：《古清凉传》卷2，《大正新修大藏经》第51册，第1100页上。

而正是在官方及民间的共同推崇之下，在当时人所撰的著疏中也将《华严经·诸菩萨住处品》中的清凉山进一步阐释为五台山，如《华严经传记》中称："案此经《菩萨住处品》云：'东北有菩萨住处，名清凉山，现有菩萨，名文殊师利，与一万菩萨，常住说法，故今此山下有清凉府，山之南面小峰，有清凉寺，一名五台山，以五山最高，其上并不生林木，事同积土，故谓之台。'"①

在此背景下，翻译于此时的《佛顶尊胜陀罗尼经》佛陀波利译本就将该译本的翻译与五台山文殊信仰结合在一起。据《宋高僧传》卷二《佛陀波利传》中称："佛陀波利，华言觉护，北印度罽宾国人，忘身徇道，遍观灵迹，闻文殊师利在清凉山，远涉流沙躬来礼谒。以天皇仪凤元年丙子杖锡五台，虔诚礼拜，悲泣雨泪，冀睹圣容。倏焉见一老翁从山而出，作婆罗门语谓波利曰：'师何所求耶？'波利答曰：'闻文殊大士隐迹此山，从印度来欲求瞻礼。'翁曰：师从彼国将《佛顶尊胜陀罗尼经》来否？此土众生多造诸罪，出家之辈亦多有犯，佛顶神咒，除罪秘方，若不将经徒来何益，纵见文殊何必能识？师可还西国取彼经来流传此土，即是遍奉众圣，广利群生，拯济幽冥，报诸佛恩也。师取经来至此，弟子当示师文殊师利菩萨所在。'波利闻此语已，不胜喜跃，裁抑悲泪，向山更礼，举头之顷，不见老人，波利惊愕，倍增虔恪。遂返归本国取得经回，既达帝城便求进见，有司具状闻奏。天皇赏其精诚，崇斯秘典，遂诏鸿胪寺典客令杜行颉与日照三藏于内共译。译讫儭绢三十匹，经留在内。波利因乃垂泣奏曰：'委弃身命，志在利人，请布流行，是所诚望。'帝愍其专切，遂留所译之

---

① [唐]法藏集《华严经传记》卷1，《大正新修大藏经》第51册，第157页上。

经,还其梵本。波利得经,弥复忻喜,乃向西明寺,访得善梵语僧顺贞,奏乞求重翻,帝愈其请。波利遂与顺贞共诸大德翻出,名《佛顶尊胜陀罗尼经》。与前杜令所译者,咒韵经文少有同异。波利所愿既毕,却持经梵本入于五台,莫知所之。"①

由于《佛顶尊胜陀罗尼经》被赋予了所谓的"破地狱"功能,这对于恐惧地狱之苦以及希望已故亲友能够脱离地域之苦的普通民众自然具有很大的吸引力,所以该经在译出后为信众广泛传抄、风靡一时。其中,佛陀波利译本就是该经诸多译本中流传最广的一个本子,而其经序中所描述的该译本与五台山文殊信仰的关系,不仅为该经的译出增添了很多灵异色彩,增加了该经的神秘性,而且随着该经被广泛传播,五台山文殊信仰也为更多的人所了解。正是由于《佛顶尊胜陀罗尼经》与五台山文殊信仰关系的密切,所以晚唐五代时期,文殊所化的老人及梵僧佛陀波利都被纳入了新样文殊菩萨的眷属之中,成为新样文殊图像的重要组成部分。

三、初唐时期的文殊类图像

(一)文殊、普贤图像组合的形成

慧祥在《古清凉传》中称:"中台南三十余里,在山之麓有通衢,乃登台者常游之路也。旁有石室三间,内有释迦、文殊、普贤等像,又有房宇、厨帐、器物存焉。近咸亨三年(672年),俨禅师于此修立,拟登台道俗往来休憩。俨,本朔州人也,未详氏族。十七出家,径登此山礼拜,忻其所幸,愿造真容于此安措,然其道业纯粹,精苦

---

① [宋]赞宁撰,范祥雍点校:《宋高僧传》,北京:中华书局,1987年,第28—29页。

绝伦，景行所罩，并部已北一人而已。每在恒安修理孝文石窟故像。虽人主之尊，未参玄化，千里已来，莫不闻风而敬矣。春秋二序，常送乳酪毡毳，以供其福务焉。自余胜行殊感，末由曲尽。以咸亨四年（673年），终于石室。去堂东北百余步，见有表塔，跏坐如生，往来者具见之矣。"①由此引文可知，最迟在咸亨三年（672年），五台山中已经有释迦、文殊、普贤等造像出现。虽然该像现已不存，其具体内容也已无从考证，但是我们从陆续完成于贞观十六年的（642年）到唐高宗龙朔二年（662年）的敦煌莫高窟220窟主室正壁龛两侧绘制骑狮文殊和骑象普贤像中仍可推测当时五台山中此类造像的大致情形。

唐初，文殊、普贤造像是一种新出现的佛教艺术题材。我们知道，佛教造像题材出现的依据是佛教经典或思想。目前学术界提及文殊、普贤造像时，多从"华严三圣"的角度进行论述。但是"华严三圣"思想是在李玄通的"三圣一体"以及澄观的"三圣圆融"思想的基础上形成的，初唐时期上述思想尚未产生，所以文殊、普贤造像组合形成的时间应早于"华严三圣"思想正式形成的时间。虽然目前学界对此类造像最早出现的时间尚无定论，但是笔者以为文殊、普贤造像组合的出现与维摩诘、文殊对坐像有着密切的关系。

众所周知，维摩诘、文殊对坐像是基于《维摩诘经》演化出的一种佛教造像，但是由于《维摩诘经》教义的单调性，难以承担组织复杂图像的功能，从现存佛教石窟、造像碑、造像塔中的维摩诘经变，基本从属于《法华经》或《华严经》的图像构成②。在南北朝时期的佛教图像中，维摩诘、文殊对坐像不仅经常与由《法华经·见宝塔品》

---

① [唐]慧祥：《古清凉传》卷1，《大正新修大藏经》第51册，第1095页中。
② 李静杰：《北朝佛教图像反映的经典思想》，《民族艺术》2008年第2期。

而演化出的释迦、多宝二佛对坐的图像结合在一起,而且也与华严的卢舍那法界人中像交集在一起。而文殊、普贤在《法华经》及《华严经》中均有重要的地位,隋代吉藏在《法华义疏》中称:"《华严经》七处八会,普贤、文殊善其始;《入法界品》流通之分,此二菩萨又令其终,所以此二人在彼经始终者,世相传云:'究竟普贤行、满足文殊愿。'故普贤显其行圆,文殊明其愿满,故于诸菩萨中究竟具足,显《华严》是圆满法门。今说《法华》亦明文殊开其始,普贤通其终,亦显《法华》是究竟法。"①故文殊、普贤组合像的出现与《法华经》及《华严经》也有着密切的关系。两组图像中交集的人物是文殊菩萨,而维摩诘和普贤则均具有三昧自在的共通性,故赖文英称:"普贤入华严'不思议解脱',与维摩之'不思议解脱'是相通的,只是前者偏讲佛果位,而后者是十地菩萨位。"所以,随着《维摩诘经》《法华经》与《华严经》的融会贯通,文殊、维摩诘组合也就逐渐转变为文殊、普贤组合了。由于当时《法华经》《华严经》的影响很大,所以这一题材造像出现之后,很快就在全国范围内流行开来,地处我国西北一隅的敦煌也受到了影响,据潘亮文在《敦煌唐代的文殊菩萨试析》一文中统计,在初唐开凿的莫高窟第68窟、220窟、331窟、332窟、340窟中都保存有文殊、普贤造像组合。而且除莫高窟第220窟外,其余4窟中的此类造像都与法华经变结合在一起,可见此类造像组合形成之初,与《法华经》有着密切的关系②。

(二)新语境中的文殊、维摩诘造像组合

在文殊、普贤造像组合流行的同时,唐初,维摩诘变依然十分盛

---

① [隋]吉藏撰:《法华义疏》卷12,《大正新修大藏经》第34册,第631页上、中。
② 潘亮文:《敦煌唐代的文殊菩萨试析》,《敦煌研究》2013年第3期。

行，仅敦煌莫高窟现存的初唐时期的洞窟中，就有第68窟、220窟、242窟、322窟、335窟、341窟、342窟等窟中都绘制了维摩诘变。虽然这些维摩诘经典仍以《维摩诘经·问疾品》为中心展开，但是在旧式维摩诘经变流行的同时，新样式的维摩诘经变也开始流行。新样式的维摩诘经变中，"文殊一侧下部问疾队伍的中心位置一般都绘制有一身着冕服的中原帝王像，这些帝王像多与传为唐阎立本的《历代帝王图》中的晋武帝司马炎、魏文帝曹丕等穿戴冕旒的帝王像形象相似"①。但是在《维摩诘经》中，文殊菩萨和国王大臣、长者居士、群臣太子并余众辈并未同时出现于维摩诘的居室内。可见"新样维摩诘变"情节的安排与《维摩诘经》的内容并不符合。目前有学者认为，这一样式的维摩诘经变应是首先形成于长安地区，然后才逐渐传到敦煌地区的。因在敦煌莫高窟中，该样式第一次出现于始凿于贞观十六年的第220窟中，所以有学者又将该类维摩诘经变称为"贞观新样"，但是这一定名尚需进一步探讨。

虽然陈凯源在《莫高窟初唐维摩诘经变帝王问疾图出现原因探析——以莫高窟第220窟为例》一文中从唐初沙门拜俗的争论和统治者对五台山文殊的推崇两个方面为背景，阐释了该样式维摩诘经变产生的原因。其中，"新样维摩诘经变"中将国王问疾的情节置于维摩诘经变中最核心的文殊问疾中，凸显出了帝王在佛教中的重要性之说。而帝王像与文殊像结合的原因，明显是受到了当时五台山文殊菩萨影响。但是从上文中我们知道，唐太宗时期，统治者由于处于政治上的考虑，相比道教而言，佛教处于一种被抑制的状态。唐代佛教的发展，

---

① 赵燕林：《莫高窟唐代〈维摩诘经变〉中的帝王像及其冕服研究》，《敦煌学辑刊》2020年第1期。

特别是五台山文殊信仰的发展与武则天有着密切的关系，正是由于武则天的推崇，五台山文殊信仰才突破了地域的限制，传播到了长安一带。所以，如果说新样维摩诘变的粉本源于长安地区，那么其出现的时间也应该在龙朔年间。荣新江先生在《贞观年间的丝路往来与敦煌翟家窟画样的来历》一文中，从莫高窟220窟中现存几则题记中的纪年中推测该窟的开凿时间大致在唐贞观十六年至龙朔二年间，该窟中壁画中内容与当时长安、敦煌之间频繁的政治、文化往来密切的产物。可能在龙朔年间，该新样维摩诘变在长安地区出现不久，很快便传到了敦煌地区。所以，虽然新样维摩诘变仍以维摩诘、文殊对坐为主要表现形式，但是由于当时语境的变化，其表现的主要表现的内容也随着发生了变化。由一种主要表现维摩诘信仰的经变画，演变成一种主要反映文殊信仰的经变画，是当时文殊信仰兴盛的一种表现。

四、唐中宗、睿宗、玄宗时期的文殊信仰

神龙元年（705年）正月，张柬之、桓彦范等人杀死张易之、张宗昌兄弟，逼迫武则天退位，还政于唐中宗，号称"中兴"。唐室虽然复兴，但由于武氏残余势力依然很大，且中宗、睿宗虽曾饱经忧患，但均非拨乱反正之才，故中宗、睿宗二朝"朝政既然弊，宫闱尤无轨范"[1]。不仅中宗朝"奢侈之风，可谓荡焉无复纲纪"[2]，即使在睿宗即位后也"未能少振其弊"[3]。所以直至唐玄宗李隆基于开元元年（713年）诛杀太平公主之后，唐朝政局才重回正轨。由于中宗、睿宗

---

[1] 吕思勉：《隋唐五代史》（隋唐卷），武汉：华中科技大学出版社，2016年，第128页。
[2] 吕思勉：《隋唐五代史》（隋唐卷），武汉：华中科技大学出版社，2016年，第134页。
[3] 吕思勉：《隋唐五代史》（隋唐卷），武汉：华中科技大学出版社，2016年，第134页。

二朝仅历八年，而玄宗在位则有四十二年，故唐中宗、睿宗、玄宗虽名为三朝，其实质则以玄宗朝为主。

关于当时的宗教政策，中宗、睿宗二朝，虽然采取了两教并存、不分先后的宗教政策[①]。但是，中宗出于政治考量及个人的信仰等因素仍延续了武则天的崇佛政策，大规模地兴建佛教寺院、支持译经活动、供养佛指舍利等。而唐睿宗虽也有度僧立寺、支持译经等活动，但是出于"为了抵制中宗利用佛教树立自己法王形象，消除中宗在政治上的影响力"[②]等因素的考虑，在宗教政策方面有所改变，重新提高道教的地位。故"虽然睿宗在位仅两年多一点，但十分重要的是，从武后到她的儿子中宗的长达半个多世纪的崇佛政策，在他的手中得到扭转。"[③]唐玄宗时期也延续了睿宗的宗教政策，"摒弃了佛教作为国家意识形态的基石，转向了道教和儒教，特别是儒教。玄宗执政伊始，驱逐外国人。之所以下达这么严格的逐客令，就是因为玄宗对这些外国人，特别是佛教徒，有很深的顾忌。"[④]此后又分别于开元二年（714年）、开元三年（715年）、开元十三年（725年）、开元十五年（727年）、开元十七年（729年）、开元十九年（731年）、开元二十一年（733年）先后多次颁布限制佛教和改造佛教的政策，对佛教几乎进行了全方位的打击。[⑤]我们也应该看到，唐玄宗虽然限制佛教，但是并未

[①] 王洪军：《信仰与政治之间——论武则天与中宗、睿宗时期的宗教政策》，《东方论坛》2003年第5期。

[②] 孙英刚：《长安与荆州之间：唐中宗与佛教》，载于荣新江主编《唐代宗教信仰与社会》，上海：上海辞书出版社，2003年，第144页。

[③] [美]斯坦利·威斯坦因著，张煜译：《唐代佛教》，上海：上海古籍出版社，2015年，第53页。

[④] 陈金华：《从"武周帝国"到"安史之乱"：禅宗的历史转向与现代化契机》，《佛学研究》2019年第2期。

[⑤] 黄霞平：《论唐玄宗与佛教》，《船山学刊》2010年第3期。

完全否定佛教，特别是对密教高僧善无畏、金刚智及不空优厚接待，为密教在我国的流传起到了重要的推动作用。由此可见，唐中宗、睿宗及玄宗三朝，佛教发展虽然受当时政策的影响，有过一定的波折，但总的来说仍在继续发展之中。在这一背景之下，这一时期文殊信仰的发展虽未出现武则天统治时期的盛况，但是仍在缓慢发展之中，特别是开元三大士中的善无畏、金刚智在华期间的译经活动，为密教类文殊信仰的发展提供了坚实的理论基础。

（一）唐中宗、睿宗、玄宗三朝的文殊类译经

唐中宗、睿宗、玄宗三朝中的译经中与文殊菩萨的密切相关的经典主要集中在密教经典中。密教神祇中很早就吸收了文殊菩萨，早在持明密教晚期，文殊菩萨已经逐渐展现出密教菩萨特点的萌芽。到了真言密教时期，文殊菩萨真正体现出了密教神祇多重身份、多头多臂、新型执持物的特点，并与金刚剑菩萨同体异身，被称为"婆伽梵一切无戏论如来"，表一切如来般若波罗蜜多慧剑，住三解脱门，能显如来法身常乐我净，因此当菩萨证此智时便成等正觉[1]。当时密教经典的翻译与唐玄宗开元年间密教三大士中的善无畏、金刚智有着密切的关系，而开元三大士的传记中都有关于文殊菩萨的记载。如《宋高僧传》卷二《善无畏传》中称当善无畏："至大唐西境，夜有神人曰：'此东非弟子界，文殊师利实护神州。'"[2]《贞元新定释教目录》卷十四中称："国南近海，有观自在菩萨寺，门侧有尼拘陀树，先已枯悴，和上七日断食行道，树再滋茂，菩萨应现，而作是言：'汝之所学，今

---

[1] 党措：《瑜伽密教神祇研究——以金刚界曼荼罗神祇为中心》，陕西师范大学博士学位论文，2014年，第95页。

[2] ［宋］赞宁撰，范祥雍点校：《宋高僧传》，北京：中华书局，1987年，第19页。

已成就，可往狮子国瞻礼佛牙，登楞伽山，礼拜佛迹，回来可往中国礼谒文殊师利菩萨，彼国于汝有缘，宜往传教，济度群生。'"①不空三藏在安史之乱前，即修持以文殊菩萨为本尊的密法。《宋高僧传》卷一《不空传》中称："初至南海郡，采访使刘巨邻恳请灌顶，乃于法性寺相次度人百千万众，空自对本尊祈请旬日，感文殊现身。"安史之乱后，更是在唐代宗的支持下，弘扬五台山文殊信仰，使该信仰由一种地方性的信仰，最终发展成为一种全国性的信仰。虽然上述记载中充满了神秘色彩明，但是我们从中也可体味到开元三大士与文殊信仰的不解渊源。

　　1.善无畏译经中涉及文殊菩萨的内容。善无畏是唐代著名的佛教思想家和佛经翻译家，他弘扬真言密教，翻译密宗经典，与金刚智、不空一起奠定了中国汉传密教的基础，对中国佛教乃至朝鲜、日本等国的佛教都产生了重要的影响。据《玄宗朝翻经三藏善无畏赠鸿胪卿行状》中记载："以开元四年（716年）景辰，大赍梵夹，来达长安。初于兴福寺南塔院安置，次后五年丁巳岁，于菩提寺，译《虚空藏菩萨经能满诸愿最胜心陀罗尼求闻持法》一卷……沙门一行，请三藏和尚译《大毗卢遮那成佛神变加持经》一部七卷，其经具足梵文，有十万颂，今所出者，撮其要耳。……又译出《苏婆呼童子请问经》三卷、《苏悉地羯罗经》三卷。"这四部经典中，涉及文殊菩萨的内容主要集中在《大毗卢遮那成佛神变加持经》（简称《大日经》），经中称："次至第三院，先图妙吉祥，其身郁金色，五髻冠其顶，犹如童子形。左持青莲华，上表金刚印，慈颜遍微笑，坐于白莲台，妙相圆普

---

① [唐]圆照：《贞元新定释教目录》卷14，《大正新修大藏经》第55册，第875页中。

光，周匝互晖映。"①一行所撰的《大日经疏》中上述内容进行阐释，称："经中次说第三院菩萨眷属，当释迦之内，正东门中，画文殊师利，身郁金色，顶有五髻童子形，左持泥卢钵罗，是细叶青莲花，花上有金刚印，极熙怡微笑坐白莲花台，此其秘密标帜也。阿阇梨言：'郁金即是阎浮金色，用表金刚深慧，首有五髻者，为表如来五智久已成就，以本愿因缘故。示作童真法王子形。青莲是不染著诸法三昧，以心无所住故，即见宝相，金刚智印，能以常寂之光遍照法界，所以坐白莲者，意明不异中胎藏也。'"②引文中所说的"金刚深慧""如来五智""金刚智印"都体现出了《大日经》中对文殊智慧的重视。

善无畏、一行所传主要是以胎藏曼荼罗为核心内容之胎藏密法，此类胎藏密法是《大日经》在借鉴了历史上诸曼荼罗之特点，融密教各种修行法门于一体，并赋予精深之义理阐发而成，是密教修行集大成法门之主要载体③。而该曼荼罗最完整、最集中的形式是"大悲胎藏大曼荼罗"，置四重院。从内而外，依次是中台，置八叶莲花，故又称"中台八叶"。《大毗卢遮那成佛经疏》中称："内心妙白莲者，此是众生本心，妙法芬陀利花秘密标帜，花台八叶圆满均等如正开敷之形，此莲花台是实相自然智慧，莲花叶是大悲方便也，正以此藏言大悲胎藏曼荼罗之体。"④其中文殊菩萨为第二院中东方主尊，"代表着能断除末那识中我痴、我见、我慢、我爱的第一空智和大日如来的慈、悲、

---

① [唐]善无畏、一行译：《大毗卢遮那成佛神变加持经》卷1，《大正新修大藏经》第18册，第6页。
② [唐]一行：《大毗卢遮那佛经疏》卷5，《大正新修大藏经》第39册，第635页上。
③ 侯慧明：《胎藏曼荼罗研究》，陕西师范大学博士学位论文，2010年，第1页。
④ [唐]一行：《大毗卢遮那佛经疏》卷5，《大正新修大藏经》第39册，第631页上。

悉、舍四无量心"①，而且在胎藏界曼荼罗中东方为上位，有万物初始之意，可见在该曼荼罗中文殊菩萨地位之重要。此曼荼罗中，文殊菩萨的形象是左手持青莲花，上立金刚杵。刚杵梵名"vajra"，音译"伐折罗""跋折罗"等，是密教中护持如来正法、拒诸魔事的重要法器。《苏悉地羯啰经》载："随取一木刻作三股金刚杵，作呼摩时及念诵时，常以左手执持，能成诸事，故号杵。是善成就者，常持金刚杵者，一切毗那夜迦作障难者，悉皆恐怖驰散而去。"②右手持《大般若经》经夹，有用智慧斩断无明烦恼，复归清净本性之寓意。

2. 金刚智译经中涉及文殊菩萨的内容。《开元释教录》中记载，金刚智，梵文音译名为跋日罗菩提，南印度人"幼而出家，游诸印度。……闻大支那佛法崇盛，遂泛舶东游于海隅"③。开元八年（720年）到达洛阳，与一行等人译出《金刚顶瑜伽中略出念诵经》《金刚顶曼殊室利五字心陀罗尼品》《观自在如意轮菩萨瑜伽法要》等四部七卷密教经典，并在长安、洛阳两地建立曼荼罗灌顶道场，弘传以金刚界为主的密法。其中与文殊菩萨有关的经典有《金刚顶瑜伽中略出念诵经》《金刚顶曼殊室利五字心陀罗尼品》两部经典。

（1）《金刚顶瑜伽中略出念诵经》四卷，经中称"尔时世尊，复入文殊师利摩诃菩提萨埵三摩耶所生法加持金刚三摩地已。从自心出此一切如来大智慧三摩耶。名一切如来心，即说密语：'跋折啰底瑟那。'才出此语时，于一切如来心，即彼薄伽梵执金刚，以为智剑而出已。同一密合，入于毗卢遮那佛心中，便为剑鞘。既成就已，住于毗

---

① 左金众：《2—8世纪中土密教的发展与文殊信仰》，《五台山研究》2016年第3期。
② [唐] 输波迦罗译：《苏悉地羯啰经》卷1，《大正新修大藏经》第18册，第607页中。
③ [唐] 输波迦罗译：《苏悉地羯啰经》，《大正新修大藏经》第18册，第667页中。

卢遮那佛手中，于时从彼如来剑鞘身中，出现一切世界等如来身，一切如来智慧等，及一切如来神变游戏已。由极妙吉祥故，及金刚萨埵三摩地极坚牢故，同一密合，以为文殊师利摩诃菩提萨埵身。既成就已。往于世尊毗卢遮那佛心，而高声作是言奇哉曰：'我是诸佛语，号为文殊声。若以无形色，音声可得知。'尔时，文殊师利摩诃菩提萨埵，从世尊心下已。依一切如来右边月轮中住复请教示。尔时毗卢遮那佛，入一切如来智慧三摩耶金刚三摩地已现一切如来断除烦恼三摩耶。为尽遍众生界，断除一切苦故，及一切安乐悦意受用故。乃至成就一切如来随顺音声，圆满慧最上悉地故。彼金刚觉于文殊师利摩诃菩提萨埵，如上于双手授之，于时一切如来，以金刚觉而为名号，复以金刚名授其灌顶，尔时金刚觉菩萨摩诃萨，以其金刚剑，挥砍已，而高声唱是言曰：'此是诸如来，般若波罗蜜。能破诸怨敌，灭罪中为最。'此是金刚觉摩诃菩提萨埵三摩地一切如来智慧第二。"①从这段引文中，我们可见该经对文殊智慧的重视。

（2）《金刚顶经曼殊室利五字心陀罗尼品》一卷，《贞元新定释教目录》中称该经于开元十八年（730年）译于大荐福寺，经中主要宣说了文殊菩萨五字真言：阿、啰、跛、者、娜的内涵、修行仪轨及功德。经中称："阿者是无生义，啰者是清净无染离尘垢义，跛者亦无第一义谛、诸法平等者，者诸法无有诸行，娜者诸法无有性相。言说、文字皆不可得。以娜字无性相，故者字无有诸行；者字无有诸行，故跛字无第一义谛；跛字无第一义谛，故啰字无有尘垢；啰字无有尘

---

① ［唐］金刚智译：《金刚顶瑜伽中略出年诵经》卷2，《大正新修大藏经》第18册，第231页中一下。

垢，故阿字法本不生；阿字法本不生，故娜字无有性相。"①经中所载，修行此陀罗尼的仪轨是："欲受持者，应先请入灌顶曼荼罗，彼阿阇梨白月十五日，于清净室涂一圆坛，以旃檀龙脑香泥涂地，即于是坛心画曼殊室利菩萨，作童子形。右手执金刚宝剑，左手持摩诃般若梵叶，坛轮四周，梵写阿、啰、跛、者、娜字，应以种种名香妙花供养。"经中称持念该咒，能获以下功德："若诵一遍，能除行人一切苦难；若诵两遍，除灭亿劫生死重罪；若诵三遍，三昧现前；容诵四遍，总持不忘；若诵五遍，速成就无上菩提。一心念诵满一月已，曼殊室利即现其身，或于室中演说法要，是时行者得宿命智。"②从五字陀罗尼的内容来看，该经中的文殊信仰仍以智慧解脱型为主。

上述经典就是以善无畏、金刚智为主的密教僧人在安史之乱前后所翻译的密教类文殊经典。与显教类经典相比，这些密教类文殊经典中文殊菩萨逐渐具体化、形象化，将大乘佛教显教中的文殊菩萨所代表的高深理论落实到实际修行中，修行者可以通过一系列详细严谨的画像法、观想法、供养法、念诵法，步骤分明地指导修习者如法实践，以获得实际的利益。更有甚者，不同的典籍对应着各种不尽相同的事法与行法，适应不同的需要。如显教典籍中，虽然文殊菩萨由于善巧方便之力，在教化众生时能以菩萨形、僧形、老人形显化。而在密教经典中，文殊菩萨的形象变得更加多样，仅文殊童子就有多种不同的形象，为文殊信仰提供了具体可行的修行图像、仪轨。而且，与

---

① [唐]金刚智译:《金刚顶经曼殊室利菩萨五字心陀罗尼品》,《大正新修大藏经》第20册，第710页上、中。
② [唐]不空译:《金刚顶超胜三界经说文殊五字真言胜相》,《大正新修大藏经》第20册，第709页中。

显教经典中文殊菩萨多宣说甚深法门，主要注重精神上的解脱不同，密教类文殊经典中却更注重现实中的利益。虽然这些经典的篇幅长短不一，但消灾、救难、护国、护王的功能中救难或护国却是这些经典中的重要主旨。由于这些经典中不仅描述了文殊菩萨的具体形象，而且其中所记载的念诵真言的方法也简单易行、易于操作，却能获得巨大功德，因此这些密教类经典不仅受到了当时的统治者及密教僧人的重视，而且对普通民众来说这些实际的利益也极具吸引力。所以，随着这些密教文殊类典籍的翻译，文殊信仰不仅被赋予了新的内涵，而且也为文殊信仰成为一种被社会各个阶层所共同崇奉的菩萨信仰提供了经典上的依据。

(二)唐中宗、睿宗、玄宗三朝佛教撰述中关于文殊菩萨内容

中国佛教虽然起源于由梵文、中亚胡语等翻译成的汉语佛教经典，但是本土僧俗信众所撰述的注疏、传记等著作却是中国佛教界对佛教义理理解的真实反映。唐代佛教承袭魏晋南北朝以来数百年发展的成果，撰述成果十分可观。其中对文殊信仰影响最大的是李通玄的《新华严经论》。众所周知，整本《华严经》中，文殊类及普贤类经典是其主体经典。虽然文殊类经典出现时间较早，但整本《华严经》是在"以普贤类经典统摄文殊类经典的基础上，汇集在古印度各地形成的相关单行经，并进行了系统化整理和改造之后形成的"[①]。所以在树立菩萨信仰方面，李通玄以前的华严学僧多表现出一种重普贤轻文殊的倾向。如法顺一系中，"法顺劝人依经修普贤行；智俨主张'隐于文殊，独言普贤'；法藏在用'因果'概括华严教义时，专以普贤代表

[①] 魏道儒:《中国华严宗通史》,南京:江苏古籍出版社,2001年,第47页。

'因',与佛'果'相对而言。"①直到李通玄时期,这一倾向才得以改变,李通玄指出:"文殊、普贤、毗卢遮那三法,体用平等,名为一乘"②,并在此认识的基础上建立一种新的华严佛菩萨崇拜体系。

据唐代宗大历五年(770年)照明所撰的《华严经决疑论序》及唐宣宗时马支所撰的《释大方广佛华严经论主李长者事迹》等中记载李通玄为太原人,可能出生于唐高宗显庆年间(656—661年),早年曾专研道学"留情易道,妙尽精微"③。武则天时,随着实叉难陀八十卷《华严经》的译出,李通玄"即倾心《华严经》,寻诸古德义疏,掩卷叹曰:'经文浩博,义无疏多家,惜哉后学,寻文不暇。岂更修行,幸会《华严》新译,义理圆备,遂考经八十卷。搜括微旨,开点义门,上下科节,成四十卷《新华严经论》。'"④由于李玄通的思想与以法藏为代表的正统的华严思想不同,所以宋代形成的中国华严宗祖师谱系中,李通玄被排除在外,故魏道儒先生在《中国华严宗通史》一文中,教李通玄的学说称为"教外华严学"⑤。

综观现存李通玄所著的《新华严经论》《华严经决疑论》《华严十明论》等著述,受其早期"留情易道,妙尽精微"等经历的影响,以"《易》解《华严》"作为一种解释学的方法,贯穿了李通玄思想的始终。此外李通玄还提出了一种认识方法或观行方法——三圣圆融说。他在概括《华严经》全经宗旨时说:"说此一部经之间问答体用,

---

① 魏道儒:《中国华严宗通史》,南京:江苏古籍出版社,2001年,第176页。
② [唐]李通玄:《略释新华严经修行次第决疑论》卷1,《大正新修大藏经》第36册,第12页下。
③ [唐]照明:《华严经决疑论》卷1,《大正新修大藏经》第36册,第1011页下。
④ [唐]照明:《华严经决疑论》卷1,《大正新修大藏经》第36册,第1011页下。
⑤ 魏道儒:《中国华严宗通史》,南京:江苏古籍出版社,2001年,第163页。

所乘之宗大意，总相具德有三：一佛、二文殊、三普贤。佛表果德无言，当不可说不可修不可得不可证，但因成果自德，文殊因位可说，以此说法身果德，劝修普贤自行可行，行其行海，充满法界，故用此三德将为利乐众生，文殊成赞法身本智，普贤成其差别智之行德，一切诸佛皆以此二尊者以为师范，而能成就大菩萨之极果。"①

由此可见，在李通玄认为在佛教修行中，佛是果，文殊为因，普贤为行，通过文殊之智，实践普贤之行，最终可以体证佛果。李通玄不仅把文殊信仰纳入华严体系之中，而且也用易学来诠释文殊、普贤的关系，并将这种关系与中国传统的卦象方位相附会，来证明五台山与文殊菩萨的关系："或说文殊为小男，为卢遮创始发心证法身本智佛性之首，为最初证法身本智佛性，为初生诸佛圣性智慧家故也，为启蒙发明之首，故为小男。主东北方，为艮卦，艮为小男。又为山为石，在丑寅两间，表平旦创明，暗相已无，日光未著，像启蒙之首、十住发心创见道。故指文殊师利在东北方清凉山也，且取此阎浮洲之境位也，记法在于世间，使令易解。"②三圣圆融学说对后世影响很大，而这一学说的提出一方面与李通玄以易学来诠释《华严经》有关，但是另一方面我们也可以看到李通玄从事撰写注疏工作的地方大概位于今太原盂县、晋中寿阳一带，这些地方距离五台山较近，都属于五台山文化圈的辐射范围之内。魏道儒先生在《中国华严宗通史》一书中称："五台山聚集着从事各种修行的僧众，有隐居名山一隅的依经修禅者，有身处名山大寺研究经典者，有以从事生产活动为修行者，有重念佛者，有重做法事者，更有不远千里而来朝圣的僧人和教

---

① [唐]李通玄：《新华严经论》卷4，《大正新修大藏经》第36册，第739页上。
② [唐]李通玄：《新华严经论》卷4，《大正新修大藏经》第36册，第739页上。

外信仰者。在一定程度上讲,李通玄的三圣说正是对这种佛教综合体的理论概括。"① 此外,李通玄在撰写《新华严经论》的过程中也曾收集了流传于五台山周围的"古德义疏",上文中我们曾提到最迟在北齐时期已有地论派僧人在晋阳一带活动,其后随着其所依靠政治势力的衰败,很多人隐匿民间,有些人继续从事注疏活动,有的则逐渐以宗教信仰为主,五台山文殊信仰的形成与这些人的活动的有着密切的关系。所以出生于太原的李通玄在撰写《新华严经论》的过程中可能即接触过旧有的僧人的注疏,也可能亲身体会过五台山周围文殊信仰的兴盛,所以在他的著述中推崇文殊信仰也在一种情理之中了。

(三)唐中宗、睿宗、玄宗三朝民间的文殊信仰

虽然现存史料中尚未发现唐中宗、睿宗、玄宗三朝像武则天时期由官方组织的巡礼五台山的活动,但是在民间,由僧人或普通民众自发的巡礼五台山的活动屡见于僧传的记载中。如《宋高僧传》卷五《澄观传》中记载澄观于大历十一年(776年)誓游五台,"一一巡礼,祥瑞愈繁"②。同书卷八《巨方传》中称:"释巨方,姓曹氏,安陆人也。……方后于五台山道化,涉二十余载入灭,时告众曰:'吾齿尽于此矣。'言讫长逝,春秋八十一,以开元十五年(727年)九月三日全身入塔云。"③同书卷九《志贤传》中称:"释志贤,姓江,建阳人也。……后游长安,名公硕德列请为大寺功德之师,贤悚然不愿,明日遂行登五台,寻止太原甘泉寺,道俗请学禅理者继至。"④同书卷十

---

① 魏道儒:《中国华严宗通史》,南京:江苏古籍出版社,2001年,180—181页。
② [宋]赞宁撰,范祥雍点校:《宋高僧传》,北京:中华书局,1987年,第105页。
③ [宋]赞宁撰,范祥雍点校:《宋高僧传》,北京:中华书局,1987年,第189页。
④ [宋]赞宁撰,范祥雍点校:《宋高僧传》,北京:中华书局,1987年,第207页。

四《守直传》中称:"释守直,字坚道,钱塘人也。……见无畏三藏为受菩萨戒,闻普寂大师传楞伽心印,讲《起信宗论》二十余遍,《南山律钞》四十遍,平等一雨,大小双机,在乎圆音,未尝少异,乃立愿诵《华严经》,还于中宵梦神人施珠一颗,及觉惘惘然如珠在卧,是岁入五台山转《华严经》二百遍,追夙心也。"①同书卷二十一《神英传》中称:"释神英,罔知姓氏,沧州人也。宿缘悟道,卯岁从师。讽诵精勤,日夜匪懈。年当应法受具,后乃枝锡萍游,寻访知识。早通玄话,兼擅论经。相次参神会禅师,谓英曰:'汝于五台山有缘,速宜往彼瞻礼文殊兼访遗迹。'既承指授,以开元四年(716年)六月中旬到山瞻礼。于僧厨止泊,一日食毕,游于西林,忽见一院题曰:法华。……英乃悲泣曰:'此大圣警悟我邪,于此地必有缘矣。'遂于仿佛多宝塔处,结庵而止。乃发愿曰:'我依化院,建置一所住持',日居月诸,信施如林,归依者众。遂召工匠有高价者,誓不酬之。乃于易州千里取乎玉石,用造功德,细妙光莹,功侔所见。其壁乃王府友吴道子之迹,六法绝妙,为世所尚。此院前后工毕,因号法华耳。英说法住持,其齐整若剪裁焉。后无疾,召门人嘱付而终。春秋七十五。今坟塔存矣。"②

同书卷二十一《牛云传》中称:"释牛云,俗姓赵,雁门人也。童蒙之岁有似神不足,遣入乡校,终日不知一字,惟见僧尼合掌有畏惮之貌,年甫十二,二亲送往五台山华严寺善住阁院出家。……及年三十有六乃言曰:我闻台山恒有文殊现形,我今跣足而去,倘见文殊,惟求聪明,学诵经法耳。时冒寒雪,情无退屈,至东台顶见一老人然

---

① [宋]赞宁撰,范祥雍点校:《宋高僧传》,北京:中华书局,1987年,第350—351页。
② [宋]赞宁撰,范祥雍点校:《宋高僧传》,北京:中华书局,1987年,第535—536页。

火而坐……云曰：'吾虽为僧，自恨昏钝，不能念诵经法，此来欲求见文殊，只乞聪明果报。'……云开目，乃见老人现文殊像，语云曰：'汝自后诵念经法，历耳无忘，又于华严寺涧东院大有因缘，无得退转。'……云后下山，四支无损。凡曰经典，目所一览，辄诵于口。明年夏五月，绕育王塔，行道念经，至更初乃见一道直光。从北台顶连瑞塔基，久而不散，于光明中现宝阁一所，前有金牌题云善住，云忆菩萨授记之言。于光明中所现之阁而建置焉，道化施行，人咸贵重，于开元二十三年（735年）无疾而终。"[1]

同书卷二十一《道义传》中称："释道义，江东衢州人也。开元中至台山，于清凉寺粥院居止。典座普请运柴，负重登高，颇有难色。义将竹鞋一緉，贸人荷担。因披三事纳衣，东北而行，可五里。来于楞伽山下逢一老僧，其貌古陋引一童子，名字觉一。老僧前行，童子呼请义东边寺内啜茶去，乃相随入寺遍礼诸院，见大阁三层，上下九间，总如金色，闪烁其目。老僧令遣义早还所止。山寒难住，唯诺辞出寺。行及百步，回顾唯是山林，乃知化寺也。却回长安，大历元载（766年）具此事由奏宝应元圣文武皇帝，蒙敕置金阁寺，宣十节度助缘，……寺成后敕赐不空三藏焉。"[2]

从《宋高僧传》中的相关记载来看，唐中宗、睿宗、玄宗三朝虽然由官方主导巡礼活动不见于史传，但是民间僧俗信众巡礼五台山的活动却并未中断。首先就僧人来源来看，这一时期到五台山巡礼的僧人仍主要是山西本地僧人及从长安中转而来的僧人，由此可见，这一时期的五台山文殊信仰的流传范围仍主要集中在山西本地及长安地

---

[1] [宋]赞宁撰，范祥雍点校：《宋高僧传》，北京：中华书局，1987年，第536—537页。
[2] [宋]赞宁撰，范祥雍点校：《宋高僧传》，北京：中华书局，1987年，第538页。

区，如果说五台山是文殊显化灵瑞事件的发源地，那么长安由于其特色的政治、文化地位从武则天时期开始直至唐玄宗时期一直扮演着一种五台山灵瑞事件的收集、编辑和传播中心的角色，来自全国各地的僧人，正是在长安地区接触到五台山的讯息才到五台山巡礼。

其次，与武则天时期不同，这一时期五台山的巡礼活动已经由一种由官方所主导的、政治气氛浓厚的集体行动，演变成一种主要由僧人自发巡礼的活动。由此可见，五台山文殊信仰由上层社会，向社会的各个阶层逐渐扩展的趋势，所以这一时期关于僧人巡礼五台山的记载，不仅仅能够反映出官方塑造的五台山的形象，更是普通僧人眼中或想象中的五台山的形象，故关于官方所重视的祥瑞的内容在逐渐减少，而文殊菩萨在五台山中化现、具有神秘特征的化寺逐渐取代了具有道教神仙特征的仙人、洞府，成为这一时期记载的主流。而僧人们又以所见化寺为募捐建寺造势，以建设心中理想的寺院，并在寺院建成后长期驻锡于五台山。反映出随着进入五台山中僧人数量的不断增加，僧人的起居、生活等方面的表现得越来越突出，故在五台山中建造佛教寺院的需求也变得越来越紧迫，故神秘的化寺传说在这一时期出现，并且非常盛行。由此而引起了统治者、官僚贵族及普通民众的广泛关注，他们纷纷出钱、出力在五台山中供养文殊菩萨，建造与文殊显化故事相关的寺院，使五台山的信仰景观发生了急速的变化，逐渐被营造成为一个佛国的世界，加速了五台山成为圣山、成为文殊道场的进程。

第三，我们从与牛云有关的记载可以看到，随着进入巡礼五台山僧俗信众的增多，人们进入五台山中巡礼的诉求也在逐渐发生变化。由对五台山中所谓种种的祥瑞的重视，逐渐演变成解决自身困境的一种宗教活动。如《牛云传》中所述,牛云"童蒙之岁,有似痴蠢",出家后"众皆讥笑其庸钝,年满受具,殊无诵习"。故发愿巡台,求遇文殊,赐其聪明。后于东台顶遇见文殊所化老人,以镢斫去心中淤肉而"心乃豁然,如暗室中遇明灯,若昏夜之吐日月……诵念经法,涉历耳目,无忘失也"。众所周知,在大乘佛教中文殊菩萨是智慧的象征,当然这种智慧是一种能够证得实相涅槃,从而实现永远的、绝对的解脱的佛教智慧。但就普通民众而言,对智慧最直接的理解就是平常所谓的聪明,故牛云遇文殊化现的老人而得智慧的故事,就是智慧解脱型文殊信仰在民众间流传的反映。从中我们可以看出随着文殊信仰在普通民众间的流传,原本佛教经典中所塑造的注重信众精神解脱、多为上层社会所关注的文殊菩萨,开始逐渐与普通民众接近、成为能够解决普通民众实际困难的一位菩萨。而这一发展趋势则是文殊信仰在我国能够广泛流传的最重要的原因。

以上内容就是笔者对安史之乱前,唐代文殊信仰发展的简单讨论。我们可以看到,这一时期是文殊信仰在我国发展的关键时期。一方面就佛教义理而言,随着《华严经》的流传,特别是武则天时期八十卷《华严经》的翻译,文殊菩萨在佛教界的影响越来越大。另一方面,由于东魏、北齐乃至隋代活动于山西地区的地论系僧人的推崇,五台山与《华严经》中所述的清凉山的关系也越来越密切,到了武则天时期,这种关系得到了官方的认可。而且也与中国佛教界克服"边地情结"、将中国塑造成为佛教的中心"进而成为整个宇宙的中心"的活动趋势相结合[①]。从此,中国文殊信仰以五台山文殊信仰的形式迅速

[①] 陈金华:《佛教与中外交流》,上海:中西书局,2016年,第11页。

发展起来，并形成了长安和五台山两个重要基地。文殊菩萨不仅为社会所重视，也逐渐被普通民众所推崇。而且由于《华严经》《法华经》等佛教经典的流传，文殊图像也由受《维摩诘经》影响而出现的文殊、维摩诘对坐像，向文殊、普贤组合转变，并最终形成了在东亚佛教美术史上产生过重要影响的华严三尊像。所以说，唐朝建立之后直至安史之乱前是我国文殊信仰发展的重要奠基时期。

第二节　安史之乱后文殊信仰的特点

唐玄宗天宝末年，安史之乱爆发。这场耗时八年的叛乱对中国封建社会产生了重大影响。不仅是黄河中下游地区的一场浩劫："兵革不息，民堕涂炭"，"宫室焚烧，十不存一，百曹荒废，曾无尺椽。中间畿内，不满千户，井邑榛棘，豺狼所号。既乏军储，又鲜人力。东至郑、汴，达于徐方，北自覃、怀，经于相土，人烟断绝，千里萧条。"[1]而且安史叛军所过之处，佛教也遭到严重的破坏，寺院被破坏严重，"初洛都先陷，会越在草莽，时卢奕为贼所戮，群议乃请会主其坛度。于时寺宇宫观，鞠为灰烬，乃权创一院，悉资苦盖"，僧人也因为祸乱而死伤、逃逸。

由此可见，安史之乱不仅是唐朝历史的转折点也是中国佛教的转折点。由于连年战乱，唐朝统治的腹心地区受到了严重破坏，迫使盛唐时期集中于长安的佛教精英四处逃散，即使在安史之乱被平定后，

---

[1] [后晋]刘昫等撰：《旧唐书》，北京：中华书局，1975年，第3457页。

佛教的华严宗、法相宗等宗派都未能再现盛唐时期的盛况。而宣扬护国、护王、禳灾的功能密教却在安史之乱后唐中央权威重建的过程中乘机发展起来，唐玄宗时处境困难的密教僧人不空，在唐代宗时期，出于弘扬密教及帮助国家安定内容的考量，在唐代宗的支持之下，大力弘扬五台山文殊信仰，最终使五台山文殊信仰由一种地方性的菩萨信仰发展成一种全国性的信仰。

一、唐代宗时期的文殊信仰

（一）官方对文殊信仰的支持

唐代宗统治时期，由于安史之乱爆发，政治形势也发生了很大的变化。而唐代宗在位期间，是唐朝平定安史叛乱、重建统治秩序的关键时期。这一时期唐朝面临着严重的内忧外患，内忧主要集中在藩镇的扩张及官僚集团内部的矛盾，外患则主要是吐蕃的连年侵扰。解决这些问题的关键是中央权威的重建。作为一种政治权威，中央权威必须植根于社会流行的特殊信仰或强烈的感情中，或者至少基于掌握政治资源的那部分人的信仰与情感中。当时的君臣们也意识到这种重建不能仅仅通过拥有权力来实现，而且还必须为权力的合理性寻找一种思想道德的基础。

就中国传统社会而言，儒家思想一直是社会中流行的主流思想，儒家所宣扬的忠孝观也是深植于当时民众情感中的一种重要观念。古代统治者曾长期利用儒家思想教化民众，维系统治。但是在皇权衰落的唐代宗时期，儒家思想并不是一种合适的政治权威重建的理论基础。其中一个重要原因与唐肃宗有关，众所周知，唐肃宗在灵武自立，并非玄宗的本意，而有篡位之嫌。当唐玄宗回到长安后，肃宗为了肃清其父的政治影响，曾长期将玄宗软禁于太极宫。肃宗对待玄宗的方式显然与儒家所宣扬的忠孝之道不合。受此影响，并结合其他因素，在当时流行的儒、释、道三家思想中，唐代宗选择了与道家相关的"大中之道"作为其施政的指导思想，并将密教文殊信仰作为一种重构中央权威的"特殊信仰"。虽然唐代宗选择文殊信仰有宗教信仰因素：从大历二年到八年，兵灾连年。对于时代性的灾祸，当人事已尽，便唯剩有祈求神佛的庇佑[①]。但是从相关史料来看，唐代宗推动密教文殊信仰行为更是一种出于现实政治的考虑。此处，笔者以永泰元年（765年）的长安危机后，唐代宗的表现为切入点对该问题进行探讨。

永泰元年，仆固怀恩因受唐代宗猜忌，联合吐蕃、回纥、党项等少数民族，攻破长安，立广武王李承宏为帝，唐代宗"仓猝不知所为……出幸陕州。官吏藏窜，六军逃散"，最终依靠郭子仪，才化解了此次重大危机。但危机过后，唐代宗却在很大程度上将此次危机顺利渡过之功劳，归于不空三藏等僧人在资胜、西明两寺讲《仁王经》之事。故于永泰元年十一月赐不空"特进试鸿胪卿，仍赐号大广智三藏"。虽然此事表面上看是唐代宗佞佛的一种表现，但仔细分析，就会发现其中有着深刻的政治考量。

众所周知，郭子仪是唐王朝平定安史之乱的元勋，也是唐代两次恢复宫阙的功臣，在中唐政局中有着举足轻重的地位，但唐代宗为什么要刻意宣传《护国仁王经》在化解此次危机中功劳呢？我们首先引用《资治通鉴》中的一则史料来简单说明当时唐代宗与郭子仪之间的

[①] 海波、赵万峰：《唐代政权与文殊菩萨信仰的互动》，《宗教学研究》2011年第4期。

关系。《资治通鉴》卷二百二十四中记载:"郭暖尝与升平公主争言,暖曰:'汝倚乃父为天子邪?我父薄天子不为!'公主恚,奔车奏之。上曰:'此非汝所知。彼诚如是,使彼欲为天子,天下岂汝家所有邪!'慰谕令归。子仪闻之,囚暖,入待罪。上曰鄙谚有之:'不痴不聋,不作家翁。'儿女子闺房之言,何足听也!子仪归,杖暖数十。"从这则史料中,我们可以看出当时郭子仪地位强势,而皇权却极度衰落。面对郭暖的大逆之言,唐代宗虽"因泣下"[1],但并深究郭暖之罪。还对前来请罪的郭子仪说:"鄙谚有之:'不痴不聋,不作家翁。'儿女子闺房之言,何足听也!'"[2]这件事便是当时君弱臣强政治格局的真实写照。

所以代宗与郭子仪的关系也并不是像《旧唐书》中所称的"(郭子仪)权倾天下而朝不忌,功盖一代而主不疑"[3],唐代宗对郭子仪防范、猜忌的心理一直存在。因此,当永泰元年的政治危机解决之后,面对权倾天下、功高一代的郭子仪又立下的巨大功勋,为了防止功高不偿之事的出现,唐代宗故意渲染《护国仁王经》镇护国家、消灾免难的功效,以此抗衡郭子仪的势力,维护中央政权的权威。其背后的可能就是为了表达一种"国家运祚灵长,非宿植福业,何以致之!福业已定,虽有小灾,终不能为害。所以安、史悖逆方炽而皆由子祸,仆固怀恩称兵内侮,出门病死;回纥、吐蕃大举深入,不战而退;此皆非人力所及"[4]的政治寓意。可见在当时内忧外患的情形下,护国、

---

[1] [宋]司马光编著:《资治通鉴》,北京:中华书局,2011年,第7194页。
[2] [宋]司马光编著:《资治通鉴》,北京:中华书局,2011年,第7194—7195页。
[3] [后晋]刘昫等撰:《旧唐书》卷144《尉迟胜传》,北京:中华书局,1975年,第3467页。
[4] [宋]司马光编著:《资治通鉴》,北京:中华书局,2011年,第7196页。

护王思想不仅仅是一种思想、一种口号,而且是提高民众凝聚力、提高皇权地位的重要手段。

可能是因为不空转《护国仁王经》活动的"功效显著",不久之后,不空又在代宗的支持下,开始以五台山为基地经营具有镇护国家、消灾免难功能的密教文殊信仰活动。从大历二年开始不空三藏就在五台山金阁、玉花、清凉、花严、吴摩子五寺"度人抽僧""为国行道";到大历十三年(778年),不空弟子惠晓奉代宗之命赴五台山修护摩功德,感得"火色鲜润,烟气不起,异于他日"的灵瑞,而这一灵瑞被认为"是华夏晏谧之征,兵尘止息之验",是代宗"至道潜运,上天洽德"故"使百灵效福,万姓欢心,妖灾永除,休庆日集"。[1]可见,在不空僧团宣扬密教文殊信仰的活动中,维护国土安定,宣扬皇帝的权威一直其是主要的内容。而这一内容是代宗时期抗衡朔方及其他势力的重要舆论支持,对唐代宗重构中央集权有着重要的象征意义。

唐代宗发展新样文殊信仰的活动不仅得到统治集团内,文臣的核心成员王缙等人的大力支持。据史书记载,唐代宗重视佛教就是受王缙等人的影响。《资治通鉴》中称:"始上好祠祀,未甚重佛。元载、王缙、杜鸿渐为相,三人皆好佛,缙尤甚,不食荤血,与鸿渐造寺无穷。上尝问以佛,言报应果为有无?载等奏以国家运祚灵长,非宿植福业,何以致之。福业已定,虽有小灾,终不能为害。所以安史悖逆方炽,而有子祸,……回纥大举深入,不战而退,此皆非人力所及,岂得言无报应也。上由是甚信之,常于禁中饭僧百余人。"故在唐代宗发展五台山文殊信仰时,也受到了王缙等人的大力支持,如《资治通

---

[1] [唐]圆照集:《代宗朝赠司空大辨正广智三藏和上表制集》卷二,《大正新修大藏经》第52册,第859页中。

鉴》中称："造金阁寺于五台山，铸造涂金为瓦，所费巨亿；缙给中书符牒，令五台山僧数十人散之四方，求利以营之。"①

此外，唐代宗和不空大历推崇五台山文殊信仰的活动也得到了出身于河西陇右将领的支持。众所周知，唐玄宗开元、天宝年间，原有的府兵体系瓦解，代之以边镇和募兵系统，汇聚成朔方、安西、北庭、河西、河东、范阳、平卢、陇右、剑南、岭南十节度体系②。安史之乱爆发时，这些节度要么远在千里之外一时难以调回，要么就是参与叛乱。所以就唐朝廷而言，当时所可依赖的完整的武装力量，就是朔方军。而朔方军确实也独立承担了镇压叛军的重大任务，甚至发挥了再造朝廷的作用，所以朔方军的将领功勋卓著，非其他藩镇所能比拟。安史之乱后，由于受安史叛乱的刺激，唐政府对强大的藩镇心存余悸，所以肃宗、代宗，乃至德宗朝一再削弱朔方军的力量。其中河西、陇右的残余势力及宦官是唐朝政府在政治及军事上所依靠的重要力量，如仆固怀恩叛乱时，颜真卿曾明确地对唐代宗指出："明怀恩反者，度辛云京、李抱玉、骆奉先、鱼朝恩四人耳，自外朝臣咸言其枉然。"综合其他史料，我们发现仆固怀恩发动叛乱的被动成分要远远大于主观意愿，可以说是一场被逼无奈而发动的叛乱。虽然文献中将此事描绘成辛云京、李抱玉、骆奉先、鱼朝恩等人与仆固怀恩的私人恩怨，但其背后隐藏的其实是唐代宗的意图。从叛乱前鼓吹仆固怀恩将图谋不轨四人身份来看，骆奉先、鱼朝恩是宦官，而辛云京与李抱玉都为河西人，是当时政治形势中宦官与河西陇右残余势力结合的一种反映。而这一支力量正是代宗

---

① [宋]司马光编著：《资治通鉴》，北京：中华书局，2011年，第7196页。
② 李鸿滨：《唐朝朔方军研究——兼论唐廷与西北诸族的关系及其演变》，长春：吉林人民出版社，2000年，第167页。

抗衡朔方势力、维护统治、对抗其他分裂势力、重构皇权的主要依靠。而且密教文殊信仰的主要宣扬者不空三藏不仅曾在河西弘法，与哥舒翰等河西陇右的将领关系密切，而且也与当时的宦官集团有着密切的联系，所以中田美绘就称不空的佛教活动是当时宦官集团和河西陇右势力的交流的一个重要媒介。而且这两股势力也是不空得以在长安佛教界立足、并取得成功的重要支持力量。

正是在上述势力的支持下，不空三藏和唐代宗曾先后用十四年的时间发展文殊信仰，甚至在一段时间内将其置于国教的地位[1]。其中重要的活动如下：永泰二年（766年）唐代宗批准了不空建造金阁寺的请求。该寺建成后被赐给不空三藏，成为密宗在五台山传播文殊信仰的中心；大历四年（769年）不空三藏在唐代宗的支持下，"令天下（寺院）食堂中于宾头卢上特置文殊师利形象以为上座"[2]，为文殊信仰由一种地方信仰或小范围的信仰，发展成一种全国性的信仰做了铺垫；大历五年（770年），不空奉唐代宗之"恩命往五台山修功德"[3]，其间代宗曾两次下手诏问候："秋景余热，善加珍卫""秋冷，和上比平安好。"[4]可见不空三藏的此次五台山之行，是他代唐代宗赴五台山礼拜文殊菩萨的一次朝圣之旅；大历七年（772年），唐代宗又从不空三藏之请，"敕京城及天下僧尼寺内，各简一胜处，置大圣文殊师利院，仍

---

[1] 古正美：《唐代宗与不空金刚的文殊信仰》，载古正美主编：《唐代佛教与佛教艺术》，新竹：觉风佛教艺术文化基金会，2006年，第33页。

[2]［唐］圆照集：《代宗朝赠司空大辨正广智三藏和上表制集》卷2，《大正新修大藏经》第52册，第837页中。

[3]［唐］圆照集：《代宗朝赠司空大辨正广智三藏和上表制集》卷2，《大正新修大藏经》第52册，第837页下。

[4]［唐］圆照集：《代宗朝赠司空大辨正广智三藏和上表制集》卷2，《大正新修大藏经》第52册，第837页下。

委本州府长官即句当修葺，并素文殊像，装饰彩画。功毕，各图画其状闻奏，不得更于寺外别造"[1]。如果大历四年的诏书主要是在全国的僧人中推广文殊信仰，那么大历七年的这道诏书则是将文殊信仰置于一种"国教"的地位，让全国的僧俗信众都来礼赞、信仰文殊菩萨，文殊信仰最终成为一种全国性的信仰。而且诏书中要求寺院中单独设置文殊院，并要求文殊院中单独"素文殊像"，并"装饰彩画"。这一诏书使文殊菩萨像开始脱离了释迦三尊或华严三圣配置的限制，独自作为主尊出现。不仅进一步提高了文殊菩萨在佛教中的地位，而且也标志着文殊菩萨开始脱离原有的下化上求、"使他人脱离轮回，走向悟道"[2]的信仰体系，独自形成了一种保留原有智慧解脱，又具有护国护王、消灾免难功能的新的信仰体系。

(二)文殊类译经及相关的本土撰述

1.文殊类译经。唐代宗时期文殊类经典的翻译与不空三藏有着密切的关系。不空三藏，法名智藏，号不空金刚，梵文名意译为阿目佉跋折罗。出身于北天竺婆罗门种姓，自幼父母双亡，由叔叔抚养成人。早年即随叔父来华。十五岁时礼金刚智为师，学习梵本悉昙章及声明论，受菩萨戒，引入金刚界大曼荼罗中学习密法，并系统学习了一切有部的戒律。其又参与了金刚智的译经活动，并于唐玄宗开元二十九年（741年）奉旨赴斯里兰卡和印度学习密教法门、收集密教经典。于天宝五年（746年）回到长安，并得到唐玄宗的支持，"于内建立道场，所赉梵经尽许翻译"。但天宝八年（749年）又被勒令回国，

---

[1] [唐]圆照集：《代宗朝赠司空大辨正广智三藏和上表制集》卷2，《大正新修大藏经》第52册，第841页下。

[2] 海波、赵万峰：《唐代政权与文殊菩萨信仰的互动》，《宗教学研究》2011年第4期。

但因"路次染疾，不能前进，寄止韶州"。在此期间，不空"日夜精勤，卷不释手，扶疾翻译，为国为家"。在韶州四年后，天宝十二年（753年），唐玄宗应哥舒翰之请，诏命不空西行河西。不空一行于天宝十三年（754年）到达武威，住于武威开元寺，并在哥舒翰的支持之下翻译了《金刚顶一切如来真实摄大乘现证大教王经》（三卷）、《菩提场所说一字顶轮王经》（五卷）、《一字顶轮王瑜伽经》（一卷）、《一字顶轮王念诵仪轨》（一卷）。天宝十四年（755年），虽然随着安史之乱的爆发，不空在武威的弘法活动随之中断，但也正是由于安史之乱的影响，不空在唐朝的处境发生了重大的转折。其后的肃宗、代宗二朝，都对不空礼敬有加，特别是唐代宗时期，在代宗的大力支持之下，不空的传法、译经活动达到了巅峰时期，不空译经中的多数经典就翻译于这一时期。笔者为了行文的完整性，故将不空所译经典都置于此处讨论。据《贞元新定释教目录》卷十一《总集群经录》（上）中统计，不空于唐玄宗、肃宗、代宗三朝翻译佛经一百一十一部，共一百四十三卷。其中与文殊菩萨有关的经典有《金刚顶瑜伽文殊师利菩萨经》《五字陀罗尼颂》《曼殊室利童子五字瑜伽法》等20部，共33卷。内容涉及金刚顶类密典、由瑜伽改编的经法系密典、陀罗尼密典及大乘显教经典[①]。

（1）金刚顶类密典。主要为《金刚顶瑜伽文殊师利菩萨经》，该经与金刚智所译的《金刚顶曼殊室利五字心陀罗尼品》一样，主要宣说了文殊菩萨五字真言阿、啰、跛、者、曩五字的含义及其仪轨。经中称："阿字者乐欲菩提义、啰字者深著不舍众生义、跛字者第一义谛

[①] 左金众：《2—8世纪中土密教的发展与文殊信仰》，《五台山研究》2016年第3期。

义,者字者妙行义、曩字者无自性义。乐欲菩提,不舍众生,深入第一义谛中行,修习诸法,无有自性。"①而其仪轨则为"于曼荼罗中,画文殊师利五髻童子形状,身如郁金色,种种璎珞,庄严其身。右手把金刚剑,左手把梵夹,坐于月轮中,于月轮四面,周旋书五字陀罗尼。阿阇梨对于此坛,结金刚剑印念诵,时文殊师利加持此阿阇梨,即得无碍辩才,仍为现身。一一解释此陀罗尼甚深义理。"如此修行,"念诵数满一俱胝离诸苦恼;满二俱胝遍五无间等一切罪障永尽无余;三俱胝证悟一切诸三昧门;四俱胝遍获大闻持;五俱胝遍成阿耨多罗三藐三菩提。"与《金刚顶曼殊室利五字心陀罗尼品》相比,该经除智慧解脱功能外,还增加了消灾的功能。其他两部经典与密教文殊信仰有关的《金刚顶超胜三界经说文殊五字真言圣相》《五字陀罗尼颂》也属于"文殊五字陀罗尼"经典,内容相近,故此处不再赘述。

(2)由瑜伽改编的经法系密典。主要有:《大乘瑜伽性海曼殊室利千臂千钵大教王经》(十卷);《曼殊室利童子五字瑜伽法》(一卷);《大方广曼殊室利童真菩萨华严本教赞阎曼德迦忿怒王真言阿毗遮噜迦仪轨品》(一卷);《圣贺野纥哩缚大威怒王立成大神验供养念诵仪轨法品》(二卷);《大乘方广曼殊室利菩萨华严本教阎曼德迦忿怒王真言大威德仪轨品》(一卷);《圣阎曼德迦威怒王立成大神验念诵法》(一卷);《大圣曼殊室利童子五字瑜伽法》(一卷);《金刚顶经瑜伽文殊师利菩萨供养仪轨》(一卷);《金刚顶经瑜伽文殊师利菩萨法》(一卷);《金刚顶三界经说文殊师利菩萨秘密心真言》(一卷);《金刚顶瑜伽文殊师利菩萨仪轨供养法》(一卷)。这些经典的一个非常重要的特色就

---

① [唐]不空:《金刚顶经瑜伽文殊师利菩萨法》,《大正新修大藏经》第20册,第705页中。

是经中都会详细描述修持文殊密法所得的利益，虽然不同经典、念诵的遍数不同、所获得的功德和利益亦不相同，但是护持佛法、拥护国王、保护国土、令民安乐是这些经典的共同目标和追求。

（3）陀罗尼经典。主要为《文殊师利菩萨及诸仙所说吉凶时日善恶宿曜经》，该经又名《文殊诸仙说吉凶时日宿曜经》。全经两卷，共八品，依次为：宿曜历经序分定宿直品第一、宿曜历经序日宿直所生品第二、宿曜文殊历序三九秘宿品第三、宿曜历经七曜直日品第四、宿曜历经秘密杂占品第五、宿曜历经序黑白月分品第六、宿曜历经序名善恶品第七、宿曜历经七曜直日历品第八。经中通过文殊与七曜、二十七宿及十二宫所代表的吉凶、具体运用的说明，是印度占星术和中国星宿信仰的一种结合。

（4）大乘经典。一为《文殊问经字母品》一卷，经名又称《文殊问经》《字母品》《文殊师利问字母经》。该经是对梁僧伽婆罗所译的《文殊师利问经》第十四品《字母品》的节译。经中主要记述了释迦牟尼佛向文殊菩萨解说了五十个悉昙梵字的含义，"一切诸法，入于字母及陀罗尼字"[1]。二为《文殊赞法身礼》一卷，据经中序言记载，该经翻译于唐永泰元年（765年），"特奉恩命。令集上都义学沙门良贲等一十六人，于内道场翻《仁王护国般若》及《大乘密严》等经毕，愿赞扬次于至觉冀介福于圣躬。窃见《大圣文殊师利菩萨赞佛法身经》，据其梵本有四十一礼，先道所行但唯有十礼，于文不备，叹德未圆，恐乖圣者恳诚，又阙群生胜利。不空先有所持梵本，并皆具足今译流传庶裨弘益，其余忏悔仪轨等如旧本。"[2]全经以偈颂的形式对如来法身

---

[1] ［唐］不空译：《文殊问字母品》，《大正新修大藏经》第14册，第509页中。
[2] ［唐］不空译：《大圣文殊师利赞佛法身礼》，《大正新修大藏经》第20册，第936页下。

种种功德、清净庄严进行了称颂。

这些经典多翻译于唐代密教兴盛之后，所述内容不仅详细地描述了文殊菩萨的具体形象、仪轨及供养功德等，而且也具有极强的可操作性。可以"通过一系列详细严谨的画像法、观想法、供养法、念诵法，步骤分明地指导修行者如法实践，以获得小到个人业障的消除、增福添慧，所愿皆成；大到护佑国家乃至整个世间"[①]的实际利益。这些经典的翻译标志着文殊信仰开始从一种智慧解脱型信仰向智慧解脱及救难、消灾、镇国型信仰的转变，为新样文殊信仰的传播奠定了理论基础。

2.本土撰述。上文中提到佛教经典是佛教在我国流传的基础，而本土撰述是我国佛教僧俗信众对佛教经典的真实理解。唐代宗时期与文殊信仰关系最为密切的本土撰述是澄观所撰的《大方广佛华严经疏》等关于《华严经》的疏释。澄观出家后，从唐肃宗乾元（758—759年）之后用了近二十年的时间"遍寻名山，旁求秘藏"，游学南北，"几乎涉猎了当时全国范围内流传的各种经律论典籍，接触了当时禅教律各派的著名僧人。"[②]"遂翻习经传子史，小学苍雅，天竺悉昙，诸部执异，四围五明，秘咒仪轨，至于篇颂笔语书纵，一皆博综，多能之性，自天纵之。"[③]而这种经历，为他撰写《华严经疏》奠定了基础。大历十一年（776年）澄观游历五台山，其后又去了峨眉山，"却还五台，居大华严寺，专行方等忏法"。并开始了其生平最重

[①] 许栋、许敏：《新样文殊中的于阗王及其相关问题研究——以敦煌发现的新样文殊图像为中心》，《吐鲁番学研究》2016年第1期。

[②] 魏道儒：《中国华严宗通史》，南京：江苏古籍出版社，2001年，第185页。

[③] [宋]赞宁撰，范祥雍点校：《宋高僧传》北京：中华书局，1987年，第105页。

要的阶段,即在五台山地区讲经和著述时期。在五台山大华严寺寺主贤林和该寺都供养主智颙的支持下,于唐德宗兴元元年(784年)正月开始著述,到贞元三年(787年)完成。其后他曾在五台山、太原及长安等地讲解其新著,并参加了"四十华严"的翻译工作,而且笔耕不辍,不断有新的注疏问世,故被称为"华严疏主"。

澄观的著述中与五台山文殊信仰关系密切的内容主要集中在以下两个方面:

1.进一步证明五台山即是《华严经》中的"清凉山"。虽然在菩提流志所译的《文殊师利宝藏陀罗尼经》、慧祥的《古清凉传》及法藏的《华严经传记》中已经称五台山即为"清凉山"。但是澄观在《华严经疏》中将五台山的五台与密教中文殊的五髻结合在一起,对五台山与"清凉山"的关系进行阐释,《疏》中称:"清凉山即代州雁门郡五台山是也。于中现有清凉寺,以岁积坚冰,夏仍飞雪,曾无炎暑,故曰清凉。五峰耸出,顶无林木,有如垒土之台,故曰五台。表我大圣五智已圆,五眼已净,总五部之真秘,洞五阴之真源,故首戴五佛之冠,顶分五方之髻,运五乘之要。清五浊之灾矣。"其在《大方广佛华严经随疏演义钞》中又对这段话进行了详细的解释:"《疏》表我大圣下,第二彰其所表,多出《金刚顶瑜伽》,亦有以理推析。言大圣者,即文殊也。……言五智者,若准佛地经论,五法摄大觉性,谓四智菩提,一、真法界,名清净法界智,故成五智。二、五眼可知。三、言五部者:一佛部,二金刚部,三宝部,四莲华部,五羯磨部,一切诸天真言皆属宝部,诸鬼神真言属羯磨部。四、五阴者即我五阴,表是五台中有大觉,即不动智佛妙慧自在,即是文殊五言,首戴五佛之冠者。……六复常有五髻,然五义类例大同,谓当中髻即中台,表毗卢遮那佛居，是佛部主，法界清净智，亦佛眼也。其东一髻，即是东台，是阿閦佛居，为金刚部主，是大圆镜智，即是慧眼。其南一髻，即是南台，宝生如来所居，是宝部主，是平等性智，即是天眼。其西一髻，即是西台，阿弥陀如来所居，是莲华部主，即妙观察智，即是法眼。其北一髻即是北台，不空成就如来所居，是羯磨部主，是成所作智，即是肉眼。……"①从这段引文可见，澄观在《大方广佛华严经随疏演义钞》中引入密教义理，并加以发挥，将五台山之五台与当时流行的密教义理相结合，进一步为五台山作为文殊道场提供了的依据。

2.在融合李通玄学说的基础上，提出了"三圣圆融观"，对文殊信仰的发展产生了重要的影响。在其所撰的《三圣圆融观门》一文中在华严圆教义理的基础上，吸收了李通玄的观点，解释了华严三圣的关系。文中称："三圣者：本师毗卢遮那如来，普贤、文殊二大菩萨是也。大觉应世，辅翼尘沙，而《华严经》中，独标二圣为上首者，托以表法，不徒然也。"②接着他从相对明表和相融显融两个方面，对文殊、普贤二圣表法之间的关系进行了探讨。其中所谓"相对明表"，"就是在普贤、文殊的对应之中确定二菩萨所表之法的不同"③。澄观以"能信、所信相对""解、行相对""理、智"相对三种对应关系进行了解释。虽然普贤、文殊二圣所表的法门有三个层次，但是这三个层次之间是相互融通的，即"相融显圆"。通过澄观的"三圣圆融"思想的发挥，"佛教界确立了对'华严三圣'的信仰和崇拜：上智者固可以欣赏其理论思辨的精微和玄妙，下愚者也可敬畏其无所不包、无所

---

① [唐]澄观：《大方广佛华严经疏演义钞》卷76，《大正新修大藏经》第36册，第600页中、下。
② [唐]澄观：《三圣圆融观门》，《大正新修大藏经》第45册，第671页上。
③ 韩焕忠：《清凉澄观的三圣圆融观》，《五台山研究》2007年第1期。

不能的广大神通。华严一乘圆教由此获得了接通禅观与草根的捷径"①。其后，澄观的弟子宗密继承了其师的观点，在其所撰的《缘觉道场修证仪》中称布置坛场时："当中置卢舍那像，两畔置普贤、文殊像，是为三圣。"②可见澄观的"三圣圆融"思想对华严三圣造像的形成与流传产生的重要的影响。

(三)民间文殊信仰的特点

由于上述思想的影响及统治者对五台山文殊信仰的支持，民间也出现了巡礼五台山的热潮。其中影响较大的有：

1.无著禅师。《宋高僧传》卷二十《无著传》中称："释无著，永嘉人也。识度宽明，秉操贞确。留神大道，约志游方，抵于京师云华寺，就澄观法师研习《华严》之教。凡诸经论，志极旁通，然于华藏海，终誓遨游。以大历二年（767年）入五台山，肆欲观圣人之境界。五月，到华严寺挂锡，始於堂中啜茶。见老僧寝陋据北床。问曰：'子从南方来，还赍数珠请看。'著乃躬度之。回视之间，失僧之所。于时神情悦恍，疑喜交生，曰：'昔僧明入此，睹石臼木杵，后得入圣寺获见圣贤。我愿止此，其为快乎！'次由般若经楼见吉祥鸟，蒨羽毛绚，双飞于顶上，望东北鼓翼而去。明日有白光两穗，入户悠飏，少顷而灭。同房僧法等见而惊怪，言曰：'此何祥也？愿期再现，断众生疑。'寻睹光如前。因往金刚窟，望中致礼，方坐假寐，闻叱牛三声云：'饮水。'一翁古貌环形，服粗短褐，曳麻履，巾裹甚异。……曰：'师若昏沉，可去啜煮茶乎？'翁指东北，见精舍距数步余翁牵牛前行，著躞蹀而随。至寺门，唤均提三声，童子应开阖，……临行拊

---

① 韩焕忠：《清凉澄观的三圣圆融观》，《五台山研究》2007年第1期。
② [唐]宗密：《圆觉经道场修证仪》卷1，《大正新修大藏经》第74册，第379页上。

背曰：'好去。'著再折腰，与童子骈肩齐步，至金刚窟前，问童子：'此何伽蓝，不悬题额？'童子指金刚窟反问著云：'伊何窟乎？'曰：'先代相传，名金刚窟。'童子曰：'金刚下有何字？'著惟忖少选曰：'金刚下有般若。'童子唍尔，'适入者般若寺也。'……恍惚之间，童子及圣寺俱灭，唯见山林土石。悢悢盈怀，歔欷不已，叹曰：'绪言余论，若笙镛之末响，犹在乎耳。'谛观山翁立处，有白云冉冉涌起，去地寻常许，变成五色云霓，……俟见汾州菩提寺主僧修政等六人，相将还至窟前作礼。忽闻山石头振吼，声如霹雳，诸僧奔走，良久，寂无所睹，著遂陈遭遇，六人悔责不见圣容，咫尺绵邈知罪障之屏翳欤！著遂隐此山而终。"①

2. 法照禅师。《宋高僧传》卷二十一《法照传》中称："释法照，不知何许人也。大历二年（767年），栖止衡州云峰寺，勤修不懈。於僧堂内粥钵中，忽睹五彩祥云，云内现山寺。寺之东北五十里已来有山，山下有涧，涧北有石门，入可五里有寺，金榜题云'大圣竹林寺'虽目击分明，而心怀隙获。他日斋时，还于钵中五色云内现其五台诸寺，尽是金地，无有山林秽恶，纯是池台楼观，众宝庄严，文殊一万圣众而处其中，又现诸佛净国。食毕方灭，心疑未决。归院问僧，还有曾游五台山已否？时有嘉延、昙晖二师言曾至，言与钵内所见一皆符合，……六月二未时，遥见祥云弥覆台寺，云中有诸楼阁，阁中有数梵僧，各长丈许，执锡行道。衡州举郭离咸见弥陀佛与文殊、普贤一万菩萨俱在此会，其身高大。见之者皆深泣血设礼，至酉方灭。照其日晚于道场外遇一老人，告照云：'师发愿往金色世界，奉

---

① [宋]赞宁撰，范祥雍点校：《宋高僧传》，北京：中华书局，1987年，第508—510页。

观大圣，今何不去？'照怪而答曰：'时难路艰，何可往也？'老人言：'但亟去，道路固无留难。'言讫不见。……至八月十三日，于南岳与同志数人惠然肯来，果无沮碍，则五年四月五日到五台县，……见一道光从北山下来射照，照忙入堂众云：'此何祥也？吉凶焉在？'有僧答言：'此大圣不思议光，常答有缘。'照闻已，即具威仪，寻光至寺东北五十里间果有山。山下有涧，涧北有一石门，见二青衣，可年八九岁，颜貌端正，立于门首，一称善财，二曰难陀。相见欢喜，问讯设礼，引照入门，向北行五里已来，见一金门楼。渐至门所，乃是一寺。寺前有大金榜，题曰大圣竹林寺，一如钵中所见者。……照入至讲堂中，见文殊在西，普贤在东，各据师子之座，说法之音，历历可听。文殊左右菩萨万余，普贤亦无数菩萨围绕。照至二贤前，作礼问言：'末代凡夫，去圣时遥，知识转劣，垢障尤深。佛性无由显现，佛法浩瀚，未审修行於何法门，最为其要？唯愿大圣断我疑纲！'文殊执言：'汝今念佛，今正是时。诸修行门，无过念佛，供养三宝，福慧双修，此之二门，最为径要。所以者何？我於过去劫中因观佛故，因念佛故，因供养故，今得一切种智。是故一切诸法般若波罗蜜甚深禅定，乃至诸佛，皆从念佛而生。故知念佛，诸法之王，汝当常念无上法王，令无休息。'照又问：'当云何念？'文殊言：'此世界西有阿弥陀佛，彼佛愿力不可思议，汝当继念，令无间断，命终之后，决定往生，永不退转。'说是语已，时二大圣各舒金手，摩照顶为授记别：'汝已念佛，故不久证无上正等菩提。若善男女等愿疾成佛者，无过念佛，则能速症无上菩提。'……洎十三日，照与五十余僧同往金刚窟，至无著见大圣处，虔心礼二十五佛名。照礼才十偏，忽见其处广博严净，琉璃宫殿，文殊、普贤一万菩萨及佛陀波利居在一处。照见已，惟自庆喜，随众归寺。其夜三更，於花严院西楼上忽见寺东山半有五圣灯，其大方尺余。照咒言'请分百灯归一畔'，便分如愿。重谓'分为千炬'，言讫便分千数，行行相对，遍於山半。又更独诣金刚窟所，愿见大圣，三更尽到，见梵僧称是佛陀波利，引之入圣寺，语在《觉救传》。至十二月初，遂於华严寺花严院入念佛道场，绝粒要期，誓生净土。……自后照又依所见化竹林寺题额处，建寺一区，庄严精丽，便号竹林焉。又大历十二年九月十三日，照与弟子八人于东台睹白光四，次有异云氤氲。云开，见五色通身光，光内有圆光红色，文殊乘青毛师子，众皆明见，乃霏微下雪及五色圆光遍於山谷。其同弟子，纯一、惟秀、归政、智远、沙弥惟英、优婆塞张希俊等。照后笃巩其心，修练无旷，不知其终。张州兵掾王士詹述《圣寺记》云。"[1]

从上述无著与法照禅师的记载来看，唐代宗时期，五台山文殊信仰在前期发展的基础上，特别是官方的大力支持之下，其影响范围突破了关中、并州一带，变成了一种全国性的菩萨信仰，五台山作为文殊道场成为佛教界的一种共识，该山中的种种圣迹、灵瑞也由唐初政治色彩明显、象征统治者统治有序、政治清明的祥瑞，变成了文殊菩萨在山中的显化、是文殊菩萨答有缘人的一种信物。从无著传中老人"山外求粮……用在台山"的一事可以窥探出由于五台山是"大圣栖真之所"，与前期相比到五台山巡礼的人数大为增加。这一时期，僧俗信众在五台山巡礼时已不再仅仅满足于见到白狐、白鹿、五色云等，而是希冀于入化寺，并亲见文殊真容。并以此提高自己在僧俗信众中的地位，或借此增强其所宣扬法门的正统性和权威性，最终实现广延信

---

[1] [宋]赞宁撰，范祥雍点校：《宋高僧传》，北京：中华书局，1987年，第538—542页。

众的目的。所以他们不仅是五台山作为文殊道场而产生出众多灵瑞事件的接收者,也是新的灵瑞事件的编撰者,甚至其自身最终也变成了圣迹故事的一部分而被广泛传播。如法照的事迹就被编入了《五台山赞》中,并被广泛传播。 敦煌文献S.0370/2—3《五台山赞》就是在法照事迹的基础上演变而来的:"梁汉禅师出世间,弥陀佛。远来巡礼五台山,各念恒沙佛。白光引入金刚窟,得见文殊及普贤。普贤身中有宝珠,光明显照遍身躯.减割少多将布施,即问众生须不须。如来圣化五台山,恒沙菩萨结因缘。坐禅起居一束草,不羡聚落万重氈。东台香烟绝不断,西台解脱亦如然。南台脚下金刚水,东台顶上玉华泉。北太毒龙常听法,雷风闪电隐山泉。不敢与人为患害,尽是龙神集善缘。故寺元无客,房房尽没僧。五更风扫地,夜半月然灯。五台山上埵花,和尚摘来染袈裟。染得袈裟紫檀色,愿我众生□□□□。山中行化是文殊,普贤菩萨亦同居。每日花光云中现,□□圣众理真□。□台说法证须臾。(后缺)"①而这些新出现的化现故事,由于主人公为现实中的僧人,与虚无缥缈的"钟声""佛光"相比,给人一种更加真实的感觉,促进了五台山圣山化的进程,也将中土文殊信仰推向了一个高峰。

(四)文殊图像的发展

唐代宗时期,随着五台山文殊信仰的发展,在传统华严三圣造像、维摩诘经变流传的同时,又演化出五台山图、千臂千钵文殊像及新样文殊造像三种新的、具有明显本土化的与文殊信仰、与五台山有关的图像。这些图像的出现,一方面是五台山文殊信仰发展的表现,

---

① 中国社会科学院历史研究所等合编:《英藏敦煌文献》第二卷,成都:四川人民出版社,1990年,第159—160页。

另一方面也推动了五台山文殊信仰向周边地区的流传，在中国佛教美术史上曾产生过重要的影响。

1. 五台山图。"五台山图是指描绘五台山自然地理、佛教寺院以及文殊菩萨在五台山中显化种种灵异圣迹的佛画，是有唐以来五台山文殊信仰日炽月热、影响不断扩大的表现。"[①]图中不仅描绘了五台山中的自然、地理环境、寺院建筑及僧俗信众在五台山中的种种活动，其中更重要的在表现五台山中种种灵异圣迹，是五台山文殊信仰不断发展的产物。该图的出现与武则天时期官方组织的巡礼五台山的活动有密切的关系。

据慧祥的《古清凉传》中称，唐高宗龙朔年间（661—663年），长安会昌寺沙门会赜一行曾多次在五台山中"检行圣迹"。其中所谓的圣迹就是祥瑞，上文中提到唐代的相关规定："诸祥瑞，若麟、凤、龟、龙之类，依图书，大瑞者即随表奏，其表惟言瑞物色目及出处，不得苟陈虚饰，告庙颁下后，百官表贺。其诸瑞并申所司，元日以闻。其鸟兽之类有生获者，放之山野，余送太常。若不可获及木连理之类，有生即具图书上进。诈为瑞应者徒二年。若灾祥之类，史官不实对者，黜官三等。"[②]所以为了向朝廷汇报，此次活动的随行画师张公荣就绘制了五台山的"山图"。其后会赜以此"山图"为底本作"小帐"，并根据其在五台山中所见、所闻、所感撰《略传》一卷。虽然目前"山图"、"小帐"及《略传》早已佚失，但是我们仍可以推测山图可能就是会赜一行向武则天奏报的祥瑞图，"小帐"的形式虽不清楚，

---

① 许栋:《论早期五台山图的底本来源——以敦煌壁画中的五台山图为中心》,《社会科学战线》2013年第1期。

② [宋]王溥撰:《唐会要》,上海:上海古籍出版社,1991年,第618页。

但其内容也应是五台山中的种种"圣迹",而《略传》可能就是对这些"圣迹"的文字说明。而"小帐"和"略传"应该就是最早的五台山图和五台山传。

此后,这类图像作为一种佛教艺术题材,随着五台山文殊信仰的流传而传播到全国各地。现存最早的、可以确定的关于五台山图的记载见于清人陆增祥所编辑的《常山贞石志》中,该书中所收录的《开元寺三门楼石柱刻经造像并柱主题名》中称:"右图并题字颇多漫漶,其中刻状如邱陇者五,各案其所在之方位题之曰某台图,左右上方各有所图,其状莫辨,右题菩萨□君,左题菩萨□手,第三字皆泐,疑是《五台山图》也。"从《开元寺三门楼石柱刻经造像并柱主题名》中所出现的武周新字及官员职位等来看,该门楼应建于武周时期,门楼上所刻画的图案中就有五台山图。

安史之乱后,随着唐代宗及不空的对五台山文殊信仰的推崇,五台山文殊信仰逐渐传播到全国各地,五台山图之影响也随之扩展到全国各地。在敦煌莫高窟、炳灵寺石窟、柏孜克里克石窟中的中晚唐及五代、西夏时期的洞窟中都绘制了五台山图。其中现存中唐时期的五台山图主要集中在敦煌莫高窟中,莫高窟第222窟、159窟、237窟、361窟、144窟中都保存了当时绘制的五台山图。虽然这些图像绘制于敦煌落蕃时期,但其粉本来自中原地区,《旧唐书》及《册府元龟·外臣部》中就有关于唐长庆四年(824年),吐蕃遣使求《五台山图》的记载:"穆宗长庆四年九月甲子,灵武节度使李进诚奏,吐蕃遣使求《五台山图》。山在代州,多浮图之迹,西戎尚此教,故来求之。"[1]敦

---

① [北宋]王钦若等编:《册府元龟·外臣部·请求》卷九九九,中华书局,1960年,第11724页。

煌莫高窟中现存最早的《五台山图》为莫高窟第222窟中的《五台山图》，该窟开凿于吐蕃统治敦煌早期，其时间远远早于唐穆宗长庆四年，所以笔者推测《五台山图》产生之后，其内容在不断地丰富，故其粉本也在不停地变化，故唐长庆四年，吐蕃遣使求《五台山图》可能就是为了求取"新本"《五台山图》的一次活动。从敦煌莫高窟中现存的中唐时期的《五台山图》来看，虽然这一时期的《五台山图》内容较为简单，但是从整体来看四幅《五台山图》的构图要素虽然表现一种由少向多的发展态势，"但并非在原图基础上逐渐增加情节绘制，而是每一幅在具体细节的选择上都相对独立。"[①]这一情形可以佐证上述笔者的推测。

虽然这些五台山图的构图要素及风格各异，但其主题都是为了彰显文殊及五台山的神异圣迹，故一方面此类图像与文殊变有着密切的联系，其中在石窟中很多五台山图本来就是作为文殊变的组成部分出现的；另一方面五台山是此类图像表现的最主要的内容，图中不论是吉祥鸟、化桥、瑞兽、佛头等灵异圣迹，还是僧侣、居士、佛塔、寺院等现实场景，都是围绕着五台山展开的。图像绘制者的目的就是通过这两个方面，共同在壁画上将五台山塑造成了一个文殊菩萨显化的"神圣空间"。而通过复制、礼拜该图就可以获得与巡礼五台山相同的功德。如清代格隆龙住在《五台山圣境全图》中称："此五台山一小山图，未能尽其详细，四方善士凡朝清凉圣境及见此山图，闻讲菩萨灵验妙法者，今生能消一切灾难疾病，享福享寿，福禄绵长，命中之后，生于有福之地，皆赖菩萨慈化而得也。……如有大发慈心，印此

[①] 赵晓星：《吐蕃统治时期传入敦煌的中土图像——以五台山图为例》，《文艺研究》2010年第5期。

山图者，则功德无量矣。"①此外，对统治者而言，"五台山信仰源于为文殊菩萨在中国寻找新道场的努力。更进一步，它源自将中国塑造成新的世界中心的周密而复杂的计划——名义上只是佛教的中心，实则是文化、军事、经济和政治权力的世界中心。"②所以晚唐五代及宋初，辽、金、西夏地区都建立了自己的"五台山"，"其用意不完全都是宗教的，而是包含着与宋朝统治者争夺东亚霸权的深沉用意"③。而曹氏归义军时期曹元忠在莫高窟第61窟中所绘制的大型五台山图，就是以一种"叙事性的图解"寓意文殊道场——五台山④，其实质可能就是通过这幅大型的五台山图来打造敦煌自己的五台山，不仅有祈求文殊菩萨镇国、消灾的意蕴，而且也有在"四面六蕃围"的环境中，强调自己的中心地位的目的。

2.千臂千钵文殊像。"大约在中唐，伴随着五台山文殊信仰的兴盛，敦煌莫高窟壁画中出现了一种我们看似熟悉但却又陌生的图像——千臂千钵文殊像。"⑤现存的千臂千钵文殊像主要集中在敦煌莫高窟中，据孙晓岗统计，敦煌莫高窟现存千臂千钵文殊像十七铺⑥，属于中唐时期的有五铺：莫高窟第238窟、第258窟、第288窟、第360窟、第361窟。其中，莫高窟第361窟中的，"文殊主体部分一面四臂，其中两臂当胸，右手托佛钵，钵中有坐于须弥山上的释迦佛，左

---

① 吴寒：《世俗与神圣之间：国图藏佛教名山舆图的时空构建与人文意蕴》，《文献》2020年第3期。
② 陈金华：《佛教与中外交流》，上海：中西书局，2016年，第16页。
③ 陈金华：《佛教与中外交流》，上海：中西书局，2016年，第16页。
④ 邹清泉：《敦煌壁画〈五台山图〉新考——以莫高窟第61窟为中心》，《艺术史研究》2014年第2期。
⑤ 惟善：《千臂千钵文殊图像探析》，《世界宗教文化》2017年第2期。
⑥ 孙晓岗：《文殊菩萨图像学研究》，兰州：甘肃人民美术出版社，2007年，第29页。

手做安慰印。另外两臂置于腹前，双手托钵，钵中佛像与上同。文殊头戴宝冠，冠上化佛，头后有圆形但顶部有尖的头光，身披璎珞、天衣，背后为千钵手，最里面两层的托钵手臂画得比较写实，钵中释迦像均与前钵同，余者均简化处理，仅画出佛钵及托钵手。"①

关于该图像的来源，吕建福先生在《千钵文殊的产生及其影响》一文中称："千钵文殊形象可以说是密教五髻文殊同《梵网经》及《华严经》卢舍那莲花台藏世界、五台山文殊信仰有机结合起来的产物，表现了密教、华严、五台山文殊信仰三种思想的高度统一。"②在莫高窟中，千臂千钵文殊像往往与千手千眼观音像相对而出。而千手千眼观音的形象出现时间较早，可能是受到了千手千眼观音形象的启发，安史之乱后，随着文殊信仰的兴盛，在密教中文殊菩萨不再仅仅是智慧的象征，也被赋予了种种消灾、救难、护国、护王的功能，故当时的人们可能是借鉴了千手千眼观音的形象，在此基础上塑造了千手千钵文殊的形象。其中，关于文殊菩萨手中所持的钵所表达的含义，中国人民大学的学者惟善以《佛说放钵经》为切入点，认为文殊手中的佛钵是佛法传承的象征。而李静杰先生在《佛钵信仰、佛法思想及图像》一文中，指出佛钵除了作为佛法传承的象征之外，尚有护法之意蕴。那么在综合上述几位学者观点的基础上，笔者以为千臂千钵文殊形象中，既表达了密教文殊信仰的内涵，也是当时中国佛教界利用五台山文殊信仰，克服中国"边地"情节的一种表现。其中关于密教文殊信仰的内涵，古正美、吕建福及日本学者已经有较多的讨论，故笔者在此不再赘述。而中国佛教界利用千臂千钵文殊造像，塑造中国为

---

① 惟善：《千臂千钵文殊图像探析》，《世界宗教文化》2017年第2期。
② 吕建福：《千钵文殊的产生及其影响》，《五台山研究》1994年第3期。

佛教世界中心的观点则是笔者首次提出，故在此有必要做进一步的阐释。

众所周知，佛教是一种形成于印度的宗教，且佛教传入中国之时，在印度本土已经形成了一套完整的佛教典章制度，"较之中土佛教律仪之破碎，真是判若云泥"①。所以在古代的很长一段时间内，中国佛教界一直以印度为佛教的中心。据《法显传》中记载，他本与同伴道整一起西游印度，但"道整既到中国，见沙门法则，众僧威仪，触事可观，乃追叹秦土边地众僧，戒律残缺。誓言自今已去，至得佛愿，不生边地。故遂停不归。法显本心欲令戒律流通汉地，于是独还"②。道宣在《续高僧传》称玄奘法师初至伽耶山时，"不觉闷绝。良久苏醒，历睹灵相。昔闻经说，今宛目前。恨居边鄙，生在末世。不见真容，倍复闷绝。"③但是到了隋唐时期，随着中国近四百年的南北分裂的结束，中国的国力逐渐增强，亚洲乃至整个秩序随之也发生了变化，特别是唐朝鼎盛时期，中国是当时世界的第一强国。而对中国佛教信众而言，随着佛教在中国近八百年的传播，中国的佛教界已经形成了一套完整的佛教理论，而且从玄奘法师在印度时的种种经历来看，当时中国僧侣对佛教义理的理解并不输于印度僧侣，甚至有超过的趋势，再加上受儒家传统的中华中心论等思想的影响，所以唐代中国佛教界在克服边地情结的同时，产生了一种将中国塑造为佛教中心的情愫，其中五台山文殊信仰是这种情愫表达的一个重要环节。

---

① 陈金华：《佛教与中外交流》，上海：中西书局，2016年，第9页。
② [东晋]沙门释法显撰，章巽校注：《法显传校注》，北京：中华书局，2008年，第120页。
③ [唐]道宣：《续高僧传》卷4，《大正新修大藏经》第50册，第451页上。

按照佛教经典中的相关内容,"佛教经过正法(或云五百年)、像法(或云一千年)、末法(或云一万年)三个阶段,末法阶段佛法衰微直至灭亡。"①其中,由于我国南北朝时期战乱频繁、民不聊生的社会现实及北朝历史上的两次灭佛等原因,末法思想在北朝及隋唐时期都对中国佛教界产生过重要的影响,甚至有"昔魏太武毁佛之辰……即是法末"②的说法,南岳慧思曾在其所撰的《立誓愿文》中称:"我今誓愿持令为灭,教化众生至弥勒佛出。佛从癸酉年入涅槃后,至未来贤劫初,弥勒成佛时有五十六亿万岁。我从末法初始立大誓愿,修习苦行,如是过五十六亿万岁,必愿具足佛道功德见弥勒佛。"③从这段引文中我们可见慧思认为在末法之世,"进不值释迦出世,后复未蒙弥勒三会,居前后众难中。"④所以文殊作为"无佛时代"现世的一位大菩萨,由于五台山是推崇文殊信仰的主要基地,故也就随之被塑造成佛教世界的中心,成为中国、东亚乃至整个佛教世界僧俗信众心中的圣地。而形成于五台山文殊信仰浓厚气氛中的千臂千钵文殊形象,其手中的佛钵作为佛法的象征,由释迦之手转入文殊之手,可能就是佛教世界中心转移的一种象征。

3.新样文殊像。新样文殊造像的出现与安史之乱后唐朝复杂政局有着密切的关系。与传统的文殊造像相比,新样文殊不仅造像特征发生了变化,而且其表达的内涵也有了很大的不同。从其形成及发展过程来看,该造像是安史之乱后,唐代统治者为了能够重构中央权威,

---

① 李静杰:《佛钵信仰与佛法思想及其图像》,《敦煌研究》2011年第2期。
② [隋]费长房:《历代三宝纪》卷12,《大正新修大藏经》第49册,第107页中。
③ 慧思:《南岳大师立誓愿文》,《大正新修大正藏》第46页,第786页下。
④ 慧思:《南岳思大师立誓愿文》,《大正新修大正藏》第46页,第786页下。

而发展出的一种新的文殊信仰形式，并由此形成的一种新的造像模式。其内涵则为智慧解脱与护国护王的完美结合，信众礼拜此造像时不仅会给个人带来智慧解脱的福报，也是在为国家及君主祈福，所以该造像是代宗朝中央权威重构中一种特殊信仰的艺术表现，也是政教关系对艺术影响的典型代表。

此类造像被重视源于敦煌研究院的一次搬迁工作。1975年10月，当时的敦煌文物研究所将220窟重层甬道表层的西夏壁画进行了整体剥离、搬迁，露出底层完好的壁画。在新剥出的壁画中，位于甬道北壁正中的是一铺文殊变。与传统的骑狮造像不同，此处文殊造像中，狮子的驭者为一络腮胡，头戴红色风帽，足穿高毡靴的胡人形象，研究者根据其头侧的榜题"普劝受持供养大圣感得于阗……国王……时"，可知其身份为于阗王。其在该铺造像下方，有敦煌著名学者翟奉达的发愿文，愿文中称这铺文殊造像为"新样大圣文殊师利（菩）萨"为此类图像组合的定名提供了依据。也正因如此，这铺画像发现之后，学术界开始认识到骑狮文殊像有"新样"和"旧样"的区别，新样文殊图像逐渐引起了学者们的重视。与传统的骑狮文殊图像相比，此类图像的内容及表现形式虽然不完全一致，但其主要特征基本相同，即作为主尊的骑狮文殊和作为狮子驭者的于阗王是构成此类造像最重要的因素。

其中主尊骑狮文殊像沿用了传统文殊造像的样式，但作为狮子驭者的于阗王却是一种新的变化。关于新样文殊造像中于阗王的身份，由于文献资料的缺失，所以目前学术界尚无定论。但是有一种观点值得重视，即新样文殊造像中的于阗王就是毗沙门天王的化身。在唐代于阗王的另一个称号是毗沙都督，于阗国也被称为毗沙都督府，是唐朝的羁縻都督府。《旧唐书·地理志》载："毗沙都督府，本于阗国，……上元二年正月，置毗沙都督府。初管蕃州五，上元元年，分为十。"《唐会要》卷七三载："上元二年正月二十一日，其地为毗沙都督府，分为十州。"《大唐西域记》"瞿萨旦那"条称："王甚骁武，敬重佛法，自云毗沙门天之祚胤也。昔者，此国虚旷无人，毗沙门天子此栖止……其王迁都作邑，建国安人，功绩已成，齿耋云暮，未有胤嗣，恐绝宗绪。乃往毗沙门天神所，祈祷请嗣。神像额上，剖出婴孩，捧以回驾，国人称庆。既不饮乳，恐其不寿，录诣神祠，重请育养。神前之地忽然隆起，其状如乳，神童饮吮，遂至成立。智勇光前，风教遐被，遂营神祠，宗先祖也。自兹已降，奕世相承，传国君临，不失其绪。故今神庙多诸珍宝，拜祠享祭，无替于时。地乳所育，因为国号。"可见于阗国见过传说与毗沙门天王有着密切的关系，于阗王被认为是毗沙门天王的后裔，所以在于阗形成了完整的毗沙门信仰体系及图像系统。"这个系统后来又相继传播到敦煌，并由于阗、敦煌传到唐代西南边疆和唐代京洛地区。"[1]而在这一流传过程中，毗沙门天王作为战神的神格表现得异常突出。如《宋高僧传·不空传》中记载："天宝中，西蕃、大食、康三国帅兵围西凉府，诏空入，帝御于道场。空秉香炉，诵《仁王密语》二七遍，帝见神兵可五百员在殿庭，惊问空。空曰：'毗沙门天王子领兵救安西，请急设食发遣。'四月二十日果奏云：'二月十二日城东北三十里许，云雾间见神兵长伟，鼓角喧鸣，山地崩震，蕃部惊溃。彼营垒中有鼠金色，咋弓弩弦皆绝。城北门楼有光明天王怒视，蕃帅大奔。'帝览奏谢空，因敕诸道城

---

[1] 霍巍：《从于阗到益州：唐宋时期毗沙门王图像的流变》，《中国藏学》2016年第1期。

楼置天王像，此其始也。"①毗沙门信仰和文殊信仰都是由不空大力推崇的两种佛教信仰，很可能在这两种信仰的发展过程中，将与之相关的图像融合在一起以增强其护国护王的功能。

目前所知有确切纪年的最早的新样文殊图像位于山西省寿阳县阳摩山石窟西区第25号龛。据龛旁题记记载，该龛开凿于唐代宗大历二年（767年）。题记中称："唐国北京西界，山名阳摩，峰峰秀/巘，中有仙洞龙宫，有石室清池，众灵嵩之寺，岩/上有功德铭，云是往先大魏武定三年造，衣服/犹古，消变欲暗。至唐朝李家第八广平/皇帝，正天下，敢四海。奉则北京，姓辛名云/京，能正动乱，出将入相之日，县主姓秦名善/明，今古雅震，贤风三主，钦明是其世也。于此□/陉改为袈裟，画莲花台、方座，二大士普贤、文/殊，龛中观音、势至等诸大菩萨，盖及仙是其增/新。维大唐大历二年岁在丁未八月一日修尽功/毕。"可知该处新样文殊造像是辛云京于大历二年"入相"之时，其属下的寿阳县令秦广文为其祝贺而雕凿的。据两《唐书》及《金城郡王辛公妻李氏墓志铭》的资料记载，辛云京"祖籍兰州金城，客籍京兆，世为将家"②。安史之乱中，辛云京因军功逐渐崛起，成为朝廷倚重的军事将领。曾先后任北京都知兵马使、代州刺史、河东节度使、太原尹，并于大历二年被召回长安，任检校左仆射、同中书门下平章事，卒于大历三年。其死后，"代宗为发哀流涕，赠太尉，谥曰忠献。它日郭子仪、元载见上，语及云京，帝必泫然。及葬，命中使吊祠"③。而且在其死十年之后，其妻李氏由晋阳归葬长安时，唐代宗又

---

① [宋]赞宁撰，范祥雍点校：《宋高僧传》，北京：中华书局，1987年，第12页。
② [宋]欧阳修、宋祁撰：《新唐书》，北京：中华书局，1975年，第4750页。
③ [后晋]刘昫等撰：《旧唐书》，北京：中华书局，1975年，第4754页。

"诏赠肃国夫人,备物典策,及乎哀荣之义大者"[①]。可见辛云京与唐代宗关系之密切。观史料中关于辛云京的记载,其功勋并不显安史之乱中,故其为皇帝所倚重应是在叛乱平定之后。辛云京祖籍金城(今兰州),如果按籍贯划分的话,可以被归为出身河西陇右的将领。上文中,笔者曾提到河西陇右的将领与不空有着密切的关系,是不空宣扬五台山文殊信仰的重要支持者,上有所好,下必甚之,所以大历二年,辛云京"入相"之时,其属下的寿阳县令秦广文便为其雕凿新样文殊而祝贺。作为一种宗教艺术题材,新样文殊图像的本质就是新样文殊尊格和信仰内容在艺术中的表现。关于新样文殊菩萨的尊格和信仰,我们可以从敦煌莫高窟藏经洞发现的新样文殊版画愿文中一窥端倪。此类版画雕印于曹氏归义军时期,版画上方为新样文殊三尊像,下方为发愿文,愿文的内容为:"此五台山中文殊师利大圣真仪,变现多般,威灵叵测,久成正觉,不舍大悲。隐法界身,示天人相,与万菩萨住清凉山,摄化有缘,利益弘广。思惟忆念,增长吉祥,礼敬称扬,能满诸愿。普劝四众,供养归依,当来同证菩提妙果。"《文殊师利童真菩萨五字心真言》:阿上、啰、跛、左、曩。《文殊师利大威德法宝藏心陀罗尼》:"唵引、阿、昧、啰、吽引、佉、左、络。对此像前随分供养,冥心一境,专注课持,回施有情,同归常乐。"

这则愿文由两部分组成。第一部分为"劝请文",第二部分为《文殊师利童真菩萨五字心真言》和《文殊师利大威德法宝藏心陀罗尼》两则真言。其中,《文殊师利童真菩萨五字心真言》的内容为"阿上、啰、跛、左、曩"。唐代不空三藏在《金刚顶超胜三界经说文殊五字真

[①] 周绍良主编:《唐代墓志汇编》(下),上海:上海古籍出版社,1992年,第1809页。

言胜相》经中,对"阿上、啰、跛、左、曩"五字进行释义时称:"阿者是无生义;啰者清净无染、离尘垢义;跛者亦无第一义谛,诸法平等义;左者诸法无有诸行义;曩者诸法无有性相,说言文字皆不可得义①。"现藏于日本京都清凉寺、雕刻于宋代的新样文殊三尊像版画的愿文中则明确指出读诵此五字真言:"诸佛同演,为总持之首,乃秘密之宗。若诵遍如诵天下大藏经一遍。……若诵一遍,能除行人一切苦。若诵两遍,除灭亿劫生死重罪。若诵三遍三昧现前。若诵四遍总持不忘。若诵五遍,速成无上菩提。"②《文殊师利大威德法宝藏心陀罗尼》则为文殊菩萨八字陀罗尼,该陀罗尼出自武周时菩提流志所译的《文殊师利宝藏陀罗尼经》,经中称:"此八字大威德陀罗尼者,乃往过去无量百千亿恒沙诸佛所说。为拥护一切行十善国王,令得如意,寿命长远,福德果报,无比愈胜。诸方兵甲,悉皆休息,国土安宁,王之所有,常得增长。……若有男子、女人发心能忆诵此陀罗尼一遍者,既能拥护自身;两遍能护同伴;三遍能大拥护国王;……若诵四遍能拥护妻妾男女;若诵五遍拥护一切眷属;若诵六遍,能护一切城邑村坊;若诵七遍能护一切众生。若欲著衣之时,当著衣七遍,能除一切内外恶毒及诸灾难;若洗手面时当咒水七遍,能令一切众人生贵重心,所有诸恶人见者悉当降伏,自当敬重,日夜忆念,见即欢喜,心无舍离;若人患身体支节疼痛,咒暖水一百八遍,洗浴即得除愈……"③可见两种陀罗尼的侧重点并不相同。文殊菩萨五字陀罗尼虽

---

① [唐]不空三藏译:《金刚顶超胜三界经说文殊五字真言胜相》卷一,《大正新修大藏经》第20册,第709页中。

② 孙晓岗:《文殊菩萨图像学研究》,兰州:甘肃人民出版社,2007年,第61页。

③ [唐]菩提流支译:《文殊师利宝藏陀罗尼经》,《大正新修大藏经》第20册,第800页中。

也可以"除灭一切生死重罪",但主要强调的是文殊菩萨具有的智慧解脱功能。八字陀罗尼则主要宣扬文殊菩萨镇护国家、消灾免难的作用。版画中将两则咒语叠加使用,可能是出于强化真言力量的考量,凸显了新样文殊信仰既有智慧解脱的作用,也有镇护国家、消灾免难的功能。

综上所述,唐代宗时期,由于当时统治阶层的大力支持及以密宗为首的各宗僧人的共同推崇,五台山文殊信仰逐渐突破了地域的限制,成为一种全国性的菩萨信仰。而在当时浓重的五台山文殊信仰的气氛中,不仅巡礼五台山、崇拜文殊信仰的人数大量增加,而且在这种气氛又衍生一种"造佛运动",这一时期出现的五台山图、千臂千钵文殊像、新样文殊像都是在这种背景中出现的佛教艺术题材,而这些新出现的佛教艺术题材不仅是当时五台山文殊信仰内容的体现,是当时信众顶礼、崇拜的重要对象,而且随着这些图像的传播又促进了五台山文殊信仰的进一步发展。

二、晚唐、五代时期的文殊信仰

文殊信仰自两汉之际,随着佛教的传入而传入中国,至唐代宗时期最终成为一种全国性的菩萨信仰。虽然之后的唐朝统治者,再无人像代宗朝那样举全国推崇文殊信仰,但是由于文殊信仰已传播到全国各地,成为一种全民的共同信仰,影响遍及社会各个阶层。唐武宗时期,受会昌灭佛的影响,文殊信仰有过短暂的低潮,文殊信仰的中心五台山寺院毁坏、僧众逃散,但是由于文殊信仰已经深入人心,所以在宣宗即位之后,很快便又兴盛起来,"宣宗践祚,重兴寺院。敕五台诸寺,度僧五千"。《广清凉传》中的记载可能有夸大之处,但据《唐会要》卷四十八中记载,唐宣宗大中二年(848年)正月三日的敕文中就专门提到:"五台山宜置僧寺四所,尼寺一所。如有见存者,使令修饰,每寺度僧五十人。"[1]可见当时统治者对五台山的重视。由于五台山是文殊菩萨的道场,所以五台山佛教的复兴,可以说是文殊信仰复兴的标志。是故,晚唐、五代时期,文殊信仰的流传虽然有过一些曲折,但总的来说仍在不断流传,其内容也在不断的丰富。

(一)晚唐五代时期统治者与文殊信仰的关系。从相关史料来看,虽然这一时期的统治者(唐武宗统治晚期及后周世宗时期除外)仍继续支持五台山文殊信仰的发展,但是现存的资料较少,其中关于晚唐时期统治者支持五台山文殊信仰的资料,主要集中在日僧圆仁的《入唐求法巡礼行记》中。圆仁在该书中称,按照晚唐时的常例,皇帝"每年敕送衣钵香花等,使送到山,表施十二大寺:细紴五百领,绵五百屯,袈裟布一千端(青色染之),香一千两,茶一千斤,手巾一千条。兼敕供巡十二大寺设斋"[2]。故开成五年(840年)正月二日"颇好道术修摄之事"[3]的唐武宗已经继皇帝位,但他仍沿袭惯例,于同年六月六日送派使者到五台山送"衣钵香花等……表施十二大寺",并于六月十一日其诞辰之日,"敕于五台诸寺设降诞斋。诸寺一时鸣钟。最上座老宿五六人起座行香"[4]。由于文献的缺失,目前我们已经难以获知圆仁书中所谓的"常例"具体始于何时,但是从《广清凉传》中关

---

[1] [宋]王溥撰:《唐会要》,北京:中华书局,1960年,第854页。
[2] 白化文、李鼎霞、许德楠校注:《入唐巡法求礼行记校注》,石家庄:花山出版社,2007年,第290页。
[3] [后晋]刘昫等撰:《旧唐书》,北京:中华书局,1975年,第585页。
[4] 白化文、李鼎霞、许德楠校注:《入唐巡法求礼行记校注》,石家庄:花山出版社,2007年,第291页。

于"德宗皇帝贞元年中有护军中尉邠国公扶风窦公,施敕赐三原县租赋之利。每皇帝诞圣之日,于五台山十寺普通兰若设万僧供"①的记载来看,每年在皇帝诞辰之日,于五台山十寺中设斋供僧的活动始于唐德宗贞元年间(785—804年),而这一传统经历了德宗、宪宗、穆宗、敬宗、文宗、武宗六朝,一直延续到唐开成五年(840年)仍在继续,可见已成为中晚唐时期的一种惯例。不过皇室向五台山送供的活动是否很早就与皇帝诞辰之日在五台山设斋供僧的活动结合了起来,现已无从考证了。

"9世纪晚期,唐朝在农民起义的打击下崩溃了。"②从唐朝崩溃到960年北宋建立之前短短的五十余年时间,中原地区相继出现了后梁、后唐、后晋、后汉、后周五个短暂的政权,与此同时在南方及北方的山西地区,又相继出现了十个割据政权,故这一时期又被称为五代十国时期。这一时期,由于赋役沉重,迫使很多丁壮和人口流入僧侣阶层③,成为统治者暴敛和强征的障碍,所以当时的统治者多实行限制佛教的政策。故五代十国时期的统治者,虽然延续了中晚唐时期统治者对五台山文殊信仰的支持,但是由于受到各种因素的制约,并未达到唐时的盛况,虽然现存正史史料中有五代时期关于五台山的资料,但这些资料并不能直接证明当时统治对五台山文殊信仰的推崇。如《新五代史》卷十四《皇后刘氏》中称:"后特用事于中,自以出于贱微,逾次得立,以为佛力。……惟写佛经,馈赂僧尼,而庄宗由此亦佞佛。有胡僧自于阗来,庄宗率皇后及诸子迎拜之。僧游五台山,遣中

---

① [宋]延一:《广清凉传》卷2,《大正新修大藏经》第51册,第1116页上。
② 张帆:《中国古代简史》,北京:北京大学出版社,2015年,第182页。
③ 杜继文主编:《佛教史》,南京:江苏人民出版社,2006年,第282页。

使供顿,所至倾动城邑。"①这则引文与五台山有关,但从其内容来看主要是由一位来自于阗的僧人所引起的轰动,并不能显示出统治者对五台山的重视程度。而且这一记载反而从侧面显示了五代时期随着中西交通的路线的中断,到五台山巡礼的印度、西域僧人的数量大大减少了,故当于阗僧人巡礼五台山时才会引起"所至倾动城邑"的轰动。

而北汉时五台山僧继颙虽为"将相王侯皈依信受,……获施财巨万"②,并取得很高的政治地位,被赐为"广演匡圣大师鸿胪卿"之号。但是这些地位及称号更多的则是通过他献添都马,并"于团柏谷置银冶,募民凿山,取矿烹银,收十之四,国用多于此取"等为国家所做出的巨大的经济贡献而获得的,与五台山文殊信仰并没有直接的关系。但是当时不同政权统治者对五台山的供奉并未中断,如《广清凉传》中记载:"(后)晋天福三年(938年)戊戌岁,(超化大师)游方行化。至湖南,谒伪国主王公。公施香茶盈万,至丁未岁,遣使赍送入山,遍给诸寺。癸卯岁,至吴越国,见尚父元帅钱王,王礼接殊厚,语论造微,雅合王意。遂施五台山文殊大士一万圣众前供物香茶,及制银钵镤子万副、名茶百笼。"③而绘制于曹氏归义军时期敦煌莫高窟第61窟五台山图中也有"湖南送供使""新罗送供使"的榜题,从侧面反映了五代十国时期不同政权的统治者对五台山文殊信仰的供养仍在不断延续。

(二)晚唐五代时期民间的文殊信仰

文殊信仰在传入中国后,不断地向社会各个阶层渗透,而社会各

---

① [宋]欧阳修撰,[宋]徐无党注:《新五代史》,北京:中华书局,1974年,第144页。
② [宋]延一:《广清凉传》卷1,《大正新修大藏经》第51册,第1122页下。
③ [宋]延一:《广清凉传》卷2,《大正新修大藏经》第51册,第1112页上。

阶层的成员由于受教育程度、社会地位等背景各不相同，所以对文殊信仰的理解和选择也各不相同。民间文殊信仰就是普通僧俗信众根据自己对文殊信仰理解而形成的一种文殊信仰的形式。这种文殊信仰的形式，既源于正统佛教中的文殊信仰，但又不受正统佛教中经典、教义及各种成规和权威的束缚，所以表现出很大的活泼性与随意性，内容受到中国传统文化的影响，是文殊信仰中国化最直接的体现。晚唐五代时期，随着显、密教文殊类经典翻译工作的基本完成以及全国化过程的完成，民间文殊信仰也最终形成。与保存至今的当时官方所支持的文殊信仰资料较少不同，现存敦煌文献中保留了大量的民间文殊信仰的资料，这些资料是为我们展示当时民间文殊信仰的一手资料，故此处以敦煌文献中的相关资料为主，并结合日僧圆仁的《入唐巡法求礼行记》《广清凉传》《宋高僧传》等中的相关记载对这一时期民间的文殊信仰展开讨论。

　　在众多的理论和实践活动的共同支持之下，并且经过种种灵异事迹的渲染，晚唐、五代时期五台山作为文殊道场之说已经渗透到社会各个阶层，并成为社会各阶层的共识。所以这一时期不仅统治者阶层常敕使赴五台山礼拜文殊菩萨，而且普通僧俗信众的文殊信仰也完全是围绕着五台山展开的。五台山被认为是文殊菩萨的化现之地，僧俗信众："入大圣境地之时，见极贱之人亦不敢作轻蔑之心。若逢驴畜，亦起疑心：恐是文殊化现欤？举目所见皆起文殊所化之想。圣灵之地，使人自然对境起崇重之心。"[1]故当其于开成五年（840年）四月二十八日受此望见中台时便："伏地礼拜，此即文殊师利境地，五顶高圆

---

[1] 白化文，李鼎霞，许德楠校注：《入唐巡法求礼行记校注》，石家庄：花山出版社，2007年，第270页。

不见树木，状如覆铜盆，遥望之会，不觉流泪。树木异花，不同别处，奇境特深。此即清凉山金色世界，文殊师利现在利化。"① 而敦煌文献中所保留的大量《五台山赞》《五台山曲子词》等大量与五台山文殊信仰密切相关的文学作品则是当时人这种心境最直接的反映。

1.《五台山赞》

《五台山赞》是一种以赞文形式歌颂五台山文殊信仰的佛教文学作品。这些作品数量较多，虽然都以赞文的形式展开，且内容都是对五台山作为文殊道场及山中种种灵异圣迹的歌颂，但是内容并不完全一致。故杜斗城先生在《敦煌五台山文献校录研究》一书中按照这些《五台山赞》的所述内容，将其分为甲、乙、丙、丁四类。

（1）甲类《五台山赞》。此类赞文一般自题为"五台山赞"，正文开头两句一般为"道场暂请屈时间，至心听赞五台山"。这类赞文在所有《五台山赞》中数量最多，目前已公布的敦煌文献中就有S.1453、S.4429、P.3897、P.4625、P.4627、P.5548、P.4805v、B.1912v、B.6868v、B.8325、ДХ02333、ДХ00298v等二十二个卷号。此处，笔者以敦煌文献内容保存较为完整的英藏敦煌文献S.5573/2为例，对此类《五台山赞》的做一些简单探讨。

S.5573/2"五台山赞　佛子道场屈请暂时间，志心听赞五台山。毒龙雨降为大海，文殊镇压不能翻。佛子代周东北有五台山，其山高广共天连。东台望见琉璃国，西台还见给孤园。佛子大圣文殊镇五台，尽是龙钟上如来。狮子一吼三千界，五百龙毒心胆摧。佛子东台艳艳最清高，四方巡历莫辞劳。东望海水如洹涨，风波泛浪水滔滔。佛子

---

① 白化文，李鼎霞，许德楠校注：《入唐巡法求礼行记校注》，石家庄：花山出版社，2007年，第261页。

滔滔海水无边畔，新罗王子泛舟来。不辞白骨离乡远，万里将身礼五台。佛子南台窟里甚可增，逦迤多少饶罗汉僧。吉祥圣鸟时时见，夜夜飞来点圣灯。佛子圣灯焰艳向前行，照耀灵山遍地明。四山多饶吉祥鸟，五台十四乐轰轰。南台南级灵应寺，灵应寺里圣金刚。一万菩萨声赞叹，圣钟不击自然鸣。佛子清凉寺里遍山崖，千层楼阁万从开。文殊菩萨声赞叹，恰似云中化出来。佛子西台险峻甚嵯峨，一万菩萨遍山坡。文殊长说维摩论，教化众生出奈何。佛子佛光寺里不思议，马瑙珍珠青殿基。解脱和尚灭度后，结跏趺座笑疑疑。佛子代州都督不信有，飞鹰走猎竞相来追。走到南台北泽里，化出地狱草皆无。佛子中台顶上玉花池，宝殿行廊□匝远。四面香花如金色，巡礼之人皆发心。佛子北台顶上有龙宫，雷声屈震烈山林。娑竭龙罗王宫里坐，小龙□法使雷风。佛子北台东级骆驰焉，美覆盘回徹曲联。有一天女名三昧，积米如山供圣贤。佛子金刚窟里美流泉，佛陀波利里中禅。一自来来经水载，如今即至那罗延。佛子不可论中不可论，大圣化作老人身。每日山间受供养，去时化作五色云。佛子五色云中化金桥，大慈和尚把幡招。有缘佛子桥上过，无缘佛子逆风飘。"

从上述内容来看，此类《五台山赞》可能是作为道场讲演时涉及到五台山文殊信仰内容的开场文。其主体形式是七言，内容大致可为三部分：从"佛子　道场屈请暂时间……五百龙毒心胆摧"为该《赞》的第一部分，主要明确五台山是文殊道场；从"佛子　东台艳艳最清高……如今即至那罗延"为该《赞》的第二部分，主要是宣说五台山中种种佛教典故及灵瑞圣迹；从"佛子　不可论中不可论……无缘佛子逆风飘"为该《赞》的第三部分，再次明确文殊菩萨显化五台山，只有有缘人才能被化度。该《赞》文字通俗易懂、读来朗朗上口。不仅介绍了文殊菩萨在五台山中所显化的种种圣迹,而且也涉及山中的很多传说、典故。既可以作为一种独立的文学作品单独流布,又由于其中的很多内容,在五台山图中都有表现,所以又可以被用作《五台山图》的解说词,配合《五台山图》展开。

（2）乙类《五台山赞》。此类《赞》文一般自题为《五台山圣境赞》,正文的开头两句为"金刚真容化现来,光明花藏每常开"。这类赞文的数量较少,从目前已公布的敦煌文献来看只有 S.4504v、P.4617、P4641 三个卷号。与上述的《五台山赞》不同,此类《赞》中标注出作者为"金台释子玄本",其中"金台"一词应是由五台山为文殊菩萨的"金色世界"的说法演化而来,故可知此类《赞》文是一种源自五台山的文学作品。虽然其作者玄本不见于史传,但根据其中内容推测,这类《赞》文形成的时间不早于唐末,应是晚唐五代时期出现的一种由五台山文殊信仰而演化出来的佛教赞文。从其中的内容来看,该《赞》是一本诗歌总集,"由 11 首诗组成,分别颂赞了文殊、普贤二菩萨、五台诸峰、金刚窟、阿育王塔、罗睺罗肉身等圣迹,语言典雅优美,富有想象力,堪称五台山颂诗的上乘之作"[①]。此处笔者拟以敦煌文献 P.4617 为依据,对此类《五台山赞》做简单的探讨。

赞大圣真容

金刚真容化现来,光明花藏每常开。天人共会终难识,凡圣同居不可无。五百龙神朝月殿,十千菩萨住灵台。浮生踏着清凉地,寸土能消万劫灾。

[①]［美］卡特里著,杨富学、张艳译:《金色世界:敦煌写本〈五台山圣境赞〉研究》,《五台山研究》2014 年第 1 期。

赞普贤菩萨

普贤□海应群机，为驾神通遍护持。十地有缘方得见，二乘无学岂能知。
纤纤毫纳芥因兹悟，一念超凡更不疑。由是善才登正觉，暂时功果满三祇。

东台

迢迢云外涉峰峦，渐觉天低宇宙宽。东北分明瞻大海，西南咫尺见长安。
圆光花现珠千颗，红日初生火一团。风云每从岩下起，那罗延窟有龙幡。

北台

北台灵异险嵯峨，雨雹纵横圣验多。九夏风霜无断绝，十年冰雪未消磨。
常云化作楼台状，瑞草翻成锦绣窠。莫恠夜深汉更初，龙王宫殿遍天河。

中台

玉华潜与海门通，四面山朝势不同。散漫龙居千处水，飘遥花落九天风。
真容每现灵台上，无染亲经化寺中。高步几回游绝顶，似乘灵鹤在虚空。

西台

宝台高向足灵祥，狮子遗踪八水傍。五色云中游上界，九重天外看西方。
三时雨洒龙宫冷，五更风飘月桂香。土石尽能销障灾，不劳菩萨放神光。

南台

蓬来仙岛未能超，上界钟声听不遥。蜀锦香花开灿烂，文殊宫殿喧嚣。
藤萝万丈连红日，云树千寻映碧霄。七佛往来游历处，曾经几度化金桥。

金刚窟圣境

文殊火宅异常灵，境界幽深不可名。金窟每时闻梵响，楼台随雾现光明。
□梁法照游仙寺，西域高僧入化城。无限圣贤都□，逍遥云外好修行。

阿育王瑞塔

如来真塔□王兴，分布阎浮八方城。震旦五峰添圣化，□七日方光明。
云霄感得楼台现，宝刹标题善住名。无限梵香诸道俗，龙花三会比同生。

赞肉身罗睺

罗睺尊者化身来，十二年中在母胎。昔日王宫修密行，今时凡室作婴孩。端严肉髻同千圣，相好真容现五台。能为众生无限福，世人咸共舍珍财。

金刚窟边念经感应

银灯数盏云中现，一颗圆光室内明。金窟定知通化寺，常闻菩萨念经声。

从上述引文来看，金台释子玄本在《五台山圣境赞》中以五台山文殊信仰为中心，"展现了文殊菩萨的金色世界，描摹出一幅沐浴于金光中的中国风景画，进而转到时空范围之外的佛教伊甸园"①。首先确定了五台山是金色世界，文殊菩萨道场。文殊菩萨于此山中化现，四方来此巡礼的僧俗信众到此便可获得无量的功德，亦即"浮生踏着清凉地，寸土能消万劫灾"。接着玄本又称赞了普贤菩萨的圣德，关于此处出现的普贤菩萨的原因，一般认为是受《华严经》的影响，特别是李通玄、澄观所宣扬的"华严三圣"思想的影响。但是从《广清凉传》的相关记载来看，当时位于五台山东埵的无恤台被认为是普贤菩萨的住处："无恤台，常山顶是也。昔赵简子，名无恤。曾登此山观代国，下瞰东海蓬莱宫，观神仙之宅。此是普贤菩萨于中止住，云霞出没，往来五台。登台者，多见灵瑞，缘斯圣迹故，号为东台。"②《五台山圣境赞》中"普贤□海应群机，为驾神通遍护持"应是对《广清凉传》中所说的五台山东埵的无恤台是普贤菩萨住处的一种呼应，进一步凸显了五台山作为圣山的地位。在确定了五台山圣山地位之后，

---

① [美]卡特里著，杨富学、张艳译：《金色世界：敦煌写本〈五台山圣境赞〉研究》，《五台山研究》2014年第1期。

② [宋]延一：《广清凉传》卷1，《大正新修大藏经》第51册，第1105页中。

玄本又依次描绘了五台山的东台、北台、中台、西台、南台等自然风光、灵化异草以及僧人们在不同台中所发生的过的灵异故事。其后又赞颂了五台山中"金刚窟""阿育王塔""肉身罗睺"等五台山中圣迹。最后"金刚窟旁念经感应"一节，"玄本用这首诗作为结尾，意在唤醒读者前边十首诗对个人修行是有益的"[①]。

（3）丙类《五台山赞文》。此类《赞》文一般自称为《五台山赞文》，正文的开头两句为"梁汉禅师出世间，近来巡礼五台山"。这类赞文的数量较少，从目前已公布的敦煌文献来看有 P.3563、P.3645、S3702/3 等八个卷号。由此处笔者拟以敦煌文献 P.2483 为依据，对此类《五台山赞》做简单的探讨。

五台山赞文

梁汉禅师出世间，远来巡礼五台山。白光引入金刚窟，得见文殊及普贤。
菩萨身终有宝珠，明光显照遍身躯。割减少多将布施，借问众生须不须。
如来世化五台山，恒沙菩萨结因缘。坐禅起居一束草，不美聚落万重毡。
东台香烟常不绝，西台解脱亦如然。南台脚下金刚窟水，中台顶上玉花泉。
北台毒龙常听法，雷风闪电因隐山川。不敢与人为患言，尽是龙神集善□。
北台山上一朵花，和尚摘来染袈裟。袈裟染得紫檀色，愿我来世總□□。
圣寺元来无，额房房没僧。五更风扫地，夜来月燃灯。
五台行化文殊，普贤菩萨亦同居。每日光花云中现，恒沙圣众礼真如。
东台维摩方丈室，西台演法证须更。南台妙药金刚水，中台香气满街衢。
北台毒龙常真此，如来方便塔安居。各各渐藏令归伏，非时不敢理虚空。

[①] [美]卡特里著，杨富学、张艳译：《金色世界：敦煌写本〈五台山圣境赞〉研究》，《五台山研究》2014年第1期。

五台修道甚清闲，到彼见善睐人间。中台有寺皆恒化，十恶顶上还皈还。
五台险峻极嵯峨，四面斗斩无慢坡。路皆须□索上，发心上者实能多。
志愿来登得达彼，退心遍现出关魔。五台山里极清幽，盛夏犹如八月秋。
积雪寒霜常无散，衣钵自至不劳求。送供路傍隘难迢，一自花开施无休。
设斋动成百般众，宿残饮食不得留。每寺众僧有千个，尽皆清洁住修。
五台圣化夜光灯，遍满坡万重缯幡。照辉众生造千恶，总教归向比丘僧。
五台山内足虫狼，恶人行路□相当。若见善人皆能避，纵然逢遇亦无方。
五台童子号南陀，善哉同对灭天魔。有人心志皆来现，口中只劝念弥陀。
知汝真心来求法，努力将法遍婆婆。得如来疾证法，转宣施汝莫蹉跎。
修真住寐山间胜，城隍闲乱事烦多。不如劝住山中学，不来不去永无魔。
端坐澄心莫随境，客尘妄念不来过。五台山里有真如，诸天菩萨住虚空。
一万圣贤常镇此，佛陀波利空身居。法照远投山顶礼，白光直照法身躯。
便起随光行到彼，亲承大圣听经书。所叹弘扬念佛赞，真实非满□虚。
有缘须来相同学，法照其时到台中。如梦真入文殊宫，亲自口传念佛教。
劝称名号至身中，在身高念弥陀字。文殊处处法照回，努力回化莫悲哀。
广劝众生令念佛，疾门长闪人不开。诸人传教无能志，观汝心内元往来。
前生早已曾相遇，今生再睹坐花台。法照其时出山里，再三顶礼珍重意。
奉教阎浮行劝化，乞莫天魔相逢迟。各念弥陀佛　各念弥陀佛

从上述引文中看此类赞文，可能是由净土宗法照一系的门徒创作的。其中的"梁汉禅师"就是净土宗"五会念佛"的创启者法照。据法照撰写的《净土五会念佛略法事仪赞并序》中"梁汉沙门法照，大历元年（765年）夏四月中起，自南岳弥陀台般若道场，依《无量寿经》作"的记载来看，"梁汉禅师"在当时就是法照的代称。关于法照

创立五会念佛及其传播的过程，施萍婷、刘长东、张先堂及日本冢本善隆、矢吹庆辉等学者都曾对这一问题进行过阐释。从有关史料的记载及学者的研究来看，虽然五会念佛是法照在南岳弥陀台般若道场时已经创立，但是该法门的盛行却与五台山有着密切的关系，故敦煌文献 P.3792V《凉州禅师法照礼五台山见圣菩萨略述》中称："南凉州禅禅师法照，□心礼五台山寺，见圣菩萨略述行由。号月念佛大圣，竹林之寺赞佛文，其禅师本管凉州□土出家，至二十岁在衡山寺居。去大历五年三月□众堂□粥处，于钵内遥见五台山法照□不敢说，经两日依前钵内再现，然后具说，其时众中有二老宿曾到台山，（下缺）"正是由于法照精心编撰的感通故事，为其营造了神通的光环，从而增强了他在信徒中的感召力，为他弘传五会念佛法门铺平了道路[①]。可能正是由于这些原因，法照的门徒又将法照的这些经历以《五台山赞文》的形式展现了出来，其结尾处的"各念弥陀佛　各念弥陀佛"就是五会念佛的一种体现。

（4）丁类《五台山赞文》。此类《赞》文一般自称为《五台山赞并序》，正文的开头两句为"文殊菩萨五台山，遍化神通在世间"。这类赞文的数量较少，从目前已公布的敦煌文献来看有 P.2483（8—6）、P.4597 等五个卷号。由此处笔者拟以敦煌文献 P.2483 为依据，对此类《五台山赞》的内容做简单的探讨。

五台山赞并序

文殊菩萨五台山，遍化神通在世间。或现大身遍世界，或现小身□微尘。

[①] 张先堂：《唐代净土教宗师法照与五台山、并州关系新探》，《敦煌研究》2003 年第 3 期。

祇为无明里圣佛，不学棲旷野田。吾摩寺望清凉，佛光寺里散香花。彼摩崔峣居五岭，天碑立岋□相当。众生遥礼金刚窟，时时回观菩萨堂。王子寺前花果绕，天盆寺比足虫狼。见者精身遥礼拜，至意对坐不惊怪。东台垒落甚能高，天城寺里圣金桥。花楼□□凌云外，三门属桂入云霄。诸佛悉来遛彼处，莲花承足似凤飘。松林菡萏饶风雪，树木□不见條。宝塔稷稷连岭岫，僧房寐寐足消遥。南台峻岭险嵯峨，峙□寛巖鍱典多。宝源上头泉诵诵，涧下淯淯不见波。□寺里神钟响，花菜鲜明似□□。临池百鸟皆称佛，虎狼狮子念弥陀。树叶答笼光耀日，花开叶隐山峨□。见是天宫佛坐处，众生到见不来过。西台□岭更空云，□□山品震风雷。岭岭□林皆到林，録叶偏偏重更重。花生一枝千种色，晖晖赫赫似真葱。西北遥望花严寺，芬芬勃勃震随风。宝山寺门高险厄，石窟寺房悉有僧。莲花山山谷谷有，金花可爱斗芙容。自怅前身不修福，今身与佛遇相逢。北台□□更□□，水院寺里入云霄。风栖树居金谷口，寐暮众生实是饶。舍力人来皆背负，驴马般运不辞劳。向前□临山香香，岭后嵯峨转转遥。发愿巡台常礼拜，弟子遇人愿引招。中台险峻最可怜，诸佛菩萨竞来前。其山蓊郁万种有，□□慢萼与天莲。云雾队队时时发，风云相和震篇篇。神雷亦能击掣电，冬夏遥望悉如然。至心礼拜净如镜，忽生余意即生烟。菩萨或然现两足，或现虚空遍世界。或特化作九色鹿，或特化作奔虵身。或然变现虚空坐，或则化作老人来。众生肉眼不无识，不觉凄凄旷野田。饶你宝珠如山岳，不兑匍匐入黄泉。《五台山赞》一本。

此类《五台山赞》也是五台山文殊信仰为中心展开的，其主要内容也是对五台山中的典故及圣迹的歌咏、赞叹。综上所述，这些《赞》文包涵着两个重要的主题，其中确立五台山是文殊菩萨的道场，是该《赞》文一个重要主题,而文殊菩萨在五台山中的种种化现则是这些《赞》文的另一个重要主题。这两个主题结合在一起共同传诵了五台山作为文殊菩萨圣地信仰,促进了五台山文殊信仰的发展。与这些赞文内容较为相似的另一种文体就是《五台山曲子》。

2.《五台山曲子》

《五台山曲子》是晚唐五代时期流行于民间的一种曲子词,其内容绝大部分都与《五台山赞》相互重叠,是随着五台山文殊信仰的盛行而产生另一种文学体裁。敦煌文献中现存 S.467、S.2080、S.4012、S.2985、P.3360 五个卷号。此处,笔者以 P.3360 为底本,对此类曲子词做一些简单的探讨。

大唐五台山曲子寄在苏幕遮

大圣堂,非凡地。左右盘龙,唯有台相倚。岭岫嵯峨朝雾起。苑木芬芳,□多灵异。面慈悲,心欢喜。西国神僧远远来瞻礼,瑞彩时时岩下起。福祚唐川,万古千秋岁。

第一 上东台,过北斗。雾卷云收化现千般有。雨雹相和惊薮。雾卷云收,化现千般有。吉祥鸣,狮子吼。闻者狐疑怕网罗烟走。才念文殊三两口。大圣慈悲,方便潜身救。第二 上北台,登险道。石迳崚层,缓步行多少。遍地莓苔异软草。定水潜流,一日三过到。骆驼□,风袅袅。来往巡游须是身心好。罗汉岩顶观漆河。不得久停,唯有龙神操。第三 上中台,盘道远。万仞逍遥,仿佛回天半。宝台参演巉岩光灿烂。异草名花,似锦堪游玩。玉花池,金泮沙。冰窟千年,到者身心颤。礼拜虔诚重发愿。五色祥云,一日三回现。第四 上西台,真圣境。阿耨池边,好是金桥影。两道圆光明似镜。一朵香山,崒□堪吟咏。狮子纵,深印定。八德池边,好似甘露常清静。菩萨行时龙众请。居士谈扬,唯有天人听。第五上南台,林岭别。净境孤高,岩下观星月。远眺遐方思情悦。或听神钟,感愧捻香□。蜀锦花,银丝结。供养诸天,菡萏人间彻。往日尘劳今消灭,福寿延长为真菩萨。

该《曲子》首题"大唐五台山曲子寄在苏幕遮","苏幕遮"是一种由泼寒胡戏中相配的歌词而演化而来的一种词调,而"泼寒胡戏的歌词往往和少数民族向中原王朝皇室祝寿、贺年相关"[①]。关于该《曲子》的作者,汤君认为是一位西域的僧人,其内容:"体现了西域僧人对中原朝廷皇帝的朝拜和祈福。"[②]这一观点值得商榷,虽然该《曲子》中提到:"西国神僧远远来瞻礼。瑞彩时时岩下起。福祚唐川,万古千秋岁。"但是上文中笔者曾提到五台山作为文殊菩萨道场圣山化的过程,也是中国佛教界克服"边地情节"将中国塑造为佛教世界中心的过程。而印度、西域僧人来华巡礼五台山,其实就是对五台山作为文殊道场的一种肯定,故在该《曲子》中被着重指出。与上文中提到的《五台山赞》的叙事方式相同,在《曲子》的第一部分首先明确指出五台山是文殊菩萨的道场。其余的五部分以巡礼者的口吻,依次叙述了在五台山东台、北台、中台、西台、南台中所见的灵异圣迹,最后叙述了巡礼五台山的目的"往日尘劳今消灭,福寿延长为真菩萨"。

3.其他与五台山文殊信仰的文学作品

晚唐五代时期,由于五台山文殊信仰的兴盛,除了上述的《五台

---

① 汤君:《敦煌〈苏幕遮·五台曲子〉试考》,载于《第三届中国俗文化国际学术研讨会暨项楚教授七十华诞学术讨论会论文集》2009年,第189—205页。

② 同上。

山赞》《五台山曲子》外，还有其他与之有关的文学作品或涉及五台山内容的文学作品。由于这些作品主要保存在敦煌文献中，故此处笔者仍以敦煌文献为主要依据对这些文学作品的内容进行探讨。

（1）《礼五台山偈》。敦煌文献中共有 P.3644、S.5540、俄 1369 三个卷号。自题为"礼五台山偈"，正文开头为"天长地阔杳难分，中国中天不可论。"偈中"愿身长在中华国，生生得见五台山"的内容，"反映了当时人民对五台山的向往与崇拜。"

（2）《游五台赞文》。敦煌文献中共有 S.6631 和 P.4597 两个写本，一般自题为"游五台赞文"，正文的开头为"游五台 游五台 国里何物最唯高， 游五台 须弥山上最唯高。"此处以 P.4597 底本对此类《游五台赞文》进行探讨，"游五台赞文 游五台 游五台；国里何物最唯高 游五台；须弥山上最唯高 游五台；七宝山里最能明 香花供养佛；弥陀佛国甚快了 游五台；舍利佛国最饶人 香花供养佛；太子六年持苦行 游五台；□松茹柏□其身 香花供养佛；六时行念波罗蜜 游五台；夜乃转诵大乘经 香花供养佛；文殊普贤相对问 游五台；八方徒众竞来听 香花供养佛；娑诃众生多五浊 游五台；文殊师不生来 香花供养佛；努力前头心决定 游五台；莫退菩提萨埵身 香花供养佛；游五台一本。"虽然该赞文的调名已失，而且主要表达的内容也与文殊信仰无关，但是却以"游五台"为和声，从侧面反映出当时五台山文殊信仰的兴盛。

（3）《辞娘文》，又称《好住娘》《长安辞》。敦煌文献中共有 S.1497/1、俄 ДХ03903v 等七个卷号。自题为"好住娘赞"，正文的开头为"娘娘努力守空房 好住娘，儿欲入山修道去 好住娘，"并以"好住娘"三字和声。该赞文主要叙述了儿子离别母亲、入山修道誓愿成佛以报母恩的过程。而文中关于"儿欲入山坐禅去　好住娘，回头顶礼五台山　好住娘，五台山上松柏树　好住娘，正见松树共天连　好住娘"的内容，则显示出五台山在当时普通民众及僧侣中有着崇高的地位，是当时人心中的佛教圣地。

（4）《入山赞》。失调名，自题为"入山赞文"，正文开头为："入□□□□□间，教意无思不忘恩。"，敦煌文献中共有散0060、俄ДХ0278两个卷号，其中俄ДХ0278只剩标题。该赞中有"五台山上有仙花，摘去将来染袈裟。染得袈裟郁金色，劝化众生总出家"等内容，这些内容涉及到五台山文殊信仰的内容，应是受五台山文殊信仰影响的结果。

正如任二北先生在《敦煌曲初探》中指出的："敦煌曲五百余首内，宣扬佛教者占大半。盖终唐之世，虽曰三教抗衡，儒究非教也，要以佛教之渗透民间，最深且广！"上述这些与五台山文殊信仰有关的文学作品就是由普通民众所抄写并广泛流行于民间的作品，其内容是主要描述、赞叹了五台山优美的景色以及文殊菩萨在山中所显化的种种灵异圣迹，从而宣扬文殊信仰所具有的种种功德。这些产生于晚唐、五代之际的文学作品，内容简洁易懂，虽然抄写潦草，而且错别字也很多，但它们是五台山文殊信仰在民间传播的重要载体，为我们理解中古普通民众的文殊信仰的重要依据。

我们可以从这些文学作品看出巡礼五台山是当时普通民众五台山文殊信仰的重要表达方式之一。而敦煌文献所保留的大量与巡礼五台山有关的文献也从一个侧面反映出这一情形。相关文献主要有：

（1）前往五台山巡礼的书状。如S.4504V/6《三界寺僧福员上仆射牒》中称："今欲报仆射之恩德，巡礼台山，怀不退之卑心，随伴顶谒，伏乞仆射台造不阻福门，特赐允容，与满心愿。"S.8451《戒惠书状》中称："前残 德不暇朝昏仰料▭\寝昧□□克安\清重切缘 戒惠台山参礼愿▭\京都或▭\尊宿既▭\披诚顶\问法□▭\照察▭"也表达了僧人戒惠巡礼强烈愿望。而P.3928《僧某乙欲巡礼五台山仆射状》则是晚唐五代时期敦煌僧人巡礼五台山的所用书状的范文，其内容为"乙右 乙忝居缁侣谬在僧门，行艺全□又乖事业，今欲报君臣之恩德，巡礼五台山。内怀不退之卑心，随伴顶谒，伏请仆射台，造不阻福门，特赐允容，与满心愿，伏听处□。"正是由于经常有僧人往五台山巡礼，故才会有此类范文的出现。

（2）《诸山圣迹志》。现存于敦煌文献S.529背，是"僧人巡礼各地名山圣迹的记录"，其中以记载五台山的内容最为详细：

（前略）第一五台山者，佛说《花严经》云：南阎浮提东北方震旦国，有金色/世界清凉宝山，其山五峰迥耸，万仞嵯嵯，府视人寰，傍观日月，/去台顶六七里外，方有树木。阳面枝，阴比叶，仲夏季月，花香庭荣。/常切寒风。每凝冰雪，是以众号为清凉山。有毒五百万众，意欲损害/人伦，番山为海，佛勅文殊菩萨，令往台，教化毒龙之类。至大/魏孝文皇帝时，现身为沙门，从皇帝乞一坐具地，兴建伽蓝。帝/遂许之。坐具绕铺占山五百里。文帝不遗前愿，遂将布施，创新化教。/寺宇无多。

后至大唐睿宗皇帝时，数现真身。建一所寺，/届时老敝。时花严寺僧法云召得一匠人姓安名生，曰："□□遂教塑/菩萨真身。"安生曰："不睹省容，疑悞不定。"遂乃焚香启告:/愿见真身，俄尔之间，文殊亲降，巍巍相好，邑望金山，屈大圣之降/灵，令苍生之有望。请住食顷，

□下真仪,前后七十二度现身,方遂/如法。自天下僧俗,海内英贤,巡礼瞻依。画真容者矣。其真身至今践在。/

其中台高四十里,上有平地三二百顷。亦全无树木,唯□□□。/孟冬积雪,仲夏方消,异草名花皆出台上。有一池水,名曰太华,人见浅深,随其福德。清澈□瞙,味极甜□。此是众生澡盥处也。/东台高三十七里,顶有平五顷以来,亦无树木,唯有名花懦草,瑞鸟灵□东望海溟,如观掌内。/傍有孔穴,凤凰岩。□伽裸岩,那罗延窟,并在此处。/西台高三十五里,顶有平地五顷以来,唯有细草生,旁有孝文射垛,上有/阿耨池,人见浅深不定。圣迹极多,不可具述。/南台高三十里顶有平地百顷以来,□林□,化现多般。过四台孤标□/北台高三十里,顶有平地,亦无树,有大龙池,人无敢踢磊落石□□/多出墨云,积雪难消,寒风切骨。其台山,周围八百里,大寺二十所,兰若五□□□六所。僧尼三千余人,圣迹极多,不可具述耳。赞曰:大唐之东,此山最隆,巨出四围之表,高树六合之耸。翠峤之峻嶒,台分金/阁,拿素云之淡□□□,寺秀运宫,原天京白清凉。名传□化,应灵迹,巡司海内。/然圣踪而达逾天下,烟萝暮暮之□隅。闻之众松桧,东求红霓/之影,圣王□平地平津,损之□寒,频彩宾多,逆龙□□□声/之□□,置花影之台,台贤方树之佛巢,迥无凡鸟,积千年之冰。屈/深有龙,月照清冥,云□□楼,台之不□,然□□□,希闻名□,松罗□/约,冰名□□,天涯客之,寰外人游。烟云泮而踈满,既海日陷□□/常栖,乍涉名峦,依仿而平援也。初攀纪顶,衣为□□□下,(陋室衣)/是以来迎,方见山高嵩,拟金色世界,为天下人之□□朔于文殊。(后略)

该写本中记录了五台山中自然环境、寺院建筑、传说典故等，如果说 S.4504V/6《三界寺僧福员上仆射牒》、P.3928《僧某乙欲巡礼五台山仆射状》中是当时敦煌僧人巡礼五台山时请求官方批准的书状，而《诸山圣迹志》则可能是当时僧人作为巡礼五台山的旅行指南而抄录的，与当时去印度巡礼的中土僧人抄录玄奘的《大唐西域记》有着类似的功效。

（3）其他与之相关的行记及地理志。这类写本有 S.397、P.3973、P.4648《往五台山行记》；P.2977《五台山残志》；P.3931《印度普化大师游五台山启文》。其中 S.397《往五台山行记》的内容是："（前缺）于大安寺下。其寺寺前有五凤楼，九间大/殿，九间讲堂，一万斤钟。大悲院有铸金/铜大悲菩萨四十二臂高一丈二尺，修造/功德主、大德内殿供奉慧胜大师，赐紫澄□。/弥勒院主，内殿供奉，净戒大师，赐紫澄漪。次有经藏院有大藏五千六百卷经并足。文殊/院有长讲维摩经坐主继伦。/门楼院有讲唯识论维摩经造药师经抄座/主。道枢寺后有三学院内长有诸方/听众经、律、论进业者共八十人。院主/长着布衣，不见夫人、娘子。有寺主/大德赐紫讲维摩经及文章怀真。/药师院有长讲法花经，六时礼忏着布衣，崇德/二月二十一日从北京出，至白杨树店冯家宿。/计五十里。五月二十二日到大于店尹家栢宿，/计七十里。五月二十三日到忻州南赵家/店六十里。二十四日从忻州行至定/相县四十里张家宿。二十五日从定相/起至五台山南门建安尼院宿，即四十里。文殊堂后/大于树两个。二十六日从建安尼院起，至大贤岭饭，四十里兼过/山，名思良岭。又到佛光寺四十里宿。二十七日夜见圣灯一十八遍现。/兼有大佛殿七间，中间三尊两面文殊菩萨。/弥勒阁三层七间七十二贤万菩萨。十六罗汉，解脱/和尚真身塔，鑠子骨和尚塔云是文殊普贤化现/常住大楼五间。上层是经藏，于下安众，日供/僧五百余人，房廊殿宇更有数院，功德佛事/极多难可具载。二十九日从佛光寺起至又至圣寿寺，尼众所居，受斋/食相去十里斋竟，又行十里至福圣寺，寺有（后缺）。"

P.3973《往五台山行记》的内容是："（前缺）城内▢▢十里，有真身毗沙门天王。/代州圆果寺有舍利塔。去过雁门关，南至忻州，内有仁泽寺，/开元寺、铁佛寺。一戊寅年出沙州，/二月十五日▢▢▢礼五台山，亲礼文殊菩萨。辛卯岁去回。（后为《千字文》）"、P.4648《往五台山行记》的内容是："（前缺）参▢▢▢早晨离州二十▢地/至酉时到牛坊店吴家安下/七日至天井阁张家吃饭，后至泽州开元寺主院/内宿，九日斋后离州至新店宿，十日▢▢/县十五里食斋，又行八十里至寒店高家▢/十一日卯时起行四十里到潞府城南李家受供/。二月十一日入城，十二日参使。延唐寺常住院安▢▢▢。/巡礼开元寺内二塔、龙兴寺有塔、广济禅院、延济禅（院）有二▢。/普通、楞严禅院，胜愿尼寺、上坐尼▢/城内诸寺有七大藏经，十三日参王侍中屋▢▢/其妙供养。……二月二十八日下手画台山图。二十九日长画至终。/三月十七日巡游诸寺，在河东城内第一礼大崇/福寺。……"

这些写本不仅从亲历者的角度描述了五台山的山形地貌、灵异圣迹、寺院建筑、传说故事，而且也详细记录了沿途路线、里程以及所经之地佛教发展的情形，虽然多已残缺不全，但是仍对研究五台山文殊信仰有着重要的价值，而且也为探讨晚唐五代时期河东地区的佛教提供了第一手的资料。

4.晚唐、五代时期文殊信仰的特点

（1）庶民性。在现存的敦煌遗书中，与文殊信仰相关的文献，最多的不是义理深奥的文殊类的佛经，而是百姓喜闻乐见、通俗易懂的《五台山曲子词》《五台山赞》《文殊师利菩萨雕像并题记》等。这些《五台山曲子词》《五台山赞》等的内容多为介绍五台山的风景、寺院、灵异故事以及文殊菩萨所显化的种种圣迹，向信众宣扬信奉五台山文殊菩萨可以得到种种福报。"浮生踏着清凉地，寸土能消万劫灾"等记载，使普通民众对巡礼五台山充满了渴望，从敦煌文书中S.1497a《好住娘》中："娘娘努力守空房，儿欲入山修道去。兄弟努力好看娘，儿欲入山坐禅去。回头顶礼五台山，五台山上松柏树。上到高山望四海，眼眼落泪数千行。下到高山清草利，柴狼野手竞来亲。谓甫之恩未曾报，誓须成佛报娘恩。"可以看出敦煌民众对五台山的向往。而且，这些文献抄写潦草，用纸也较为随便，应为普通信众中流行之物。

在当时普通民众的心中，文殊已不仅是智慧的象征，而且也具有了救助苦难的能力。文殊真言、仪轨，简单易行，只需将真言的五个字、六个字、八个字读几次就可护身护国，为广大民众所喜爱。而且在莫高窟中，千手千眼文殊一般与千手千眼观音对称出现，千手千眼观音多在石窟的南壁，千手千钵文殊多在石窟的北壁。观音菩萨以救助各种苦难而著称，文殊菩萨与观音相对而出，可见在当时敦煌民众的心中，五台山文殊菩萨的地位很高。

由于以上种种原因，五台山文殊信仰已经深入到普通民众的生活中了，如敦煌遗书中所保存的大量的《散食文》《病愈发愿文》《回向文》《道场疏文》等中有诸如"奉请清凉山顶一万圣慈地上地前证真菩萨""清凉山顶大文殊"等字样，可见五台山文殊菩萨成为当时民众生活中一位重要的菩萨。

（2）护国、护王性。五台山文殊信仰，经过唐代宗时期，不空三藏宣扬，其中的护身护国的思想被越来越多的人所接受。敦煌现存的密教文殊修行仪轨、陀罗尼咒语就是摘自唐代期翻译的密教经典。如《观想文殊菩萨修行念诵仪轨》宣扬的是五台山文殊信仰中的五字陀罗尼文殊信仰、《文殊菩萨一字王真言》是宣扬一字陀罗尼文殊信仰、《文殊三身真言》宣扬的是五字陀罗尼文殊信仰、《文殊菩萨心中心真言》宣扬五字陀罗尼文殊信仰。它们宣扬只要读诵真言，便可得到意想不到的好处。如："念一遍护自身，念二遍、二人念三遍护一邑，念三遍护一州，念五遍护一国乃至恒沙国土众生皆护。"《文殊师利大威德法宝藏心陀罗尼》："唵引阿　味　啰　吽引佉　左　咯"，出自唐菩提流志三藏所译的《文殊师利宝藏陀罗尼经》（亦名《文殊师利菩萨八字三昧法》）。经中称，读诵该咒有十种果报：国中不受兵贼侵犯；国中无有怪异灾患；国中无有恶疾；国中无自然灾害；国中人民，不为怨家，而得其便；国中民众，不为诸魔所逼；国中人民无横死者；国王无有恶行。风调雨顺；国中民众，不受恶兽之损害。可见，文殊五字咒主要宣扬文殊信仰的护身作用，八字咒则主要文殊信仰中的护国的功能。

（3）跨地域、跨民性。五台山文殊菩萨除对中原地区有重要影响之外，而且也流传到周边的国家和地区。如敦煌文书P0045V是一篇用藏文书写的《圣文殊赞》，而在P.2782的第73—80行是一篇用于阗语所用的婆罗迷字母和正字法书写的信札，信的作者称："仆今在途中，以求巡礼大圣文殊师利且礼敬圣者释迦，天上之天。"P.5538背面用于阗文和梵文对照书写的一篇对话，其中16—20行有如下对话："今者你将何往？我将前往中夏。你在中夏做何事？我将前去参拜文殊师利菩萨。你何时回至此地？我将游览中夏，尔后回还。"[①]可见，文殊道场五台山在于阗也有很大的影响。而且，五台山文殊信仰也通过敦煌等地回流到印度。可以说五台山文殊菩萨是当时我国及周边各民族、地区共同信仰的一位菩萨。

---

① 荣新江：《归义军史研究——唐宋时代敦煌历史考索》，上海：上海古籍出版社，1996年，第258—259页。

结　语

　　李利安先生在《观音信仰的渊源与传播》一书中曾说："纵观中国佛教两千年的历史，我们可以看到，流传在中国大地的佛教始终都是以菩萨信仰为其最基本的表现形态的。"[①]而在佛教的众多菩萨中仅有观音、文殊、普贤、地藏四位菩萨在我国广泛流传，并最终形成的完整的信仰体系。其中，文殊菩萨的名号在东汉末年佛教"正式"传入我国之时，已经随着大乘佛经的翻译而被我国佛教界所知悉。其后，随着与之相关经典的不断丰富，及其信仰内容的不断中国化之后，到中晚唐时期已经发展成为一位与中国民众有着密切关系的重要神祇，成为中国传统文化的重要组成部分，其影响一直持续至今。可以说文殊信仰在中国传播、发展的过程，就是佛教在中国传播、发展过程的一个缩影。所以，探讨文殊信仰中国化的过程，其实质就是研究佛教中国化的过程，对理解大乘佛教在中国的传播、发展并成为中国传统文化中重要的一个部分有着特别重要的意义。

　　众所周知，在大乘佛教的众多菩萨中，文殊菩萨是智慧圆满的化

[①] 李利安：《观音信仰的渊源与传播》，北京：宗教文化出版社，2008年，第5页。

身，体现了大乘佛教为求得所谓的"解脱"而对宇宙、人生的一种思考。但是在早期佛教经典中，不论文殊菩萨所宣说的"宁入地狱，但说深法"的法门，还是仗剑逼佛、杀父度人的行为都与中国古代儒家所宣扬的循循善诱的思想及重视忠孝伦理观念有着很大的差异。那么这个与中国传统思想文化严重背离的菩萨形象是如何完全融入中国传统文化中的？其间经历过怎样的发展、演变？而这种发展演变的过程又承载着不同时期的人们怎样的哲学探索、宗教幻想、理论实践、现实教化、苦难抚慰的内涵呢？为了解释这些问题，本书以时间顺序为线索，对中国中古文殊信仰的形成和发展过程进行了探讨。内容涉及文殊类经典的翻译、文殊信仰的传播、文殊信仰内涵的演变及中国民众对文殊信仰的接受等几个部分。

（一）文殊类经典的翻译。作为一种外来的菩萨信仰，相关经典的翻译是其在中国传播、发展的重要依据。从东汉末年佛教"正式"传入中国之时，涉及文殊菩萨的经典就已经被翻译成汉语，这种情形一直延续到北宋，其间支娄迦谶、支谦、竺法护、鸠摩罗什、菩提流志、不空、玄奘、天息灾等中外译经家前后翻译文殊类经典共120余部[1]，这些经典中既有般若类、华严类、宝积类的大乘显教的经典，也有大量密教类文殊经典，基本上包含了印度佛教在不同时期、不同教团所形成的所有的文殊类经典。

虽然目前学者们按照根据文殊菩萨在经中参与说法的程度、说法的内容、文殊所说教义与整部经典思想的关系等要素，将显教类文殊经典分为四类：经中大部分的内容与文殊菩萨有关，且文殊在经中所

---

[1] 玉卿：《有关文殊师利菩萨的经典》，《五台山研究》2006年第3期。

说之法与经典的核心思想一致；经中仅部分内容与文殊菩萨有关，且这部分内容能体现文殊法门的特点；经中仅部分内容与文殊菩萨有关，但这部分内容与文殊法门正好相反，文殊法门处于被驳斥的地位；经中虽然涉及文殊菩萨，但文殊只是被提及或偶有发言，并没有体现出文殊法门的特点。但是不论这些与文殊信仰的"亲疏"关系如何，都是我国文殊信仰发展的重要的理论依据，它们从方方面面塑造了文殊菩萨的形象。

（二）文殊信仰的传播。我们知道，经典的翻译可以为信仰的传播提供理论的支持，但是经典的传播与信仰的传播不是完全等同的，只是信仰传播的一个重要因素。在信仰传播中的另一个重要因素则是该信仰的受众。虽然在法显及玄奘的旅印行纪中都有关于印度文殊信仰的记载，但是从其相关内容来看，古代印度文殊信仰仅仅是流行于部分地区、流行于少数人中的一种信仰，在传入中国之时可能尚未形成完整的信仰体系。所以在东汉末、三国及西晋时期，虽然传入中国的文殊类经典的数量在不断增加，但相关的史料中尚未有关于文殊信仰实例的记载。这一情形，在东晋时期才发生了变化。

东晋时期，受玄学及清谈之风的影响，《维摩诘经》广为流传，并随之出现了与之相应的图像及信仰。虽然《维摩诘经》可能是一部在家居士结集成的经典，经中的主角是在家居士的代表维摩诘，但是文殊菩萨作为出家僧侣的代表，在该经中具有不可替代的地位。所以随着《维摩诘经》的流传，在维摩诘信仰形成的过程中。以该经中为中心，集合当时已经译出的其他文殊类经典中文殊法门特点的文殊信仰也逐渐开始形成。而这一时期出现的维摩诘、文殊图像组合，不仅是维摩诘信仰的体现，也是文殊信仰在实践中的反映，既有理论支持，又有实践活动,所以说东晋晚期中国文殊信仰的雏形已经出现了。南北朝时期,随着《法华经》特别是整本《华严经》的翻译及流传,文殊信仰在我国进一步发展。这一时期,活动于山西一带的地论师对文殊信仰与五台山的结合做出了巨大的贡献,他们通过对佛经的疏释,提高了《华严经》中文殊菩萨的地位,为唐代以《华严经》为主的文殊信仰的兴盛奠定了基础。唐代则是文殊信仰的关键时期,由于武则天和唐代宗的提倡和推动,特别是在密教僧人的理论构架和实践活动中,将文殊菩萨的信仰从所代表的高深理论落实到实际的修行中,形成了一套完整的信仰体系,以五台山为基地的文殊信仰突破了地域的局限性,成为一种全国性的菩萨信仰。

(三)文殊信仰的类型。中国佛教的主流是大乘佛教,与小乘佛教不同,大乘佛教提倡"发菩提心,修菩萨行,求成无上菩提",要求修行者不能只顾自己的解脱,而且也要有普度一切众生的意识及行为。所以,作为菩萨行的主要践行者——菩萨,不仅需要自己努力修行佛教的解脱智慧,争取早日证得无上菩提而不退转,更重要的是要以自己所学之智慧去救助、教化无边的受苦众生。就文殊信仰而言,其在救度众生时,主要有依靠文殊的神通力量获得救助和通过文殊的教化而努力修行并最终获得解脱两种途径。第一种途径强调的是对文殊神通力量的一种崇拜和依赖,这种途径集中体现在唐代密教兴盛之后,随着密教的兴盛,文殊信仰被赋予了极强的可操作性,信众可以通过称念文殊名号、礼拜文殊形象乃至入五台山巡礼不仅可以获得"消万劫灾""福寿延长"等种种功德,乃至实现能够保佑整个国家风调雨顺、安泰民安的美好愿望。第二种途径则是重点强调对自我修行重视,这种信仰类型出现较早,通过修习文殊法门中所宣扬的第一义谛而达到解脱。与第一种信仰形式广泛流行于僧俗信众中不同，这种类型的文殊信仰主要受到义学沙门和士大夫的推崇。由此可见，文殊信仰的两种类型既能满足上层知识分子及义学沙门对精神解脱的需要，也能满足普通民众对救灾、免难等现实困难的需求。

（四）中国文殊信仰的特点。经过漫长的历史发展过程中，中国文殊信仰在流传过程中，经历了由一种上层社会向下层社会的不断渗透的过程，并最终形成一种全民性的信仰。而这一系列的调整、变化，也使文殊信仰被彻底中国化，文殊菩萨逐渐成为中国佛教诸菩萨中智慧第一，而且能救助种种苦难，满足中国人生活中精神及实际需求的大菩萨，并形成了自己的特点。

（1）哲理性：与观音、弥勒等信仰相比，文殊信仰表现出了较强的哲学思辨色彩，而这一特点的出现，与我国历代译经家所翻译的众多的文殊类经典有着密切的关系。上文中提到这些文殊类经典涉及般若类、宝积类、华严类等多个部类，而在这些经典中文殊菩萨多被塑造为佛教智慧的象征，"最高才第一，光明智慧与诸菩萨绝异，无能及者"[1]随着相关教义的增多，在佛教中形成了一套完整的文殊法门。在这一法门中，文殊菩萨不仅有着完整的佛教义理体系，而且也有完整的修行体系，能为信众提供一种精神解脱的途径，从而受到义学沙门及历代士大夫的推崇。所以有学者称："文殊信仰的本质，就是信众对自己认为的最深刻、最重要、最有价值的佛教教义的信仰和崇拜。"[2]

（2）简易性：文殊信仰既有深刻理论支撑，但是也有着简单易行

---

[1] [东汉]安世高译：《佛印三昧经》卷1，《大正新修大藏经》第15册，第343页上。
[2] 魏道儒：《文殊信仰发展的主脉——从印度佛教到中国佛教》，《世界宗教文化》2016年第6期。

法门。这种简易法门的出现,既与般若类中文殊菩萨所体现出的善巧方便有着密切的关系,但是更是与密教传入后所出现的与文殊信仰相关的真言、仪轨有关。这些真言、仪轨以实用性为主,而较少义理的探讨。不仅详细地描述了文殊菩萨的具体形象,而且也具有极强的可操作性,主要是通过称名念诵、礼拜文殊图像等手段而获得消灾免难等"现实"中的功德。标志着文殊信仰由一种智慧解脱型信仰向救难型信仰的转变,促进了文殊信仰在普通民众的流行。

(3) 护国、护王的特性:中国文殊信仰之所以能够发展成为一种全国性的菩萨信仰,与统治者的支持有着密切的关系。武则天统治时期,正是由于武则天的支持,文殊信仰才突破地域的限制,传入京畿地区,为其在全国的传播奠定了基础,而且当时的文殊信仰已初具密教色彩,带有护国、护王的政治性质。安史之乱后,作为唐代宗重构中央权威的重要精神支柱,文殊菩萨更是被塑造成了一位具有护国、护王的菩萨。而文殊信仰的这一特点,也是古代统治者所重视的重要原因。

(4) 普及性:这是就文殊信仰对社会各方面影响的深刻程度来说的。我们知道,文殊信仰不是一种"内涵单薄的神灵崇拜"[1],而是一种具有结构庞大、内容丰富的宗教文化体系。这一体系涉及佛教义理、宗教伦理、文书作品、艺术作品、宗教风俗等多种文化因素,对中国社会文化的多个方面都产生了深刻的影响。

正是由于中国文殊信仰的上述特性,所以文殊信仰表现出了强大融摄性和适应性,从而使这一信仰表现出强烈的"生命力",不仅在整个东亚文化圈中都有着重要的影响,而且其影响也延续至今。

---

[1] 李利安:《观音信仰的渊源与传播》,北京:宗教文化出版社,2008年,第435页。

参考文献

一、《大正藏》

《首楞严经三昧经》,《大正新修大藏经》第15册。

《放钵经》,《大正新修大藏经》第15册。

《大乘心地观经》,《大正新修大藏经》第3册。

《菩萨处胎经》,《大正新修大藏经》第12册。

《道行般若经》,《大正新修大藏经》第8册。

《阿阇世王经》,《大正新修大藏经》第15册。

《六度集经》,《大正新修大藏经》第3册。

《摩诃般若波罗蜜经》,《大正新修大藏经》第8册。

《中论》,《大正新修大藏经》第30册。

《内藏百宝经》,《大正新修大藏经》第17册。

《文殊师利般涅槃经》,《大正新修大藏经》第14册。

《魔逆经》,《大正新修大藏经》第15册。

《寂调音所问经》,《大正新修大藏经》第24册。

《清净毗尼放光经》,《大正新修大藏经》第24册。

《圣善住意天子所问经》,《大正新修大藏经》第12册。

《大涅槃经》,《大正新修大藏经》第12册。

《如幻三昧经》,《大正新修大藏经》第12册。

《文殊师利佛土严净经》,《大正新修大藏经》第11册。

《无希望经》,《大正新修大藏经》第17册。

《文殊悔过经》,《大正新修大藏经》第14册。

《大方广佛华严经》,《大正新修大藏经》第10册。

《观佛三昧海经》,《大正新修大藏经》第15册。

《菩萨内戒经》,《大正新修大藏经》第24册。

《续高僧传》,《大正新修大藏经》第50册。

《弘道广显三昧经》,《大正新修大藏经》第15册。

《文殊支利普超三昧经》,《大正新修大藏经》第15册。

《文殊师利现宝藏经》,《大正新修大藏经》第14册。

《兜沙经》,《大正新修大藏经》第10册。

《悲华经》,《大正新修大藏经》第3册。

《佛地经论》,《大正新修大藏经》第26册。

《大智度论》,《大正新修大正藏》第8册。

《大净法门经》,《大正新修大藏经》第17册。

《文殊师现宝藏经》,《大正新修大藏经》第14册。

《杂譬喻经》,《大正新修大藏经》第4册。

《须真天子经》,《大正新修大藏经》15册。

《文殊支利普超三昧经》,《大正新修大藏经》15册。

《正法华经》,《大正新修大藏经》第9册。

《诸佛要集经》,《大正新修大藏经》第17册。

《须摩提菩萨经》，《大正新修大藏经》第12册。

《持心梵天所问经》，《大正新修大藏经》第15册。

《阿惟越致遮经》，《大正新修大藏经》第9册。

《罗摩伽经》，《大正新修大藏经》第10册。

《菩萨处胎经》，《大正新修大藏经》第12册。

《伽耶山顶经》，《大正新修大藏经》第14册。

《央掘摩罗经》，《大正新修大藏经》第2册。

《六字神咒经》，《大正新修大藏经》第20册。

《濡首菩萨无上清净分卫经》，《大正新修大藏经》第8册。

《文殊师利所说摩诃般若波罗蜜经》，《大正新修大藏经》第8册。

《商主天子所问经》，《大正新修大藏经》第15册。

《大圣文殊师利赞佛法身礼》，《大正新修大藏经》第20册。

《大方广菩萨藏经中文殊师利根本一字陀罗尼经》，《大正新修大藏经》第20册。

《文殊师利法宝藏陀罗尼经》，《大正新修大藏经》第20册。

《大毗卢遮那成佛神变加持经》，《大正新修大藏经》第18册。

《大毗卢遮那佛经疏》，《大正新修大藏经》第39册。

《苏悉地羯罗经》，《大正新修大藏经》第18册。

《金刚顶超胜三界经说文殊五字真言胜相》，《大正新修大藏经》第20册。

《金刚顶经瑜伽文殊师利菩萨法》，《大正新修大藏经》第20册。

《文殊师利宝藏陀罗尼经》，《大正新修大藏经》第20册。

《华严经传记》，《大正新修大藏经》第51册。

《辨证论》，《大正新修大藏经》第52册。

《集古今佛道论衡》，《大正新修大藏经》第52册。

《大方广佛华严经疏演义钞》，《大正新修大藏经》第36册。

《三圣圆融观门》，《大正新修大藏经》第45册。

《圆觉经道场修证仪》，《大正新修大藏经》第74册。

《妙法莲花经文句》，《大正新修大藏经》第34册。

《弘明集》，《大正新修大藏经》第52册。

《历代编年释氏通鉴》，《大正新修大藏经》第76册。

《华严经义记》，《大正新修大藏经》第85册。

《大慈恩寺三藏法师传》，《大正新修大藏经》第50册。

《代宗朝赠司空大辨正广智三藏和上表制集》，《大正新修大藏经》第52册。

《新华严经论》，《大正新修大藏经》第36册。

《说无垢称经疏》，《大正新修大藏经》第38册。

《注维摩诘经》，《大正新修大藏经》第38册。

《维摩经义疏》，《大正新修大藏经》第38册。

《法华义疏》，《大正新修大藏经》第34册。

《华严经探玄记》，《大正新修大藏经》第35册。

《南海寄归内法传》，《大正新修大藏经》第54册。

《台宗十类因革论》，《大正新修大藏经》第57册。

《大乘起信论》，《大正新修大藏经》第32册。

《摩诃止观》，《大正新修大藏经》第46册。

《楞伽师资记》，《大正新修大藏经》第85册。

《妙法莲华经弘传序》，《大正新修大藏经》第9册。

《妙法莲华经论优婆提舍》，《大正新修大藏经》第26册。

《妙法莲华经后序》，《大正新修大藏经》第9册。

《楞伽师资记》，《大正新修大藏经》第85册。

《古清凉传》，《大正新修大藏经》第50册。

《妙法莲华经玄赞》，《大正新修大藏经》第34册。

《开元释教录》，《大正新修大藏经》第55册。

《集神州三宝感通录》，《大正新修大藏经》第52册。

《广弘明集》，《大正新修大藏经》第51册。

《关中创立戒坛图经》，《大正新修大藏经》45册。

《开元释教录》，《大正新修大藏经》第55册。

《略释新华严经修行次第决疑论》，《大正新修大藏经》第36册。

《法华义疏》，《大正新修大藏经》第34册。

《贞元新定释教目录》，《大正新修大藏经》第55册。

《华严经决疑论》，《大正新修大藏经》第36册。

《历代三宝纪》，《大正新修大藏经》第49册。

《南岳思大师立誓愿文》，《大正新修大藏经》第46册。

二、中国古代典籍

玄奘、辩机原著，季羡林等校注：《大唐西域记校注》，北京：中华书局，1985年。

释僧祐撰，苏晋仁等点校：《出三藏记集》，北京：中华书局，1995年。

释慧皎撰，汤用彤校注，汤一玄整理：《高僧传》，北京：中华书局，2004年。

魏收撰：《魏书》，北京：中华书局，1974年。

《全唐诗》第225卷，北京：中华书局，1985年。

房玄龄等撰：《晋书》，北京：中华书局，1974年。

萧子显：《南齐书》，北京：中华书局，1972年。

欧阳询撰，汪绍楹校：《艺文类聚》，上海：上海古籍出版社，1985年。

张彦远：《历代名画记》，北京：人民美术出版社，1963年。

逯钦立辑校：《先秦汉魏晋南北朝诗》，北京：中华书局，1998年。

姚思廉撰：《陈书》，北京：中华书局，1972年。

李延寿撰：《南史》，北京：中华书局，1975年。

李延寿：《北史》，北京：中华书局，1974年。

李昉等编：《太平广记》，北京：中华书局，1991年。

令狐德芬等撰：《周书》北京：中华书局，1971年。

刘昫等撰：《旧唐书》，北京：中华书局，1975年。

王溥撰：《唐会要》，北京：中华书局，1960年。

王溥撰：《唐会要》，上海：上海古籍出版社，1991年。

董诰：《全唐文》，北京：中华书局，1983年。

欧阳修、宋祁撰：《新唐书》，北京：中华书局，1975年。

周绍良主编：《唐代墓志汇编》（下），上海：上海古籍出版社，1992年。

欧阳修撰，徐无党注：《新五代史》，北京：中华书局，1974年。

赞宁撰，范祥雍点校：《宋高僧传》，北京：中华书局，1987年。

王钦若等编：《册府元龟》，北京：中华书局，1960年。

陈立撰，吴则虞点校：《白虎通疏证》，北京：中华书局，1994年。

白化文、李鼎霞、许德楠校注：《入唐求法巡礼行记校注》，石家庄：花山文艺出版社，2007年。

徐震堮著：《世说新语校笺》，北京：中华书局，1984年。

刘义庆著，刘孝标注，余嘉锡笺疏，周祖谟等整理：《世说新语笺疏》，中华书局，2016年。

黄永武主编：《敦煌宝藏》，台北：新文丰出版公司，1981年。

三、研究著作

汤用彤：《魏晋南北朝佛教史》，北京：北京大学出版社，2011年。

［荷］许理和著，李四龙等译：《佛教征服中国：佛教在中国中古早期的传播与适应》，南京：江苏人民出版社，2017年。

方立天：《魏晋南北朝佛教》，北京：中国人民大学出版社，2012年。

邹清泉：《虎头金粟影——维摩诘变相研究》，北京：北京大学出版社，2013年。

刘俊文主编：《日本中青年学者论中国史》（六朝隋唐卷），上海：上海古籍出版社，1995年。

孙晓岗：《文殊菩萨图像学研究》，兰州：甘肃人民出版社，2007年。

陈金华：《佛教与中外交流》，上海：中西书局，2016年。

张帆：《中国古代简史》，北京：北京大学出版社，2015年。

杜继文主编：《佛教史》，南京：江苏人民出版社，2006年。

吕思勉：《隋唐五代史》（隋唐卷），武汉：华中科技大学出版社，2016年。

李鸿滨：《唐朝朔方军研究——兼论唐廷与西北诸族的关系及其演变》，长春：吉林人民出版社，2000年。

［美］斯坦利·威斯坦因著，张煜译：《唐代佛教》，上海：上海古籍出版社，2015年。

古正美：《从天王传统到佛王传统——中国中世佛教治国意识形态研究》，台北：商周出版社，2003年。

白文：《图像与仪式——隋唐长安佛教艺术》，北京：商务印书馆，2016年。

汤用彤：《隋唐佛教史稿》，北京：中华书局，1982年。

杨曾文：《隋唐佛教史》，北京：中国社会科学出版社，2014年。

谈锡永：《文殊师利二经密意》，上海：复旦大学出版社，2015年。

释印顺：《初期大乘佛教之起源与开展》，北京：中华书局，2011年，第799页。

何剑平：《中国中古维摩诘信仰研究》，成都：巴蜀书社，2009年。

潘桂明：《中国佛教思想史稿》第一卷，南京：江苏人民出版社，2009年。

吕澂：《印度佛学源流略讲》，上海：上海人民出版社，1979年。

任继愈主编：《中国佛教史》第一卷，北京：中国社会出版社，1981年。

杜继文：《汉译佛教经典哲学》，南京：江苏人民出版社，2008年。

Lin Wei-cheng, Building a Sacred Mountain: Buddhist Monastic Architecture in Mount WuTai during the Tang Dynasty, 618-907C.E. University of Chicago, 2006.

杜斗城：《敦煌五台山文献校录研究》，太原：山西人民出版社，

1991年。

［日］成寻著，王丽萍校点：《新校参天台五台山记》，上海：上海古籍出版社，2009年。

肖武男主编：《文殊菩萨经典》，北京：华夏出版社，2007年

陈扬炯：《文殊菩萨》，太原：山西高校联合出版社，1994年。

蓝吉富主编：《文殊菩萨圣德新编》，台北：迦陵出版社，1995年。

洪启嵩：《菩萨净土·文殊净土》，台北：全佛出版社，1995年。

罗伟国：《话说文殊》，上海：上海书店出版社，1998年。

崔正森：《敦煌石窟〈五台山图〉研究》，太原：山西科技出版社，2010年。

卢晓蓉：《智慧妙吉祥：文殊其人与文殊信仰》，郑州：中州古籍出版社，2016年。

魏道儒：《中国华严宗通史》，南京：江苏古籍出版社，2001年。

陈扬炯：《中国净土宗通史》，南京：江苏古籍出版社，2002年。

吕建福：《中国密教史》，北京：中国社会科学出版社，1995年。

顾颉刚：《古史辨自序》，石家庄：河北教育出版社，2003年。

任继愈主编：《中国佛教史》（第二卷），北京：中国社会科学出版社，1985年。

胡适：《白话文学史》，上海：上海古籍出版社，1999年。

李利安：《观音信仰的渊源与传播》，北京：宗教文化出版社，2008年。

汤用彤：《魏晋南北朝佛教史》，北京：北京大学出版社，2011年。

张雪松：《唐前中国佛教史论稿》，北京：中国财富出版社，2013年。

平川彰著，庄昆木译：《印度佛教史》，北京：北京联合出版社，2018年。

孙昌武：《中国文学中的维摩与观音》，北京：中华书局，2019年。

穆纪光：《敦煌艺术哲学》，北京：商务印书馆，2007年。

任继愈主编：《中国佛教史》（第三卷），北京：中国社会科学出版社，1988年。

田余庆：《东晋门阀政治》，北京：北京大学出版社，2005年，第267页。

葛兆光：《七世纪前中国的知识、思想与信仰世界》，上海：复旦大学出版社，1998年。

张林堂主编：《响堂山石窟碑刻题记总录》，北京：外文出版社，2007年，第15页。

魏斌：《"山中"的六朝史》，北京：读书、生活、新知三联书店，2019年。

胡平：《未完成的中兴：中唐前期的长安政局》，北京：商务印书馆，2018年。

［意］加塔诺·莫斯卡著，贾鹤鹏译：《统治阶级》，南京：译林出版社，2002年。

杜继文主编：《佛教史》，南京：江苏人民出版社，2006年。

小野勝年、日比野丈夫：『五台山』，座右寶刊行會，1942年。

四、研究论文

霍巍：《从于阗到益州：唐宋时期毗沙门王图像的流变》，《中国藏学》2016年第1期。

许栋、许敏：《新样文殊中的于阗王及其相关问题研究——以敦煌发现的新样文殊图像为中心》，《吐鲁番学研究》2016年第1期。

吴丽娱：《唐高宗朝"僧道致拜君亲"的论争与龙朔修格》，《学术月刊》2020年第4期。

许栋：《论早期五台山图的底本来源——以敦煌壁画中的五台山图为中心》，《社会科学战线》2013年第1期。

卡特里著，杨富学、张艳译：《金色世界：敦煌写本〈五台山圣境赞〉研究》，《五台山研究》2014年第1期。

伯兰特·佛尔著，郭怒涛译：《早期禅的"一行三昧"观念》，《中国哲学史》2010年第2期。

赵晓星：《吐蕃统治时期传入敦煌的中土图像——以五台山图为例》，《文艺研究》2010年第5期。

吴寒：《世俗与神圣之间：国图藏佛教名山舆图的时空构建与人文意蕴》，《文献》2020年第3期。

邹清泉：《敦煌壁画〈五台山图〉新考——以莫高窟第61窟为中心》，《艺术史研究》2014年第2期。

惟善：《千臂千钵文殊图像探析》，《世界宗教文化》2017年第2期。

吕建福：《千钵文殊的产生及其影响》，《五台山研究》1994年第3期。

左金众：《2—8世纪中土密教的发展与文殊信仰》，《五台山研究》2016年第3期。

朱丽霞：《唐初密教流布的特征》，《西北民族大学学报》2018年第6期。

潘亮文：《敦煌唐代的文殊菩萨试析》，《敦煌研究》2013年第3期。

赵燕林：《莫高窟唐代〈维摩诘经变〉中的帝王像及其冕服研究》，《敦煌学辑刊》2020年第1期。

陈金华：《从"武周帝国"到"安史之乱"：禅宗的历史转向与现代化契机》，《佛学研究》2019年第2期。

黄霞平：《论唐玄宗与佛教》，《船山学刊》2010年第3期。

党措：《瑜伽密教神祇研究——以金刚界曼荼罗神祇为中心》，陕西师范大学博士学位论文，2014年。

李静杰：《佛钵信仰与佛法思想及其图像》，《敦煌研究》2011年第2期。

王洪军：《信仰与政治之间——论武则天与中宗、睿宗时期的宗教政策》，《东方论坛》2003年第5期。

孙英刚：《长安与荆州之间：唐中宗与佛教》，载于荣新江主编：《唐代宗教信仰与社会》，上海：上海辞书出版社，2003年。

左金众：《2—8世纪中土密教的发展与文殊信仰》，《五台山研究》2016年第3期。

侯慧明：《胎藏曼荼罗研究》，陕西师范大学博士学位论文，2010年。

崔正森：《文殊菩萨禅法》，《五台山研究》2006年第2期。

米媛：《〈文殊般若经〉的核心理念和修学方法》，《五台山研究》2016年第2期。

成都市文物考古工作队、成都市文物考古研究所：《成都市西安路南朝石刻造像清理简报》，《文物》1998年，第11期。

孙英刚：《佛光下的朝廷：中古政治史的宗教面》，《华东师范大学学报》2020年第1期

方广锠：《国图敦煌遗书〈药师琉璃光如来本愿功德经〉叙录》，《敦煌研究》2012年第3期。

符永利：《南朝佛教造像的考古学研究》，南京大学研究生毕业论文，2012年。

霍巍：《齐梁之变：成都南朝纪年造像风格与范式源流》，《考古学报》2018年第3期。

孙华：《四川绵阳平杨府君阙阙身造像——兼谈四川地区南北朝佛道龛像的几个问题》，载于巫鸿主编：《汉唐之间的宗教艺术与考古》，北京：文物出版社，2000年。

霍巍：《齐梁之变：成都南朝纪年造像风格与范式源流》，《考古学报》2018年第3期。

金维诺：《敦煌壁画维摩变的发展》，《文物》1959年第2期。

李静杰：《北朝隋代佛教图像反映的经典思想》，《民族艺术》2008年第2期。

朱封鳌：《〈法华经〉眷属经初探》，《闽南佛学院学报》2002年第2期。

李四龙：《经典、地域与思想传统——以六世纪地论师与北方佛教为中心》，《中国高校社会科学》2014年第1期。

巴雷特著，曾维加译：《唐高宗和武则天时期的道教与政治》，《宗教学研究》2011年第2期。

金霞：《两汉魏晋南北朝祥瑞灾异研究》，北京师范大学博士学位论文，2005年。

韩昇：《上元年间的政局与武则天逼宫》，《史林》2003年第6期。

杨效俊：《长安光宅寺七宝台浮雕石佛群像的风格、图像及复原探讨》，《考古与文物》2008年第5期。

孙英刚：《谁的祥瑞？——唐代乡村的权力与秩序》，《山西大学学报》2019年第6期。

渠传福：《我国古代陪都史上的特殊现象——东魏北齐别都晋阳略论》，《中国古都研究（第四辑）——中国古都学会第四届年会论文集》，1986年，第334页。

贺世哲：《敦煌莫高窟壁画中的维摩诘经变》，《敦煌研究》1982年第2期。

古正美：《唐代宗与不空金刚的文殊信仰》，载于古正美主编：《唐代佛教与佛教艺术》，新竹：觉风佛教艺术文化基金会，2006年。

夏德美：《〈文殊说般若经〉的内容、特色及流传》，《五台山研究》2018年第1期。

肖黎民：《彼此之间：文殊三昧与一行三昧——以〈文殊师利所说摩诃般若波罗蜜经〉为中心》，《佛学研究》2007年。

井上尚实著，李贺敏译：《北齐禅土与净土——南响堂山第二窟所见一行三昧的二种解释》，《佛学研究》2019年第1期。

孙尚勇：《论佛教经典的戏剧背景——以〈央掘摩罗经〉为例》，《四川大学学报》2005年第3期。

刘剑锋：《僧叡与晋宋之际的涅槃学转向》，《学术论坛》2005年第9期。

释慧道：《〈华严经〉中的文殊菩萨及其法门》，（香港）华严专宗学院研究所第五届毕业论文2000年。

牟钟鉴：《鸠摩罗什与姚兴》，《世界宗教研究》1994年第4期。

崔明德：《苻坚评述》，《历史教学》1996年第12期。

魏文斌：《麦积山石窟初期洞窟调查与研究》，兰州大学博士学位论文，2009年。

杜斗城：《炳灵寺石窟与西秦佛教》，《敦煌学辑刊》1985年第2期。

桑大鹏：《三种〈华严〉及其经典阐释研究》，华东师范大学博士学位论文，2006年。

释见脉（黄淑君）：《佛教三圣信仰模式研究》，中国社会科学院研究生院博士学位论文，2010年。

西本龍山：「藏經中に於ける大乘律典籍の批判研究」，『印度學佛教學研究』，1958年 7 卷1 号 。

梁富国：《早期域外文殊信仰研究》，西北大学博士学位论文，2017年。

杨维中：《从佛寺及其所属高僧看东晋时期建康佛教之兴盛》，《佛学研究》2016年总第25期。

王晓毅：《支道林生平事迹考》，《中华佛学学报》第8期，1995年。

邓小军：《陶渊明与庐山佛教之关系》，《中国文化》2001年Z1期。

王剑平、雷玉华：《阿育王像册初步考察》，《西南民族大学学报》2007年第9期。

张伟：《汉魏六朝画赞、像赞考论》，《海南师范大学学报》2013年第11期。

程恭让、李彬：《〈维摩经〉善巧方便概念及其相关思想研究》，

《世界宗教研究》2015年第6期。

李利安：《试论当代中国宗教的基本形态及发展趋势》，《世界宗教研究》1998年第3期。

玉卿：《有关文殊师利菩萨的经典》，《五台山研究》2006年第3期。

魏道儒：《文殊信仰发展的主脉——从印度佛教到中国佛教》，《世界宗教文化》2016年第5期。

王晓敏：《竺法护与中国文殊信仰的初传》，《西南大学学报》2013年第6期。

宫崎展昌：「Manjusrīの漢訳語について」，『仏教学』，2009年，第51期。

谭兴富：《"溥首"来历补说》，《语言研究》2019年第2期。

朱冠明：《关于汉译佛典中"文殊师利"的译名》，《民族语文》2015年第2期。

姚卫群：《佛教中重要的思维方法——"遮诠法"》，《社会心理科学》2014年第6期。

唐忠毛：《佛教平等观的向度及其现实意义》，《华东师范大学学报》2009年第3期。

小野玄妙：「唐宋時代における五台山の佛教文化」『大乘佛教藝術史の研究』，大雄閣，1927年。

井上以智為：「唐代に於ける五台山の佛教」（上、中、下一、下二），『歷史と地理』（1928:5、1929:6、1931:2,3）。

贺世哲：《敦煌壁画中的法华经变》，载于敦煌研究院编：《敦煌研究文集·敦煌石窟经变篇》，兰州：甘肃民族出版社，2000年。

任远：《〈妙法莲花经〉与民间信仰中的文殊菩萨》，《宗教学研究》，2007年第4期。

陈洪：《〈六度集经〉文本的性质与形态》，《徐州师范大学学报》2003年第4期。

张正：《汉译初期大乘经典中的文殊思想研究》，中央民族大学博士学位论文，2019年。

姚卫群：《佛教的"二谛"理论及其历史意义》，《宗教学研究》1999年第1期。

张正：《文殊法门的实践风格及其演变》，《五台山研究》2019年第2期。

尹志邦：《实相之门——〈大智度论〉禅观研究》，四川大学博士学位论文，2004年。

大南竜昇：「竺法護と三昧經典」，『印度學佛教學研究』22卷2号，1974年。

平川彰：「大乘仏教の興起と文殊菩薩」，『印度哲學佛教學』18卷2号，1970年。

府建明：《净土宗和净土信仰》，《佛教文化》1998年第3期。

方广锠：《〈道行般若经〉译本考释》，《宗教学研究》2016年第3期。

魏道儒：《文殊信仰发展的主脉——从印度佛教到中国佛教》，《世界宗教文化》2016年第5期。

西野翠：「維摩經と文殊菩薩」，『印度學仏教學研究』第64卷第1号，2015年。

神林隆淨 「五台山と文殊菩薩」『佛教學の諸問題』四，岩波書店，1935年。

Lamotte,Etienne,Manjusri,Toung pao,48,1960.

山本謙治 「五台山における聖地信仰の形成―仏教聖地の形成の一例として」『人文科学』11,1991年。

李海波：《唐代文殊信仰研究》，西北大学硕士学位论文，2002年。

杨富学：《回鹘五台山信仰与文殊崇拜考》，载于《麦积山石窟艺术文化论文集》，兰州：兰州大学出版社2004年。

杨曾文：《唐宋文殊信仰与五台山》，《五台山研究》1990年第1期。

孙修身：《四川地区文殊信仰述论》，《敦煌研究》1997年第4期。

王俊中：《五台山的"圣山化"与文殊道场的确立》，《正观杂志》1998年第7期。

扎洛：《吐蕃求〈五台山图〉史事杂考》，《民族研究》1998年第1期。

冯巧英：《五台山文殊道场的形成与发展》，《太原大学学报》2002年第3期。

党燕妮：《五台山文殊信仰及其在敦煌的流传》，《敦煌学辑刊》2004年第1期。

林韵柔：《五台山与文殊道场——中古佛教圣山信仰的形成与发展》，（台北）台湾大学历史学研究所博士学位论文，2009年。

涂秋艳：《隋唐前〈维摩诘经〉六译之检视》，《长江学术》2015年第2期。

杨富学：《西夏五台山信仰斠议》，《西夏研究》2010年第1期。

简庆玲：《五台山文殊信仰的宣扬——〈古清凉传〉的研究》，南华大学宗教学研究所硕士学位论文，2010年。

学诚：《文殊信仰的中国化表达——以山西五台山为例》，《世界宗教文化》2016年第6期。

魏道儒：《文殊信仰发展的主脉——从印度佛教到中国佛教》，《世界宗教文化》2016年第5期。

郭凯铭：《汉唐时期文殊菩萨信仰研究》，（台北）中国文化大学史学系博士学位论文，2017年。

手島文倉：「文殊思想發展論」『宗教研究』6號，1917年。

山田亮賢：《華厳経における文殊菩薩》，《大谷学報》47（3），1967年。

大南竜昇：「三昧経典と文殊菩薩」『印度学仏教学研究』22卷2号，1974年。

氏家昭夫：「般若経と文殊菩薩」『密教文化』1976卷115号，1976年。

光川豐芸：「文殊菩薩とその仏国土—〈文殊師利仏土嚴淨經〉を中心に」，『仏教学研究』通号45・46，1990年。

平川彰：「大乗仏教の興起と文殊菩薩」，『印度哲學佛教學』18卷2号,1970年。

释印顺：《文殊师利法门》，载于《初期大乘佛教的起源与展开》，北京：中华书局，2011年。

黄靖芝：《文殊师利菩萨本愿研究》，成功大学中国文学系硕士学位论文，1998年。

李利安：《观音与文殊：悲智双运的理论价值与实践意义》，《中国宗教》2005年第6期。

吕建福：《五台山文殊信仰与密宗》，《五台山研究》1989年第2期。

释慧道：《〈华严经〉中的文殊菩萨及其法门》，华严专宗学院研究所第五届毕业论文，2000年。

周圣贞：《"文殊即菩提"的修学义理——以〈大宝积经·文殊师利授记会〉为主要依据》，华梵大学东方人文思想研究所硕士学位论文，2008年。

游祥洲：《略论文殊法门的圆顿与渐次——以〈维摩诘经〉与〈诸法无行经〉两部经典为讨论范围》，"第三届两岸禅学讨论会"论文，2000年。

蒋义斌：《张商英〈续清凉传〉与文殊师利法门》，《佛学研究中心学报》第5期，2000年。

崔正森：《文殊菩萨禅法》，《五台山研究》2006年第2期。

岩崎日出男：「不空三藏の五臺山文殊信仰の宣布について」，『密教文化』，181号，1993年。

向井隆健：「不空三藏の文殊菩薩信仰」，『大正大学研究紀要』第70辑，1985年。

刘长东：《法照事迹新考》，《佛学研究》1998年。

张先堂：《唐代净土宗师法照与五台山、并州关系新探》，《敦煌研究》2003年第3期。

杜继文：《五台山与〈华严经〉的基本思想》，《五台山研究》，1986年第5期。

林昕：《汉译佛典文殊故事研究》，中正大学中国文学所硕士学位论文，2006年。

孟东丽：《唐译文殊经典中的护国思想》，《宗教学研究》2017年第1期。

赵林恩：《唐代五台山禅宗史料拾遗》，《忻州师范学院学报》2004年第6期。

王颂：《五台山文殊信仰与华严初祖崇拜》，《世界宗教研究》2017年第1期。

小島彩：「騎象普賢と騎獅文殊の図像—中国における成立過程」，『美術史』第44卷，1995年。

石松日奈子：「維摩・文殊像の研究—中国南北朝期仏教美術におげる左右対置表現の一例として」，『南都仏教』第71号,1995年。

高崎富士彦：「八字文殊像について」，『东京国立博物館研究誌』第239号,1971年。

井上曙生：「経典と図像—文殊菩萨関して」，『密教図像』第3号，1984年。

金子啓明：「文殊五尊図像の成立と中尊寺経藏文殊五尊像（序説）」，『東京国立博物館紀要』第18号，1982年。

内田啓一：「八字文殊画像の図像学考察」，『南都仏教』第58号，1987年。

内田啓一：「パーラ朝期の文殊菩薩像」，『仏教芸術』第178号，1988年。

高瀬多聞：「文殊五尊図像に関するいくつかの問題」，『美術史研究』第28号，1990年。

林温：「新出の八字文殊曼荼羅図について」，『仏教芸術』第223号，1995年。

下松徹：「文殊菩薩—そのかたちと信仰」,『高野山大学密教文化研究所紀要』第8号，1994年。

藤澤隆子：「文殊菩薩像造立の一系譜（上、下）」,『東海女子大学紀要』第19、20号，1999年、2000年。

賴富本宏：「インド現存の文殊菩薩像」,『成田山仏教研究所紀要』11卷1号，1988年。

姜莉：《魏晋南北朝至五代文殊菩萨典型造像研究》，上海大学硕士学位论文，2010年。

沙武田、梁红：《莫高窟第61窟中心佛坛造像为绘塑结合"新样文殊变"试考》，载于《2005年云冈国际学术研讨会论文集·研究卷》，北京：文物出版社，2006年，第441—456页。

贺世哲：《敦煌石窟中的〈维摩诘经变〉》,《敦煌研究》1982年第2期。

Dorothy C.Wong,Reassessment of the Representation of Mt. Wutai from Dunhuang Cave61,Archives of Asian Art,Vol.46,1993.

Mary Anne Cartelli On,a Five-Colored Cloud:The Songs of Mount Wutai, Journal of the American Oriental Society 124(4),2004.

张南南：「ギメ東洋美術館所藏〈五台山化現図〉について」,『京都美術学史学』2002年第1号。

赵声良：《莫高窟第61窟五台山图研究》,《敦煌研究》1993年第4期。

李永宁：《敦煌莫高窟第159窟文殊、普贤赴会图——莫高窟第159窟初探之一》,《敦煌研究》1993年第4期。

吕建福：《千钵文殊的产生及其影响》,《五台山研究》1994年第3

期。

孙修身：《中国新样文殊与日本文殊三尊、五尊像之比较》，《敦煌研究》1996年第1期。

张惠民：《敦煌〈五台山化现图〉早期底本的图像及其来源》，《敦煌研究》2000年第4期。

潘亮文：《初唐至唐代的敦煌文殊造像初探——以文殊变的内容为中心》，《敦煌研究》2013年第3期。

王中旭：《吐蕃时期敦煌〈五台山化现图〉与五台山信仰》，《美术研究》2009年第3期。

殷光明：《从释迦三尊到华严三圣的图像转变看大乘菩萨思想的发展》，《敦煌研究》2010年第3期。

林伟正：《五台山骑狮文殊像的宗教图像历史与视觉文化分析》（上、下），《艺术学研究》2019年第1、2期。

崛内宽仁：「文殊仪轨经梗概」（1—3），『密教文化』第7—10号，1949—1950年。

长部和雄：「赵宋时代の中国风密教——天息灾訳文殊仪轨经の研究」，『密教文化』第93号，1970年。

中村薰：「〈華嚴經〉の菩薩観—特に普賢・文殊・弥勒の三聖関係について」，『日本仏教学会年報』第51号，1985年。

服部法照：「文殊師利般涅槃経と観経類」，『印度學仏教學研究』第39（1），1990年。

高橋純佑：「四十二字門と文殊菩薩」，『智山学報』第39号，1990年。

ShakyaSudan：「仏教文献に見られる文殊師利の解釈の展開につい

て」,『密教學』第45号,2009年。

伊藤加奈子:「アラパチャナ文殊五尊マンダラの翻訳研究」,『密教学会報』(39·40),2001年。

山本侍弘:「Ambararaja(文殊師利)の発菩提心偈——中観儀礼の一側面」,『论集』第32号,2005年。

董志翘:《敦煌写本〈诸山圣迹志〉校理》,《敦煌研究》2003年第3期。

杜瑞平:《〈清凉三传〉与文殊信仰》,《中国文化研究》2010年冬之卷。

杜瑞平:《〈广清凉传〉与文殊形象研究》,《美术学刊》2012年第2期。

荣新江:《敦煌文献和绘画反映的五代宋初中原与西北地区的文化交往》,《北京大学学报》1988年第2期。

岩崎日出男:「不空三藏の五臺山文殊信仰の宣布について」,『密教文化』181,1993年。

Paul M. Harrison: Manjusri and the Cult of the Celestial Bodhisattvas,《中华佛学学报》,13(2),2000年。

中田美絵:「五臺山文殊信仰と王權における金阁寺修築の分析を通じて」,『东方学』第117号,2009年。

古正美:《唐代宗与不空金刚的文殊信仰》,载于《唐代佛教与佛教艺术》,台北:觉风佛教艺术基金会,2006年。

海波、赵万峰:《唐代政权与文殊菩萨信仰的互动》,《宗教学研究》2011年第4期。

吕建福:《论不空的政教思想》,《世界宗教研究》2010年第4期。

武绍卫：《中古时期五台山信仰的传播路径考——以中古时期的五台山"巡礼"和"化现故事"为中心》，《首都师范大学学报》2017年第5期。

李海波：《唐代文殊信仰兴盛的政治背景》，《西北大学学报》2004年第1期。